JN240801

これ1冊で最短合格

本書専用 CBT 模擬試験付！ ID登録ナシ！

販売士 1級

リテールマーケティング検定試験

模擬問題付き
赤シート対応

テキスト＆問題集

神奈川販売士協会 著

秀和システム

はじめに

　現状の流通業界は、社会や企業、個人を取り巻く環境が目まぐるしく変化する中、コロナ禍を経た価値観やライフスタイルの変化をはじめ、物価やエネルギー価格の高騰、人材不足に対応した生産性向上など、変化に合わせたより柔軟な対応が求められています。

　このような状況の中、リテールマーケティング（販売士）検定試験制度は、小売業ほか、製造業や卸売業、サービス業界、販売職や営業職などの各職種、大学や専門学校などの学生の教育に幅広く学習内容が支持されています。

　2005（平成17）年度に科目体系と内容が一新され、「小売業の類型」「マーチャンダイジング」「ストアオペレーション」「マーケティング」「販売・経営管理」の5科目となりました。1級から3級までの科目名称が統一され、それぞれの級も、1級は発展編（経営管理能力の習得）、2級は応用編（専門知識・技術の習得）、3級は基礎編（基礎知識・技術の習得）となっています。

　本書は、2021（令和3）年発行の『販売士1級ハンドブック』改訂版に対応しており、徹底した過去問題の分析を通じ、試験に出題される頻度の高い分野から重要度ランクをつけ、わかりやすく解説しています。

　本書をひととおり読み、章末の問題と模擬試験を繰り返し解くことで、合格レベルの実力はもとより、実務知識と基礎理論を習得できる構成になっています。

　多くの学習者が、本書を活用してリテールマーケティング（販売士）検定試験に合格され、販売士として活躍されることを願っております。

　最後に本書の発刊にあたり、ひとかたならぬご尽力をいただきました秀和システム編集本部の皆様に、心より厚く御礼申し上げます。

2025年5月吉日

神奈川販売士協会

流通・小売業唯一の公的資格！

販売士とは

　近年、AIやIoTなどITの利活用の高度化、グローバル化の急速な進展、人口減少に伴う需要の縮小など、流通業界を取り巻く経営環境は変化し続けています。このような状況において、流通・小売業に携わる人たちには、多様化する顧客ニーズへ対応し、顧客満足度を最大限に高めていく必要があります。

　流通業界で唯一の公的資格であるリテールマーケティング（販売士）検定試験は、流通・小売業に携わるビジネスパーソンはもちろん、製造業に携わるビジネスパーソン、大学生や主婦などにも人気の資格となっています。

各級の対象者とレベル

　リテールマーケティング（販売士）検定は、1級から3級に分かれています。

各級の対象とレベル	
1級	大規模小売店舗の店長や部長、中小企業の経営者が対象。 小売業経営に関する極めて高度な知識を身につけ、経営計画の立案、財務予測等の経営管理について適切な判断ができる人材を目指す。
2級	売場責任者、課長、部長などの管理者が対象。 マーケティング、マーチャンダイジングをはじめとする流通・小売業における高度な専門知識を身につけ、販売促進の企画・実行をリードし、店舗・売場を包括的にマネジメントする人材を目指す。
3級	売場担当者、販売員が対象。 接客や売場づくり、マーケティングの基本的な考え方など、小売業運営に必要な基礎的な知識を身につけ、販売業務に活用できる人材を目指す。

試験について（試験概要）

各科目70点以上が合格ライン

試験形式は、コンピュータ試験方式（CBT方式）による選択問題です。

▼1級試験の概要

試験科目	試験時間	合格基準
小売業の類型	90分	各科目**70点以上**
マーチャンダイジング		
ストアオペレーション		
マーケティング		
販売・経営管理		

科目合格について

1級試験については、不合格となっても70点以上取得した科目は「科目合格」が適用されます。なお、有効期限は、科目合格をした受験日の属する年度の翌年度末までとなります。受験日に有効期限を越えている場合は、科目合格が適用されませんのでご注意ください。

科目合格者の試験時間は、5科目受験者と同様に90分となります。

> 上記の検定試験に関する情報は、変更される可能性があります。
> 受験される方は、各自で必ず試験実施団体の発表を確認してください。
> https://www.kentei.ne.jp/retailsales

無料 CBT の紹介

本書の読者の方の限定特典として、CBT方式の無料模擬問題を設けています。
各サイトへは、下記のQRコードまたはURLからアクセスしていただけます。
この模擬問題にPCなどで回答することで、本試験の形式に慣れておきましょう。
合否判定もありますし、間違った問題は復習もできます。また、何度でも無料でご利用いただけます。

◀CBT方式模擬問題
http://retailsalesone.trycbt.com/cbt

販売士 Web 模擬試験の紹介

神奈川販売士協会では、試験直前対策として「販売士Web模擬試験」を提供しています。日本商工会議所主催の「リテールマーケティング（販売士）検定試験」（CBT方式）同じような形式で、インターネットを利用して模擬問題を受験することができます。模擬問題は、30日の期間中、何度でも受験することができます。また、各受験後は、正誤情報や解説をその場で確認することができます。本番と同じような緊張感を味わいながら、本番に向けての対策を行うことができます。

模擬試験は、問題のストックから毎回ランダムに出題されます。選択肢も出題順も毎回変化します。そのため、まったく同じ試験にはなりません。何度も受験していただくことで、知識をしっかりと定着させることができます。

◀販売士Web模擬試験
https://shikaku.akindonet.com/hanbaishi/practice-exam

本書ならではの一発合格のための **6** つの工夫！

　本書は、リテールマーケティング（販売士）1級試験に最短で合格できるよう、下記のような紙面構成とさまざまな工夫を盛り込んでいます。これらの特徴を活かし、ぜひ確実に合格の栄誉を勝ち取ってください。

ポイント その **1**
学習のアドバイスで要点が把握できる！
最初に、学習のアドバイスがあり、学習内容の概略、学習上の要点が説明されているから、スムーズに学習に取り組むことができる。

ポイント その **5**
章末問題で応用力が身につく！
章末の問題で、各章で学習した知識の定着を図る。実際に出題された問題および、出題頻度の高い問題を多く掲載。章末問題を解くことで、応用力が身につく。

ポイント その **2**
出題の意図や傾向がわかる！
過去の出題傾向を分析し、出題者側の観点から問題を解くカギをわかりやすく解説。どこにポイントを置いて学習すべきかわかるので、効率よく学習することができる。

Theme **3** グローバル小売競争の展開

重要度：★★☆

小売業の国際化が進展した理由は、プッシュ（国内）要因とプル（国）要因の2つに分けられます。

　●小売業の国際化が急速に進展した背景には、市場開放や規制緩和による規参入が容易になったことがあげられます。

　●日本の小売業が海外へ進出した国内要因と国外要因について、市場環境・法的規制・経営戦略の視点から出題されています。

1　国際化の展開と背景

①小売業国際化の展開
　欧米の先進国では、国内の小売市場が成熟し、より大きな市場を求めて海外出しています。複数の国にまたがり、流通活動を展開している大資本の小売企**グローバルリテーラー**といいます。

▼世界の小売業トップ10（2023年）

順位	企業名	提点国	業種	総収益（10億ド
1	ウォルマート（Walmart）	米	SM	628.6
2	アマゾン（Amazon）	米	EC	355.1
3	シュバルツグループ（Schwarz Group）	独	DgS	176.4
4	アルディ（Aldi）	独	DgS	145.4
5	コストコ（Costco）	米	MWC*	234
6	アホールド・デレーズ（Ahold Delhaize）	蘭	SM	97.1
7	カルフール（Carrefour）	仏	SM	89.7
8	セブン＆アイ（Seven & I）	日	CVS	84.9
9	ホーム・デポ（The Home Depot）	米	HC	151.6
10	イケア（IKEA）	蘭	HF*	45.6

出典：全米小売業協会（NRF）Top 50 Global Retailers 2024

＊MWC　Membership Wholesale Clubの略。
＊HF　Home Furnishingの略。

問題を解いてみよう

問 1 次の文中の〔 〕の部分に、下ら最適なものを選びなさい。

1998 年から 2000 年に「まちづ流通政策と〔 ア 〕を連動さ少子高齢化が加速化し人口減少悪化や、コミュニティの荒廃なり、その解決策として〔 イ 〕2006 年に中心市街地活性化法と市街地活性化では、商工会議所業者、地権者などが共同して〔る基本計画に関する合意形成の意欲的な基本計画は、〔 エ 〕援が行われるようになった。一方準法では、延床面積 10,000㎡超地域を、原則として「商業地域に限定した。

【語群】
ア　1．消費者政策
　　2．促進政策

問題を解いてみよう

①小売業の類型

1. 次の各問の【 】の部分にあてはまる答えとして、最も適当なものを選択肢から選びなさい。

問 1 中心市街地活性化法が 2006 年 8 月に改正され、街づくり全体を総合的・一体的に推進するため中心市街地ごとに【 】を組織することとなった。

1．TMO　　　　　　　　　　2．まちづくり会社
3．中心市街地活性化協議会　　4．中心市街地整備推進機構

問 2 日本の小売業の国際化が進展したプル（海外）要因には、人口増加、経済成長の拡大、インフラ整備の進展、【 】、優遇税制などがある。

1．小売市場の成熟化　　　　2．出店規制の強化
　　　　　　　　　　　　　4．関税・資本の自由化

事業は、それぞれの事業者が独立して運営を行うが、る【 】でもある。

2．経営理念共同体
4．協同組合

する【 】は、顧客 1 人当たりの粗利益額から、諸経費を引き、それに生涯の来店回数を掛けて算出

TV　3．SKU　4．SPC

2　専門性の強化

①専門性の領域

　ドラッグストアは、本来、ヘルス＆ビューティーケア(H&BC)を核とする**スペシャリティストア**（専門小売業態）ですが、このことを実践しているドラッグストアチェーンはあまり多くはありません。ドラッグストアが成長していくために、次表の8つの専門性を強化することが必要です。

▼DgS成長に必要な専門性

①店舗政策の専門性	業態コンセプトを明確にして、H&BCとしてのポジショニング
②仕入政策の専門性	問屋やメーカーとの連携によるH&BCカテゴリー・ミックスの強化
③価格設定の専門性	継続的購買を促進する経済性の追求による価格の提供
④品ぞろえ政策の専門性	H&BCカテゴリーの拡大化と単品ミックスによる専門的バラエティ性の強化
⑤顧客管理の専門性	H&BCスペシャリストの養成による顧客満足度の向上を目指したカウンセリングの強化
⑥購買促進政策の専門性	店内イベントなどの企画・実施による地域のH&BC生活向上への寄与
⑦売場演出の専門性	季節商品の提案によるH&BCカテゴリーの需要創造
⑧陳列技術の専門性	テーマ設定にもとづくわかりやすいグルーピングによる比較選択性の提供と利益の追求

②専門性の強化策

　スーパーマーケットやコンビニエンスストアでも取り扱うことになりました。
　他業態との競争が激化する中、ドラッグストアはH&BCカテゴリーの専門性をさらに強める必要があり、「健康アドバイザー」や「ビューティアドバイザー」といった専門家を養成するドラッグストアが増えています。顧客の要望を掌握し、重点商品を納得して購入してもらうことを目的として、「健康アドバイザー」や「ビューティアドバイザー」の両制度を採用している大手ドラッグストアチェーンもあります。

> ・商業動態調査によると、ドラッグストアの 2023 年年間売上高は 8 兆 3,438 億円、前年比8.2％増と好調です。2023 年に大店立地法の届出は 598 件ありましたが、ドラッグストアとスーパーマーケットの届出が目立ちます。好調なドラッグストア業界に関する時事問題の出題が予想されます。

ポイント その6

模擬問題で試験前の総仕上げ！

本試験と同じ出題形式だから試験対策として理想的。事前の実力試しになる。

ポイント その4

赤シートにも対応！

重要語句や重要数値などは赤色になっているので、赤シートを使って学習できる。
※本書に赤シートはついていません。

ポイント その3

得点アップ講義で、特有のひっかけ問題にも対処！

試験では、随所にひっかけ問題がみられ、そのため得点が上がらない。そこで、本書では得点アップ講義を設け、ひっかけ問題の注意点とともに、その対処法をわかりやすくアドバイス。

1級試験合格への効率学習ロードマップ

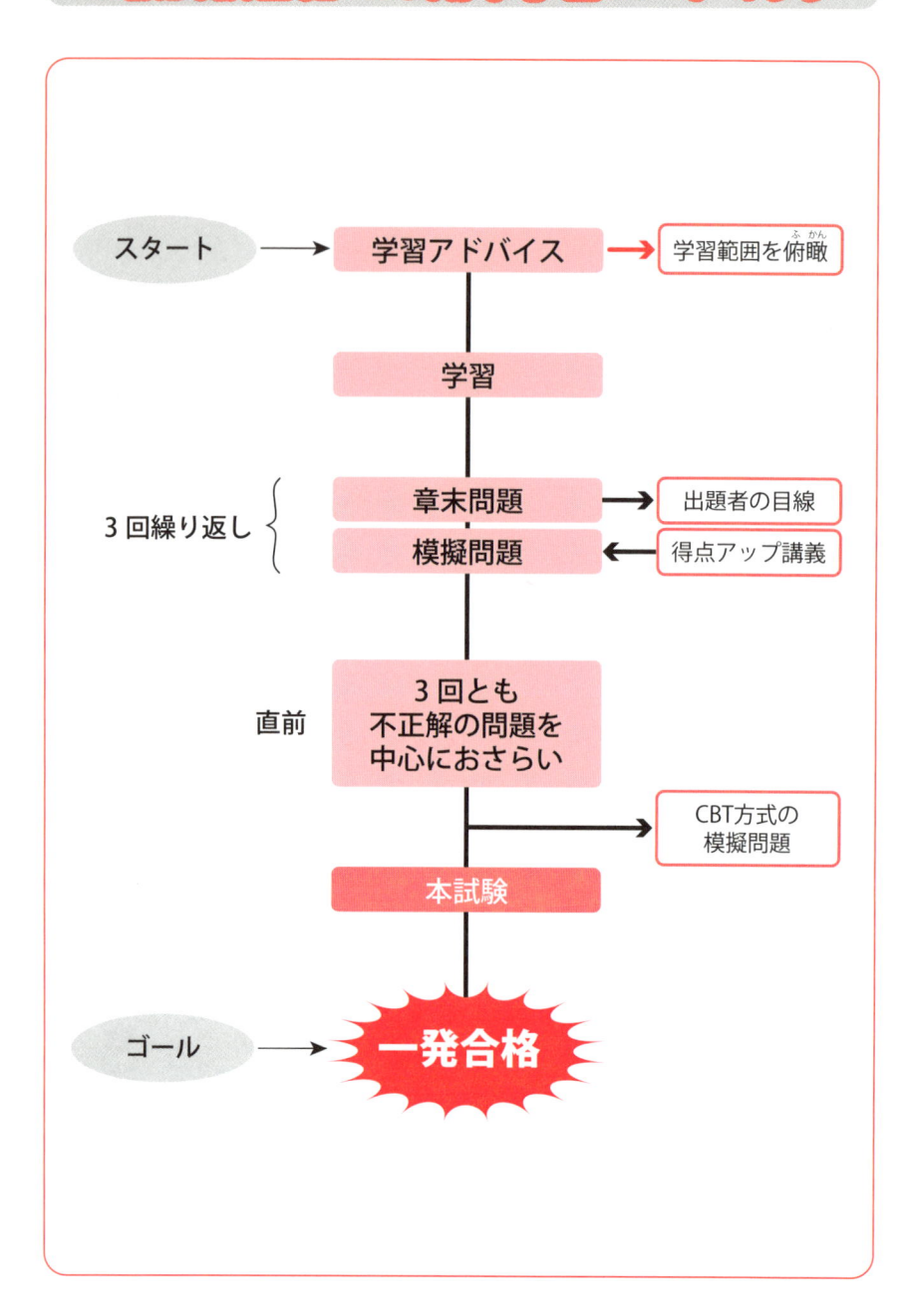

目次

第1章　小売業の類型

第2章　マーチャンダイジング

第3章　ストアオペレーション

第4章　マーケティング

第5章　販売・経営管理

模擬問題

第 **1** 章

小売業の類型

●従来の日本の流通政策は、中小企業を保護する観点で経済規制が重視されましたが、経済社会の国際化に伴い、経済規制が緩和され、消費者の安全や快適を保全する社会的規制が重視されるようになりました。

●まちづくり三法に関する問題が多く出題されています。中心市街地活性化法、大規模小売店舗立地法、改正都市計画法が制定された背景と目的を理解しましょう。

1 流通政策の変遷と特徴

　日本の流通政策は、経済産業省、消費者庁、公正取引委員会などの中央政府機関と地方公共団体が策定しています。法令の改正が流通業界へさまざまな影響を与えます。1980年代までの流通政策は中小企業を保護する観点で展開されていました。

　1980年代後半になると、経済社会の国際化が進み、欧米諸国から日本市場の閉鎖性が問題視されるようになりました。流通分野において、大型店に対する出店規制やメーカーによる流通系列化などの日本的商慣行が、自由競争を抑制し新規参入者や消費者の利益を妨げていると、国際的な批判が高まりました。

　世界貿易機関（WTO）の「サービスと貿易に関する一般協定」にもとづき、日本政府が市場開放や規制緩和を進めたことで、欧米諸国からの流通市場への参入が容易になりました。

　市場競争を重視して、経済的規制が緩和されたことは、消費者の商品選択範囲が拡大したこと、内外価格差の縮小などを通じて、消費生活の向上に大きく貢献しました。その一方、消費者の安全性や快適性を保全するための社会的規制が重視されるようになりました。

2　大型店出店規制の変遷

①百貨店法から大店法へ

　百貨店法は1937年に制定され1947年に廃止され、1956年に改めて制定された法律です。中小小売業を保護するため、当時、事実上唯一の大型店であった百貨店の出店を規制するために**百貨店法**は制定されました。一定の店舗面積以上の出店をする場合には、店舗の構造や設備の基準、営業時間の制限、休日の設定などが規制されました。**百貨店法**は、企業ごとに許可する**企業主義**を採用していました。

　一部のスーパーマーケットなどは、**企業主義**の規制の網をかいくぐるような出店をしていました。店舗面積が規制基準未満の別法人の店舗を複数つくり、実質的には大型店舗が設置される出店がありました。このような出店に対する中小小売業の反対運動が起こり、**百貨店法**は廃止されました。

　百貨店法に代わり、1973年に制定された**大規模小売店舗法**（**大店法**）は、店舗ごとに出店を規制する**店舗主義**が採用されています。

　百貨店法の**許可制**に対し、**大店法**は**届出制**が採用されました。

▼百貨店法と大店法の比較

百貨店法	企業主義、許可制、経済的規制
大店法	店舗主義、届出制、経済的規制

②大店法から大店立地法へ

　大店法は**届出制**が採用されていますが、大型店が出店する場合、周辺の中小小売業へ与える影響のおそれを事前に審査することが条件とされました。その主要な論点となったのが、「**店舗面積**」「**開店日**」「**閉店時間**」「**休業日数**」（**調整4項目**）です。審査は、地域の中小小売業者や消費者の代表、商工会議所、地元自治体、出店者で構成する商業活動調整協議会（商調協）で行われました。商調協での調整が出店条件を大きく左右しました。1980年代前半までは大型店の出店は極めて難しい状況でした。

　国際化の波に乗り、1980年代後半から日米構造協議などにおいて、大店法は大型店の新規参入を妨げているとの批判の声が高まりました。1990年代には大店法の運用見直しや改正による規制緩和が段階的に行われました。2000年に**大規模小売店舗立地法**（**大店立地法**）が制定されたのに伴い、**大店法**は廃止されました。**大店法は経済的規制ですが、大店立地法は社会的規制です。**

▼大店法と大店立地法の比較

大店法	〈経済的規制〉中小小売業者の保護 店舗面積、開店日、閉店時間、休業日数等
大店立地法	〈社会的規制〉周辺生活環境の保持 ・交通渋滞・安全確保の対策 ・騒音対策 ・廃棄物の保管・処理対策等

　大店法の廃止により、郊外やロードサイドで大型店の出店ペースが加速され、中心市街地や商店街の衰退が急速化しました。中心市街地や商店街の活性化は、流通政策だけでなく都市政策として取り組むべき課題となりました。

3　まちづくり三法

①まちづくり三法制定の背景
　中心市街地の活性化を目的に「**中心市街地活性化法**」「**大規模小売店舗立地法**」「**改正都市計画法**」の3つの法律からなる「**まちづくり三法**」が制定されました。

1) **中心市街地活性化法** (1998年7月施行)
　中心市街地は、多様な都市機能が集積し、長い歴史の中で文化や伝統を育んできた「街の顔」です。しかし、近年はモータリゼーションの進展、消費生活の変化等の社会経済情勢の変化により、中心市街地の空洞化が進み都市機能の役割が衰えてきています。
　空洞化の進む中心市街地の活性化を図るため、**中心市街地活性化法**(正式名称「中心市街地における市街地の整備改善と商業等の活性化の一体的推進に関する法律」)が制定されました。

2) **大規模小売店舗立地法** (2000年6月施行)
　大型店の出店は、交通渋滞や騒音、廃棄物の発生など周辺住民の生活環境に影響を与えるため、周辺の生活環境の保全を目的とする**大規模小売店舗立地法** (**大店立地法**)が制定されました。

3) **改正都市計画法** (1998年11月および2001年5月施行)
　都市計画法は、都市の健全な発展と秩序ある整備を図ることを目的に1968年に制定されました。

　1998年改正では、都市計画区域の用途地域内に「**特別用途地区**」を指定できるようになりました。「**特別用途地区**」は用途地域内で特別の目的のために、用途制限を緩和したり、制限・禁止を条例で定めた地域です。

　2001年改正では、都市計画区域内に「**非線引き白地地域**」や都市計画区域外に「**準都市計画区域**」を指定できるようになりました。

都市計画法2001年改正

都市計画区域	中心の市街地を核として、一体の都市として総合的に整備、開発、保全をする必要のある区域	
	市街化区域	優先的・計画的に市街化していく区域
	市街化調整区域	市街化を抑制していく区域
	非線引き白地地域	都市計画区域内で「市街化区域」と「市街化調整区域」に区分されない区域
都市計画区域外	準都市計画区域	都市計画区域外の区域で市街化が進行すると見込まれる区域

②中心市街地活性化法のねらい

まちづくり三法のうち、**中心市街地活性化法**は街づくりの活性化を促進する制度ですが、**大店立地法**と**改正都市計画法**は街づくりを規制する制度です。

中心市街地活性化法にもとづき中心市街地に商業集積を高めるため、地方自治体でさまざまな政策を展開しましたが、中心市街地より郊外での大型店出店が容易な制度であり、郊外での大型店の出店が増えました。

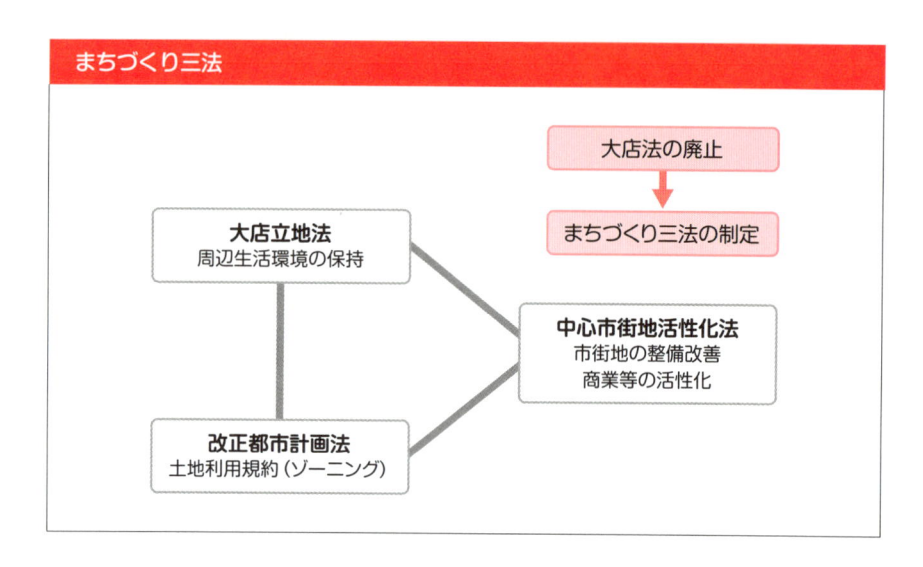

4 まちづくり三法の改正

まちづくり三法が制定され、地方自治体でさまざまな施策が講じられましたが、モータリゼーションの進展、消費生活の変化等に伴い、中心市街地の人口は減少し、大型店の郊外出店等により、中心市街地の衰退は抑制できませんでした。

人口減少により地方自治体の財政が圧迫され、公共サービスの効率性低下、都市経営コストの拡大が社会問題となっています。都市機能の郊外への拡散を抑制し、都市の中心部にさまざまな都市機能を集積して、中心市街地の活性化と魅力向上を図ることを目的とする「**コンパクトシティ**」の考え方が提唱されるようになりました。

持続可能な街づくりを推進していくため、「中心市街地活性化法」の行政支援を強化する観点、「都市計画法」の立地規制を強化する観点から、それぞれ改正が行われました。

「大店立地法」の改正はありませんでしたが、指針の見直しが行われました。

①中心市街地活性化法改正（2006年8月施行）

1) 改正の趣旨

　将来にわたり人口減少・少子高齢化が進む見通しの中で、高齢者をはじめ多くの人々にとって暮らしやすい街となるよう、さまざまな**都市機能がコンパクトに集積した、歩いて暮らせる街づくり**が必要です。

　旧中心市街地活性化法は、商業振興政策が中心であり、中心市街地の居住の推進や都市機能の集積など、「生活空間」として再生する措置が講じられていませんでした。

　今回の改正では、中心市街地の都市機能の増進および経済活力の向上を図り、総合的・一体的な街づくりを推進するためのさまざまな措置を講じました。

2) 法律名の変更

　旧法の「市街地の整備改善」と「商業等の活性化」に加えて、「街なか居住」や「都市機能福祉施設の整備」等の支援措置を追加することにより、中心市街地の「都市機能の増進」や「経済活力の向上」を図る総合的な支援法に改められ、それに伴い法律名も変更されました。

▼法律名の変更

旧中心市街地活性化法	正式名称「中心市街地における市街地の整備改善と商業等の活性化の一体的推進に関する法律」
改正中心市街地活性化法	正式名称「中心市街地の活性化に関する法律」

3) 国の「選択と集中」の強化

I) 中心市街地活性化本部の設置

　　中心市街地活性化を政府全体で、総合的かつ効果的に推進するため、内閣総理大臣を本部長とする「中心市街地活性化本部」を内閣に設置し、基本方針作成、各種施策実施推進、総合調整等を行うとされています。

II) 内閣総理大臣による基本計画の認定制度の創設

　　市町村の基本計画を内閣総理大臣が認定する制度を創設し、多様な都市機能の増進と商業等の活性化に意欲的に取り組む市町村を重点的に支援することとしました。

4) 中心市街地活性化協議会の創設

　旧法では、商業活性化の機関としてタウンマネジメント機関（TMO）が組織されましたが、TMOに認定されるのが商工会議所、商工会、第3セクター等の行政寄りの機関であり、地権者や商店街関係者など「民間」の協力を得られませんでした。

　総合的・一体的な街づくりを推進するため、中心市街地ごとに中心市街地活性化協議会を組織することになりました。

　協議会は、都市機能の増進を推進する者（中心市街地整備推進機構、まちづくり会社等）と経済活力の向上を推進する者（商工会議所、商工会等）により組織され、地権者や商店街関係者などさまざまな「民間」の参画を得て、地域に密着した街づくりの体制が整備されました。

▼中心市街地活性化法の主な改正点

	改正前	改正後
政策の対象	「市街地の整備改善」 「商業等の活性化」	「市街地の整備改善」 「商業等の活性化」 「街なか居住」 「都市機能福祉施設の整備」
推進体制	TMO ・商工会議所、商工会	中心市街地活性化協議会 ・商工会議所、商工会 ・中心市街地整備推進機構まちづくり会社 ・地権者・商店街関係者
基本計画の策定	市町村の方針に沿って TMOが策定	中心市街地活性化協議会の 意見を反映市町村が策定
基本計画の認定	経済産業大臣が認定	中心市街地活性化本部長の 内閣総理大臣が認定

②都市計画法改正（2007年11月施行）

　都市計画法改正のポイントは、大規模集客施設の立地地域を制限するなど、郊外への都市機能の拡散を抑制することです。

1) 立地規制の強化
　旧法では、延床面積3,000㎡以上の大規模商業施設は、市街化区域内の6つの用途地域で立地可能でしたが、今回の改正で**延床面積10,000㎡超**の**大規模集客施設**が立地できるのは、「**商業地域**」「**近隣商業地域**」「**準工業地域**」の3つの用途地域に限定されました。

　三大都市圏と政令指定都市を除く地方都市では、中心市街地活性化基本計画の認定を受けるためには、「準工業地域」で**大規模集客施設**の立地を抑制することが条件となっています。

　大規模集客施設には、商業施設だけでなく、広域的に都市構造に影響を及ぼす飲食店、劇場、映画館、展示場など幅広い施設が含まれています。

▼都市計画法改正による立地規制の強化

用途地域	改正前 大規模商業施設 3,000㎡超	改正後 大規模商業施設 3,000㎡超 10,000㎡以下	改正後 大規模集客施設 10,000㎡超
第一種低層住居専用地域	×	×	×
第二種低層住居専用地域	×	×	×
田園住居地域	×	×	×
第一種中高層住居専用地域	×	×	×
第二種中高層住居専用地域	×	×	×
第一種住居地域	×	×	×
第二種住居地域	○	○	×
準住居地域	○	○	×
近隣商業地域	○	○	○
商業地域	○	○	○
準工業地域	○	○	△
工業地域	○	○	×
工業専用地域	×	×	×
市街化調整区域	△	×	×
非線引き白地地域	○	○	×

③開発許可制度の見直し

　開発許可制度は、都市計画で定められる市街地の環境や利便の保全と無秩序な市街化の防止を目的とした制度です。

　市街化調整区域において、大規模開発（20ヘクタール以上）の場合、大規模商業施設の立地が許可される特例措置がありましたが、特例が廃止され、市街化調整区域での開発は、原則禁止となりました。

　都道府県による開発許可が必要なかった病院、福祉施設、学校などの公共公益施設の建築を目的とする開発も、開発許可の対象となりました。

　国や地方自治体による開発行為のうち、庁舎・官舎などの建築については開発許可者との協議が必要となりました。

▼開発許可の規制対象規模

都市計画区域	市街化区域	1,000㎡以上
	市街化調整区域	原則禁止
	非線引き白地区域	3,000㎡以上
準都市計画区域		3,000㎡以上
都市計画区域および準都市計画区域外		10,000㎡以上

④都市計画提案制度

　都市計画提案制度とは、2002年の都市計画法改正および都市再生特別措置法の制定で創設された制度です。

　大規模集客施設の立地が原則としてできない地域において、都市計画提案制度の手続きにより合意を得られれば、都市計画法上の用途地域の変更が可能となり、大規模集客施設の立地が可能となります。

　都市計画法2007年改正により、大規模商業施設の立地が原則としてできない地域において、立地を認めるためには、用途地域を緩和する地区計画（開発整備促進区）を指定する手続きが必要になりました。

5　地域商店街活性化法

　商店街が「地域コミュニティの担い手」として行う地域住民の生活の利便性を高める試みを支援することにより、地域と一体となったコミュニティづくりを促進し、商店街の活性化や商店街を担う人材対策の強化を推進することを目的に、2009年に地域商店街活性化法が制定されました。

①概要

1) ソフト事業も含めた商店街活動への支援を強化

2) 地域のニーズに沿った空き店舗利用を支援

3) 商店街の意欲ある人材を育成・確保

4) 関係省庁・地方公共団体と連携した支援（補助金、税制措置、融資）

②商店街活性化事業計画の認定

　商店街の組合が、地域住民のニーズに応えて行う商店街活性化事業計画を策定して経済産業省に提出します。経済産業省は都道府県および市町村の意見を聴いて認定することで、商店街の組合は補助金、無利子融資、税制などの支援を受けることができます。

〈支援対象となる商店街活性化の取組み事例〉

・地域への貢献　　：高齢者・子育て支援、宅配サービス

・地域の魅力発信：地域イベント、商店街ブランド開発

③人づくりの支援

　中小企業関係4団体（全国商工会連合会、日本商工会議所、全国中小企業団体中央会、全国商店街振興組合連合会）が2009年に（株）全国商店街支援センターを設立し、人材研修、起業支援、支援人材の派遣、商店街活性化手法・ノウハウの提供・普及に取り組んできましたが、2024年3月に事業を終了しました。

　2024年4月からは中小企業基盤整備機構が事業を発展的に継承しています。

6 都市再生特別措置法改正

①中心市街地活性化法改正（2014年7月施行）

　「コンパクトシティの実現」に向け、民間投資の喚起を軸とした中心市街地の活性化を図ることを目的とし、2014年に改正が行われました。

1）民間投資を喚起する新たな重点支援制度の創設
　　Ⅰ）中心市街地への来訪者または就業者、小売業の売上高を相当程度増加させるなどの効果が高い民間プロジェクトに絞り、経済産業大臣が認定する制度を創設（特定民間中心市街地経済活力向上事業）。
　　Ⅱ）認定を受けたプロジェクトに対し支援策を講じる。

2）中心市街地の活性化を図る措置の拡充
　　Ⅰ）中心市街地の商業の活性化に資する事業を認定する制度を創設。
　　Ⅱ）認定を受けた基本計画に対し、規制の特例等を創設。
　　Ⅲ）基本計画を作成しようとする市町村の規制の解釈に関する疑問等に対し、国が回答する制度を創設。

②都市再生特別措置法改正

　急速な社会情勢の変化により十分に機能しなくなった日本の都市を再生するため、規制緩和を講じた都市再生特別措置法が2002年に制定されました。

　2014年改正では、市町村のコンパクトなまちづくりを支援するための立地適正化計画に関する制度が創設されました。

　2020年改正では、「安全なまちづくり」「魅力的なまちづくり」の推進を柱として掲げています。

循環型社会と流通

循環型社会とは、資源の消費を抑えつつ環境への負荷を低減する社会のことです。

●循環型社会を実現するために、製造業者、小売業者、消費者のそれぞれに課される責任を理解しましょう。

●循環型社会基本法に従う、家電リサイクル法、容器包装リサイクル法、自動車リサイクル法などの個別法から出題されています。「それぞれの個別法の対象となる資源・製品は何か」がポイントです。

1 廃棄物と流通

①循環型社会の形成

　日本の環境保全に関する基本理念とその基本的枠組みを定めた「環境基本法」は、1993年に施行されました。

　大量生産・大量消費・大量廃棄により、**廃棄物・リサイクル対策**が喫緊の課題となっていたことから、廃棄物の発生を抑制し、循環資源はできる限り循環的に利用することを促進し、環境への負荷を最小限に抑えた「循環型社会」を形成するため、2000年6月に「**循環型社会基本法**」が制定されました。

　「**循環型社会基本法**」には、**廃棄物・リサイクル対策**の基本的枠組みが定められています。「**循環型社会基本法**」に従い、家電リサイクル法、容器包装リサイクル法、自動車リサイクル法などの個別法が制定されています。

②循環型社会基本法と関連法

1) 循環型社会基本法

「**循環型社会基本法**」は**廃棄物・リサイクル対策**の基本法です。

Ⅰ）廃棄物等処理

この法の対象となる物は、有価・無価を問わず「廃棄物等」と定め、「廃棄物等」のうち有用なものを「**循環資源**」と位置づけて、その循環的な利用を促進しています。

「**循環資源**」の循環的利用を促進するため、「廃棄物等」の処理について、優先順位が次のように定められています。

ⅰ）「廃棄物等」の**発生抑制（リデュース）**

ⅱ）使用済商品などの**再使用（リユース）**

ⅲ）回収された「廃棄物等」を原材料として利用する**再生利用（マテリアルリサイクル）**

ⅳ）資源として利用できない「廃棄物等」を燃やしてその熱を利用する**熱回収（サーマルリサイクル）**

ⅴ）利用できない「廃棄物等」の適正処分

Ⅱ）排出者責任

廃棄物の発生を抑制し、リサイクルの効率を高めるため、小売業者および消費者は**排出者責任**を、生産者は**拡大生産者責任**の義務を負っています。

廃棄物問題は、廃棄物を商品と考え、消費者を起点に生産者が終点となる**逆流通チャネル**という概念で、流通経路の問題と捉えるのが合理的だという考え方があります。

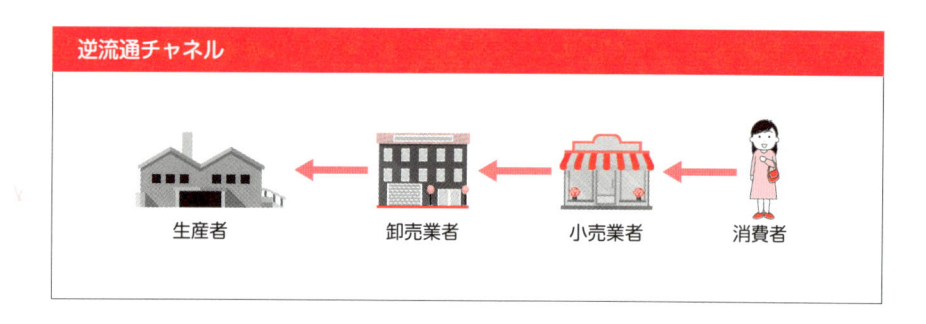

逆流通チャネル

生産者 ← 卸売業者 ← 小売業者 ← 消費者

2) 廃棄物処理法

「廃棄物処理法（廃棄物の処理及び清掃に関する法律）」は、生活環境の保全および公衆衛生の向上を目的に、1970年に制定されました。

廃棄物の発生抑制、資源の有効利用、廃棄物の処理および清掃に関する基本的な事項が定められています。

1992年改正では、発生抑制と再生利用などを定めた「新廃棄物処理法」が施行されました。2000年改正では、廃棄物の減量化促進や悪質な不法投棄防止などを定めた「改正廃棄物処理法」が施行されました。2010年改正では、産業廃棄物の処理に関する責任が強化されています。

3) 資源有効利用促進法

「**資源有効利用促進法**（資源の有効な利用の促進に関する法律）」は、「循環型社会」の構築を目的に、**3R**（**リデュース・リユース・リサイクル**）の取組みを総合的に推進するため、2001年4月に施行されました。

廃棄物の**発生抑制**（**リデュース**）・**再使用**（**リユース**）・**再生利用**（**リサイクル**）が**3R**です。

4) 容器包装リサイクル法

家庭から排出されるゴミの重量の約2〜3割、容積で約6割を占める容器包装廃棄物について、リサイクルの促進等により、廃棄物の減量化を図るとともに、資源の有効利用を図るため、1997年4月から本格的に施行された法律が「容器包装リサイクル法（容器包装に係る分別収集及び再商品化の促進等に関する法律）」です。

「**容器包装リサイクル法**」の特徴は、**消費者が分別排出**、**市町村が分別収集**、**事業者がリサイクル**（**再商品化**）と、3者一体となって容器包装廃棄物の削減に取り組むことを義務づけたことです。

「**容器包装リサイクル法**」で再商品化義務対象となるのは、**ガラス製容器**、**PETボトル**、**紙製容器包装**、**プラスチック製容器包装**の4つです。

レジ袋の過剰な利用を抑制するため、2020年7月改正施行でレジ袋の有料化が義務化されました。

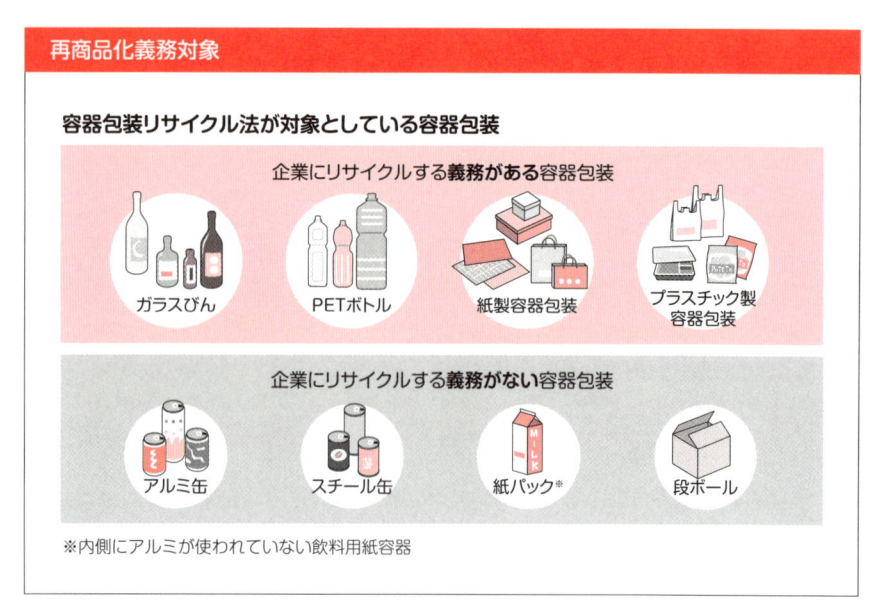

5）家電リサイクル法

　一般家庭や事務所から排出された**家電製品4品目（エアコン、テレビ、冷蔵庫・冷凍庫、洗濯機・衣類乾燥機）**から、有用な部分や材料のリサイクル、廃棄物の減量、資源の有効利用を推進することを目的に、「**家電リサイクル法（特定家庭用機器再商品化法**）」が2001年4月に施行されました。

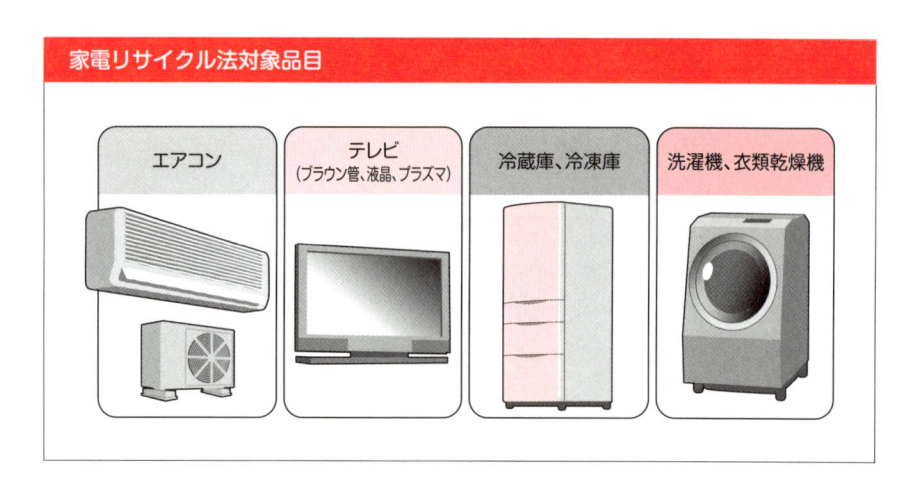

小売業者へ家電4品目引取り義務、製造業者等（製造業者、輸入業者）へ再商品化等（リサイクル）義務、消費者（排出者）へ廃棄物の収集運搬・リサイクル料金の支払義務を課し、それぞれの役割分担を定めています。

6）食品リサイクル法

食品関連事業者（製造、卸売、小売、外食等）から排出される食品廃棄の**発生抑制**と発生した食品廃棄物の**リサイクル**を図ることを目的に、「**食品リサイクル法（食品循環資源の再生利用等の促進に関する法律）**」が2001年5月に施行されました。

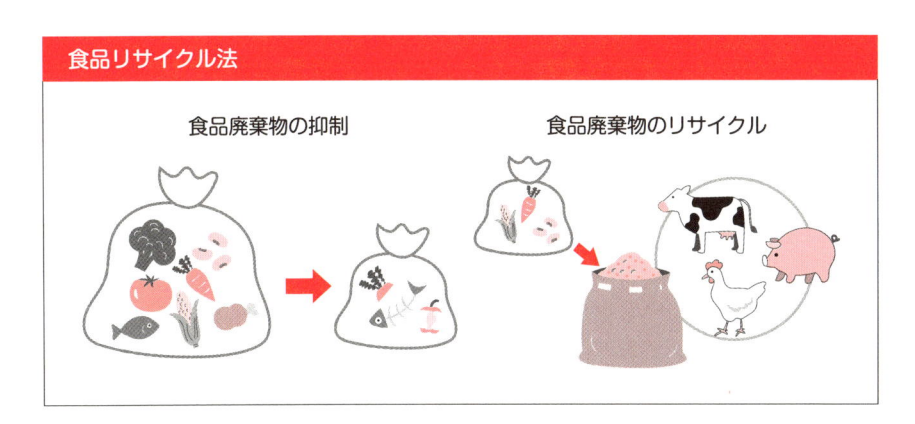

食品リサイクル法

食品廃棄物の抑制　　　　　　食品廃棄物のリサイクル

「**食品リサイクル法**」の対象となる**食品廃棄物**には、飲食店やスーパー・コンビニなど小売店から排出される売れ残り、食べ残しだけでなく、食品の製造・加工・調理の過程で排出される食品くずも含まれます。一般家庭から排出される生ゴミは、食品リサイクル法の対象とはなりません。

年間100トンを超える食品廃棄物が発生する事業者には、再生利用などを促進することが義務づけられています。

7）グリーン購入法

循環型社会の形成には、「再生品等の供給面の取組みに加え、需要面からの取組みが重要である」という観点から、「**グリーン購入法（国等による環境物品等の調達の推進等に関する法律）**」が2001年1月に制定されました。

「**グリーン購入法**」は、国等の公的機関が率先して環境物品等（環境負荷低減に資する製品・サービス）の調達を推進するとともに、環境物品等に関する適切な情報提供を促進することにより、需要の転換を図り、持続的発展が可能な社会の構築を推進することを目指しています。

グリーン購入とは、買物をする前に必要かどうかを考えて、買物が必要なときは環境を考えて、環境負荷ができるだけないものを購入することです。

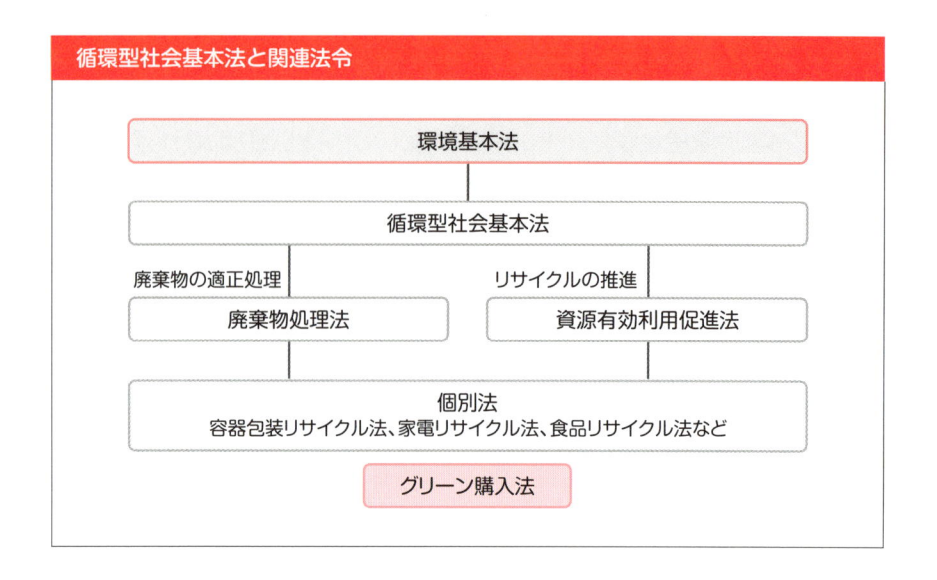

③循環型社会における流通

　大量の廃棄物を排出している流通業界は、廃棄物の発生抑制とリサイクルを推進する循環型社会の形成に寄与する社会的責任があります。

　商品の流れは「生産者⇒卸売業⇒小売業⇒消費者」と生産者が起点となり消費者が終点となります。リユース商品やリサイクル商品の流れは「消費者⇒小売業⇒卸売業⇒生産者」と、消費者が起点となり生産者が終点となります。

　循環型社会を形成するには、一般の商品とリユース・リサイクル商品の流通チャネルが有機的に結合し、循環連鎖する循環的流通チャネルの構築が必要です。

グローバル小売競争の展開

小売業の国際化が進展した理由は、プッシュ（国内）要因とプル（国外）要因の2つに分けられます。

●小売業の国際化が急速に進展した背景には、市場開放や規制緩和により新規参入が容易になったことがあげられます。

●日本の小売業が海外へ進出した国内要因と国外要因について、市場環境・法的規制・経営戦略の視点から出題されています。

1 国際化の展開と背景

①小売業国際化の展開

欧米の先進国では、国内の小売市場が成熟し、より大きな市場を求めて海外へ進出しています。複数の国にまたがり、流通活動を展開している大資本の小売企業を**グローバルリテーラー**といいます。

▼世界の小売業トップ10（2023年）

順位	企業名	提点国	業種	総収益（10億ドル）
1	ウォルマート（Walmart）	米	SM	628.6
2	アマゾン（Amazon）	米	EC	355.1
3	シュバルツグループ（Schwarz Group）	独	DgS	176.4
4	アルディ（Aldi）	独	DgS	145.4
5	コストコ（Costco）	米	MWC*	234
6	アホールド・デレーズ（Ahold Delhaize）	蘭	SM	97.1
7	カルフール（Carrefour）	仏	SM	89.7
8	セブン＆アイ（Seven & I）	日	CVS	84.9
9	ホーム・デポ（The Home Depot）	米	HC	151.6
10	イケア（IKEA）	蘭	HF*	45.6

出典：全米小売業協会（NRF）Top 50 Global Retailers 2024

＊MWC　Membership Wholesale Clubの略。

＊HF　　Home Furnishingの略。

欧米のトップ企業が欧州各国、中南米、アジア諸国、中国、日本に進出し、小売業の国際化が進んでいます。1990年代以降、経済成長の著しいアジア諸国への欧米トップ企業の進出が急増し、競争が激化しています。

②小売業国際化の背景

小売業の国際化が進んだ理由は、プッシュ（国内）要因とプル（国外）要因の2つに分けられます。

1990年以降にアジア諸国で欧米トップ企業の進出が目立ちますが、市場急成長と法的規制緩和の2つの要因が重なり相乗効果がありました。

▼小売業国際化の要因

	プッシュ（国内）要因	プル（国外）要因
市場環境	・人口減少 ・経済成長の停滞 ・小売市場の成熟化	・人口増加 ・経済成長の拡大 ・小売市場の成長 ・インターネット普及による情報の世界標準化
法的規制	・大型店の出店規制強化 ・高税率	・関税・資本の自由化 ・出店・営業規制の緩和 ・外国人就業者の緩和 ・優遇税制 ・国際会計基準の導入

2 国際化のプロセス

小売業が海外へ進出するとき、店舗を出店するための投資リスクを抱えています。

リスクを回避するため、業務提携のような低関与型の市場参入、業務提携から資本提携へと進む段階的な参入が考えられます。

欧米の高級ブランドの日本進出は、百貨店や専門店への輸出から始め、百貨店などへのインショップ形式での出店、単独立地の直営店舗出店へと、段階的に参入する展開がみられます。

3　日本小売市場の国際化

　1970年代に資本の自由化に伴い第一次外資参入ブームが起こりましたが、1980年代になると、大店法の施行と出店規制強化により、外資参入ブームは衰退化しました。

　1990年代に出店規制の緩和ならびにバブル経済崩壊に伴う地価や建設費の下落などにより、米国の専門店チェーンの参入が急増しました。

　2000年に経済的規制の大店法が廃止され、社会的規制の大店立地法が施行されたことで、郊外へ大型店が出店しやすい環境が整い、ハイパーマーケット、スーパーセンター、ホールセールクラブなど総合品ぞろえ型の大型店が日本へ進出しました。

- ●小売業が、海外市場に参入するパターンを決定する意思決定変数として、「戦略」「環境」「取引費用」の3つがあります。
- ●戦略変数は、「現地経営に対する統制のレベル」、環境変数は「経営資源上への関与のレベル」、取引費用変数は「現地経営に対する統制のレベルと経営ノウハウが流出するリスクのレベル」のことです。

SCM・DCM

消費者の価値観やライフスタイルとともに変化する消費者ニーズに応えるため、小売業を起点とする商品供給が重要視されています。

●2級試験では、物流システムに関しては、2つ目の科目である「マーチャンダイジング」で取り扱われています。マーチャンダイジングと物流システムを関連づけて理解しましょう。

●SCMとDCMの相違点を問う出題が予想されます。

1 メーカー起点から小売業起点へ

① サプライチェーンマネジメント（SCM：Supply Chain Manegement）

SCMは、「メーカー⇒卸売業⇒小売業」というサプライチェーン全体の最適化を目指しています。

SCMは、メーカーが主導して、商品の需要を把握し、原材料の調達から製造、物流、販売まで、商品を供給するチェーン全体の効率化とコスト削減を目指しています。供給者側の効率化に焦点が当てられているため、売上増加やブランド力向上などの需要サイドの効果はあまり大きくありません。

SCMを効率的に稼働させるためには、チェーン全体で需要予測や在庫管理の情報を共有する必要があります。売場最前線の販売情報を迅速に収集できれば、発注から納品までのリードタイムを短縮することができます。在庫情報を的確に把握することで、欠品や過剰在庫を防ぐことができます。小売業の仕入の効率化だけでなく、製造や物流の効率が大幅に向上するので、チェーン全体の最適化につながっていきます。

②デマンドチェーンマネジメント（DCM：Demand Chain Manegement）

需要サイドへのサービス強化を図るビジネスモデルが**DCM**です。

DCMは、店舗の販売情報や顧客情報をベースとして商品の品ぞろえや発注を最適化することを目的にしていますが、**SCM**との違いは小売業が主導権を握っていることです。従来の業種別の品ぞろえではなく、顧客のライフスタイルに合わせた品ぞろえを提供するため、小売業主導で**DCM**を進める必要があります。

DCMは、小売業が主導して、商品の品ぞろえや発注の最適化を図り、顧客満足の向上と小売業の売上増加を図るとともに、商品開発・仕入・物流までを含めたトータル・バリューチェーンの実現を目的としています。

2　SCMとDCMの相違点

SCMと**DCM**の原理・原則や目的は似ていますが、「主導権を握っているのはメーカーか小売業か」というところが大きな違いです。

▼SCMとDCMの比較

	SCM	DCM
意義	「メーカー⇒卸売業⇒小売業」というサプライチェーン全体の最適化	市場変化に対応した、小売業主導のトータル・バリューチェーンの実現
交換される情報	原材料の調達に関する情報	生産および商品流通に関する情報
目的	メーカー主導で、商品の需要を的確に把握して、原材料の調達、製造、物流、販売までの商品を供給するチェーン全体の効率化とコスト削減を目指す	POSやFSPデータをもとに販売需要を予測し、売れ残りや品切れを防ぐとともに、在庫・物流コストを引き下げ、メーカーの生産計画にも反映させる
プロセス	顧客にとって付加価値のない、製造と調達の効率化を図るプロセス	顧客にとっての付加価値を高める、生産から販売までのプロセス

3 DCMの概念

　小売業は、単品単位での需要予測のデータを、メーカーなどのサプライヤーと共有することで、サプライチェーン全体の在庫を効率化してきました。

　天候やサプライチェーンでのさまざまな制約条件により、必要なときに必要な商品量を調達できないことがあります。チェーンストアでは、個店の売場で欠品が起きないよう、各店舗に配分することが問題となります。DCMは、個店ごとの販売需要や在庫量などを勘案して、各店舗へ商品を配分していくことが可能です。

　販売動向データをタイムリーに提供することで、小売業とメーカーの販売機会の損失を大幅に削減することができます。

　DCMの展開において、情報、物流、商取引などのすべての業務プロセスを見直し、情報の共有化を図ることで、商品供給の効率化とキャッシュフローの増加が実現されます。

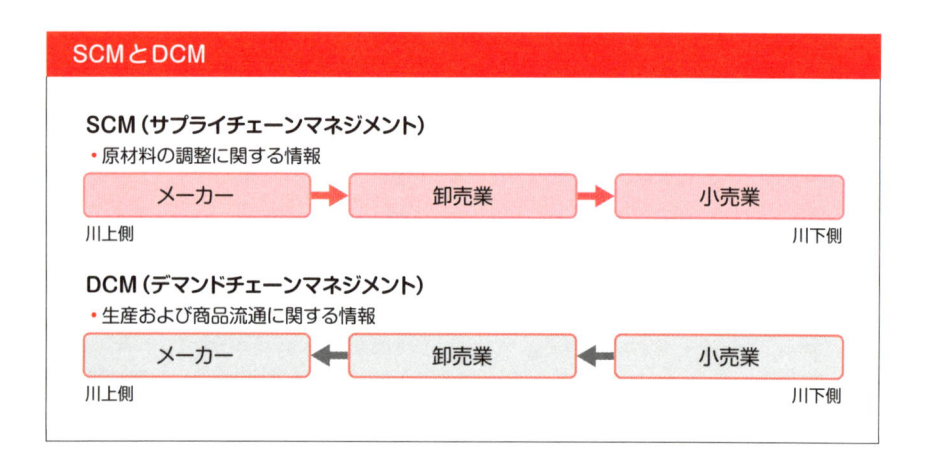

SCMとDCM

SCM（サプライチェーンマネジメント）
・原材料の調整に関する情報

メーカー → 卸売業 → 小売業

川上側　　　　　　　　　　　　　　　　　　川下側

DCM（デマンドチェーンマネジメント）
・生産および商品流通に関する情報

メーカー ← 卸売業 ← 小売業

川上側　　　　　　　　　　　　　　　　　　川下側

● フランチャイザーとフランチャイジーの責務と役割を理解しましょう。

● フランチャイズシステムにおける、フランチャイザーおよびフランチャイジー
のメリットに関する出題が多い。

1 フランチャイズシステムとは

①フランチャイズビジネスの社会的意義

　フランチャイズビジネスは、1963年に日本に初めて導入されましたが、時代の変化に対応して、常に新しい商品サービスノウハウを提供していることで、産業界の中で注目と期待を集めています。

　特に近年は、新規起業・創業、雇用創造、地域貢献等の面で評価され、社会一般からの期待がさらに高まっています。

　一般社団法人日本フランチャイズチェーン協会の統計調査によると、2023年度のフランチャイズビジネスの市場概況は次のとおりです。

・チェーン数：1,285チェーン
・総店舗数　：252,783店舗
・売上高　　：28兆2,528億円

	チェーン数		店舗数			売上高（百万円）		
	チェーン数	増減	店舗数	増減	前年比	売上高	増減	前年比
総計	1,285	3	252,783	3,467	101.4%	28,252,834	1,264,861	104.7%
小売業	305	0	107,804	1,353	101.3%	20,858,827	799,852	104.0%
（うちCVS）	16	0	57,019	－432	99.2%	12,030,433	513,437	104.5%
外食業	545	0	51,501	519	101.0%	4,331,497	346,346	108.7%
サービス業	435	3	93,478	1,595	101.7%	3,062,510	118,663	104.0%

※店舗数は各チェーンの加盟店・直営店数の合計、売上高は加盟店・直営店の店舗末端売上高。
※CVS＝コンビニエンスストアの略。
※前年比の数値は小数点第2位を四捨五入して算出。

②フランチャイズシステムの仕組み

1) フランチャイズの定義

　一般社団法人日本フランチャイズチェーン協会では、フランチャイズを次のように定義しています。

　『フランチャイズとは、事業者（「フランチャイザー」と呼ぶ）が、他の事業者（「フランチャイジー」と呼ぶ）との間に契約を結び、自己の商標、サービス・マーク、トレード・ネームその他の営業の象徴となる標識、および経営のノウハウを用いて、同一のイメージのもとに商品の販売その他の事業を行う権利を与え、一方、フランチャイジーはその見返りとして一定の対価を支払い、事業に必要な資金を投下してフランチャイザーの指導および援助のもとに事業を行う両者の継続的関係をいう』

2) 加盟店の権利と義務

　フランチャイジー（**加盟店**）と**フランチャイザー**（**FC本部**）はフランチャイズ契約という法律行為によって結ばれた関係です。

　加盟店は、FC本部が持つ商標の使用権、経営上のノウハウの使用権、継続的な経営支援などを受ける権利を享受できます。

　FC本部と協力しながら、フランチャイズの統一的イメージを維持し、フランチャイズチェーンの発展に寄与する義務を加盟店は負っています。

　FC本部と加盟店は、それぞれ独立した事業者で、契約上は対等な関係です。**フランチャイズビジネスの基本は**「**契約**」**と**「**自己責任**」です。FC本部と加盟店は、共同事業者としてビジネスを遂行していきます。

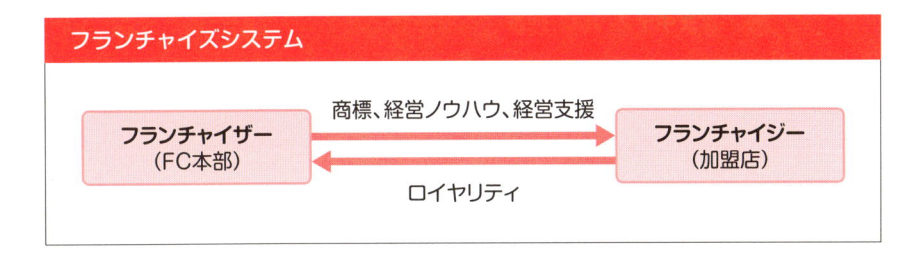

　フランチャイズビジネスの特徴は、フランチャイズ契約にもとづき「FC本部から加盟店へ、フランチャイズパッケージ（フランチャイザーが提供するビジネスプラン）を提供する」、そして「提供されるフランチャイズパッケージへの見返りとして、加盟店がFC本部へ、一定の対価を支払う」ことです。

③フランチャイズシステムの特徴

1) **統一ブランド**使用による信用

　ブランドイメージは、消費者に信頼感を与え信用を高めます。ブランドは競合との差別化の重要な要素で、企業の持続的な成長を支えています。

　独立した事業者であるそれぞれの加盟店が、FC本部が所有する**統一ブランド**のもとで統一的な事業展開を行うことで、**統一ブランド**は多くの消費者から認識され、その信用力は拡大していきます。

　FC本部と加盟店の相互協力により、ブランド力を強化していくのが、フランチャイズシステムの大きな特徴です。

2) **相互の経営資源の有効活用**

　フランチャイズシステムの目的は、FC本部と加盟店が協力し、**相互の経営資源を有効活用**して事業を拡大していくことです。

　加盟店は、FC本部が開発した経営ノウハウや商品・サービスを活用できるため、事業開発の初期投資が軽減できます。市場で検証されたFC本部の経営ノウハウを提供されることで、事業失敗のリスクが軽減されます。

　FC本部は、出店に関するコスト（人件費、設備投資、運転資金）を加盟店が負担するため、店舗拡大に対する投資を軽減できます。

FC本部の所有する経営ノウハウと加盟店の経営意欲が有効に機能することで、多店舗展開が可能となります。

　フランチャイズシステムは、優れた経営システムです。FC本部と加盟店の双方にメリット・デメリットがありつつ、相互の役割と責務を理解して協業していくことが重要です。

▼フランチャイズシステムのメリット

フランチャイザー（FC本部）	フランチャイジー（加盟店）
・短期間でブランド力の拡大が可能 ・出店コストの低減 ・全国的なチェーン展開が可能 ・経営資源を管理業務に集中	・事業開発の初期投資費用の軽減 ・知名度の高いブランド力の活用 ・経営ノウハウの提供 ・継続的な運営支援

●フランチャイズシステムの目的は、フランチャイザーとフランチャイジーが協力して事業を拡大していくことです。それぞれの役割と責務、フランチャイズシステムから得られるメリットを理解しましょう。

フランチャイズシステムの組織と役割

FC本部と加盟店の「経営理念共同体」という概念が重要です。

●フランチャイズ事業が発展していくために必要な、FC本部と加盟店の役割と機能を理解しましょう。

●フランチャイズ組織を運営するための原則から多く出題されています。「統一性の原則」「機能分担の原則」「独立経営の原則」「相互発展の原則」におけるFC本部と加盟店の役割と責務が問われます。

1 フランチャイズ組織の運営原則

　フランチャイズ事業は、それぞれの事業者が独立して運営を行いますが、本部と加盟店との「経営理念共同体」でもあります。

　フランチャイズシステムが秩序正しく機能するためには、「**統一性の原則**」「**機能分担の原則**」「**独立経営の原則**」「**相互発展の原則**」などの運営原則が機能することが重要です。

①統一性の原則

　フランチャイズシステムは、統一されたイメージ戦略や販売活動により、消費者からの信頼を高めていくマーケティング戦略の一環として機能します。

　統一性の原則は、フランチャイズシステムの特徴を発揮するための最も重要な原則です。FC本部は、加盟店独自の行動を規制しますが、加盟店を押さえ付けるための規制ではなく、経営理念共同体として集団の秩序を維持するための規制です。

②機能分担の原則

　FC本部と加盟店との関係は、組織全体としては機能分担組織と位置づけることができます。

　組織が大きくなると必然的に戦略立案機能と実施機能に分かれていきます。

　FC本部が戦略立案機能を担当し、加盟店が実施機能を担当しています。FC本部は、加盟店の戦略立案スタッフ、経営ノウハウ開発スタッフの役割を担っています。

　加盟店は、顧客との販売諸活動を通して、売上・顧客情報や市場情報を収集し、FC本部の戦略立案策定に貢献しています。

③独立経営の原則

　フランチャイズシステムにおける個々の加盟店は、独立した事業者です。直営店舗のように本部の指示ひとつで、すべての加盟店を行動させることは困難です。統一性の原則を適用すると、加盟店の意欲を低下させる場合があります。一方、独立した経営者である加盟店は企業家精神に富み、直営店以上に事業を推進する意欲が旺盛です。

　FC本部と加盟店が経営理念共同体として「統一性と独立性の同時達成」「両者の適度の緊張の中での協調」を有効的に実践していく必要があります。

④相互発展の原則

　フランチャイズシステムは、FC本部と加盟店が相互に発展するための協働体です。FC本部は、加盟店の事業の発展を実現できるよう支援し、加盟店は、自らの業績を向上させることでFC本部のブランド力強化に貢献します。このような好循環を繰り返すことで相互の発展が実現されます。

　FC本部が、加盟店を優先的に考えて各種の施策を講じることで、加盟店は統一した行動がとれ、成長が促進されます。

2　加盟店の心構え

　中小企業庁は、フランチャイズビジネスのトラブルを未然に防ぐため、フランチャイズビジネスを始めるにあたって「トラブルを防ぐためフランチャイズ契約を締結する前にぜひ知っておきたい知識」を目的としたパンフレットを作成し公表しています。
　パンフレットに記載された主な事項は、次のとおりです。

①加盟店は独立した事業者です。
②事業であるからにはリスクがあることを十分に認識しましょう。
③フランチャイズ事業の内容を十分に検討しましょう。
④トラブル防止のためにも、フランチャイズチェーン事業や契約の内容について十分納得のいくまで説明を受けましょう。

3　FC本部の役割

　FC（フランチャイズチェーン）本部は、統一された経営方針に従い加盟店（フランチャイジー）を支援し、ブランド全体の成長を促進することを目的に設立されています。
　FC本部が加盟店を支援するために必要な主な機能は、次表のとおりです。

▼FC本部に必要な機能

商品・サービス開発機能	良質な商品・サービスを開発し、適正な価格で加盟店に提供できる機能
教育・訓練機能	加盟店へ提供する商品・サービス、販売方法を正しく指導できる人材を育成する機能
販売促進機能	フランチャイズチェーンのイメージ向上やマーケティングを実施する機能
情報機能	加盟店へ商品販売情報、顧客情報、業界情報などを適宜提供する機能
経営管理機能	加盟店の経営管理機能をFC本部が支援し、加盟店が販売に専念できる体制を構築して運営の効率化を図る機能

4 直営店の役割

フランチャイズビジネスの総合的なモデルとして、FC本部の直営店が設置されています。新商品・サービス開発の実証・実験の場、店舗運営研修の場などとして活用されています。

○直営店の役割

1)実証・実験の場としての役割

新しいマーケティング戦略やプロモーション活動、新しい商品やサービスの導入前のテストを直営店で行い、その結果をもとに加盟店へ展開します。

2)人材育成の場としての役割

FC本部の社員や加盟店オーナーが実践的な店舗運営を学ぶ場です。

3)経営モデルとしての役割

投資、収益構造、商品・サービス、販売促進、運営システムなどの直営店での実証を基準として、フランチャイズビジネスが成功する標準モデルを策定し、加盟店への経営支援を行います。

5 スーパーバイザー

加盟店を訪問し、FC本部の方針や施策を浸透させ、マニュアルに沿った店舗運営を指導し、加盟店の利益向上を支援するのがスーパーバイザーの役割です。

スーパーバイザーの主な業務は、次のとおりです。

①FC本部の方針、各種情報の伝達と確認
②加盟店の経営に関する指導と相談
③FC本部と加盟店の調整業務
④規定やマニュアルを守っているかの確認

FC本部への支払い

加盟店がFC本部に支払う費用について理解しましょう。

重要度：★★★

● 加盟金、保証金、ロイヤリティは、何に対する費用かを理解しましょう。

● ロイヤリティの算出方法と特徴、どのような業種・業態で採用されているかを問う出題が多いです。

1 加盟金

　加盟金とは、フランチャイズ契約締結時に、商標使用権などの対価として加盟店からFC本部へ支払う初期費用のことです。

　フランチャイズ契約ごとに違いはありますが、「商標使用権」「開店前の研修」「開店時の指導員派遣」「市場調査」「店舗デザイン」などの費用が加盟金の対象となっています。

　加盟金は返還されないのが一般的です。

2 保証金

　保証金は、商品の仕入債務やロイヤリティの担保として、フランチャイズ契約締結時に、加盟店からFC本部に預ける金銭です。

　保証金は、フランチャイズ契約が終了後したとき、FC本部から加盟店へ速やかに返還されます。契約終了時に、商品やロイヤリティの未払いがある場合は、その債務の返済に充当される場合もあります。

3 ロイヤリティ

①ロイヤリティとロイヤルティの違い

フランチャイズチェーン業界で使われるロイヤリティ（Royalty）という用語と、マーケティング用語で使われるロイヤルティ（Loyalty）が混同されて使われることがありますが、両者の意味は違います。

フランチャイズチェーン業界で使われる**ロイヤリティ**（**Royalty**）は、商標権などの「権利使用料」を意味する用語として使われます。

マーケティング用語の**ロイヤルティ**（**Loyalty**）は、忠実、忠誠、義理を意味する用語で、ブランドなどに対する愛着心を表す用語として使われます。

フランチャイズチェーン業界の**ロイヤリティ**とは、加盟店がFC本部へ定期的（通常は月ごと）に支払う使用料のことです。

ロイヤリティの算出方法は、業種業態や規模により異なります。主な算出方法に、次のものがあります。

②売上高比例方式

売上高に一定の歩率を掛けて算出する（例：月間売上高×10％）方式です。

FC本部が提供した経営ノウハウ効果が最も顕著に表れる方式で、売上に比例してロイヤリティも増加します。

カフェ、ハンバーガーなどの外食産業で多く採用されています。

③粗利益分配方式

売上総利益（粗利益）に一定の歩率を掛けて算出する（例：粗利益×50％）方式です。算定基準を粗利益に置くことで、加盟店の利益が保証されます。店舗を用意するのが加盟店かFC本部かで、歩率は異なります。

コンビニエンスストアで多く採用されています。

④定額方式

加盟店の業績にかかわらず、一定金額（例：毎月10万円）を支払う方式です。

加盟店を指導するためのFC本部費用は一定であるという考え方です。売上により加盟店の経営が左右されます。

ハウスクリーニングや買取ビジネスで多く採用されています。

⑤ **営業規模方式**

　店舗面積や客席数などの規模や数量によって算出する（例：1席当たり1,500円）方式です。加盟店を指導するためのFC本部費用は規模に比例するという考え方です。

　大型の居酒屋・カフェで多く採用されています。

4　FC本部へのその他初期費用

　加盟店契約締結後、開店前のオーナーやスタッフの研修費用、開店時の広告宣伝費、スタッフ募集費用等が加盟金に含まれない場合は、別途費用が発生します。

5　FC本部以外への初期費用

　開業までに発生する費用で、FC本部以外へ支払う代表的なものは、次のとおりです。

・内装工事や什器・備品などの設備投資
・店舗の賃貸借契約時の敷金・礼金・前払い家賃
・アルバイト・パート募集の求人媒体への掲載費

● 加盟店にとって、売上はどのくらいか、利益はどのくらいか、投資回収はどのくらいかかるか──は重要なことです。
● 一般的に、投資回収期間は、加盟金や設備投資などの初期投資額を、年間で稼いだキャッシュフローの金額で割ることで算出します。

　（例）初期投資額2,000万円、年間キャッシュフロー500万円
　　　　投資回収期間＝2,000万円÷500万円＝4（年）

1
小売業の類型

専門店の戦略的特性

顧客志向の専門店チェーンが好調です。専門店チェーンの取組みを
理解しましょう。

● 専門店が、顧客を固定客化していくためには、顧客との関係性を強化して、
顧客生涯価値を高めていくことが重要です。

● 消費者市場の変化に専門店が対応するために取り組むべきマーケティングとソ
リューションの視点から出題されています。

　専門店は、ターゲットを明確にして、何らかの専門領域に特化した品ぞろえにより、
販売・サービスの提供において高水準の専門性を発揮する店舗のことです。

1 デモグラフィックとライフスタイルの変化への対応

　専門店業界は、近年、業績が上昇傾向にあります。すべての専門店が好調という
わけではなく、二極化傾向が顕著です。一般的に、独立系専門店（**業種**）が不調で、
専門店チェーン（**業態**）が好調です。

　二極化の要因となっているのは、**デモグラフィック**と**ライフスタイル**の市場変化
に対応ができているかです。

　日本の**デモグラフィック**は、二極化の傾向があります。団塊世代のリタイアによ
る消費の縮小、世代別人口で団塊世代に次ぐ団塊ジュニア世代の市場拡大化です。
団塊ジュニア世代をターゲットとした専門店は、比較的好調といえます。高齢者層
を追い続けている専門店は業績が落ち込む傾向が強いといえます。

　ライフスタイルについても、**カジュアル化**の進展と**ディスカウント業態**が消費者
に受け入れられています。

　ビジネスシーンにおいて、**カジュアル**な服装が好まれるようになり、嗜好の変化
に対応した専門店が業績を伸ばしています。

　消費者が付加価値のある商品を購入する際に、安ければ、購入する店舗にはこだ
わらなくなり、**ディスカウント業態**での買物に抵抗が少なくなりました。

　低価格志向に対応した、衣料品・家電・家具などの大型専門店が、消費者から支持を受け繁盛しています。

2　マーケットセグメンテーション戦略

　市場を細分化し、そのターゲットへ集中的に働きかける戦略が増えています。従来の、商品カテゴリーごとに販売する業種店とは異なる、セグメントしたターゲットの**ライフスタイル**に合わせた商品カテゴリーを組み合わせるMD（マーチャンダイジング）が活発になっています。

　顧客の**ライフスタイル**に合わせた提案を実践するためには、個々の顧客ニーズ、趣味・嗜好などのデータベースを構築するために**テクノロジー**の活用が重要となります。

　顧客一人ひとりのニーズを把握し顧客満足を向上させるためには、詳細なデータベースの構築に加え、従業員が商品知識を深め、生活シーンに合った提案のできるアドバイザーとしての役割を強化することが重要となります。

3　テクノロジー活用によるカスタムメイドの実現

　専門店が顧客密着型のコンセプトを実現するためには、次のようなテクノロジーの活用が不可欠となります。

①データベース構築

　MDの意思決定を迅速化するためには、大容量の有用なデータベースの構築が必要となります。顧客の来店動機を高める媒体としてインターネットが利用されています。ホームページや専用サイトから、顧客はファッショントレンドの情報を入手しています。

②O2O

　スマートフォンの普及により、ECサイトやSNSなどのオンラインで発信した情報から、実店舗などのオフラインへ、購買行動を促すマーケティング手法の**O2O**（**Online to Offline**）が増えています。

③ネットショップ

　ネットショップを開設することで、全国の顧客から注文を受け付けることができます。顧客情報・受発注情報・在庫情報などをクラウドで管理し、モバイル端末から閲覧・更新できるようにすることで、顧客からの問い合わせに迅速に対応できるようになります。

　テクノロジーを活用することで、個々の顧客に合わせたカスタムメイドの商品・サービスの提供が可能となります。顧客へ商品・サービスのメッセージをどのように訴求するかが、専門店の個性化戦略を展開するうえで重要となります。

4　マーケティング＆ソリューション型形態

① 品ぞろえの専門性からコンセプトの専門性へ

　化粧品、靴、医薬品などの限定された商品を取り扱っている業種店は衰退しています。好調を維持している専門店の多くは、ターゲットを明確にして、誰に、何を、どのように売るか、の仕組みが構築されています。

　専門店の強さは、品ぞろえの専門性だけでなく、**コンセプト**の専門性です。

　消費者のニーズに、どのような商品構成、販売方法、売場づくり、接客サービスなどで応えるか、という**コンセプト**を具現化することが重要です。

② マーケティング業態の確立

　これからの時代、専門店は、ライフスタイル面やサイコグラフィック面から主要顧客層へ向けて設定したストアコンセプトにもとづき、マーケティングセオリーの**4P戦略**（Place：立地、Product：品ぞろえ、Price：価格、Promotion：販売促進）を推進する業態といえます。

　専門店は、ただ単に商品を販売するのではなく、セグメント別に識別・分類した顧客の悩みを解決するソリューションビジネスを提供したり、顧客のウォンツを満足させる生活シーンの提案を独自にプログラム化するなど、人的販売の専門性が強く求められています。

　専門店は、さまざまなマーケティング活動を通して、顧客を囲い込み、固定客化することが重要です。

③CRMの実践

　顧客を維持していくためには、**CRM（カスタマーリレーションシップマネジメント）**を志向し、**LTV（顧客生涯価値）**の創造が求められます。

　CRMとは、顧客関係性マネジメントの略称です。小売業が情報技術を駆使して、顧客データベースをもとに、組織的に顧客との関係を構築することを目的にしています。

　LTVは、一人ひとりの顧客が特定の小売店に対して、生涯にわたりもたらす価値（利益）のことです。顧客1人当たりの粗利益額から、1人当たりの販売諸経費を引いて、それに生涯の来店回数を掛けて、算出します。

　専門店が**LTV**を高めるためには、次のような施策が講じられています。

1) 顧客の平均購買単価を引き上げる
2) 顧客の購買頻度を高める
3) 顧客との継続期間を延ばす
4) 顧客の維持費用を低減させる

　専門店は、顧客維持率、顧客単価、顧客維持費用などの相互関連性を意識して**LTV**を高めていく必要性があります。

　マーケティングとソリューションの両機能を発揮できる業態の確立が、専門店の進むべき方向といえます。

　●O2Oとは、オンラインとオフラインを連携させて顧客の購買活動を促進させるための、マーケティング施策のことです。

●フルラインマーチャンダイジング・マルチターゲットからターゲットマーケティングへの変革が、百貨店業界の課題となっています。

●委託・返品制度と買取制度の違いを問う問題が頻出しています。委託・返品制度と買取制度のメリット・デメリットを理解しましょう。

百貨店業界が抱えている問題の1つは、百貨店の社会的役割の急速な低下現象です。1960年代から1980年代までの高度経済成長期には、百貨店は小売業の王者に君臨し、都市消費文化を創造するという役割を担っていました。

1 委託・返品制度への依存

①業種の総合化を前提とした百貨店

百貨店業界の抱える構造的な問題が高コスト・低収益性です。そのの主な要因は、業界特有の**委託・返品制度**に依存した取引制度にあるといえます。

委託・返品制度は、百貨店が一定期間の販売のために問屋やメーカーから商品を預かり、その商品を売場に並べて、販売手数料として売上の何割かをもらう取引のことです。売れ残った商品は、問屋やメーカーが引き取るため、百貨店は商品ロスや在庫リスクを負わないので、利益率は低くなります。

百貨店の取扱いアイテム数は約30万品目といわれ、色・サイズ・素材まで分類すると、莫大な商品量となり、利益管理を行うのは困難なことです。

従来の百貨店は、高価格帯商品の**フルラインマーチャンダイジング**（総合型品ぞろえ）により**マルチターゲット**（不特定多数の顧客）を対象としていました。

フルラインマーチャンダイジング・マルチターゲットの店づくりには、商品ロスや在庫リスクを負わない**委託・返品制度**は、百貨店にとって好都合な制度ですが、百貨店がリスクを負わない分、利益率を低下させているのが実態です。

②委託・返品制度へ依存する理由

　百貨店で、リスクを伴うが利益率の高い買取制度（買取仕入）より、**委託・返品制度**の取扱いが占めるウェートが高いのは、次のような理由からです。

1) 百貨店側の理由

　買取仕入の専門性の高い高価格帯商品を販売できる優秀な販売員が百貨店に不足しています。仕入れた買取商品を販売できなければ、値下により処分しなければなりません。そのため、**委託・返品制度**の条件で取引するより利益率が下がることも少なくありません。

　このような現実から、利益率の低さは承知のうえで、**委託・返品制度**を選択している百貨店もあります。

2) 問屋・メーカー側の理由

　委託・返品制度を継続していれば、問屋やメーカーは商品の販売価格をコントロールすることができます。買取仕入の商品の価格決定権は、百貨店にあります。販売力の弱い百貨店が安売り合戦に陥ると、商品のブランドイメージが低下する危険性があります。

　委託・返品制度を条件に、問屋やメーカーの派遣社員が、百貨店で販売するほうが、百貨店が買取仕入する以上に売上や利益を生み出せる、との判断が問屋・メーカー側にあります。

2　派遣社員制度による販売

　百貨店業界の抱える構造的なもう1つの問題が、**ベンダーアロケーション**（納入先企業スペースの割当）です。**ベンダーアロケーション**とは、売場空間を問屋やメーカーに割り当てることです。これにより、自主MDが希薄化し、不動産業のようになっている百貨店も少なくありません。

　委託・返品制度には、**派遣社員制度**がワンセットになっています。**派遣社員制度**は、問屋やメーカーが自社商品の販売のために、自社の販売員を百貨店へ派遣する制度です。百貨店にとって販売員の人件費がかからないメリットはありますが、売上高や利益を生み出せる商品の比率が少なくなり、収益性が低下します。

　問屋やメーカーからすれば、自社商品（ブランド）の販売シェアを高めるため、売場空間の拡大と販売員派遣を重視するのは当然のことです。百貨店にすれば、人件費や教育研修に要するコストと時間を削減できるメリットがあります。

特殊な商品や高度な専門知識を必要とする商品の販売に関しては、百貨店の販売員では行き届かない場合があります。高度な専門知識を身につけた派遣社員の支援により、トラブルやクレームを抑止できます。

派遣社員の業務には、店頭での販売活動のほか、棚卸や品出し、倉庫やバックヤードでの作業などの後方業務も含まれます。

百貨店の強みは、売れ筋商品の情報を自ら収集し、自らリスクを負い、自ら売場を運営していくことです。百貨店の自主的なMDを実現するためには、カテゴリー別単品管理システム、顧客のウォンツやニーズを直接収集できる仕組みづくりなどで、顧客満足の向上を図ることが重要です。

3　業態としての百貨店の確立

日本の百貨店はデパートと呼ばれますが、アメリカのデパートメントストアとは根本的に違います。

アメリカのデパートメントストアは、チェーンストア形態を採用しており、各店舗のいくつかの部門（デパートメント）を1つのコンセプトで統合していることで、業態としての一貫性が保たれています。取扱商品は、ターゲット層のライフスタイルに合わせた衣料・化粧品・アクセサリーなどにセグメント（細分化）されています。ターゲットを上級所得層（アッパー）、中級所得層の上層（アッパーミドル）、中級所得層（ミドル）などにセグメント（細分化）して、そのターゲットに合わせた専門的な品ぞろえと専門的なサービスに絞り込んで提供しています。主要顧客層を絞り込み、その顧客層のウォンツやニーズに合わせた品ぞろえやサービスにより、顧客層の囲い込みをねらう**ターゲットマーケティング**を展開しています。アメリカのデパートメントストアは、専門店型品ぞろえの小売業態といえます。

日本のデパートの"100貨"に対し、アメリカのデパートメントストアの品ぞろえは"30貨"程度といえます。日本の百貨店は、「特定顧客層に対する特定の商品・サービスの提供」という専門性へのこだわりが不足しているといえます。**フルラインマーチャンダイジング・マルチターゲット**の店づくりにより、「何でもそろう、誰にでも売るよろず屋」的な総合化に陥っています。

今日の日本の百貨店に求められるのは、ファッション領域主体のライフスタイルの提案です。ファッション領域主体の自主MD展開を行えば利益率は向上します。日本の百貨店は、ワンストップショッピングの利便性やエンターテインメント性により、専門店業態を超えたスペシャリティMDを展開していく業態を目指すべきです。

　日本の百貨店の多くは、個店の独立採算制を採用していますが、チェーンオペレーション・システムを部分的に導入し、仕入の集中化や物流面での効率化を推進することで、利益の向上が望めます。

4　ホスピタリティ経営

　今後の百貨店経営において最も重要な顧客サービスのコンセプトとなるのは、**ホスピタリティ**（おもてなし）といえます。接客サービス、パーソナライズドなサービス提案、快適な店内環境、アフターサービスなど、顧客が店舗を訪れたときに気持ちよく買物できるようにすることが重要です。

　ホスピタリティの提供により、顧客満足度が向上して固定客化が進むことで、百貨店全体の価値の向上が期待できます。

ワンポイント

- ●売れ残った商品を仕入先に引き取ってもらい、百貨店が在庫リスクを負わない取引に消化仕入があります。
- ●委託仕入と消化仕入の違いは、委託仕入では商品販売の手数料を得るのに対し、消化仕入では、販売時点で商品の所有権を百貨店が取得し、百貨店に売上と原価が計上される、という点です。

10 総合品ぞろえスーパーの戦略的特性

重要度：★★★ 　総合品ぞろえスーパーの業態特性と強み・弱みを理解しましょう。

●スーパーストア経営の基本はローコストオペレーションの確立です。

●総合品ぞろえスーパーがマスマーチャンダイジングの強みを発揮するために
は、ワンストップショッピングとショートタイムショッピングの実現が課題と
なります。

　総合品ぞろえスーパー（**スーパーストア**：Super Store、略称はSuS）は、日用の
実用的な商品を幅広く取りそろえてワンストップショッピングを提供するセルフサー
ビス販売方式の店舗形態です。従来、日本の総合品ぞろえスーパーは慣用的にGMS
（General Merchandise Store）と呼ばれていましたが、オペレーション形態の構造
改革に取組み、**スーパーストア**への転換を試みています。

1 日本型GMSはモノ不足時代の販売システム

　日本型GMSは、高度経済成長の波に乗り、急速に規模を拡大しました。1970年
代から1980年代にかけて小売業のトップに君臨しましたが、1990年以降は低価格
帯の**専門大型化小売業**の台頭により低迷しています。

　アメリカにおいてGMSに相当するスーパーストアは、中級所得層（ミドル）を対象
に、日常生活に必要な非食品について一定のコンセプトのもとに本部集中仕入方式
を採用した店舗形態です。衣・住の分野の商品の多品種大量販売で、食は取り扱っ
ていません。**日本型GMS**は、食料品から衣料品、住生活用品までさまざまな業種
を1か所に集約しただけのよろず屋的大型店でした。**日本型GMS**は、モノ不足の時
代に、大量生産・大量販売が合致し伸展してきました。

　大衆向け商品を大量に生産し、大量に販売するために、本部一括集中仕入、店舗の画一化・標準化というチェーンオペレーション方式の運営形態を採用し、規模のメリットを追求してきました。

　日本の百貨店と**日本型GMS**は、総合的な品ぞろえという点では似通っていますが、店づくり、商品価格帯、販売方法、仕入方法、ブランド、品質などの運営体制は大きく異なります。

　日本型GMSのチェーンオペレーション方式は、モノ不足時代の大量生産・大量販売の効率性を求めるオペレーションには適したシステムでしたが、日常生活に必要なモノが充足された今日においては、成長を低下させる原因となっていることも否めません。

2　スーパーストア化の必要性

　小売業界の競争が激化する中で総合品ぞろえスーパーは、日常生活に必要なモノを安く販売する従来のオペレーションシステムから、**スーパーストア**化への転換を図っています。なお、以後は、スーパーストアへの転換を図る日本型GMSのことも便宜上、スーパーストアと呼ぶことにします。

　スーパーストア各社に共通する問題点の1つは、店舗の規模です。店舗が大きいため運営コスト総額が大きく、大衆向け商品構成による収益性の低いオペレーションシステムとなっています。その弱点をカバーするため、専門店を誘致しテナント賃貸収入を確保してきました。店舗が大きければ大きいほど、テナント賃貸収入への依存度は高くなります。テナント賃貸収入への依存が**スーパーストア**を展開する小売業の収益構造を変化させています。

　スーパーストアは、財務体質の脆弱性を克服するために収益性の向上に努めていますが、消費者へさまざまな商品を低価格で提供することは難しくなっています。「量」から「質」を追求する時代に変化しています。

　店舗面積が大きいため、消費者の買物時間の節約というニーズを次のような要因で阻害しているため、機能損失に陥っています。

1) 中心市街地の交通渋滞により店舗に行くまでに時間がかかる
2) 駐車場台数が少なく、入場まで時間がかかる
3) 駐車場から店舗までが遠い
4) 店舗が広すぎて買物に時間がかかる
5) 売場がわかりにくく、商品を探すのに時間がかかる

6）時間をかけて買物するような価値のある商品が少ない

　総合品ぞろえスーパーとしてワンストップショッピングのニーズに応えるとともに、買物時間節約のショートタイムショッピングのニーズに応える店舗形態の確立が必要となってきています。

3　専門大型化小売業との比較

　スーパーストアの業績が低迷した理由の1つに、カジュアルウェア・スポーツ用品・眼鏡・家電などの分野に特化した低価格販売の**専門大型化小売業**の台頭があげられます。

　現状の**スーパーストア**は、さまざまな業種の商品を広く浅く取り扱っていますが、**専門大型化小売業**は、生活者の特定の生活シーンに必要な商品カテゴリーを専門的に取り扱い、それらの品目を深く取りそろえて、**スーパーストア**より低価格での販売を実現しています。

　専門大型化小売業での買物は、消費者にとって品ぞろえの豊富さに加え、関連購買が容易となることから、買物時間の節約（タイムセービング）と低価格設定（バリュープライス）のメリットを得ることができます。

　コスト削減の点でも両者の違いはあります。店舗の規模が大きいため取扱商品の幅は広いが、商品カテゴリーごとの市場シェアがそれほど大きくないのが**スーパーストア**です。これに対し、**専門大型化小売業**は、専門的な商品カテゴリーにおける市場シェアの大きさを背景に、流通チャネルの合理化を図り、無駄なコストを削減し低価格での販売を実現しています。

　バブル経済破綻後、商品カテゴリーの豊富さと低価格販売を強みとする、ライフスタイル提案型の専門店チェーンが増加しています。

4　マスカマーチャンダイジングの確立

スーパーストアの経営に必要な基本的要素は、ローコストオペレーションシステムの確立です。これにより、**スーパーストア**本来の強みである**マスマーチャンダイジング**がより強く発揮されます。**マスマーチャンダイジング**とは、スケールメリット（規模拡大による経済効果）により、品質を上げながら価格を下げる取組みのことです。

「死に筋商品の排除」と「売れ筋商品の導入」を促進するため、取扱商品の絞込みを強化してきました。POSデータを活用して死に筋商品を検出した場合、在庫を早めに値下することで処分しています。それでも売れ残った場合は、問屋やメーカーへ返品するのが従来の方法でした。値下や返品で死に筋商品を処理して、一時的に在庫リスクや商品ロスを減らせているだけで、商品を本当に売り切るシステムが構築されていません。

5　マーケティング志向

スーパーストアが従来行ってきた販促方法は、特売や目玉商品による大量販売政策です。「原価割れ特売商品で集客を図り、他の定番商品を消費者が購入することで、売上の拡大と原価割れ特売商品の赤字を補う」販促方法が用いられていました。

しかしながら、今日の消費者は、自ら必要な消費以外は購入しない傾向が強くなっています。そこで、特売商品を掲載したチラシ広告の回数を減らし、**EDLP**(Every Day Low Price) 政策や**インストアマーチャンダイジング**などのマーケティング志向の販促方法を強化する傾向にあります。

EDLPとは、一定期間の特売ではなく、一年中すべての商品を一定の低価格で販売するマーケティング活動のことです。

インストアマーチャンダイジングとは、計画・選定された商品を効率的な方法で一定のスペースにディスプレイすることで、顧客の購買機会を意図的に拡大しようとするマーケティング活動のことです。

11 スーパーマーケットの戦略的特性

重要度：★★★　スーパーマーケットの業態特性と強み・弱みを理解しましょう。

●消費者の購買を継続させるためには、質の高いカスタマーサービスが求められています。

●消費者のライフスタイルの変化に伴い、スーパーマーケットの役割は、生鮮三品などの食材購入から、生鮮三品を主体に弁当・惣菜などの中食を拡充した多品種展開により食生活の向上を目指す方向に展開しています。

専門スーパーとは、衣・食・住のいずれかの取扱構成比が70％を超えている、セルフ販売方式の店舗形態のことです。一般的に、生鮮食料品を中心に食料品の取扱いが70％を超える食料品スーパーのことをスーパーマーケットと呼んでいます。

1　食生活の需要創造とカスタマーサービスの強化

①食生活の需要創造

スーパーマーケット業界は、ドラッグストアや生鮮コンビニなどの食料品を取り扱う店舗形態との競争が激化しています。デパ地下やテイクアウトなど中食形態の需要も拡大しています。

スーパーマーケット業界は、最大の強みである**ペリシャブル**（生鮮食品）部門の機能性と利便性を高めることが重要です。

ペリシャブルとは、腐敗しやすいという意味で、主としてスーパーマーケットの生鮮食品部門の商品を指す用語です。アメリカには、生鮮食品のみを扱う専門店があり、ペリシャブルストアと呼ばれています。

消費者の「時間節約」と「味の追求」といったライフスタイルの変化に対応し、**食生活の需要を創造**するために必要なストアコンセプトにもとづくスーパーマーケットの業態を確立する必要があります。

　今日のスーパーマーケットチェーンが開発している形態は、伝統的な生鮮三品のみの売場構成からの脱却です。生鮮三品を主体として、デリカテッセンやでき立て惣菜の拡充など、生鮮三品にとどまらない多品種の品ぞろえにより、生産消費者の食生活の向上を目指すという形態です。

②カスタマーサービスの強化

　従来のスーパーマーケットの形態は、生鮮三品を壁際に配置し効率性が重視されていました。

　スーパーマーケットの各部門を専門店化するコンビネーションストアでは、商品を壁面に沿って陳列する一方通行型動線のセルフサービス方式（線展開）の考え方から、市場スタイルの売場形成による食生活の提案やカウンセリングを伴う販売方式（面展開）を創出する専門店ゾーンへの転換が必要です。

　スーパーマーケットを進化させるためには、顧客のニーズに応える質の高いサービスの提供が不可欠といえます。

2　ワンストップコンビニエンスの機能強化

①5つの"らしさ"

　消費者がスーパーマーケットへ買物に行く理由は、食材を購入すると同時に日用品を購入する、**ワンストップショッピング**の利便性を享受できることです。

　消費者のライフスタイルの変化により、買物時間の節約や中食需要の拡充など、消費者のニーズは変化しています。スーパーマーケットも従来の内食材料調達型から、立地特性に合わせ惣菜中心の都心立地型やビルイン小型コンビニ型などの形態を確立していく必要があります。

　消費者の購買意欲を高める3つの基本条件は「価格（買い求めやすさ）」「鮮度（新しさ）」「品ぞろえ（豊富さ）」です。これに加え「行きやすさ」「入りやすさ」「わかりやすさ」「買いやすさ」「精算しやすさ」の5つの"らしさ"を充実させ、消費者へスピード感とサービス性を提供することで、スーパーマーケットの**ワンストップショッピング**の魅力が強化されます。

②ワンストップショッピングからワンストップコンビニエンスへ

　消費者の**ワンストップショッピング**へのニーズは、商品のまとめ買いだけでなく、よりスピーディーに、より本物を求める傾向が強まっています。

　買物ついでに各種チケットの購入、ペットのトリミングなどのあらゆるサービス機能が1か所で享受できる利便性が強く求められています。**ワンストップショッピング**を超えた**ワンストップコンビニエンス**を消費者は求めています。

③スペシャリティ・カスタマーサービスの提供

　スーパーマーケットは、単に食料品を販売するだけのビジネスではなく、ホスピタリティ（おもてなし）をコンセプトに消費者のニーズに応える高質のサービスを提供する**顧客重視型小売業形態**を目指す必要があります。

　消費者へ質の高いカスタマーサービスを絶えず提供することで、消費者の継続的な購買が持続されます。

- 総合品ぞろえスーパー（SuS）とスーパーマーケット（SM）の違いは、取扱商品の構成比によります。SMでは食品の販売構成比が70％を超えますが、衣・食・住フルラインのSuSの食品販売構成比は50％程度です。
- 食品主体の業態にコンビニエンスストア（CVS）がありますが、商業統計の分類では、店舗面積30㎡以上250㎡未満と定めています。SMは店舗面積250㎡以上と定められています。

12 ホームセンターの戦略的特性

重要度：★★★　ホームセンターが専門性を発揮するための基本的機能を理解しましょう。

●ホームセンターが成長していくには、DIY&BIY市場のニーズを満足させることです。ホームセンターが需要を創造できる領域を理解しましょう。

●住居関連需要の、ホームインプルーブメント、ホームファーニシング、ホームデコレーションの概念と商品領域を問う問題が出題されています。

1　HI、DIY、BIY領域への回帰

消費者の志向が物質的な豊かさから精神的な豊かさへと変化し、余暇時間が増加したことで、園芸や日曜大工に取り組む人が増え、園芸用品や**DIY**（Do It Yourself）用品の潜在需要が拡大しています。快適な住環境に興味を持つ消費者が増えていることも**DIY**志向を拡大させる要因となっています。

消費者の**ホームセンター**（HC：Home Center）への来店目的は、DIY素材・用品、家庭日用品、園芸・エクステリア用品の購入の3つに大別できます。

家庭日用品は他の店舗形態でも購入することが可能ですが、園芸・エクステリア用品は重量があり容量の大きな商品で、広い駐車場を有する**ホームセンター**特有の商品といえます。

ホームセンターが成長していくためには、**DIY**のコンセプトを再認識して、**ホームインプルーブメント**（HI：Home Improvement）や**BIY**（Build It Yourself）などの分野で、専門性を強化していくことが不可欠となります。

①住居関連需要

1) ホームインプルーブメント

住居の機能性や価値を向上させるため、改装や営繕を行うことです。台所、トイレ、バスルーム、リビングなどの生活必需性の高い部分のメンテナンスです。この領域の販売のプロフェッショナルを養成し、顧客へのサポートを強化していくことが重要です。

2) ホームファーニシング

日常生活を快適にするために、家庭空間で使用する家具や日用品といった住居設備をトータルコーディネートすることです。この領域は、ホームセンター、大型家具店、ディスカウントストア、スーパーストア、百貨店などでさまざまな展開が行われていますが、専門の小売業態が確立していない領域です。ホームセンターが需要創造の専門的商品政策を推進していくべき領域です。

3) ホームデコレーション

日常生活で家庭空間を装飾することです。高級イメージを醸し出す機能ではなく、日常生活に必要な装飾機能のことです。百貨店や専門店などで高級なデコレーション機能については商品政策が展開されていますが、日常生活面における商品政策の企画・提案を行える専門性の高い小売業態は確立されていません。現段階で、この領域に最も接近しているのがホームセンター業態で、ホームセンターが需要創造を推進していくべき領域です。

②家事関連需要

ハウスキーピング商品とは、家庭で清掃や整理整頓を効率的に行うための商品のことです。業種的発想の日用雑貨品の範囲を超えた広がりを持ち、品目数も急速に増えています。ハウスキーピング商品の市場は、依然として未成熟の状況にあり、ホームセンターが積極的に進出をねらえる領域です。家事関連需要領域に位置づけされる商品カテゴリーは、効率性を重視して単品に絞り込むのではなく、機能や用途のグルーピングでの拡大をねらい、需要を創造するべき領域です。

2 BIY機能強化による業態再構築

BIYとは、自分でマイホームの改装や営繕を行うことで、今後は**BIY**ニーズの拡大が予測されます。**BIY**愛好家からプロの建築業者までをターゲットにセグメントした、**BIY**機能を強化したホームセンター業態を再構築していくことが重要です。

ホームセンターが業態間の競争を優位に展開するためには、日用雑貨品の総合化やコモディティ商品による来店促進など、他業態の代替業態としての役割を見直し、専門性を強化することです。

住居、インテリア、園芸、ペットなどへ興味を持つ人の増加が見込まれる中、その領域に特化するホームセンターの存在は、消費者にとって必要不可欠です。

環境変化や消費者ニーズに対応した、消費者の興味と欲求を満足させる業態の確立が迫られています。ホームセンターは多くの課題を抱えていますが、市場研究を重ねることで、他の業態と差別化できる政策は限りなく存在しています。

快適な家庭生活を自分でつくる**DIY**や**BIY**という**ホームセンター**本来の機能を重視して、消費者をサポートできる本格的な業態を確立することが重要となります。

●ホームセンターでは、基本的にセルフサービス方式を採用していますが、商品の取扱いアイテム数が多く、商品説明を重視する商品が多く陳列されているため、対面販売とセルフサービス販売の中間的なセミ・セルフ販売方式を採用する店舗もあります。

13 ドラッグストアの戦略的特性

重要度：★★★ 市場と立地特性によるドラッグストアの商品構成を理解しましょう。

●近隣型市場と郊外型市場では、ドラッグストアの規模、商品構成が大きく異なります。基本類型ごとの商品構成と運営形態の特徴を理解しましょう。

●ドラッグストアが成長するためには、専門性の強化が必要です。ドラッグストアの専門性領域と内容を問う問題が、8つの領域のいずれかから出題されています。

1 商品構成から見たドラッグストアの類型

　ドラッグストア（DgS）の商品構成とは「どのような商品カテゴリーを、どのような目的で構成して、地域消費者へ健康と美しさのある生活をどのように支援するのか」という需要創造活動です。

　市場と立地特性からドラッグストアは、次表のように分類されます。

▼商品構成から見たDgSの基本類型

専門志向型DgS	主力商品は、調剤・独自分野の医薬品あるいは化粧品で、美や健康を基礎とした関連商品を食い合わせた商品構成です。品種と品目の両方を絞り込んでいるのが特徴です。
バラエティ志向型DgS	美容・健康商品の構成比が高い。一般用医薬品の品種・品目は便利志向型DgSより多い。その他の品種・品目を拡大しています。
便利志向型DgS	一般用医薬品の構成比を減らし、他の品種を平均的に拡大しています。常に売れ筋の単品に絞り込み、品種はバラエティ志向型DgSに準じて拡大しています。
ディスカウント志向型DgS	加工食品や日用品の構成比が高い。一般用医薬品を扱いますが、品種・品目数は極めて少数に限定されます。特に、割引率の高い単品、季節の売れ筋商品などが主体で、商品の回転率は高いです。

①近隣型市場における類型

　近隣型市場には、小規模な専門的志向型DgSと便利志向型DgSが多く存立しています。

1)**専門的志向型DgS**のアソートメント特性

　専門性の高い商品が少品種かつ小品目で構成されています。少量販売でも高粗利益率商品中心のアソートメント（品ぞろえ、商品構成）にして、利益を確保できる経営が必要です。立地・店舗・ディスプレイなどのアップグレード化と高度なカスタマーサービスの技術が要求されます。

2)**便利志向型DgS**

　多品種少量販売に適したアソートメントが必要となります。品種は拡大しますが、品目は絞り込んでバラエティ性を実現することが基本となります。

　低価格帯で、顧客が毎日でも気軽に立ち寄れるような商品構成が求められます。客単価は、専門的志向型DgSより大幅に低いため、来店頻度を高め買上点数向上を見込んだ販売促進活動を展開します。

②郊外型市場における類型

　郊外型市場には、中規模のバラエティ志向型DgSと大型のディスカウント志向型DgSが多く存立しています。

1)**バラエティ志向型DgS**

　多品種多量販売を追求するのが基本となります。ワンストップショッピングのニーズに応えるアソートメントとなります。拡大するのは品種だけでなく品目にも及びます。ボリュームと単品の多さで、フルラインの品ぞろえを強調することがポイントとなります。

2)**ディスカウント志向型DgS**

　少品種多量販売を追求するのが基本となります。対象カテゴリーを拡大する中でも、単品の売れ筋商品に絞り込み、季節商品を中心にどこよりも早く仕入れ、どこよりも早く売り切るオペレーションが不可欠となります。

　提案型というより、必需品の大量一括仕入により利益を生み出すことが重要視されます。

2 専門性の強化

①専門性の領域

　ドラッグストアは、本来、ヘルス＆ビューティーケア（H&BC）を核とする**スペシャリティストア**（専門小売業態）ですが、このことを実践しているドラッグストアチェーンはあまり多くはありません。ドラッグストアが成長していくために、次表の8つの専門性を強化することが必要です。

▼ DgS成長に必要な専門性

①店舗政策の専門性	業態コンセプトを明確にして、H&BCとしてのポジショニング
②仕入政策の専門性	問屋やメーカーとの連携によるH&BCカテゴリー・ミックスの強化
③価格設定の専門性	継続的購買を促進する経済性の追求による価格の提供
④品ぞろえ政策の専門性	H&BCカテゴリーの拡大化と単品ミックスによる専門的バラエティ性の強化
⑤顧客管理の専門性	H&BCスペシャリストの養成による顧客満足度の向上を目指したカウンセリングの強化
⑥購買促進政策の専門性	店内イベントなどの企画・実施による地域のH&BC生活向上への寄与
⑦売場演出の専門性	季節商品の提案によるH&BCカテゴリーの需要創造
⑧陳列技術の専門性	テーマ設定にもとづくわかりやすいグルーピングによる比較選択性の提供と利益の追求

②専門性の強化策

　スーパーマーケットやコンビニエンスストアでも取り扱えることになりました。

　他業態との競争が激化する中、ドラッグストアはH&BCカテゴリーの専門性をさらに強める必要があり、「健康アドバイザー」や「ビューティアドバイザー」といった専門家を養成するドラッグストアが増えています。顧客の要望を掌握し、重点商品を納得して購入してもらうことを目的として、「健康アドバイザー」や「ビューティアドバイザー」の両制度を採用している大手ドラッグストアチェーンもあります。

●商業動態調査によると、ドラッグストアの2023年年間売上高は8兆3,438億円、前年比8.2％増と好調です。2023年に大店立地法の届出は598件ありましたが、ドラッグストアとスーパーマーケットの届出が目立ちます。好調なドラッグストア業界に関する時事問題の出題が予想されます。

Theme 14 コンビニエンスストアの戦略的特性

重要度：★★★　コンビニエンスストアは、「近くて便利な店舗」を顧客に提供しています。

● コンビニエンスストアが、顧客に利便性を提供するために取り入れている、生産・流通・販売のシステムを理解しましょう。

● CVSシステムが創出した流通面の効用から毎回出題されています。効用の種類と概要を理解しましょう。

　コンビニエンスストアという店舗形態は、「近くて便利な店舗」として、顧客へさまざまな流通面での効用を提供するために開発された店舗です。コンビニエンスストアは、買物場所・買物時間・品ぞろえなどの便利なサービスを顧客が気軽に享受できることに、価値が見いだされます。

1　システム経営の主要機能

①多品種少量在庫運営

　多品種少量在庫運営とは、同一品種内の品目を絞り込むことと単品の在庫数量を減らすことです。

　通常、同一品種内の品目を絞り込むと、品ぞろえの豊富さという点で顧客満足を低下させますが、品目数を売れ筋商品主体に絞り込むことで、販売効率を向上させます。

　また、単品の在庫数量を減らすと品目ごとの発注数量を抑制することができます。しかし、発注から納品までのリードタイムが一定であれば、欠品が生じる可能性があります。商品の発注から納品までのリードタイムを短縮させる必要性があります。

　コンビニエンス業界の大手企業は、リードタイム短縮の商品供給システムを構築することで、多品種少品目の単品在庫圧縮型の店舗運営を実現させました。

② **多頻度少量配送**

多頻度少量配送は、コンビニエンスストアの売場で在庫を圧縮する効果が大きいといわれる配送システムです。

しかし、サプライヤーの物流コストを増加させる原因となります。

従来、小売業の発注量は生産ロットの大きさに合わせていました。流通機構において卸売業と小売業の段階でメーカーの生産ロットを取引単位とするのが一般的でした。従来の取引単位では、コンビニエンスストアの最適発注量を超えるので、売場在庫を圧縮させることは困難でした。

多頻度少量配送を実現するためには、物流コストの増加を抑制する必要があります。そこで、流通機構の革新が求められます。例えば、メーカー側での生産ロットの小口化、卸売業の集約化、異分野商品の共同配送、コンビニエンスストア側でのエリアドミナント戦略、EOS発注、納品業務の計画化などです。

多頻度少量配送を推進する流通革新には、生産・配送・販売の協業化という組織的な戦略が必要となります。その先駆者が**CVSシステム**を構築したコンビニエンスストア業態です。狭い売場に多種の商品を欠品させずに改廃していくシステムは、他の小売業態のモデルにもなっています。

2 CVSシステムが創出した流通効用

CVSシステムが創出した流通面での効用は、商品、時間、場所、品ぞろえ、消費の即時性などの側面から捉えることができます。

① **商品の効用**

顧客の望む品質、ロット、サイズなどの商品規格とメーカーが製造する商品規格にはギャップがありました。CVSシステムは、そのギャップを大幅に縮めることを実現しました。コンビニエンスストア本部は、商品開発において、綿密なデータ分析の蓄積を武器に、メーカーに働きかけ、ロットやサイズの小口化を実現できました。

売場起点のマーケティングから、商品の小口化を実現することで、**商品の効用**を高めました。特に、内食素材を中心に販売するスーパーマーケットと違い、すぐに食べられる弁当・軽食・ファストフードなどをコンビニエンスストアで販売していることが、流通効用の水準を高めたといえます。

②時間の効用

時間の効用は、顧客が買物起点から買物場所へ移動して、買物を済ませて買物起点へ戻るまでの所要時間で評価されます。

店舗までの行き帰りの時間的距離、店舗内での買物時間、レジ待ち時間、さらに店舗の営業時間や運営体制などが**時間の効用**の要因となります。

コンビニエンスストアは、買物所要時間の短縮化が強みです。コンビニエンスストアの商圏は、一般的に、半径500ｍ程度といわれ、他の店舗形態より顧客の来店に要する時間は短いです。

③場所の効用

多店舗展開が**場所の効用**を評価する基準となります。店舗数が多いほど、顧客の利便性は高まります。広域商圏で、遠方の顧客も吸引する百貨店は**場所の効用**の水準が高いといえません。コンビニエンスストアは全国各地に存在し、狭小商圏を深耕することで**場所の効用**の水準を高めています。

コンビニエンスストアの出店は、エリアドミナントを徹底することにより、配送車両の積載効率の向上、店舗間の配送距離の短縮化、車両台数とドライバーの削減などで配送コストを低減させることで、多店舗展開が可能となりました。

④品ぞろえの効用

品ぞろえで顧客からの高い評価を得るためには、顧客の求める**品ぞろえ**の豊富さを実現しなければなりません。

コンビニエンスストアは、他の店舗形態に比べて店舗面積が狭いという制約があります。そのため、CVSシステムを展開するうえで、必然的に多品種少量品目の少量在庫という戦略をとらなければなりませんでした。**品ぞろえ**の明確さで、コンビニエンスストアの店舗形態に合った**品ぞろえ**が実現できました。

CVSシステムは高度なシステムのため、投資額が大きいことは否めません。

⑤消費即時性の効用

消費即時性の効用とは、消費の緊急性に対応した時間的効用のことです。顧客が購買を想起してから購買を完了するまでの購買リードタイムと、購買完了時から消費する時点までの使用リードタイムの所要時間の短さのことです。両者は密接に関連していますが、別々に評価される場合もあります。

実際に使用するのはずっと後でも、特売商品をその場で購入する場合は、「購買リードタイムは短いが、使用リードタイムが長くなる」ケースです。

使用の緊急度が高い商品を、事前に購入し、家庭内在庫とする場合は、「購買リードタイムが長くても、使用リードタイムが短い」ケースです。

日常生活の中において家庭内で在庫を持つには在庫スペースが必要でコストもかかります。家庭内で在庫を持てない場合は、**緊急時に必要な商品をすぐに購入する**必要があります。コンビニエンスストアは家庭内在庫の代替手段を提供しています。

⑥その他

コンビニエンスストアは、さまざまなサービスを商品化することによって、顧客に利便性を提供しています。

ATM設置、宅配便取次、公共料金収納代行、コピー・FAX、チケット販売などの多様なサービスを導入しており、金融機関・行政機関などの地域における公的機関の機能を補完しています。

●コンビニエンスストアは、フランチャイズシステムにより迅速な多店舗展開を実現しました。Theme 4「SCM・DCM」、Theme 5「フランチャイズシステムの概要」、Theme 6「フランチャイズシステムの組織と役割」でコンビニエンスストアに関連する内容が掲載されていますので、本Themeと併せて学習してください。

● スーパーセンターと総合品ぞろえスーパー（スーパーストア）の商品政策の違いを理解しましょう。

● スーパーセンターが新広域商圏を立地創造するためには、地域需要の流出抑制と他地域需要の流入促進を達成するための商品政策が重要となります。

　1980年代後半にアメリカのウォルマートが開発したスーパーセンターは、急速な勢いで拡大しました。日本でも多くのチェーンストアが将来の中心業態を目指し、和製スーパーセンターの開発を試みています。

　アメリカのスーパーセンターの店舗形態の特徴は次のとおりです。

1) **ルーラル**（過疎地）立地に平屋ワンフロア構造で10,000㎡超の売場面積
2) **衣食住フルライン**構成で**日常生活必需品**をトータル・アソートメント
3) **サバーブ**（郊外）立地で周辺商圏を取り込むことで新広域商圏を創出
4) **ローコストオペレーションシステム**による絶対的低価格の実現

　スーパーセンターは、日常生活に必要なあらゆる商品を、その商圏内で最も多く、どこよりも低価格で、ワンストップショッピングできることを目的とした店舗形態です。独特の商品戦略と独自の立地戦略を展開していることが、従来型の小売業態との違いです。

1 スーパーセンターの商品政策

　従来型小売業態の商品政策のセオリーと相反する展開が、スーパーセンターの運営特性といえます。

▼商品政策の違い

	従来型小売業態	スーパーセンター
アイテム数	取扱いアイテム数を限定	取扱いアイテム数は約20万品目
粗利益率	高めの粗利益率を設定	スーパーストアよりも超低価格を恒常化、粗利益率18％程度
商品構成	高付加価値商品を優先	ベーシックな生活必需品中心の商品構成、特に付加価値を追求しない
商品分野	専門性を強化し、部門やカテゴリー数を限定	衣食住の日常的商品分野を総合化した品ぞろえ

2 スーパーセンターの立地戦略

①新広域商圏の創造

　スーパーセンター独特の商品政策は、独自の立地戦略と密接な関係があります。スーパーセンターが出店する**ルーラル**（過疎地）にも、買物需要が潜在していますが、小売業が不足しています。**ルーラル**地域に求められる売場面積と品ぞろえを展開できる小売業が進出していません。

　日本の**ルーラル**地域は、人口密度は低いものの、小売市場の競争は激しくありません。従来型小売業にとって商圏としての魅力が低くても、スーパーセンターにとっては潜在的需要が見込める有望市場となる可能性があります。都市部や近隣へ流出している購買層を地域内へとどめる立地戦略により、新広域商圏を創造する機能をスーパーセンターは内含しています。

　スーパーセンターが、**ルーラル**地域で、日常的な需要に対して店舗運営するためには、次のようなことが必要です。

1) 日常生活に必要な衣食住健美などの必需品のフルライン化
2) 重要カテゴリーにおける多品目構成
3) あらゆる商品の恒常的超低価格化

②新立地創造の適正業態

　スーパーセンターの立地創造は、既存の広域商圏の外縁部に、既存の商圏を分断し新たな広域商圏を形成することです。スーパーセンターを起点に、都市部への流出を抑制し、近隣商圏からの流入を促し、新しい独立した広域商圏が形成されます。

　商圏がいくつにも分断され、小商圏が形成されている中で、新たな商圏を創造していくのは困難なことです。新広域商圏を形成し、都市部への流出に歯止めをかけるには、市場シェア獲得に優れた革新的業態であるスーパーセンターこそが最適な店舗形態といえます。

3　スーパーセンターの本質

　地域需要の流出阻止ならびに他地域からの流入促進を目的として、短期間に独自の広域商圏を形成し、市場シェアを拡大するためには、商品カテゴリー別の販売効率を最大化する必要があります。そのためには、顧客1人当たりの買上点数を高めることが重要です。

　小売業で商品カテゴリー別の業態間競争が激化する今日では、買上点数の増加政策を徹底し、市場シェアを拡大していくことが重要となっています。

16 チェーンストアの 戦略的特性

重要度：★★★　チェーンストアの概要を理解しましょう。

●チェーンストアは店舗の連鎖化による規模の経済性を目的にしています。

●チェーンストアの地域社会における役割に関して出題されています。

1　チェーンストア運営

①チェーン方式の特徴

　チェーン方式は、チェーンストア本部が中心となって店舗の連鎖化を進め、チェーン全体の統一的な運営で効率化を図る運営システムです。

　チェーン方式の特徴は、チェーンストア本部とチェーン各店舗との間で明確に機能分担がされていることです。チェーンストア本部は、立地選定、出店戦略、店舗開発、システム開発、商品開発、価格施策などの戦略的・管理的な意思決定を行います。

　本部で商品を一括して仕入れる**セントラルバイング・システム**で仕入コストの引下げなど**規模の経済**を追求しています。各店舗は、マニュアルにもとづいて販売業務に専念しています。

②チェーンストアの特徴

　国際チェーンストア協会では、チェーンストアとは「単一資本で11以上の店舗を直接経営・管理する小売業または飲食店の形態」と定義しています。

　チェーンストアの特徴は、本部の人件費、仕入コスト、システム構築費などの間接経費を各店舗に割り振ることです。**店舗数が増えるほど1店舗当たりの間接経費の負担は少なくなります。**間接経費の負担が独立店舗より明らかに少なくなります。

③チェーンストアの目標

　チェーンストアは、店舗の連鎖化による規模の経済性を発揮するため、店舗の認知度および信頼性の向上を目標としています。

　ある地域でドミナント展開を図る場合、仕入・販売・物流などの機能の標準化により、計画的かつ集中的な出店戦略をとって、寡占化を目指します。

1 小売業の類型

チェーンストアの3形態

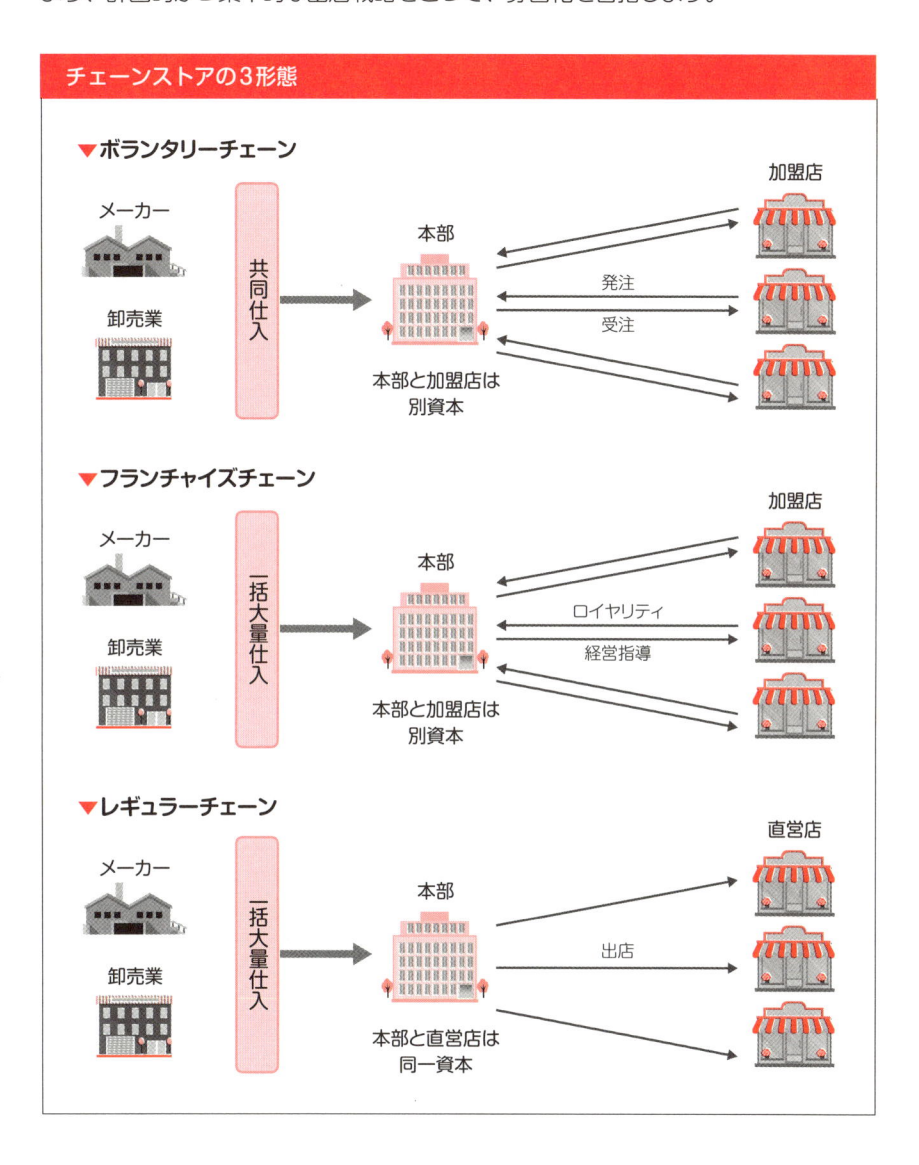

▼ボランタリーチェーン

メーカー　卸売業　共同仕入　→　本部　本部と加盟店は別資本　発注　受注　加盟店

▼フランチャイズチェーン

メーカー　卸売業　一括大量仕入　→　本部　本部と加盟店は別資本　ロイヤリティ　経営指導　加盟店

▼レギュラーチェーン

メーカー　卸売業　一括大量仕入　→　本部　本部と直営店は同一資本　出店　直営店

17 チェーンストアの オペレーション特性

重要度：★★★　　チェーンストア理論を理解しましょう。

● ロジスティクスは、商品の受発注、生産量や生産時期の管理、輸送・保管、在庫調整など市場の状況に応じて商品の流れを一括管理する仕組みのことです。

● チェーンストア本部の一元管理に関する問題が多く出題されています。「画一化」「統一化」「標準化」の原則の内容を理解しましょう。

1　チェーンストア理論

①一元管理の法則

　日本のチェーンストアは、アメリカのチェーンストア理論を日本流にアレンジして成長してきました。

　チェーンストア理論は、「**画一化**」「**統一化**」「**標準化**」の原則に従い、多数の店舗を連鎖化して、本部が一元管理することで効率的な運営を実践するための理論です。

1) **店舗の画一化**

　店舗の立地特性、商圏設定、規模、内外装、顧客導線、ゾーニング、レイアウトなどを画一化することで、店舗の開発や運営に係るコストが削減され、迅速な多店舗展開が可能となります。

2) **品ぞろえの統一化**

　地域や個店の事情を考慮に入れ、各店舗のできるだけ多くの品ぞろえを統一化し、本部一括大量仕入によるバイングパワーを高めることで、各店舗への商品配分の効率化が可能となります。

3) オペレーションの標準化

　店舗運営システム、従業員の役割、具体的作業などのマニュアルを作成し、オペレーションの標準化を図るとともに、スーパーバイザーなどの派遣により各店舗を画一的に運営することが可能となります。

　店舗の連鎖化だけでなく、本部と店舗の機能分担を明確にして、一元管理の原則に従い、本部主導のもと各店舗が販売に特化することで、**チェーンストア全体の効率を向上させる運営方法がチェーンオペレーションです。**

1
小売業の類型

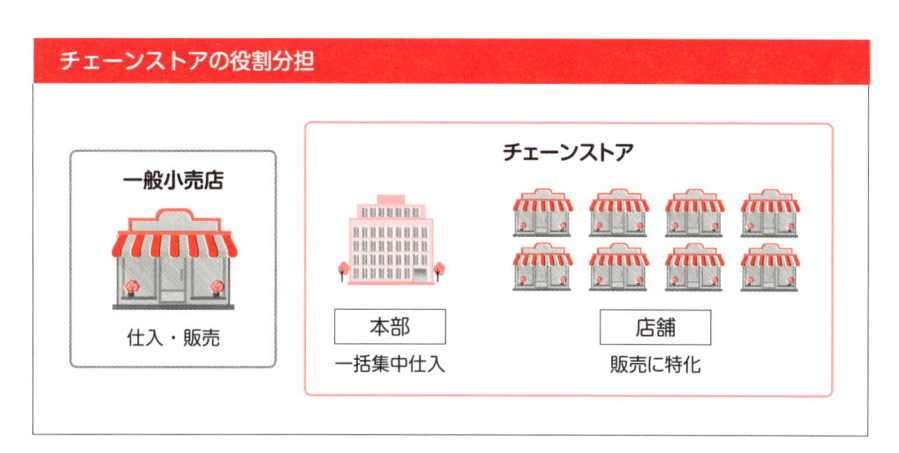

チェーンストアの役割分担

一般小売店
仕入・販売

チェーンストア

本部
一括集中仕入

店舗
販売に特化

②チェーンオペレーションのメリット・デメリット

　チェーンオペレーションには、次表のようなメリットとデメリットがあります。

▼チェーンオペレーションのメリット・デメリット

メリット	・迅速な多店舗展開 ・本部一括集中仕入によるコスト削減 ・標準化による店舗運営の効率化 ・フラットな組織運営で意思決定の迅速化
デメリット	・地域特性に対する柔軟性の低下 ・現場社員のモラール低下 ・商品・サービスの硬直化

2 チェーンオペレーションの本質

　チェーンオペレーションは、店舗数の増加による企業規模の拡大で生産方法を効率化する運営方法として導入されました。チェーンオペレーションの採用により業態間・企業間の競争力を優位に進めた企業が多くあります。

　チェーンオペレーションは、ある限定された地域に他の企業が参入できないほどのドミナント展開を図り、集中的かつ継続的な出店を行い、寡占化による規模の経済性を追求することで、**原価の低減とローコストオペレーションにより収益の最大化**を図る運営方式です。

　チェーンオペレーション戦略の柱は出店戦略ですが、販売による利益を獲得するバックアップシステムとして仕入部門や商品開発部門が存在します。

　個店で商品構成が多品種化した場合、1品目ごとの仕入ロット数が小さいため仕入原価が割高になります。チェーンストアは、本部一括集中仕入により多品種の商品を大量に仕入れることができます。チェーンオペレーションは本部から各店舗へ商品を供給する卸売機能を備えています。

　チェーンオペレーションは、小売機能（セールス）と卸売機能（アソートメント）が統合され、本部と店舗で分業される運営方式といえます。

　チェーンオペレーションは、多数の店舗を連鎖化させ、本部一括集中仕入による規模の経済性を追求し、本部主導で各店舗が販売に特化する一貫したオペレーションを戦略として展開する運営方式です。

　スーパーマーケット、コンビニエンスストア、ドラッグストアなどの店舗形態は、チェーンオペレーションを戦略的に展開することで、多店舗展開を実現してきました。

3 物流システムの効率化

　チェーンオペレーションのメリットの1つとして、**ロジスティクス**を導入して物流システムを効率化できることがあります。**ロジスティクス**とは、原材料の調達から生産、輸送・保管、販売に至るまで商品の流れを一括管理する過程のことです。**ロジスティクス**のもともとの意味は軍事用語の「兵站（へいたん）」です。「兵站」とは、軍隊の後方から戦闘の最前線へ人員・兵器・食糧などの必要な物資を届ける仕組みのことです。

　ロジスティクスとは、市場の需要に合わせて、**適切な時期に、適切な商品を、適切な量だけ**供給するシステムです。

　チェーンオペレーションで展開される**ロジスティクス**の目標は、生産者から物流センターへの単品大量輸送と、物流センターから各店舗への多品種少量輸送の**ジャストイン物流システム**を組み合わせて、全体最適の物流システムを構築することです。

　ジャストイン物流システムとは、必要なときに、必要な商品を、必要な量だけ供給する生産管理システムにもとづき、多品種少量販売を実現させるための配送システムのことです。トヨタ自動車が部品調達のために開発した「カンバン方式」のシステムを、流通に応用したのが**ジャストイン物流システムです。**

　チェーンオペレーションを成功させるためには、情報システム化により効率性の高い**ロジスティクス**体制を構築していく必要があります。チェーンストア本部は、商品の受発注、販売、在庫の情報だけでなく、**ロジスティクス**体制まで含めた、物流の情報を共有化することが重要となります。

- チェーンストアは多店舗展開により、ブランドの認知度を高め、商圏内のシェア率を高めることで、競争優位性を発揮します。
- 多店舗展開を実現するためには、「店舗の画一化」「品ぞろえの統一化」「オペレーションの標準化」の原則に従うことが必要となります。

重要度：★★★　消費者の嗜好(しこう)が多様化する中、地域特性に合わせたきめ細かなマーケティングが求められるように変化しています。

学習アドバイス

●本部の売上高と粗利益の管理だけでなく、店舗レベルでの売上高、諸経費、利益などのマネジメントが重要視されるようになりつつあります。

出題者の目線

●店長などの現場の管理者に求められる、リーダーシップとマネジメントに関する問題が出題されています。

1 効率的オペレーションから戦略的マネジメントへ

高度成長期の大量生産・大量消費の時代、仕入れた商品を売場に並べれば売れた時代には、本部一括集中仕入で仕入コストを引き下げ、商品を店舗に供給し、売上高と粗利益を管理しているだけで経営が成り立ちました。

本部のバイヤーが仕入原価や値入(ねいれ)を集中的に管理することで、売上高と粗利益を確保できたのであり、各店舗で利益や経費を管理する必要性は低かったのです。

しかし、今日では消費の低迷とコストの増加により、各店舗において売上高と人件費をはじめとする家賃や光熱水費などのコストを管理するマネジメントが不可欠となりました。

立地が異なる小商圏の一つひとつの店舗に対して、本部が従来のように一律的に指示していくことが難しくなっています。売上の伸び率が停滞する状況では、本部主導の標準的なオペレーションだけに依存していては、チェーンストアが存続していくために必要な利益を確保するのが難しくなってきました。一つひとつの店舗が、地域のニーズを把握して店舗レベルで売上やすべての利益を管理していくことが求められる時代となりました。

2　地域の需要創造活動

　日本のチェーンストアは、短期間に多店舗展開することで、利益を確保することを目指してきました。きめ細かなマーケティングを展開しなくても商品が売れた時代は、店舗の画一化と迅速な多店舗展開が優先されていました。

　効率性を重視した時代のチェーンストア経営は、本部が戦略的・管理的なマネジメントを担っており、各店舗でのマネジメントの必要性は低いものでした。

　今日では、各店舗が地域の特性や顧客のニーズを把握し、顧客に商品やサービスを効果的に提供するリテールマーケティングの展開が重要となっています。

　地域の需要を創造する活動が各店舗へ求められる時代となりました。

3　チェーンストアに求められる計数管理

　チェーンストアでは、マトリックス組織を採用していることが多いです。マトリックス組織とは、職能・事業・エリアなどの異なる業務遂行要素を縦・横に組み合わせ、網の目のように複数の軸で構成されている組織体系のことです。店長が商品カテゴリーを単位として店舗ごとに損益を管理し、本部のバイヤーは部門ごとに損益を管理しています。

　店舗数が20店舗程度であれば、経営トップが店長とバイヤーを統制することができますが、多店舗が進むとそれぞれの店長とバイヤーに損益管理を任せることになります。店長とバイヤーの連携がよくないと、数値責任の所在が不明確になる危険性があります。

　誰が、いつ、何を計画し、誰が、いつ、どのように検証し、改善策を講じるか、という「**職位別の意思決定プロセスの確立**」と「**販売方法別の損益計算の導入**」が必要となります。

①職位別の意思決定プロセスの確立

　経営トップ、店長、バイヤー、売場主任と職位別にマネジメントの担当範囲と責任範囲を次表のように策定する必要があります。

　売上高や利益を検証した結果、目標とした計画水準を下回った場合は、原因と背景を追究します。毎日時間帯別に確認すべきこと、毎週確認すべきこと、月ごとに確認すべきことを明確にして、段階別に改善策を講じることが重要です。

経営トップ	チェーンストア全体のマネジメント 年単位でチェーンストア全体の売上高と各利益の結果責任
店長	自店のマネジメント 月単位で自店の売上高、諸経費、各利益の結果責任
バイヤー	担当部門のチェーンストア全体のマネジメント 週単位で担当部門の売上高と値入の結果責任
売場主任	担当売場のマネジメント 1日単位で売上高、粗利益、商品ロスの結果責任

②販売方法別の損益計算の導入

　定番商品、季節商品、特売商品、PB商品など販売方法別に損益計算を行うことで、販売方法などの評価と販売施策の見直しに役立ちます。

　損益計算の過程で商品カテゴリー別に販売方法別の値入を明確にすることで、粗利益に貢献する商品カテゴリーが明確になります。

　商品カテゴリー別・販売方法別の損益計算は次のように進めていきます。

1) 自店の販売方法の区分を整理する。

2) 商品カテゴリー別、販売方法別に売上高、原価、値入の1年分のデータを収集する。

3) POSデータから商品カテゴリー別粗利益を収集する。

4) 販売方法別の売上高、原価、値入を集計する。

5) 人件費、広告宣伝費、賃料、減価償却費などの諸経費の配布基準について、売上比を基準にする科目とそれ以外に区分する。

6) 売上比以外の配賦基準を決める（人件費：作業時間、賃料：棚数など）。

7) 販売方法別に損益計算を行う。

8) 商品カテゴリー別・販売方法別の売上高と各利益の数値を評価する。

　売上高と各利益の数値結果をもとに販促施策を評価し、施策の見直しを速やかに実践していくことが重要です。

4 管理者のリーダーシップとマネジメント

①リーダーシップ

　リーダーシップとは、集団の目的を達成するために集団を導くための統制力のことです。店舗で従業員と直接的に接する店長に求められるリーダーシップでは、従業員への動機づけが重要となります。

1) 組織のミッションとゴールの明示

　チェーンストアの果たすべき使命 (ミッション) を明示することで、店舗全体と従業員へ仕事に対する使命感と動機づけを与えます。

　チェーンストアの目標 (ゴール) は、消費者および従業員の生活を豊かにすることです。ゴールに向かい仕事への使命感と労働への動機づけが生じます。

2) 組織の価値観の明示

　自店の顧客層をどこにフォーカスするかは、企業の価値観から生じます。

　店舗立地、商品構成、店舗運営などの実行戦略についても、チェーンストアごとに異なります。

3) 実行戦略の明示

　企業の戦略とは、目標を達成するために、ヒト、モノ、カネ、情報などの経営資源を効果的に配分する手法です。戦略はマクロ的な視点で中長期的に策定されます。

4) コーチング

　コーチングは、相手の話に耳を傾け、観察や質問、提案などを通して相手の資質を引き出す、目標達成の手法のことです。

　コーチングは、管理者が部下に動機づけを行う手法であることに加え、作業指導などの個別教育の役割もあります。

　店舗での作業内容が高度化、専門化すればするほど、標準化・マニュアル化が難しくなります。このような場合、管理者が部下へ個別に行うコミュニケーションと指導がコーチングとなります。

②マネジメント

　マネジメントを実行するためには、年度、四半期、月、週、日別の目標を掲げた時間軸による作業計画と、目標利益、経費削減、生産性向上などの成果目標の数値面の計画を作成することから始めます。

　マネジメントにおける職務責任は、「**コミットメント（Commitment）**」「**レスポンシビリティ（Responsibility）**」「**アカウンタビリティ（Accountability）**」の3つの要素から構成されています。

1) コミットメント

　コミットメントは、目標や義務に対して、その達成を約束するという意味で用いられます。

　コミットメントの結果、経営者は従業員へ報酬を支払う義務が発生し、従業員は報酬を受け取る権利が発生します。

2) レスポンシビリティ

　レスポンシビリティは、義務を遂行する責任という意味で用いられます。コミットメントの結果、従業員は作業の実行と成果の達成という責任が生じます。

3) アカウンタビリティ

　アカウンタビリティは、利害関係者に対して、業務を遂行した結果を説明する責任という意味で用いられます。

　マネジメントの内容とプロセスをこの3要素で見直すことにより、現実の問題点や克服するべき課題が鮮明になります。

商店街の活性化戦略

商店街の役割と課題を理解しましょう。

●地域コミュニティにおける商店街に対する期待は、「買物の場」から「多世代が共に暮らし、働き、交流する場」へと変化しています。

●「商店街実態調査」の結果から、商店街の抱える問題、空き店舗対策に関する出題、「商店街インバウンド実態調査」の結果から、インバウンド需要の取組みに関する出題、など統計資料にもとづいた出題が予想されます。調査結果のポイントを押さえましょう。

1 商店街の役割と課題

　経済産業省の商業統計では、「小売店、飲食店及びサービス業を営む事業所が近接して30店舗以上あるもの」を1つの商店街として取り扱っています。

　商店街は、駅前や繁華街、街道沿い、神社仏閣、人の集まる大型施設等の周辺などの一定地域内に歴史的に自然発生した商業集積です。

　商店街には、地域住民の買物の場としての機能だけでなく、地域のコミュニティ機能や公共的機能などの機能があり、地域経済の重要な役割を担っています。

　近年では、消費者の購買動向の変化、モータリゼーション、少子高齢化など商店街を取り巻く環境は大きく変化しています。後継者不足による空き店舗が増え、商店街のシャッター通り化が進んでいるのが現状です。

　中小企業庁が公表した「令和3年度商店街実態調査報告書」によると、「商店街の役割」「商店街の問題点」「活性化に向けた取組み」は次のとおりです。

①商店街の役割

　商店街は、**地域住民への身近な購買動機の提供、治安や防犯への寄与、地域の賑わいの創出**など多岐にわたり、地域にとって不可欠な役割を担っています。

　「令和3年度商店街実態調査報告書」において、商店街の役割について『期待されていると思うもの』と『期待に応えられていると思うもの』の2つに分けて調査しています。

　『期待されていると思うもの』の上位3つは、「地域住民への身近な購買動機の提供（69.0％）」「治安や防犯への寄与（63.3％）」「地域の賑わいの創出（62.2％）」となっています。『期待に応えられていると思うもの』の上位3つは、「治安や防犯への寄与（60.1％）」「地域住民への身近な購買機会の提供（52.3％）」「地域の賑わいの創出（41.7％）」となっています。『期待されていると思うもの』と『期待に応えられていると思うもの』の差が大きいのは「地域の賑わいの創出（20.5ポイント差）」「地域住民への身近な購買機会の提供（16.7ポイント差）」「まちの中心となる顔としての役割（15.3ポイント差）」となっています。

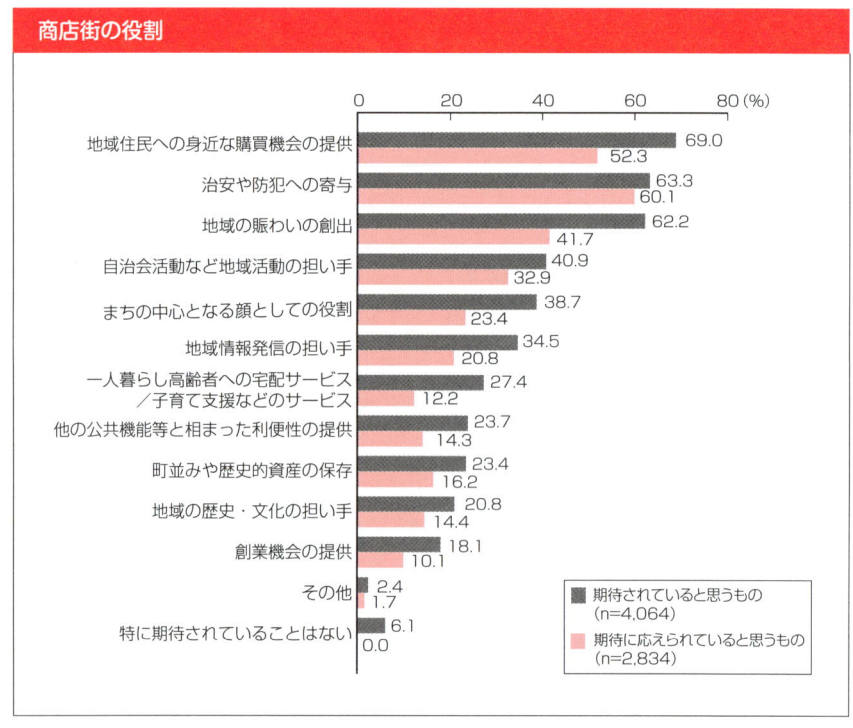

商店街の役割

出典：令和3年度商店街実態調査報告書（中小企業庁）

② **商店街の問題点**

商店街が地域からの期待に十分に応えられない理由は、商店街がたくさんの問題を抱えていることにあります。

「令和3年度商店街実態調査報告書」において、現況の商店街が抱える問題としては、「経営者の高齢化による後継者問題 (72.7%)」「店舗等の老朽化 (36.4%)」「集客力が高い・話題性のある店舗・業種が少ないまたはない (30.5%)」「商圏人口の減少 (29.8%)」が上位を占めています。

商店街にとって、「**経営者の高齢化による後継者問題**」が最も深刻な問題となっています。

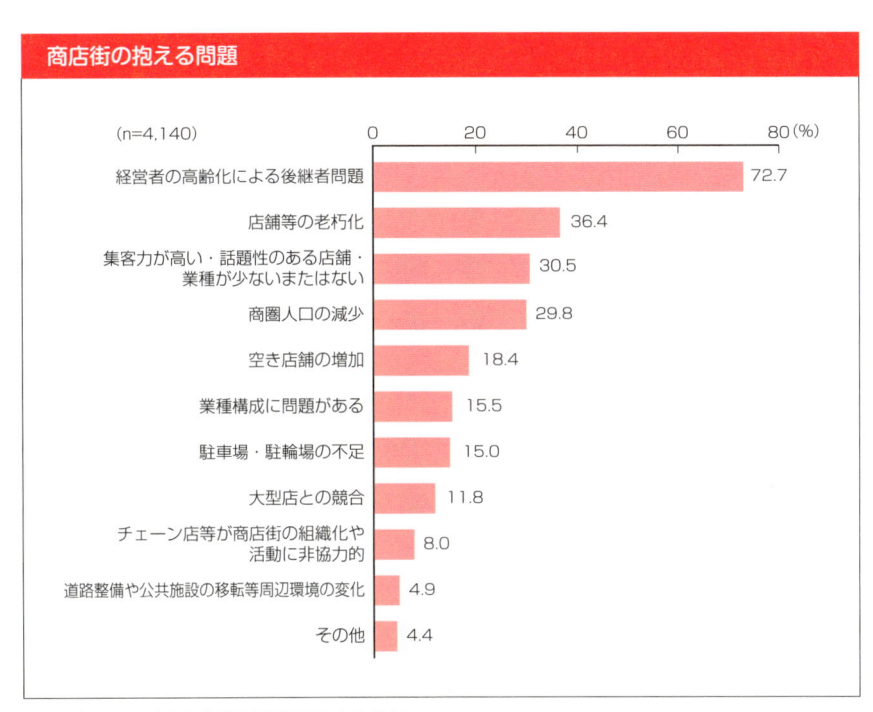

商店街の抱える問題

出典：令和3年度商店街実態調査報告書（中小企業庁）

1) 経営者の高齢化による後継者問題

商店街が抱える問題の上位3つは平成24年度以降の「**経営者の高齢化による後継者問題**」「**店舗の老朽化**」「**集客力が高い・話題性のある店舗・業種が少ないまたはない**」という、個店に対する問題です。

特に、「経営者の高齢化による後継者問題」は、平成21年度の調査で第1位になって以降、調査ごとに回答の割合が増えています。

▼商店街の抱える問題の推移

	1位	2位	3位
平成21年度	経営者の高齢化による後継者難〔51.3%〕	魅力ある店舗が少ない〔42.7%〕	核となる店舗がない〔27.2%〕
平成24年度	経営者の高齢化による後継者難〔63.0%〕	集客力が高い・話題性のある店舗・業種が少ないまたはない〔37.8%〕	店舗等の老朽化〔32.8%〕
平成27年度	経営者の高齢化による後継者難〔64.6%〕	集客力が高い・話題性のある店舗・業種が少ないまたはない〔40.7%〕	店舗等の老朽化〔31.6%〕
平成30年度	経営者の高齢化による後継者難〔64.5%〕	店舗等の老朽化〔38.6%〕	集客力が高い・話題性のある店舗・業種が少ないまたはない〔36.9%〕
令和3年度	経営者の高齢化による後継者難〔72.7%〕	店舗等の老朽化〔36.4%〕	集客力が高い・話題性のある店舗・業種が少ないまたはない〔30.3%〕

(注) 回答形式：主なものを3つまで選択
出典：令和3年度商店街実態調査報告書 (中小企業庁)

　後継者難で空き店舗が増えると商店街全体へも影響が出ますが、商店街として後継者問題への「取組みを講じていない（96.0%）」のが現状です。

2) 空き店舗対策

　後継者難による店舗の退店や廃業により**空き店舗が増加することは、個店の商業集積である商店街の魅力が低下するという、商店街全体の問題です。**

　「令和3年度商店街実態調査報告書」において、1商店街当たりの空き店舗数の平均は5.49店 (前回調査比0.16店増)、平均空き店舗率13.59% (前回調査比0.18ポイント減) となっています。

　空き店舗率が10%を超える商店街は43.3%となっています。空き店舗率が10%を超えるとシャッター通りと呼ばれますが、4割以上の商店街がシャッター通り化していることになります。

　空き店舗の発生に対する商店街の取組みは、58.4％の商店街が「特に関与していない」との回答であり、前回調査（57.0％）と比べると1.4ポイント増加していることが懸念されます。

　空き店舗の発生に対する取組みを行っている商店街では、「商店街にとってマイナスとなる店舗の進出（出店）の抑制6.2％（前回調査比0.3ポイント増）」「NPO、産学官連携などの活動の場として提供3.4％（前回調査比0.1ポイント増）」「家主と協力し、住居賃借向けに改装2.3％（前回調査比0.1ポイント増）」などの取組みが増加しています。

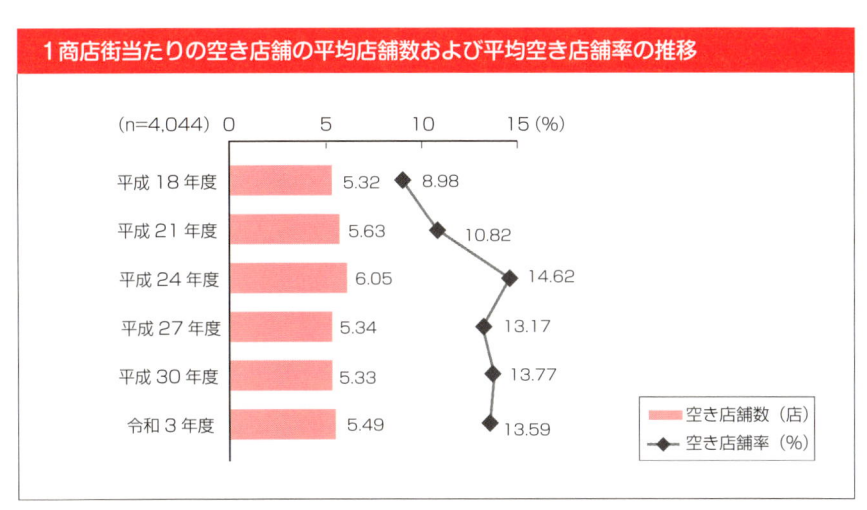

1商店街当たりの空き店舗の平均店舗数および平均空き店舗率の推移

出典：令和3年度商店街実態調査報告書（中小企業庁）

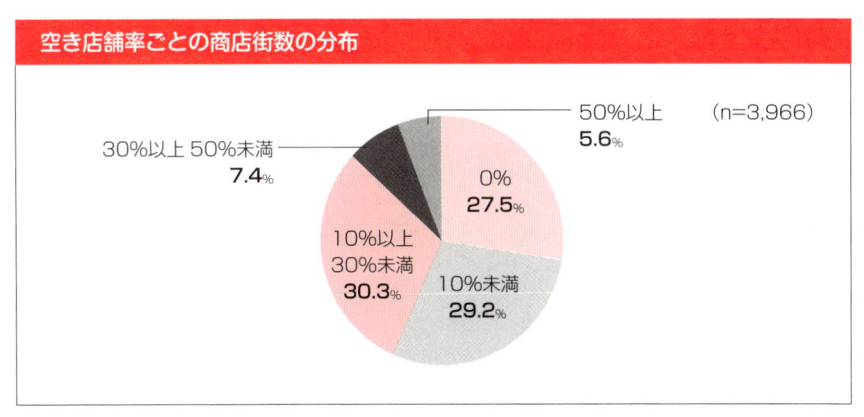

空き店舗率ごとの商店街数の分布

出典：令和3年度商店街実態調査報告書（中小企業庁）

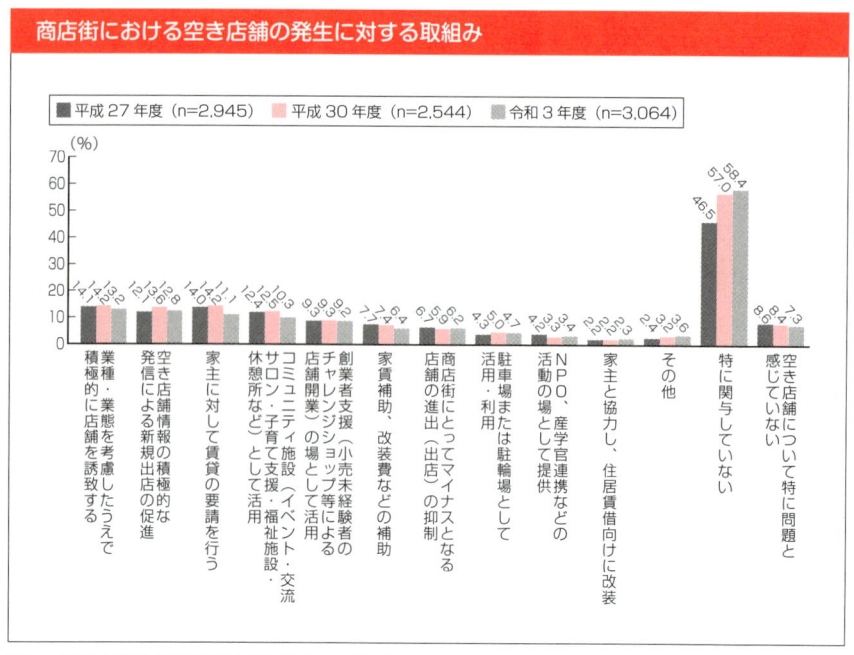

出典：令和3年度商店街実態調査報告書（中小企業庁）

　空き店舗の今後の見通しは、「増加する」と回答した商店街が全体の49.9％を占めています。

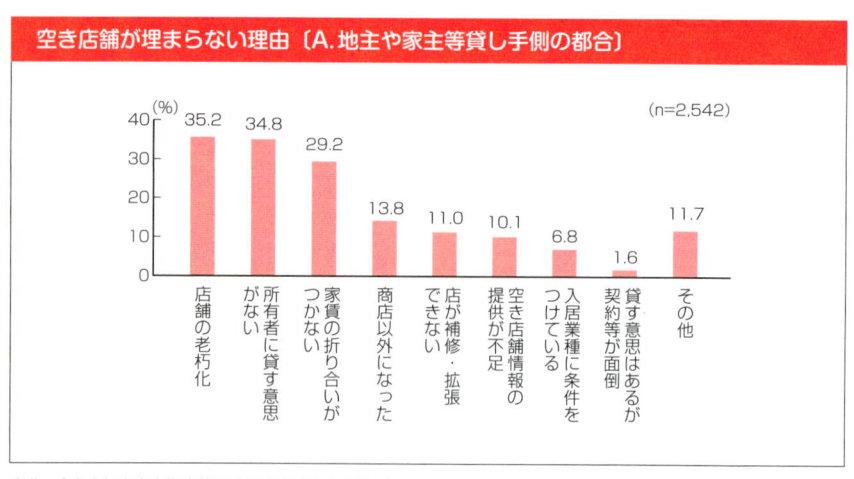

出典：令和3年度商店街実態調査報告書（中小企業庁）

　空き店舗が埋まらない理由〔A.地主や家主等貸し手側の都合によるもの〕は、多い順に「店舗の老朽化（35.2％）」「所有者に貸す意思がない（34.8％）」「家賃の折り合いがつかない（29.2％）」となっています。

　空き店舗の利活用に非協力的な所有者に対しては、課税強化などの措置（ディスインセティブ措置）も必要と思われます。

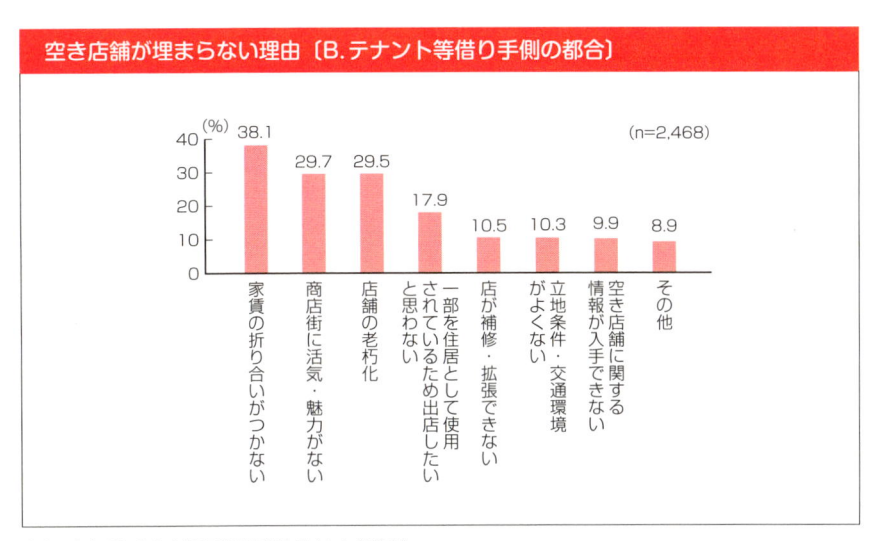

空き店舗が埋まらない理由〔B.テナント等借り手側の都合〕

出典：令和3年度商店街実態調査報告書（中小企業庁）

　空き店舗が埋まらない理由〔B.テナント等借り手側の都合によるもの〕は、多い順に「家賃の折り合いがつかない（38.1％）」「商店街に活気・魅力がない（29.7％）」「店舗の老朽化（29.5％）」となっています。

　「家賃の折り合いがつかない」という経済条件が最も多いですが、「店舗の老朽化」や「店が補修・拡張できない」といった店舗の魅力の欠如も大きな要因です。

3) 行政などに求められる取組み

　空き店舗問題に取り組む際に必要な行政等の支援については、多い順に「一時的な穴埋めではなく、商店街を含む『まちづくり』計画の立案情報の提供（34.0％）」「家賃補助、改装補助などの支援措置（32.3％）」「新規出店者等の誘致（24.5％）」となっています。

　空き店舗の増加を抑制するためには、自治体が商工会議所・商工会と連携して、**一体的な街づくり政策、新規テナント誘致などの情報発信**、店舗所有者に対する**家賃補助や改装補助などの金融支援**などの取組みが必要となります。

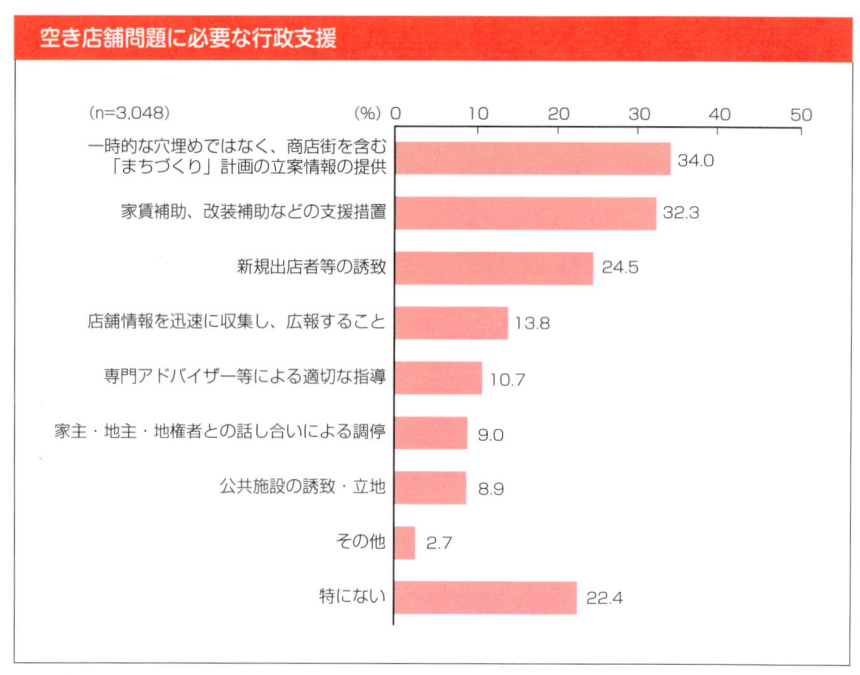

空き店舗問題に必要な行政支援

(n=3,048)

	(%)
一時的な穴埋めではなく、商店街を含む「まちづくり」計画の立案情報の提供	34.0
家賃補助、改装補助などの支援措置	32.3
新規出店者等の誘致	24.5
店舗情報を迅速に収集し、広報すること	13.8
専門アドバイザー等による適切な指導	10.7
家主・地主・地権者との話し合いによる調停	9.0
公共施設の誘致・立地	8.9
その他	2.7
特にない	22.4

出典：令和3年度商店街実態調査報告書（中小企業庁）

　商店街が抱える問題は、商店街の適切なマネジメントにより解決できる可能性があります。商店街が地方自治体や商工会議所・商工会などの協力を得ながら地域活性化に取り組むことで、空き店舗の解消と新規出店の支援により、新規顧客を獲得し、商店街が活性化した事例もあります。

　欧米では、エリアマネジメントの取組みとして、**BID制度**が普及しています。

　BID（**Business Improvement District**）とは、地域における良好な環境や地域の価値を維持・向上させることを目的に、住民や事業主・地権者等が一体となり主体的に取り組むエリアマネジメント活動を支援するため、不動産所有者・事業者等へ資金の負担を求め、その資金を、エリアマネジメント活動を実施する団体等へ配分する仕組みのことです。

　BIDは法令で定められた制度ではありませんが、地方公共団体などで導入されています。事業の対象は、公共施設の維持管理、治安維持、ホスピタリティ向上、景観向上、コミュニティ事業、ビジネス環境まで幅広い範囲で、行政と民間の中間的な位置づけといえます。

2　商店街におけるインバウンド需要の取込み

　商店街は、商品・サービスの提供の場を超えて、地域のコミュニティ機能や公共的機能などの機能があり、地域社会の生活基盤としての重要な役割を担っています。

　グローバル化の進展と政府の観光ビジネス支援などにより、近年では訪日外国人観光客の人数および消費額が大幅に増加しています。海外からのインバウンド需要を取り込むことで地方活性化を図ることが重要となっています。

　こうした状況を踏まえ、全国の商店街における外国人観光客の動向等の実態、商店街における外国人観光客の受入状況とその効果をアンケート調査により明らかにし、今後の商店街におけるインバウンド施策の基礎資料とすることを目的として、「商店街インバウンド実態調査」が2016（平成28）年に実施されました。

　「商店街インバウンド実態調査」と観光庁が毎年実施する「訪日外国人消費動向調査」にもとづいて、インバウンド需要の動向と取組みを見ていきます。

①外国人観光客の買物動向

　観光庁が実施した2023年度「訪日外国人消費動向調査」によると、訪日外国人旅行者数は25,006,350人、訪日外国人旅行消費額は5兆3,065億円と過去最高、訪日外国人（一般客）1人の旅行支出は21万3千円となっています。

　旅行支出の費目別に構成比を見ると、宿泊費（34.6%）、買物代（26.5%）、飲食費（22.5%）の順となっています。

▼国籍・地域別の訪日外国人旅行者数・消費額

		韓国	台湾	中国	香港	米国	その他	合計
旅行者数	（人）	6,943,876	4,127,407	2,362,886	2,109,955	2,044,896	7,417,330	25,006,350
	（構成比%）	27.8%	16.5%	9.4%	8.4%	8.2%	29.7%	100.0%
旅行消費額	（億円）	7,382	7,806	7,564	4,797	6,070	19,446	53,065
	（構成比%）	13.9%	14.7%	14.3%	9.0%	11.4%	36.6%	100.0%

出典：2023年度訪日外国人消費動向調査（観光庁）より筆者作成

2023年度「訪日外国人消費動向調査」によると国籍・地域別の訪日外国人旅行数の上位5位は「韓国」「台湾」「中国」「香港」「米国」の順となっています。アジア諸国からの来訪が多く、上位4国で全体の6割を超えます。

近年では、「タイ」「ベトナム」「フィリピン」「シンガポール」「マレーシア」などの東南アジアからの来訪者が増えています。

国籍・地域別の訪日外国人旅行消費額の上位5位は「台湾」「中国」「韓国」「米国」「香港」の順となります。「台湾」「中国」「韓国」「香港」のアジア圏4国で全体の5割を占めています。

外国人観光客が来訪する商店街において、商店街側が考える外国人観光客が商店街を訪れる主な理由は、「商店街内または周辺に**宿泊施設**があるため（46.4％）」「**交通利便性**が良いため（46.0％）」「商店街内または周辺に**観光名所**（**文化遺産、景勝地、温泉など**）があるため（36.3％）」が上位を占めています。

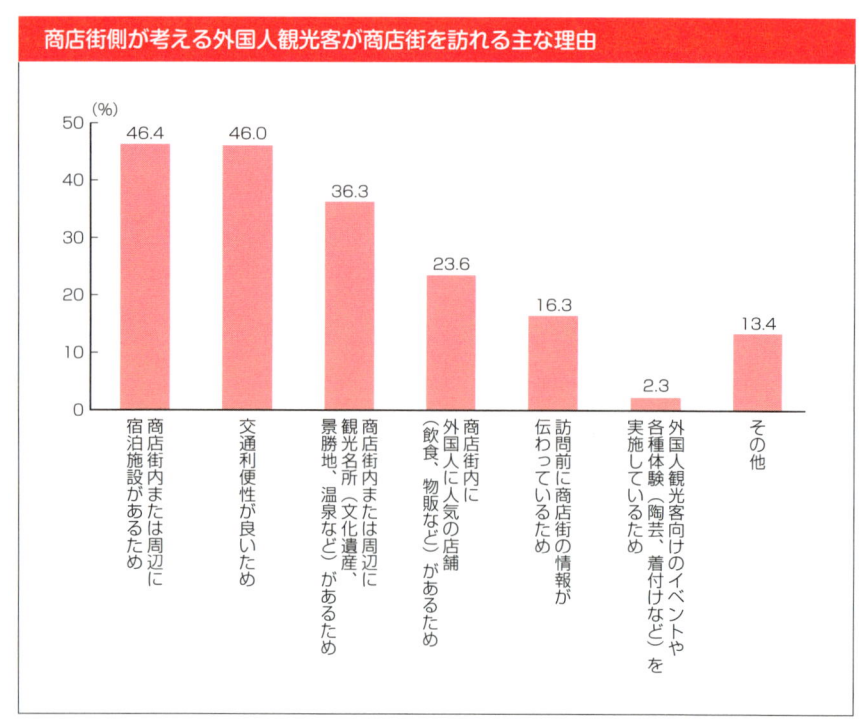

商店街側が考える外国人観光客が商店街を訪れる主な理由

出典：商店街インバウンド実態調査（中小企業庁）

　外国人観光客が来訪する商店街において、外国人観光客の主な買物商品は、上位から「その他食料品・飲料・酒・たばこ (53.2%)」「菓子類 (31.6%)」「医薬品・健康グッズ・トイレタリー (22.3%)」となっています。

　超広域型商店街では、「医薬品・健康グッズ・トイレタリー」「化粧品・香水」の占める割合が高くなっています。

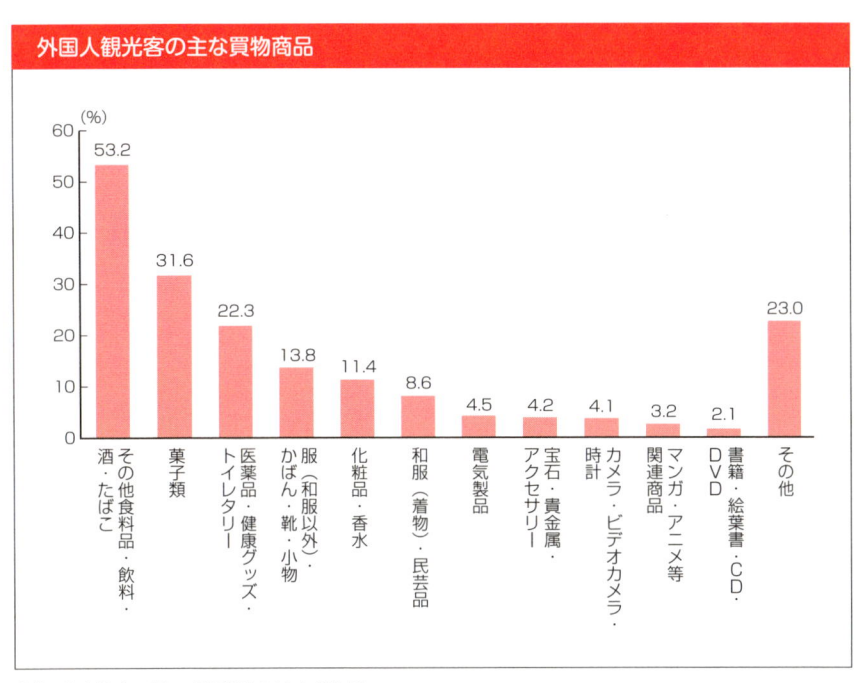

外国人観光客の主な買物商品

出典：商店街インバウンド実態調査 (中小企業庁)

　外国人観光客が来訪する商店街において、商店街側が考える外国人観光客が不便に感じていることは、「コミュニケーションがとれない (36.6%)」「サイン・案内板が分かりにくい (31.0%)」「免税に対応していない (25.3%)」が上位を占めています。

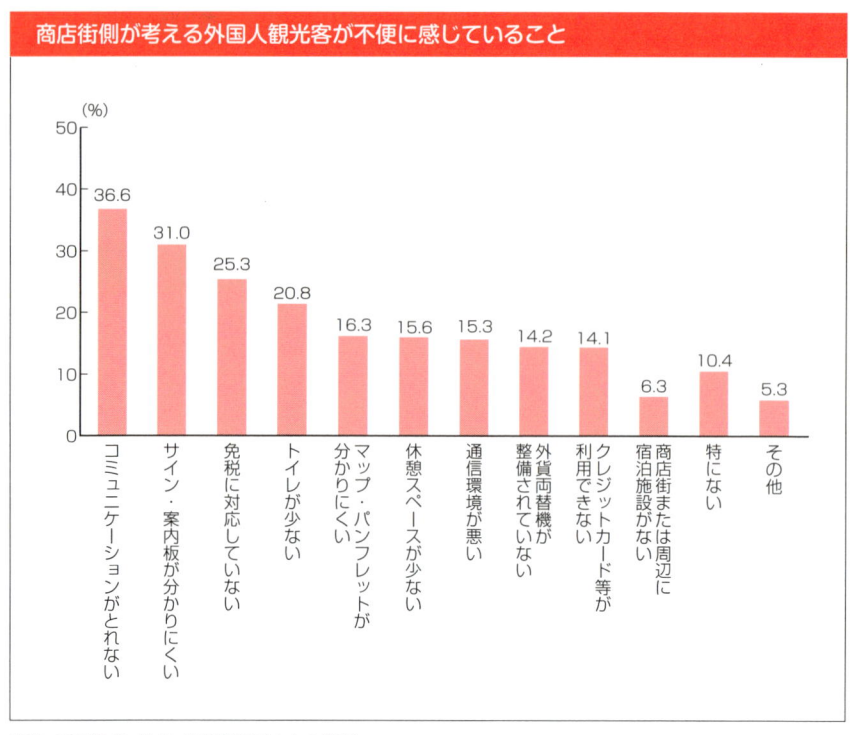

商店街側が考える外国人観光客が不便に感じていること

(%)

- コミュニケーションがとれない: 36.6
- サイン・案内板が分かりにくい: 31.0
- 免税に対応していない: 25.3
- トイレが少ない: 20.8
- マップ・パンフレットが分かりにくい: 16.3
- 休憩スペースが少ない: 15.6
- 通信環境が悪い: 15.3
- 外貨両替機が整備されていない: 14.2
- クレジットカード等が利用できない: 14.1
- 商店街または周辺に宿泊施設がない: 6.3
- 特にない: 10.4
- その他: 5.3

出典：商店街インバウンド実態調査（中小企業庁）

　観光庁が実施した2016（平成28）年度「訪日外国人旅行者の国内における受入環境整備に関するアンケート」によると、外国人旅行者が旅行中の困ったことの上位3位は、「施設等のスタッフと**コミュニケーションがとれない**（32.9%）」「**無料公衆無線LAN環境**（28.7%）」「**多言語表示の少なさ・わかりにくさ**（観光案内板・地図等）（23.6%）」の順となっています。

　2019（令和元）年度調査では、それぞれの項目について改善がみられました。

▼旅行中に困ったこと

	2016年	2019年
施設等のスタッフとコミュニケーションがとれない	32.9%	20.6%
無料公衆無線LAN環境	28.7%	18.7%
多言語表示の少なさ・わかりにくさ（観光案内板・地図等）	23.6%	16.4%

出典：「訪日外国人旅行者の国内における受入環境整備に関するアンケート」（観光庁）より筆者作成

　「商店街インバウンド実態調査」および「訪日外国人旅行者の国内における受入環境整備に関するアンケート」の結果から、**外国人観光客が旅行中に最も困っているのは、多言語対応が不十分でコミュニケーションがとれないこと**だとわかります。

②外国人観光客の受入れの取組み（インバウンド事業）

　外国人観光客受入れのための取組み（インバウンド事業）実施状況は、「取組みは行っていないうえ、今後も実施する予定はない（69.4％）」との回答で商店街全体の7割を占めていますが、超広域商店街では「取組みを行っている（51.2％）」との回答で半数がインバウンド事業を展開しています。

　インバウンド事業の具体的な取組み内容は、「**Wi-Fiの設置**（62.4％）」「**マップ・パンフレット等の多言語化**（58.2％）」が上位を占めています。

　通信環境の整備や多言語化の取組みを実施した結果、外国人観光客の増加や売上高の増加につながった商店街もあります。

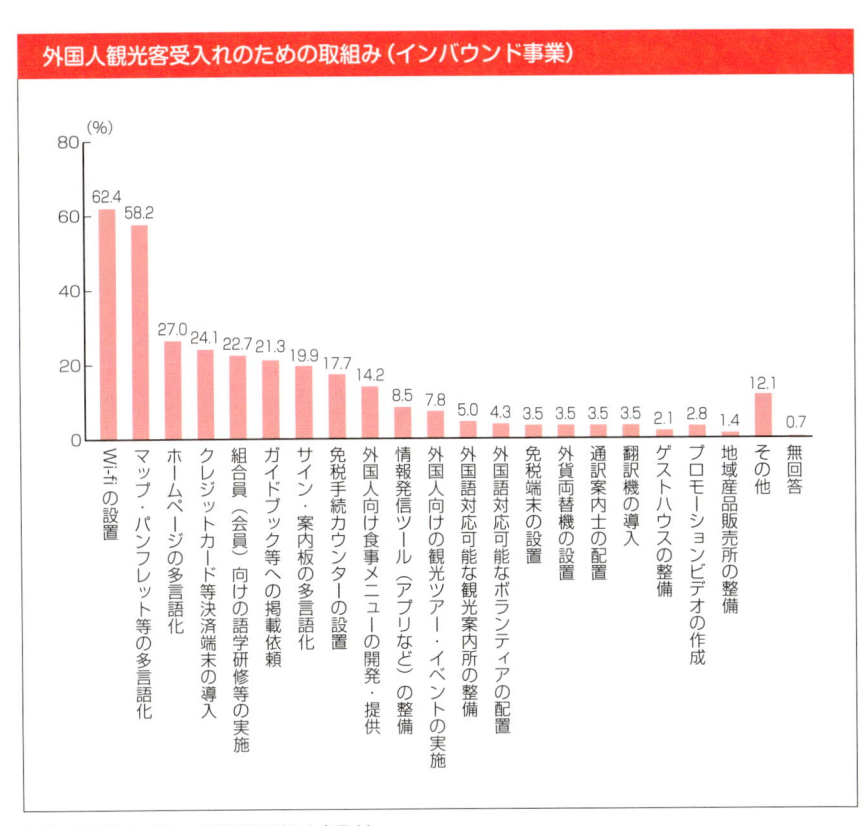

外国人観光客受入れのための取組み（インバウンド事業）

出典：商店街インバウンド実態調査（中小企業庁）

③外国人観光客の買物時の利便性向上

外国人観光客の買物時の利便性向上策として、「**クレジットカード等決済端末の導入** (24.1%)」「**免税手続カウンターの設置** (17.7%)」などの取組みが実施されています。

商店街やショッピングセンター (SC) は複数の店舗が集積していますが、免税手続一括カウンターを導入することで、外国人観光客が免税手続きを一度で完了できるとともに、各店舗での煩雑な免税手続きの業務が削減されるので、観光客と店舗の双方にメリットあります。

Ⅰ) 手続委託型輸出物品販売場制度

2015年4月に免税手続きに関する緩和措置で、免税手続一括カウンターを第三者に委託できる「手続委託型輸出物品販売場制度」が施行されました。

特定商業施設——商店街振興組合 (商店街)、事業協同組合 (商店街)、大規模小売店舗 (SC等)、一棟の建物 (テナントビル等) ——内で店舗が外国人観光客へ物品を販売する場合の免税手続きを、免税手続一括カウンターを設置する事業者へ委託することができるようになりました。

Ⅱ) 臨時免税店制度

2019年7月税制改正で、免税店を経営する事業者が、7か月以内の期間を定めて臨時免税店を設置できる「臨時免税店制度」が施行されました。

商店街のイベントや地域の祭りなどで、簡素な手続きで免税店を設置することが可能になり、外国人観光客の利便性が高まり、販売機会が増加し、消費拡大につながることが期待されます。

④補助金制度の活用

効果が出ている取組み内容の具体的な連携先は、「行政機関 (35.8%)」「商工会議所・商工会 (11.9%)」「まちづくり会社・NPO (7.5%)」「近隣の商店街 (6.0%)」の順となっています。

効果が出ている取組み内容の、連携先からの支援内容を見ると、「補助金による財政支援 (38.8%)」が最も多く、4割近い商店街が補助金を活用しています。

インバウンド事業を推進するためには費用がかかります。財政面で不安のある商店街は、通信環境設置の補助金、多言語化対応の補助金など、さまざまなインバウンド事業に関連する国や地方自治体の補助金を利用することで、事業への効果的な取組みが可能となります。

インバウンド事業の連携先

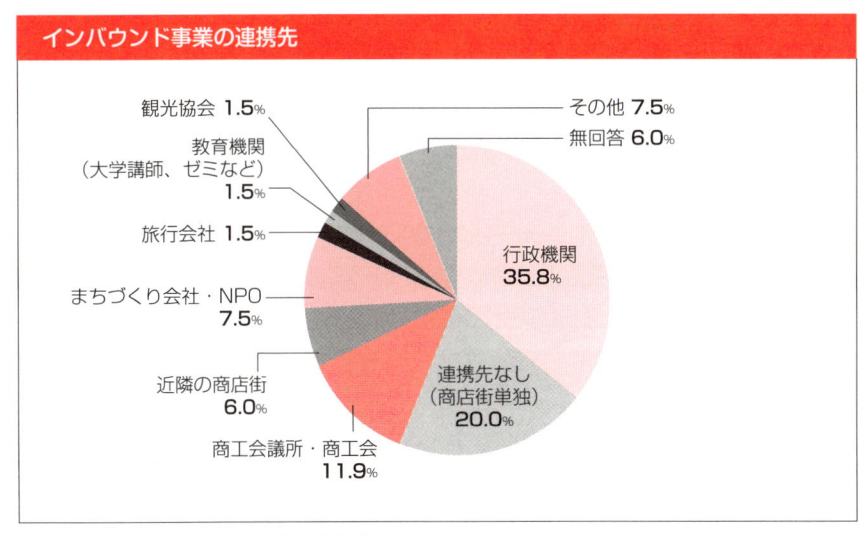

観光協会 **1.5**%
教育機関
（大学講師、ゼミなど）
1.5%
旅行社 **1.5**%
まちづくり会社・NPO
7.5%
近隣の商店街
6.0%
商工会議所・商工会
11.9%
その他 **7.5**%
無回答 **6.0**%
行政機関
35.8%
連携先なし
（商店街単独）
20.0%

出典：商店街インバウンド実態調査（中小企業庁）

連携先の支援内容

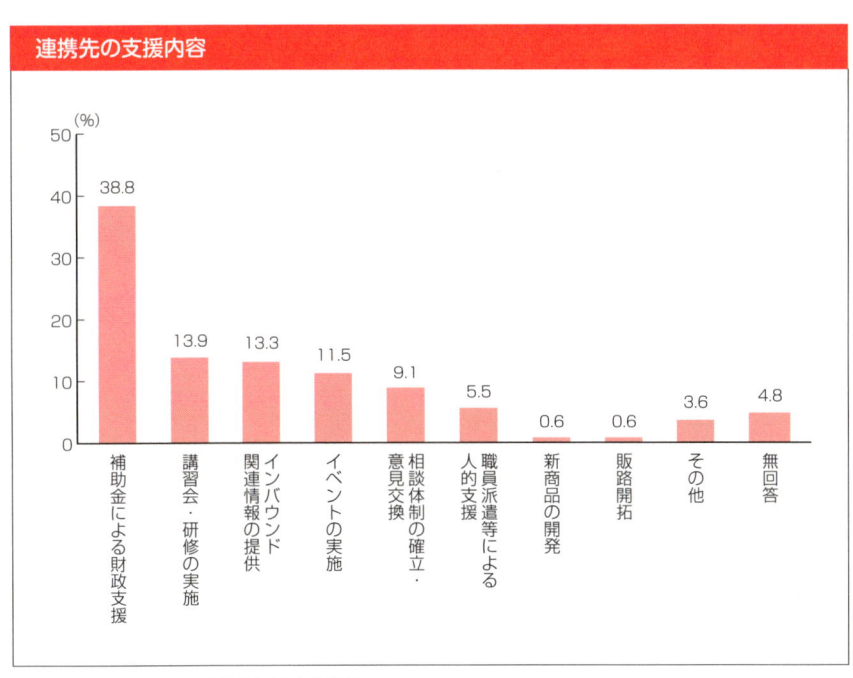

出典：商店街インバウンド実態調査（中小企業庁）

3 商店街に期待される役割

人口減少、国内市場の縮小により、住民向けサービスを担う行政・公的機関や民間事業所が減少する中、地域コミュニティ機能の維持は、大きな社会課題となっています。

郊外の大型店の展開やネット通販の普及等により、商店街への商業機能に対する期待は、相対的に低下しています。

一方、地域の住民は、身近なところでアクセスのよい中心市街地の商店街に対して、高齢化・少子化への対応、介護・医療に関連したサービスの提供など、商業機能以外の機能を期待しています。

中小企業庁が2020年6月に取りまとめた「地域コミュニティにおける商業機能の担い手である商店街に期待される新たな役割」の概要は、次のとおりです。

4 地域コミュニティにおける商店街に対するニーズの変化（現状と課題）

「交通インフラの脆弱化」「高齢者支援（見守り等）」「保育支援機能の不足」などの社会課題が指摘される中で、商店街に対する地域の住民やコミュニティのニーズとしては、コミュニティの生活支援といった機能・役割を期待する声が大きくなってきています。

「**きめ細かなサービス**」や「**人とのふれあいの機会**」が提供される、身近にアクセス可能な「リアルな場」として、商店街への期待が高まっています。

○地域コミュニティにおける商店街に期待される新たな役割と支援のあり方

商店街は、車を運転しなくてもアクセスでき、かつ、買物を通じて他者とコミュニケーションが行える「リアルな場」としての強みがあります。

今後、商店街は強みを活かし、もっぱら「商店」の街から、地域の住民やコミュニティが期待する多様なニーズに応える場として、地域にとってなくてはならない存在であり続けられるよう、自己変革することが求められます。

　行政による商店街への従来の支援策は、買物の場を提供するという商店街の商業機能を高めることを支援する、地域経済の活性化へ寄与する、といった視点を重視する施策が中心でした。

　地域経済の活性化は重要ですが、住民や来街者のニーズに合ったものでなければ、持続的な効果は期待できません。

　地域住民にとっての商店街の位置づけが「**買物の場**」**から**「**多世代が共に暮らし、働き、交流する場**」へと変化しています。地域住民のニーズに合った商店街への変革が必要となってきました。

　行政の支援策についても、地域経済の活性化を目的とするだけでなく、「地域コミュニティの維持のために必要な、地域住民のニーズに応える役割・機能を高めること」を目的とする方向へと転換する必要があります。

　人口減少の進行状況など、地域の実情はさまざまであるため、それぞれのコミュニティにおいて商店街の置かれた状況に合わせた対応が必要です。

　中小企業庁は「地域コミュニティにおける商業機能の担い手である商店街に期待される新たな役割」の中で、商店街のタイプを「①（商業機能）単独型」「②（地域コミュニティ支援機能との）複合型」「③転換型」の3つに分類して、今後の商店街のあり方についてまとめています。

1) 単独型：需要の集密度が高い地域において、商業機能によって、多くの来街者が期待できる商店街
2) 複合型：需要の集密度は高くない地域において、商業機能と地域コミュニティ支援機能を複合的に備えることによって、地域住民をはじめとする来街者のニーズに応える商店街
3) 転換型：需要の集密度が低い地域において、来街を待つのではなく、地域住民のもとへ商品を届ける業態へと転換することによって、商業機能の維持に取り組む商店街

▼商店街類型別の課題と対応の方向性

	①単独型	②複合型	③転換型
特徴	・都市部の駅前や著名な観光資源の近くに立地し、商業機能のみで十分な来街が期待できる。	・生活圏の近くに立地し、地域住民のアクセスが容易。	・過疎化が進む地方に立地し、地域住民の減少に伴い、来街が期待できない。
課題と対応の方向性	・来街者のさらなる利便性の向上 ・域外の潜在来街者の受入体制整備・情報発信 ⇒利便性向上、域外からの来街者の誘客などにより、多様な商業需要を取り込む対応。	・地域住民が求める多様なニーズの把握 ・商業機能に加え、多様な住民ニーズに対応できるマルチな機能の担い手へと変革 ⇒商業需要以外の多様なサービス需要も取り込む対応。	・少ない住民にとって必要な商業機能を維持するための域外の事業者（アグリゲーター）との広域的な連携 ⇒個々の小売業者が連携先事業者を通じて住民に買物の機会を提供する対応。

出典：地域コミュニティにおける商業機能の担い手である商店街に期待される新たな役割（中小企業庁）

- 商店街の活性化戦略として、インバウンド需要の取組みがあります。アジア諸国からの来訪者が多く、「台湾」「中国」「韓国」「香港」の上位4国で全体の6割を超えますが、「タイ」「ベトナム」「フィリピン」「シンガポール」「マレーシア」などの東南アジアからの来訪者も増えています。
- 外国人観光客が旅行中に最も困っていることは、多言語対応が不十分で施設スタッフとコミュニケーションがとれないことです。外国人観光客を商店街に受け入れるためには、多言語対応が重要となります。具体的な取組みとして、マップ・パンフレットの多言語化、ホームページの多言語化、翻訳機の導入、外国語対応可能な従業員の確保などがあります。

20 商店街のマーケティングへの取組み視点

重要度：★★★　地域が活性化するためには、商店街の活性化が課題となっています。

●今日の商店街は、地域住民から、商品・サービスの提供だけでなく、地域コミュニティの担い手としての役割が求められています。

●商店街活性化に向けた「空き店舗の解消」「コミュニティ機能強化」「地域ブランド化」「集客イベント」などのマーケティング活動の取組みからの出題が予想されます。

　商店街を取り巻く環境の変化に対応するべく、商店街を活性化させるための取組みが行われています。取組みの効果で商店街の魅力が向上することで、出店希望者が増加し、空き店舗対策の効果が期待できます。

　魅力のある店舗が増えることで、「地域住民への購買機会の提供」や「地域の賑わいの創出」が実現できます。

　地域再生法は、地域経済の活性化、地域における雇用機会の創出など地域の活力の再生を総合的かつ効果的に推進することを目的に制定されていますが、2018年6月改正では、**商店街活性化促進事業**が創設されました。

　補助金や交付金による支援に加え、法律にもとづく支援措置として「商店街振興組合の設立要件の緩和」「信用保険の特例(資金調達支援)」「空き店舗等の利活用促進」などが盛り込まれています。

1 空き店舗の解消策

①チャレンジショップ

新規開業者の入居を促進するための施策としてチャレンジショップがあります。新規開業を目指す若者、女性、シルバーなどへ空き店舗を一定期間、安価で貸し出し、新規開業を支援する事業です。

商売の経験が少なく、独立店舗での開業が困難な事業者を支援することで、地域に密着した店舗を増やし、街の賑わいを再生させることを目的にしています。

商売の経験が乏しい人の起業を支援するため、入居資格として商工会議所などが開催する創業塾の受講を義務づけたり、入居者への教育・指導を継続的に行っていくことも必要となります。

②アンテナショップ

地域の情報を発信するとともに地域の名産品・特産品を販売しています。

新商品の試験販売やマーケティングを展開する場所として有効です。

情報発信や交流の拠点として地域のコミュニケーションに役立つ取組みを展開することで、商店街活性化の中心となることが期待されます。

③テナントミックス

消費者が商店街を訪れるためには、商店街全体の魅力づくりが必要です。

空き店舗の区画をただ埋めるのではなく、顧客が望む業種・業態の店舗を誘致することが重要です。

消費者ニーズを把握し、消費者が満足するような商店街のコンセプトを策定し、**テナントミックス**を行うことが重要となります。**テナントミックス**とは、コンセプトに沿って最適な業種・業態の店舗を組み合わせることです。

2　コミュニティ機能の強化

今日の商店街は、単なる商品・サービス提供の買物の場としてだけではなく、地域住民の生活利便性や高齢者・子育て世代などへの福祉の提供、介護・医療関連サービス等の提供などの「**きめ細かなサービス**」や地域コミュニティの担い手として「**人とのふれあいの機会**」の提供が求められています。

①地域コミュニティの有機的な連携

商店街が、地域のボランティア団体、福祉団体、医療機関、NPO団体などのさまざまな地域組織と連携を図ることで、地域住民を巻き込んだ地域コミュニティの創出が可能となります。

②地域ニーズに対応したコミュニティ事業

1) **子育て支援の充実**

共働き世帯が増える中、子育て支援のニーズが高まっています。商店街の空き店舗などを活用した地域子育て支援拠点の設置や子育てサポート体制の整備により、安心して子育てができる街づくりに貢献できます。

2) **高齢者支援の充実**

少子高齢化が進行する中、買物支援を兼ねた地域の高齢者の見守り支援、地域包括支援センターとの連携など、高齢者に優しい街づくりに取り組む商店街が増えています。

3) **買物弱者対策**

農林水産省では、店舗まで500m以上、かつ、自動車を利用できない65歳以上の高齢者を「食料品アクセス困難人口」と定義して、**買物弱者**とみなしています。

買物弱者対策には、地域住民、流通事業者、商店街関係者、交通事業者、福祉関係者、地方公共団体などが連携し、協力して地域主体で継続的に取り組んでいく必要があります。

商店街としては、宅配や移動販売の拡充、買物代行、買物付き添いなどの取組みを展開しています。

3　地域ブランド化

　地域固有の資源を活用した商品・サービスを開発し、その付加価値を高めて地域のイメージを高める「**地域ブランド化**」が、地域活性化の有効策として注目を浴びています。

　経済産業省によると、**地域ブランド化**とは、(1) 地域発の商品・サービスのブランド化と、(2) 地域イメージのブランド化を結び付け、好循環を生み出し、地域外の資金・人材を呼び込むという持続的な地域経済の活性化を図ること」と定義しています。

　自然や歴史・文化、農林水産物、特産品、観光地、街並みや商業集積などの地域資源の付加価値を高め、他の地域との差別化を図り、地域全体のイメージが高まることで、地域のブランド化が進みます。

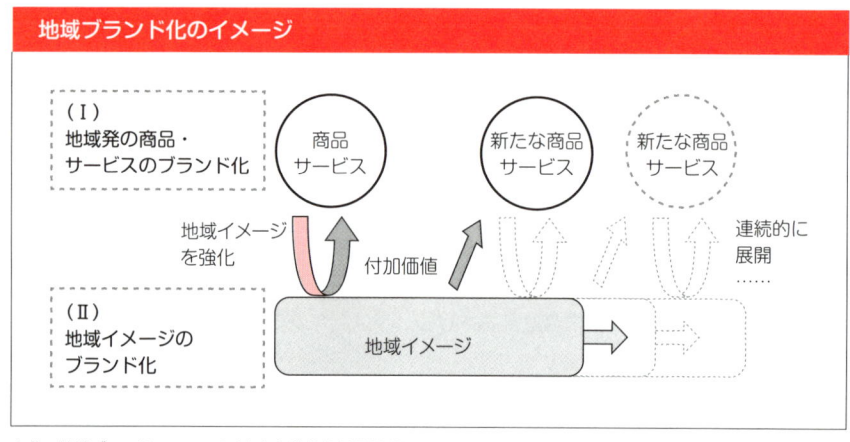

地域ブランド化のイメージ

出典：地域ブランドマニュアル（中小企業基盤整備機構）

4　イベント事業の強化

　「令和3年度商店街実態調査報告書」によると、商店街が取り組んでいるソフト事業で最も多いのは「祭り・イベント（53.3％）」となっています。

　新型コロナウイルス感染症のまん延による影響が生じた商店街について、影響が生じた理由で最も多いのは「例年実施しているイベントができなかったため（53.7％）」となっています。

　商店街の集客のため、イベント事業は効果的な取組みです。地域住民のニーズを満足させるイベントを継続的に行うことが大切です。

①既存事業の継続

　「**100円商店街**」「**街ゼミ**」「**街バル**」は商店街活性化の三種の神器ともいわれ、各地で積極的に展開されている事業です。3つの事業は集客の成果が出やすく、運営も比較的容易なことから各地で展開されています。

　それぞれの事業を継続すること、組み合わせることで、「いつ来ても何かをやっている商店街」のイメージを来街者に与える効果が期待できます。

1) 100円商店街

　店頭に100円で買える商品を並べ、開催期間中に商店街全体を100円ショップに見立てるイベント。

　100円商品は収益性を求めるのではなく、集客のための目玉商品として、店内の通常商品の購入を促進することを目的としています。

2) 街ゼミ

　商店街の店舗の店主等がゼミナールの講師となって、プロとしての専門的な知識や情報、技術を無料で受講者へ披露する少人数のゼミナールのこと。

　店舗の存在や特徴を知ってもらうことや、店主やスタッフが受講者と接することで、顧客との信頼関係を構築することを目的としています。

3) 街バル

　バルとは、スペイン風の居酒屋のことです。街バルは商店街により運営方法がさまざまです。例えば、複数枚綴りのチケットを来街者に購入してもらい、複数の飲食店を飲み歩くイベントとして実施されています。

　来街者は、普段興味を持っていた店舗に気軽に入店でき、おすすめの品を飲食できます。飲食店は、自店が参画するイベントであるため、顧客に自店のよさをアピールでき、新規顧客の獲得につなげることができます。

②音楽・アートなど芸術の活用

　商店街の活性化、集客を強化するためには、商品・サービスの提供だけではなく、社会的・文化的なものまで含めた商店街の魅力を発信する必要があります。文化的な要素の1つとして音楽・アートなどの芸術が考えられます。

1) 音楽イベント

　各地で、クラシックやジャズなどのさまざまな音楽イベントが開催されています。音楽イベントを契機に、年齢や地域を問わず幅広い客層の集客と経済的波及効果が期待できます。

2) アートイベント

　アートイベントもさまざまな地域で開催されています。アートイベントは、展示作品の質の高さはもちろん、その地域ならではの自然や地形、街並みと一体となった環境展示が魅力です。地域環境資源との連携により、リピーターの創出が期待できます。

- 商店街は、駅前や繁華街、街道沿い、神社仏閣など多くの人が集まる一定の地域に、小売業・飲食業・サービス業などの店舗が自然発生的に集積し形成されています。
- 地域住民の商店街への商業機能に対する期待は低下していますが、身近でアクセスのよい商店街に対して、高齢化・少子化・介護・医療に関連したサービス提供など、商業機能以外のニーズが高まっています。商店街を活性化させるためには、地域住民のニーズに応えるマーケティングの取組みが重要となります。

ショッピングセンター概論とマネジメント戦略

ショッピングセンターの業態特性を理解しましょう。

●ショッピングセンターのビジネスモデルは、ディベロッパーとテナントの協業です。

● 「SC取扱い基準」が2025年1月に改正されました。改正の要因となった社会環境の変化についての出題が予想されます。

1　ショッピングセンター（SC）のビジネスモデル特性

①日本のSCの発展

1964年にダイエーが、大型商業施設の実験的な意味で、大阪府豊中市にオープンした「ダイエー庄内店」（現・グルメシティ庄内店）が、実質的な日本初のショッピングセンターといわれています。

1969年に、日本初の本格的なSCといわれる玉川高島屋SC、ファッションビルの池袋PARCO、阪急梅田駅の地下に川が流れる地下街：阪急三番街が相次いでオープンしました。

日本の経済成長とともにSCは発展してきました。市街地の駅前を中心とした「**都市型開発**」と、モータリゼーションの進展を背景とした「**郊外型開発**」の2つの流れに沿ってSCは成長してきました。

1969年には133施設のSCしかありませんでしたが、1982年に1,000施設突破、1994年に2,000施設突破、2009年に3,000施設突破と急速に進展してきました。2018年に3,220施設に達した後は微減傾向が続いています。

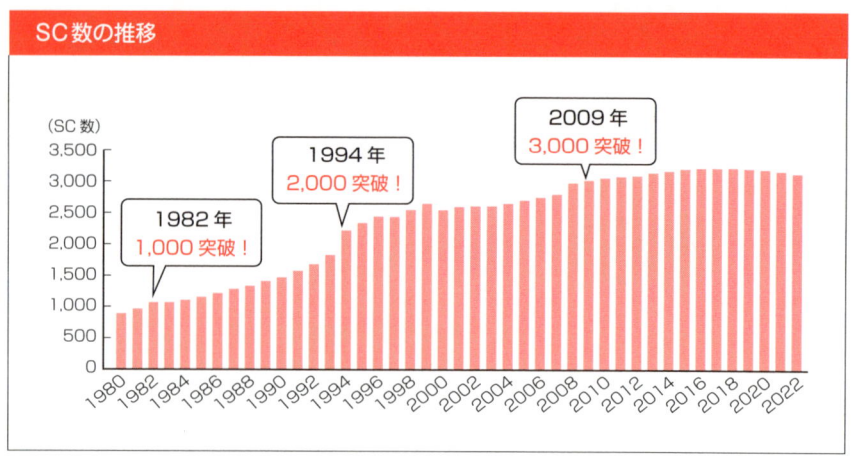

SC数の推移

（SC数）

1982年
1,000 突破！

1994年
2,000 突破！

2009年
3,000 突破！

出典：創立50周年記念ページ（日本ショッピングセンター協会）

②SCの定義・取扱い基準

　日本ショッピングセンター協会では、SCを次のように定義しています。

▼SCの定義（日本ショッピングセンター協会）

> SCとは、1つの単位として計画、開発、所有、管理運営される商業・サービス施設の集合体で、駐車場を備えるものをいう。その立地、規模、構成に応じて、選択の多様性、利便性、快適性、娯楽性等を提供するなど、生活者ニーズに応えるコミュニティ施設として都市機能の一翼を担うものである。

　日本ショッピングセンター協会は、日本のSCのあるべき姿として「SC定義」「SC取扱い基準」を1974年12月に制定しましたが、「SC取扱い基準」は、2009年の改定から本書執筆時点で15年が経過し、その間ECの台頭やコロナ禍による生活様式の変化などにより、SCを取り巻く環境は大きく変化しました。

　物販テナントが退店した後に飲食テナントやサービステナント、公共施設、オフィスなどが入居し、物販面積1,500㎡を満たさなくなるSCが増えています。新規開業するSCでテナント1店舗当たりの面積拡大やテナント数が10店舗未満であるなど、1万㎡未満の小型の商業施設を中心に現行の「SC取扱い基準」に満たないSCが増加傾向にあります。

　これらの状況を踏まえ、日本ショッピングセンター協会は、「SC取扱い基準」を2025年1月1日に改定しました。

▼SC取扱い基準（日本ショッピングセンター協会）

旧基準	新基準（2025年1月1日〜）
1.小売業の店舗面積は、1,500㎡以上であること。	1.小売業の店舗面積は、**1,000㎡以上**であること。
2.キーテナントを除くテナントが10店舗以上含まれていること。	2.テナントが10店舗以上含まれていること。
3.キーテナントがある場合、その面積がショッピングセンター面積の80％程度を超えないこと。 ただし、その他テナントのうち小売業の店舗面積が1,500㎡以上である場合には、この限りではない。	3.**最大店舗の面積**がショッピングセンター面積の80％程度を超えないこと。 ただし、**最大店舗の面積を除いた**小売業の店舗面積が**1,000㎡以上**である場合には、この限りではない。
4.テナント会（商店会）等があり、広告宣伝、共同催事等の共同活動を行っていること。	4.広告宣伝、共同催事等の共同活動を行っていること。

　2023年12月末現在の日本のSCの概況は次のとおりです。

▼SCの概況（2023年12月末現在）

総SC数	3,092SC
総テナント数	163,712店舗
1SC平均テナント数	53店舗
総キーテナント数	2,876店舗
総店舗面積	54,413,963㎡
1SC平均店舗面積	17,598㎡
総SC売上高	30兆8,260億円
1SC平均売上高	99億6,995万円

出典：SC白書2024より筆者作成

③SCのビジネスモデル

1）SCの業態特性

　SCは、商業・サービス施設の複合集合体で、ディベロッパーが科学的な運営手法で施設全体を統一的に管理しています。ディベロッパーの収益の源泉はテナントからの賃料です。SCは不動産賃貸業に分類されます。売買差益を収入の源泉とする小売業とはビジネスモデルに明確な違いがあります。

　SCの業態特性は次の4点に集約されます。

▼SCの業態特性

計画性	ディベロッパーが計画的に開発、管理運営
集積性	商業・サービス施設の集積として消費者の利便性向上
総合性	商業・飲食・サービス・公共施設など多様な業態の複合施設
統一性	**ディベロッパーの方針に従い統一的な運営**

　SCは、ディベロッパーが計画的にテナントを誘致した商業集積です。自然発生的に小売店が集積した商店街とは業態特性が異なります。

▼SCと商店街の比較

	SC	商店街
成立過程	計画的	自然発生的
コンセプト	コンセプト有	明確なコンセプト無
テナント構成	計画的（テナントミックス）	自然発生的
運営体制	ディベロッパーによる統一的な運営	統一的な運営体制が脆弱

　SC事業は、ディベロッパーが商業床をテナントへ賃貸して賃料を徴収する不動産賃貸業ですが、地域の生活者をターゲットとしていることから、オフィス賃貸業とは次表のような違いがあります。

▼SC事業とオフィス賃貸業の比較

	SC	オフィス
立地選定	商圏規模	利便性
マーケティング対象	地域生活者	企業
経営指標	売上高	空室率（稼働率）
テナント入替え	積極的	消極的
賃料形態	一般的に、固定＋歩合賃料	一般的に、固定賃料

2) SCの社会的機能

SCは地域社会の一員として、地域生活者の豊かな生活を実現する使命を持っています。地域生活者にかかわる次のような社会的機能があります。

「1.**販売機能**」「2.**公共的機能**」「3.**雇用の創出**」「4.**地域開発機能**」「5.**地域との共生環境の創出**」

2 SCの戦略的な管理運営手法

①SCマネジメント

1) SC管理運営の目的

SCは、地域の企業市民として、地域生活のインフラストラクチャーとして大きな役割と責任を担っています。また、SCは地域社会や地域生活者に対してさまざまな影響を与える存在でもあります。SCが持続的に発展していくためには、地域社会や地域生活者の支持を得なければなりません。

SCを存続させるためには、顧客満足を実現させるとともに、収益最大化と適切なコスト管理により不動産価値を高めることが重要です。地域におけるSCの役割を明確にし、競合との差別化を図るブランディング活動が重要です。

2) AM（アセットマネジメント）とPM（プロパティマネジメント）

1990年代までのSC事業のスキームは、ディベロッパーが①土地・建物を自己所有、②土地を借りて建物だけを自己所有、③建物を一括賃貸してテナントへ転貸――というものが一般的でした。

1998年9月にSPC法が施行されたことにより、2000年代になると不動産の証券化が普及し、SC事業の「**所有と経営の分離**」が急速に拡大しました。

不動産証券化のスキームにおいて、**AM**（**アセットマネジメント**）と**PM**（**プロパティマネジメント**）が事業推進の重要な役割を担っています。

AMは、建物や土地の不動産だけでなく株や債券なども含めた保有資産全体について、オーナーに代わってポートフォリオ管理を行い、オーナーのために最大限のキャッシュフローを生み出すことを目的にしています。

PMは、管轄する個別の不動産から得られる収益の最大化と適切なコスト管理で、中長期的に不動産の資産価値を高めることを目指しています。

証券化された商業施設でなくても、親会社が所有し、子会社が運営する、企業グループ内での「**所有と経営の分離**」が増加しています。

3）不動産証券化

SPC法（「特定目的会社による特定資産の流動化に関する法律」）は、特定目的会社（SPC：Special Purpose Company）や特定目的信託が、不動産などの資産を保有・運用し、その収益を裏づけとして証券や信託受益権を発行する場合の手続きやルールを定めた法律で、1998年に施行されました。

2000年に新SPC法（「資産の流動化に関する法律」）に改正されています。

従来、SCの資金調達の一部をテナントからの保証金に頼っていました。バブル崩壊により、1990年代後半から2000年代前半にかけて、流通大手やディベロッパーの経営破綻が相次ぎました。貸金とみなされた保証金がテナントに全額返済されず社会問題となりました。

2000年3月の定期借法の施行に伴い、普通借家の更新権を踏まえた権利金的な要素を持つ保証金のあり方を見直す風潮が高まりました。

J-REITは、不動産投資信託の一種で金融商品です。J-REITが「不動産投資法人」として証券取引所への上場基準が整備されたことで、不動産の証券化の市場が拡大されました。

新しい資金調達のスキームである不動産証券化の流れが加速化されたことで、SCの「**所有と経営の分離**」が推し進められました。

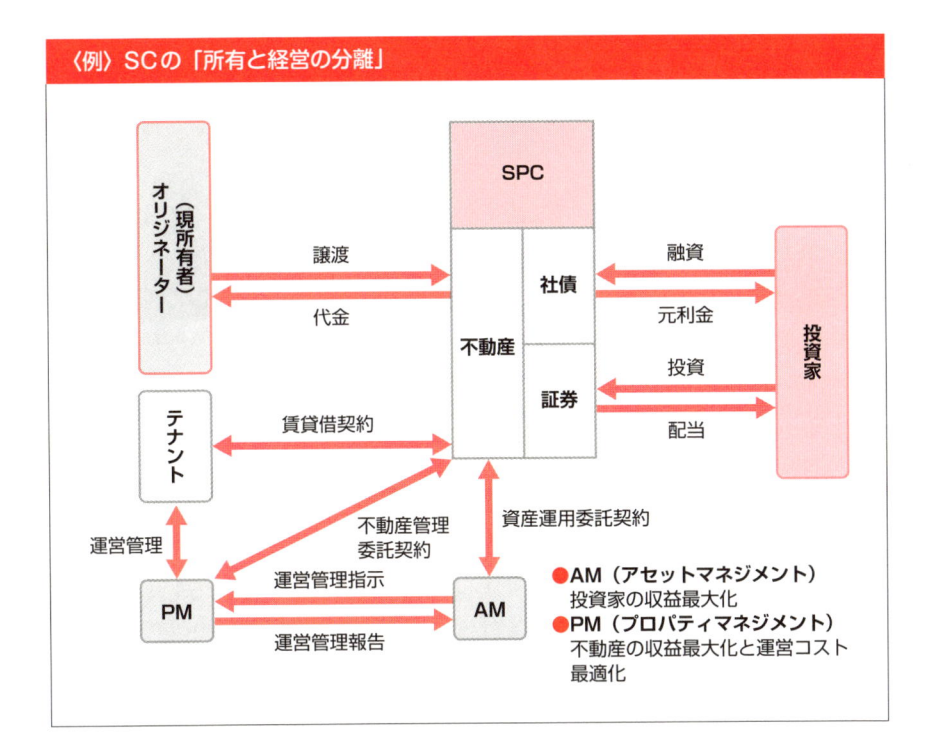

〈例〉SCの「所有と経営の分離」

②ディベロッパーとテナントの関係

　SCディベロッパーの業態は不動産賃貸業ですが、賃料の源泉はテナントの売上高です。ディベロッパーとテナントの関係は、SCを運営する共同事業体の位置づけになります。そのためには、「**共存共栄**」「**相互信頼**」「**自主性の尊重**」が管理運営の基本原則といえます。

　ディベロッパーとテナントがそれぞれの役割を明確にしてSCの運営にあたることで、SCの魅力が高まり、地域生活者の支持を得ることができます。

▼ディベロッパーとテナントの役割

ディベロッパーの役割
SCの**戦略目標**を明確にし、経営資源を最適なバランスで統制し、最適な**テナントミックス**により、その相乗効果を最大に発揮できる運営に努める。
テナントの役割
ディベロッパーの理念・戦略目標を十分理解し、SCに入店する他のテナントなどと協調し、それぞれの専門分野での**販売のプロ**として商品やサービスを生活者に提供する。

117

①競争が激化するSC

1) 過当競争

前述のとおり、日本のSC総数は1982年に1,000、1994年に2,000、2009年に3,000施設突破と増え続け、SC間での競争が激化していきました。

2018年に3,220施設に達しましたが、以降は5年連続で減少しています。3,000㎡未満の小規模な施設や営業年数が15年を超える施設で、老朽化が原因での閉店が増えています。

SC総数が減少するにもかかわらず、総店舗面積が増えていることから、大規模な施設が開業していることがわかります。

2) 生産性の低下

2001年に30,611千㎡だったSC総店舗面積は、2018年には53,194千㎡と1.7倍になっていますが、SC総売上高は2001年26,628百万円に対し2018年32,660百万円と1.2倍にとどまっています。坪当たり売上高は2001年2,871千円に対し2018年2,026千円と7割程度に低下しています。

コロナ禍の影響も弱まり売上高は復調傾向にありますが、消費者物価指数が上昇していることもあり、SCにとって厳しい時代が続いています。

▼SCの店舗面積と坪当たり売上高の推移

	2001年	2004年	2007年	2010年	2013年	2016年
SC総売上高(百万円)	26,627,500	26,382,600	27,163,300	27,411,000	28,920,900	31,325,900
SC総店舗面積(㎡)	30,611,429	33,114,098	38,028,753	44,179,274	47,869,188	51,724,612
SC総数	2,603	2,660	2,804	3,050	3,134	3,221
1SC当り売上高(百万円)	10,230	9,918	9,687	8,987	9,228	9,726
年坪当SC売上高(千円)	2,871	2,629	2,357	2,047	1,994	1,999
	2018年	2019年	2020年	2021年	2022年	2023年
SC総売上高(百万円)	32,659,500	31,969,400	24,901,600	25,839,200	28,089,700	30,826,000
SC総店舗面積(㎡)	53,193,597	53,651,811	53,991,842	54,302,789	54,350,047	54,413,963
SC総数	3,220	3,209	3,195	3,169	3,133	3,092
1SC当り売上高(百万円)	10,143	9,962	7,794	8,154	8,966	9,970
年坪当SC売上高(千円)	2,026	1,966	1,522	1,570	1,706	1,869

出典：SC白書2020・SC白書2024より筆者作成

②SCを取り巻く大きな環境変化

　バブル経済崩壊後、日本経済は「失われた10年」と呼ばれる長期的な不況に陥りました。日本経済は、事業スキームの抜本的変革を迫られました。SC業界でも同様に、経営手法の大幅な変革を促すようになりました。

1)**ストック型**から**キャッシュフロー経営**へ

　バブル崩壊により、地価は上昇し続けるという「土地神話」が崩壊しました。

　土地を所有しているだけで、土地の含み益を重視した**ストック型**の経営から、土地の効率的運用により、土地の付加価値を高め、収益を生み出す**キャッシュフロー経営**が重視されるようになりました。

2)所有と経営の分離

　キャッシュフロー経営は、SCの収益最大化を目指しています。SCの管理・運営に専門性の高いノウハウが要求されたことにより、SC専業ディベロッパーやPM会社が台頭してきました。商業施設を所有するオーナーと管理・運営する企業体への分離が進んできました。

　不動産証券化の流れにより、SCの「**所有と経営の分離**」が急速に増えました。

3)**定期借家契約**の施行

　2000年3月に**定期借家制度**（**優良な賃貸住宅等の供給に関する特別措置法**）が施行されました。**定期借家制度**は、賃貸人・賃借人の合意により、契約期間の満了により更新されることがなく契約が終了する建物賃貸借契約です。

　定期借家制度は、SCなどの商業床にも適用され、ディベロッパーとテナントとの関係を大きく変化させることになりました。

　短期的な契約が可能な**定期借家制度**により、ディベロッパーはテナント入替えが容易になり、顧客ニーズの変化への迅速な対応が可能となりました。

4)**大店法**から**大店立地法**へ

　中小商業者の保護などの経済的規制を目的とした**大店法**（**大規模小売店舗法**）が2000年5月に廃止され、2000年6月に**大店立地法**（**大規模小売店舗立地法**）が施行されました。

　大店立地法は、交通渋滞・騒音・廃棄物処理など周辺地域の環境保護を目的とした社会的規制です。

　出店への規制緩和により、郊外型の大型SCの出店が急速に拡大しました。

5) 地域環境問題

　SCなどの大型商業施設は、地域社会に対する環境負荷が大きく、その対策を講じることが要求されます。

　節電によるCO_2削減、廃棄物の分別収集、車両の騒音対策など周辺地域の環境保全の対策は、地域社会の一員としてSCの責務となっています。

　SCが地域社会から支持を受け、持続的な発展が可能となるためには、SCのコンプライアンス（法令遵守）はもちろん、企業市民としてCSR（企業の社会的責任）を経営の基盤に置いた展開をする必要があります。

③ SCの再編と新たな胎動

1) 地方SCのスクラップ＆ビルドと地域シェア獲得競争の激化

　大店立地法2000年施行に伴う規制緩和は、中心市街地立地の非効率な既存大型店の閉店を促進し、効率的な郊外立地の大型店の開発を後押ししました。

　地域シェアを獲得するために、リージョナル型・コミュニティ型・ネイバーフッド型・アウトレット型といった各種形態のSCによる競争が激化しました。

2) **マストラ拠点**

　空港、高速道路、ターミナル駅などの**マストラ拠点**での開発が増えています。

　たくさんの利用者が訪れる**マストラ拠点**は商業機能として大きな潜在能力があります。

　駅構内で展開されるecute(エキュート)、駅ナカコンビニNewDays(ニューデイズ)などの駅ナカビジネスは、2000年代から急成長を遂げました。

　年間何千万人もの人が行き来する空港ターミナルや高速道路の利用者をターゲットとするサービスエリアなどに、複合商業施設が相次ぎ開業しています。

3) 価格志向業態の台頭と新たな地域密着型業態の模索

　Ⅰ) アウトレットモール

　　　日本初のアウトレットモールは1993年に開業したアウトレットモール・リズム（埼玉県ふじみ野市）です。2000年以降に大店法廃止に伴う規制緩和と消費者の合理的な消費行動に対応した大型アウトレットモールの開業が相次ぎました。2024年現在で日本のアウトレットモールは31施設あります。

Ⅱ) ライフスタイルセンター

　　2000年代になると、比較的狭い商圏で地元の消費者をターゲットとした地域密着型の新たな業態への模索が始まりました。その代表的なのが、消費スタイルの高度化と多様化への対応を目指したライフスタイルセンターです。

　　ライフスタイルセンターの特徴は、次のとおりです。

　・オープンモール

　・基本的にキーテナントがない

　・郊外でなく都市周辺地域に立地

　・地域生活者へのニーズ対応とライフスタイル提案

　・比較的狭い近隣商圏

4) 官民連携と商業施設跡の再生

　　行政の公募や、行政の街づくりの一環として開業するSCが増えています。

　　2022年4月に開業したららぽーと福岡は、福岡市が青果市場跡地の開発を公募して、三井不動産 (株) が選定されました。

　　2022年9月に開業したVIERRA蒔田 (横浜市南区) は、横浜市が庁舎跡地の開発を公募して、JR西日本不動産開発 (株) が選定されました。

　　大都市中心部の大型商業施設が老朽化し建替えする場合は、下層部が商業機能、上層部がオフィス・ホテルなどの高層ビルとして開発されることが多くなっています (例：東京ミッドタウン八重洲、COCONO SUSUKINO)。

　　百貨店や日本型GMSの大型商業施設が撤退した後、建物を建て替えずに新しいSCとして再生した例もあります。

　・伊勢丹府中店　⇒　Mitten府中

　・イトーヨーカドー日立店　⇒　ヒタチエ

　・津田沼PARCO　⇒　津田沼ビート

4 SCの今後の方向

1) 地域ブランディング

　地域内の市場競争だけでなく、地域間競争（地域ブランディング競争）が今後ますます激化することが予測されます。

　SCは、地域社会のインフラとして、大きな役割と責任を担っています。SCは、地域の一員として、地域社会と連携し、ソフト・ハード両面において、街づくりに寄与していかなければなりません。

　SCが中核となり地域が活性化することで、地域のブランディングが強化されます。

2) 社会的機能の強化

　日本の少子高齢化は急速に進行しており、2040年には65歳以上の人口が全人口の35％を占め、2070年には全人口が9000万人を割り込むと予測されています。

　少子高齢化の波で、地域コミュニティの欠如や買物弱者の増加などが社会的な課題となっています。地域社会の一員として、SCが社会的課題に取り組むことが求められています。

3) EC（電子商取引）への対応

　「令和5年度電子商取引に関する市場調査（経済産業省）」によると、2023年の日本国内のBtoC-EC（消費者向け電子商取引）市場規模は、24.8兆円（前年比9.23ポイント増）と消費者に浸透し、着実に拡大しています。

　そのうち、物販系分野の市場規模は14.7兆円（前年比4.83ポイント増）を占め、EC率は9.38％（前年比0.25ポイント増）となっています。

　SCにとって、ECとの競争を意識しなければいけない時代となりました。

　MD戦略や価格競争だけを意識するのではなく、ECにはないリアルの魅力を高めていくことがSCの課題です。

　また、SCがリアルとECを組み合わせて、相乗効果をねらう戦略も展開が可能です。

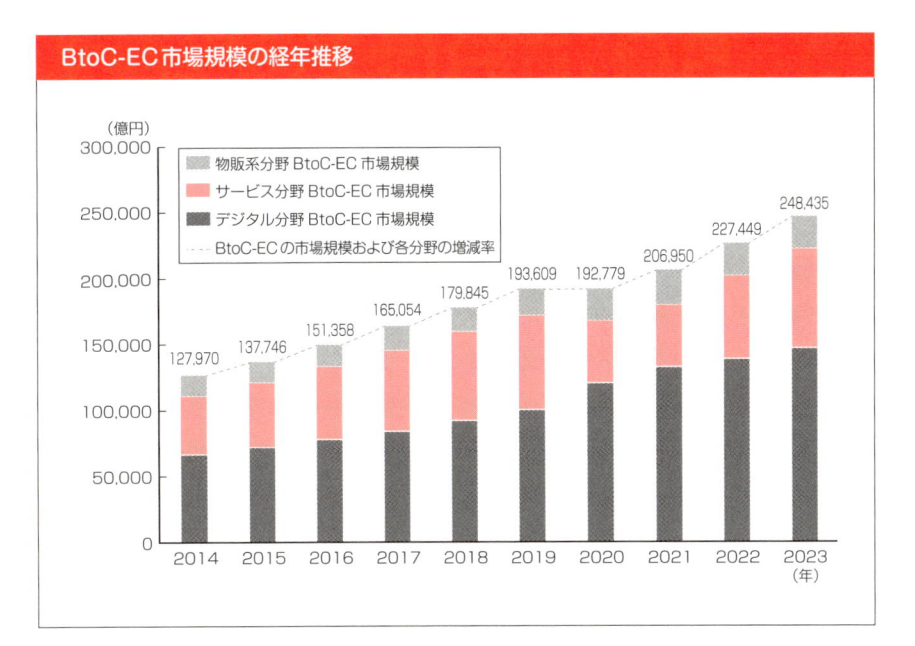

BtoC-EC市場規模の経年推移

凡例：
- 物販系分野 BtoC-EC 市場規模
- サービス分野 BtoC-EC 市場規模
- デジタル分野 BtoC-EC 市場規模
- BtoC-ECの市場規模および各分野の増減率

（億円）

年	市場規模
2014	127,970
2015	137,746
2016	151,358
2017	165,054
2018	179,845
2019	193,609
2020	192,779
2021	206,950
2022	227,449
2023	248,435

- ショッピングセンター（SC）は、2000年代初頭に急増しましたが、法令改正による規制緩和が影響しています。
- 大店法の廃止により、出店規制が緩和され、郊外型の大型SCの出店が拡大しました。
- SPC法の施行により、不動産の証券化の市場が拡大したことで、SCの「所有と経営の分離」が進み、新規参入が増えました。

SCにおけるディベ ロッパーの役割と テナント管理の視点

ディベロッパーとテナントの役割を理解しましょう。

● SCリニューアルで重要なのはコンセプトの見直しです。

● SCリニューアルの各段階で実施する事項を理解しましょう。

1 テナント管理運営業務の基本要件

　SCは、ディベロッパーとテナントの共同事業で、それぞれの役割は次のとおりです。

▼ディベロッパーとテナントの役割

ディベロッパーの役割
SCの戦略目標を明確にし、経営資源を最適なバランスで統制し、最適なテナントミックスにより、その相乗効果を最大に発揮できる運営に努める。
テナントの役割
ディベロッパーの理念・戦略目標を十分理解し、SCに入店する他のテナントなどと強調し、それぞれの専門分野での販売のプロとして商品政策やサービスを生活者に提供する。

　テナントの営業を支援するための、ディベロッパーの管理・運営業務には次表のようなものがあります。

▼SCディベロッパーの管理・運営業務

営業管理	営業区画、営業種目・品目、営業時間・休日売上高、売上預金、完売促進
従業員管理	就業、入退館、教育・研修、福利厚生、テナント会
顧客管理	顧客情報、顧客サービス
施設管理	設備管理、保安警備、防火防災、清掃、廃棄物処理

2　リニューアルの進め方

　顧客志向や競合の変化に対し、SCの陳腐化を防ぎ、SCの資産価値を向上させる手法がリニューアルです。

　顧客ニーズを満足させるテナントミックスや良質な施設環境の提供などにより、競合SCとの差別化を念頭に置いてリニューアルに取り組むことが重要です。

　SCリニューアルは次のような手順で進めていきます。

①SC経営戦略の策定

　商圏・顧客・競合などの外部環境を分析し、SCの経営資源の現状を正確に把握して、顧客ニーズと現状SCのギャップを克服するためのリニューアルの基本方針を策定します。

②コンセプトの策定

　外部環境分析にもとづきターゲットを明確にすることで、顧客満足を実現するためのSCコンセプトを策定します。

③基本計画の策定

　SCコンセプトに従い、テナントミックス、環境デザイン、投資・採算計画などの基本計画を策定します。

④実施設計の策定

　基本計画にもとづき、具体的な実施設計を策定します。この段階で、スペースマネジメント、デザインマネジメント、関連法規チェックが行われます。

⑤施工

　実施設計にもとづきディベロッパー財産の施工を行い、ディペロッパー施工終了後に、テナント内装工事を実施します。

⑥開業

　開業準備として、教育研修、商品・什器搬入、リニューアルオープン告知、オープニングセレモニーなどを企画・実施します。

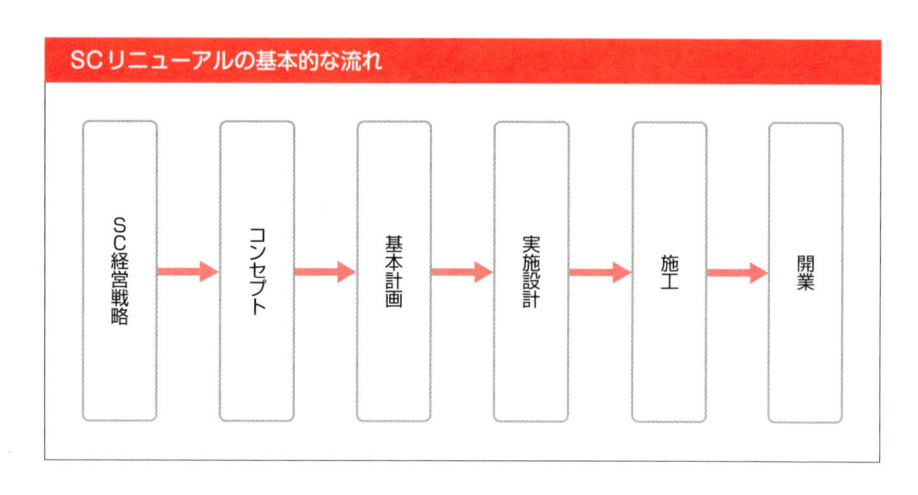

SCリニューアルの基本的な流れ

SC経営戦略 → コンセプト → 基本計画 → 実施設計 → 施工 → 開業

問題を解いてみよう

問 1　次の文中の〔　　〕の部分に、下記に示すア～オのそれぞれの語群から最適なものを選びなさい。

1998 年から 2000 年に「まちづくり三法」が施行された背景には、流通政策と〔　ア　〕を連動させる必要性の高まりがあった。

少子高齢化が加速化し人口減少社会が到来する中、地方自治体の財政悪化や、コミュニティの荒廃などの社会的課題が指摘されるようになり、その解決策として〔　イ　〕の考え方が提唱されるようになった。

2006 年に中心市街地活性化法と都市計画法が改正された。改正中心市街地活性化法では、商工会議所・商工会、都市整備の公的機関、商業者、地権者などが共同して〔　ウ　〕が組織され、市町村が策定する基本計画に関する合意形成のための協議の場となった。

意欲的な基本計画は、〔　エ　〕が認定し、補助事業等で集中的な支援が行われるようになった。一方、改正都市計画法および改正建築基準法では、延床面積 10,000㎡超の大規模集客施設が立地できる用途地域を、原則として「商業地域」「〔　オ　〕」「準工業地域」の 3 つに限定した。

【語群】

ア　1. 消費者政策　　　　　　　2. 競争政策
　　3. 保護政策　　　　　　　　4. 都市政策
イ　1. ショッピングセンター　　2. コンパクトシティ
　　3. ダイバーシティ　　　　　4. コミュニティ
ウ　1. TMO　　　　　　　　　　2. まちづくり会社
　　3. 中心市街地活性化協議会　4. 中心市街地整備推進機構
エ　1. 経済産業大臣　　　　　　2. 国土交通大臣
　　3. 内閣総理大臣　　　　　　4. 都道府県知事
オ　1. 近隣商業地域　　　　　　2. 準住居地域
　　3. 第一種住居地域　　　　　4. 第二種住居地域

問2 次の文中の〔　〕の部分に、下記に示すア〜オのそれぞれの語群から最適なものを選びなさい。

フランチャイズ事業は、それぞれの事業者が独立して運営を行うが、本部と加盟店との〔　ア　〕でもある。フランチャイズシステムが秩序正しく運営・維持されるためには、4つの運営原則が機能することが重要である。

①統一されたイメージ戦略や販売活動により、すべての加盟店間で乱れのない行動で消費者からの信頼を高める〔　イ　〕がある。

②フランチャイズシステムには、FC本部が戦略立案機能を担当し、加盟店が実施機能を担当するという〔　ウ　〕がある。

③フランチャイズシステムにおける個々の加盟店は、独立した事業者であり、直営店舗のように本部の指示ひとつで、すべての加盟店を行動させることは困難である。半面、独立経営者である加盟店は、その成長意欲や〔　エ　〕が、直営店以上に事業を推進する力となる。

④FC本部は、加盟店の繁栄を実現するために努力し、加盟店は、自らの業績を向上させることでFC本部の機能強化を図る〔　オ　〕がある。

【語群】
ア　1. 社会共同体　　　2. 経営理念共同体
　　3. 共同出資体　　　4. 協同組合
イ　1. 統一性の原則　　2. 機能分担の原則
　　3. 独立経営の原則　4. 相互発展の原則
ウ　1. 統一性の原則　　2. 機能分担の原則
　　3. 独立経営の原則　4. 相互発展の原則
エ　1. 公共の精神　　　2. ホスピタリティ
　　3. アマチュア精神　4. 企業家精神
オ　1. 統一性の原則　　2. 機能分担の原則
　　3. 独立経営の原則　4. 相互発展の原則

問3 次のア～オについて、正しいものには1、誤っているものには2を記入しなさい。

ア　専門店業界では、スマートフォンの普及を背景に、ネットから実店舗に誘客するB2Bの取組みが広がっている。

イ　日本の百貨店が、委託・返品制度に依存しているのは、百貨店にとって高収益性・低コストの取引制度のためである。

ウ　総合品ぞろえスーパー業界などが取り組む、インストアマーチャンダイジングとは、売場ごとに実施する科学的商品政策活動のことである。

エ　一般的に、近隣型市場では小規模な専門志向型と便利志向型のドラッグストアの存立確率が高く、郊外型市場では中規模なバラエティ志向型と大型のディスカウント志向型のドラッグストアの存立確率が高い。

オ　コンビニエンスストアシステムが創出した流通面における効用のうち、品ぞろえの効用とは、売場を起点とするマーケティングの観点から、商品開発におけるロットやサイズの小口化を実現したことで、メーカーと顧客の望む商品規格のギャップを調整することである。

問4 次のア～オについて、正しいものには1、誤っているものには2を記入しなさい。

ア　チェーンオペレーションは、本部に一括仕入機能を集中させ、多数の店舗を組織的に統合し、専門的な管理と標準化された運営システムのもとで戦略が展開される運営システムである。

イ　店舗の立地、商圏、規模、内外装と仕様、顧客導線、フロアゾーニング、フロアレイアウトなどを画一化することで、店舗開発と店舗運営のコストを削減するとともに、迅速な多店舗展開を可能とする。

ウ　地域性や個々の店舗の事情を考慮に入れたうえで、各店舗の大部分の商品の品ぞろえを分散化することで、本部一括大量仕入によるバイングパワーを高め、各店舗への商品の効率的配分を実現する。

エ　チェーンオペレーションのメリットの1つは、市場変化や地域特性に対する対応の柔軟性である。

オ　チェーンストアにおける、物流センターから店舗までの個別品ぞろえ配送においては、多品種少量型のジャストインタイム物流システムによる配送をいかに効率化するかが重要となる。

問 5　次のア〜オについて、正しいものには1、誤っているものには2を記入しなさい。

ア　日本ショッピングセンター協会「SC 取扱い基準」が2025年1月1日に改正され、キーテナントを除くテナントが10店舗以上含まれていることとなった。

イ　1998年9月に金融商品取引法が施行され、本格的な不動産証券化の仕組みが日本に導入された。

ウ　定期借家契約は、賃借人・賃貸人の合意によって、契約期間、賃料などの条件を自由に取り決めることができ、期間満了によって更新されることなく契約が終了する建物賃貸借契約である。

エ　マストラ拠点とは、空港、高速道路、ターミナル駅など大量輸送機関拠点のことである。

オ　ショッピングセンターのリニューアルにおける、スペースマネジメントでは、営業スペースの配分、動線計画、商品導入企画などが検討される。

答え合わせ

問1 正解：アー4　イー2　ウー3　エー3　オー1

解説

　「まちづくり三法」が施行された背景には、流通政策と都市政策を連動させる必要性の高まりがありました。

　少子高齢化が加速化し人口減少社会が到来する中、地方自治体の財政悪化や、コミュニティの荒廃などの社会的課題が指摘されるようになり、その解決策としてコンパクトシティの考え方が提唱されるようになりました。

　中心市街地活性化法と都市計画法が2006年に改正されました。改正中心市街地活性化法では、商工会議所・商工会、都市整備の公的機関、商業者、地権者などが共同して中心市街地活性化協議会が組織され、市町村が策定する基本計画に関する合意形成のための協議の場となりました。意欲的な基本計画は、内閣総理大臣が認定し、補助事業等で集中的な支援が行われるようになりました。

　一方、改正都市計画法および改正建築基準法では、延床面積10,000㎡超の大規模集客施設が立地できる用途地域は、原則として「商業地域」「近隣商業地域」「準工業地域」の3つに限定されました。

問2 正解：アー2　イー1　ウー2　エー4　オー4

解説

　フランチャイズ事業は、それぞれの事業者が独立して運営を行いますが、本部と加盟店との経営理念共同体の関係にあります。フランチャイズシステムが秩序正しく運営・維持されるためには、4つの運営原則が機能することが重要です。

①統一性の原則

　フランチャイズシステムは、統一されたイメージ戦略や販売活動により、すべての加盟店間で乱れのない行動によって、消費者から信頼を高めていくマーケティング戦略の一環として機能しています。

②機能分担の原則

　フランチャイズシステムでは、FC本部が戦略立案機能を担当し、加盟店が実施機能を担当しています。FC本部と加盟店の関係は、組織全体として機能分担組織と位置づけることができます。

③独立経営の原則

　フランチャイズシステムにおける個々の加盟店は、独立した事業者です。直営店舗のように本部の指示ひとつで、すべての加盟店を行動させることは困難です。半面、独立経営者である加盟店は、成長意欲や企業家精神が旺盛で、直営店以上に事業を推進する力となります。

④相互発展の原則

　FC 本部は、加盟店の繁栄を実現するために努力し、加盟店は、自らの業績を向上させることで FC 本部の機能強化を図ります。フランチャイズシステムは、相互に発展するための協働組織といえます。

問3　正解：アー2　　イー2　　ウー1　　エー1　　オー2

解説

ア　専門店業界では、スマートフォンの普及を背景に、ネットから実店舗に誘客する O2O（Online to Offline）の取組みが広がっています。

イ　日本の百貨店は、委託・返品制度に依存しているため、高コスト・低収益性が構造的な課題となっています。

ウ　総合品ぞろえスーパー業界などが取り組む、インストアマーチャンダイジングとは、売場ごとに実施する科学的商品政策活動のことです。

エ　一般的に、近隣型市場では小規模な専門志向型と便利志向型のドラッグストアの存立確率が高く、郊外型市場では中規模なバラエティ志向型と大型のディスカウント志向型のドラッグストアの存立確率が高くなっています。

オ　売場を起点とするマーケティングの観点から、商品開発におけるロットやサイズの小口化を実現することで、顧客の望む商品開発を創出したのは、商品の効用になります。

問4　正解：アー1　　イー1　　ウー2　　エー2　　オー1

解説

ア　チェーンオペレーションは、本部に一括仕入機能を集中させ、多数の店舗を組織的に統合し、専門的な管理と標準化された運営システムのもとで戦略が展開される運営システムです。

イ　店舗の立地、商圏、規模、内外装と仕様、顧客導線、フロアゾーニング、フロアレイアウトなどを画一化することで、店舗開発と店舗運営のコストを削減するとともに、迅速な多店舗展開が可能となりました。

ウ　地域性や個々の店舗の事情を考慮に入れたうえで、各店舗の大部分の商品の品ぞろえを統一化することで、本部一括大量仕入によるバイングパワーを高め、各店舗への商品の効率的配分を実現します。

エ　チェーンストアは、画一的、統一化、標準化の原則に従うため、市場変化や地域特性に対する対応力が不十分で、デメリットとなっています。

オ　チェーンストアにおける、物流センターから店舗までの個別品ぞろえ配送においては、多品種少量型のジャストインタイム物流システムによる配送をいかに効率化するかが重要となります。

問5　正解：アー2　　イー2　　ウー1　　エー1　　オー1

解説

ア　「SC 取扱い基準」が 2025 年 1 月 1 日に改正され、「キーテナントを除くテナントが 10 店舗以上含まれていること」から「テナントが 10 店舗以上含まれていること」に変更されました。

イ　1998 年 9 月に SPC 法（「特定目的会社による特定資産の流動化に関する法律」）が施行され、本格的な不動産証券化の仕組みが日本に導入されました。

ウ　定期借家契約は、賃借人・賃貸人の合意によって、契約期間、賃料などの条件を自由に取り決めることができ、期間満了によって更新されることなく契約が終了する建物賃貸借契約のことです。

エ　マストラ拠点とは、空港、高速道路、ターミナル駅など大量輸送機関拠点のことです。

オ　ショッピングセンターのリニューアルにおける、スペースマネジメントでは、営業スペースの配分、動線計画、商品導入企画などが検討されます。

MEMO

第2章

マーチャンダイジング

カテゴリーマネジメントの機能と役割

戦略的ビジネスユニット（SBU）は、個別の戦略を遂行する事業単位のことです。

●カテゴリーマネジメントとは、小売業において、商品を「カテゴリー」という消費者視点のグループに分け、それぞれを1つの事業単位として管理・最適化する手法です。

1 カテゴリーマネジメントにおけるカテゴリーの概念

カテゴリーマネジメントとは、顧客ニーズに合わせた特定のカテゴリーを**戦略的ビジネスユニット**（**SBU**）として、売場づくり、利益管理、価格設定、プロモーション、ロジスティクスなどを、そのカテゴリー単位で統合するビジネスプロセスです。その目的は、カテゴリー単位の売上と利益目標の両方の追求を目的としたマーチャンダイジング展開にあります。

　ここでいうカテゴリーの概念とは、小売業がターゲットとする顧客層の悩みを解消したり、欲求を満足させたりするために、相関性や代替性があると明確に判断できる管理可能な商品グループを指します。

①カテゴリーの捉え方

　カテゴリーの捉え方には、次のようなポイントがあります。

> ・主要顧客層の悩みを解決する要因（商品の機能）や欲求を満たすニーズは、何であるかを明確にすること
> ・顧客の立場から相関性や代替性がある商品を集めてグループ化すること
> ・小売業が品ぞろえから販売までのマーチャンダイジングを明確に管理でき、その結果検証をしやすいように分析できる商品グループ化にすること

●カテゴリーマネジメントの機能と役割からの出題が目立ちます。それぞれの内容をしっかりと理解しておきましょう。

②カテゴリー定義の理由

　カテゴリーを定義する理由は、主要顧客層が考えるカテゴリーと、小売業やメーカーなどが考えるカテゴリーとを一致させるためです。

　カテゴリーを定義する際、その考え方は次のように大別できます。

・「顧客の購買ニーズにもとづく商品とは何か」
・「顧客がどのような優先順位や属性にもとづいて、そのカテゴリーの商品を購買しているか」

▼カテゴリーを定義するための手順

第1段階	主要顧客層がどのようなニーズを持っているかを分析する。
第2段階	主要顧客層のニーズを満たすための商品がどのようなもの（機能）であるかを分析し、決定する。
第3段階	主要顧客層から代替購買する段階は、どこに位置するのかを決定する。

2　カテゴリーマネジメントの計画プロセスと取組み手順

①カテゴリーマネジメントの計画プロセス

　経営トップによって策定された経営戦略にもとづき、マーケティング責任者が全社的カテゴリー計画を作成し、次にカテゴリーマネジャー制の組織化によって個別カテゴリー計画を作成します。そして、個別カテゴリー計画を店舗の売場責任者が実施します。計画の実施結果を分析して、次のカテゴリー計画の作成にフィードバックしていきます。

②カテゴリーマネジメントの取組み手順

　カテゴリーマネジメントは、小売業を主体としてメーカーなどのサプライヤーが協働して設定した、特定のカテゴリー別に定めた業績目標の達成度を高めるとともに、中・長期的な戦略目標の実現を目指す取組みです。

1.**メインターゲットの設定** ⇒ 2.**カテゴリーの定義と役割の設定** ⇒ 3.**購買促進企画の作成** ⇒ **4.サプライヤーとのパートナーリング** ⇒ 5.**業績の評価・分析** の手順で行われます。

3 **カテゴリーマネジメントの機能と役割**

ライフスタイルの場面（使用目的や購買動機など）を分析し、そのカテゴリーの特徴や戦略について、ターゲット顧客にとってわかりやすく、ビジュアルに表現することが重要なポイントです。

カテゴリーマネジメントの機能と役割は、次表の4つのカテゴリーに分類することができます。

▼4つのカテゴリーの役割・目的

計画的購買商品群 （デスティネーションカテゴリー）	・小売業のイメージ（個性）を定義する。 ・標的顧客にとって重要な（目的来店性の強い）カテゴリーと位置づける。 ・利益を伸ばすためのすべてのカテゴリーの牽引車であること。
必需的購買商品群 （ルーティーンカテゴリー）	・日々の生活に必要とされる商品群であり、顧客にとって欠かすことのできないカテゴリーと位置づける。 ・売上や利益と、提供価値とのバランスをとる。
時期的購買商品群 （オケージョナルカテゴリー）	・売場の新鮮さ、活気を演出する。 ・通常、収益よりも集客を意図するカテゴリーと位置づける。 ・クリスマス、新学期、催事の売場づくりなどに活かすこと。
補完的購買商品群 （コンビニエンスカテゴリー）	・顧客のついで買いによる購買点数と売上の増加を促す。 ・品ぞろえ幅が充実しており、ワンストップショッピングのできる店舗であるというイメージを強化する。 ・売上の増加に貢献するカテゴリーと位置づける。

出典：「戦略的カテゴリーマネジメント」（日本経済新聞社）をもとに作成

小売業におけるカテゴリーマネジメントの実際

小売業のカテゴリーマネジメントは、戦略的に設定したカテゴリー単位で統合化する取組みです。

●カテゴリーマネジメントは、品種（クラス）単位で構成したカテゴリーやライフスタイルのシーンなどで構成したカテゴリーを単位とした業績に焦点を絞り、そのカテゴリーごとに購買促進や利益管理などを行います。

1 小売業におけるカテゴリーマネジメントの取組み

①ライフスタイル面からの細分化

　商品をある基準でカテゴリー化するにあたって重要なことは、「顧客にとって商品グループの特色がわかりやすい分類でなければならない」ということです。「加工食品」「一般用医薬品」といった品群では、あまりにも広すぎて特色が薄れてしまいます。また、品目やブランド、単品（SKU）単位での細分化運用では、あまりにも細かすぎてしまいます。そこで、従来の品種（クラス）分類に該当する「胃腸薬」「スキンケア」といった単位にとどめることが重要です。さらに、顧客に取扱商品の特色をわかりやすく伝えるため、さまざまな**ライフスタイルのシーンに適合したサブカテゴリー**を構成することが課題となります。

　例えば、スキンケアを細分化し、「美白効果」「UV対策」「しみ・しわとりクリーム」などのシーンを打ち出すことが重要となります。

●カテゴリーマネジメント実施上のポイントは、ねらわれやすいところです。内容を理解しておきましょう。

2　カテゴリーマネジメント実施上のポイント

①効果的実践のポイント

　小売業がカテゴリーマネジメントを効果的に実践するためのポイントは次のとおりです。

▼カテゴリーマネジメント実施上のポイント

> ・消費者が家の棚に商品をストックするのと同じ感覚で、商品カテゴリーとその陳列位置を決定する。
> ・品目レベルの品ぞろえの中から単品 (SKU) を選択してもらうのではなく、複数品目の購買が促進されるように組み合わせる。
> ・一連の流動的、かつ、独自性の高いものであるべきで、標準的、かつ、一般的で制度化されたような識別力のないものであってはならない。
> ・究極的なねらいは、独創的な消費者価値を創造することであり、単にメーカーと小売業が連携して売上を増大しようとする取組み関係を意味するものではない。
> ・小売業によるカテゴリーマネジメントの計画策定は、商圏全体のシナリオ分析や消費者ニーズなどにもとづいて行う。
> ・「何を誰に販売するのか」の決定と同時に、「何を販売しないか」を明確する排他的なプロセスでもある。
> ・その目的は、店舗全体あるいは店舗内でカテゴリーに従って分類され、ディスプレイされた商品ごとの収益性と効率性を向上させることにある。
> ・**カテゴリーマネジメントは、差別化戦略の中枢に位置づけられる。**

②カテゴリーマネジメント実施上の留意点

　カテゴリーマネジメントは、小売業やサプライヤーがカテゴリー別に定めた業績目標の達成度を高めると同時に、中・長期的な戦略目標の実現を意図した戦略的管理システムとして運用します。そのためにも、綿密な商品計画の策定と実施上の留意点に従った運用が求められます。

▼カテゴリーマネジメント実施上の留意点

1.カテゴリーの明確化	
①カテゴリーを明確にする	顧客視点から、カテゴリーを構成する商品を決定する。
②品ぞろえ全体におけるカテゴリーの戦略的役割を明らかにする	中・長期的な傾向を踏まえ、カテゴリーの戦略的役割を策定する。カテゴリーマネジメントは、競争優位を獲得するための商品差別化の手段でもある。

2.カテゴリーの計画策定	
③カテゴリーの業績評価基準を設定する	カテゴリーの業績を評価する方法を決定する。種々のコスト計算と収益性・効率性を検討する。
④カテゴリーの戦略を策定する	長期および短期のカテゴリーの諸目標を達成するためのマーケティングと仕入計画を策定する。
⑤カテゴリーのマーケティングミックスを策定する	マーケティングおよび仕入計画において利用される種々の戦術（スペース配分や販売促進など）を決定する。

3.カテゴリーマネジメントの実施	
⑥カテゴリーマネジメントの役割を設定する	小売業と供給先パートナーの双方で、カテゴリーマネジメント実施の責任を配分する。
⑦カテゴリーを評価する	カテゴリーごとに成果を測定し、監視し、修正する。

2　マーチャンダイジング

商品計画の策定

短期の商品計画のみならず、より長期的な視点に立って、商品をめ
ぐる基本路線を設定することが、小売業には必要とされます。

●商品計画は、明確な数値にもとづく的確な目標設定と、それを達成するた
めの具体的な方法を記載します。

1　中・長期的商品計画の策定

①対象期間と目標の設定

　3年までを前提に策定される基本的な商品計画路線を**中・長期的商品計画**といい
ます。この中・長期的商品計画をもとに、各年度の商品取扱い規模に関する売上高、
在庫、仕入、利益、経費などの**年間（短期的）商品計画**が立てられます。

　中・長期的商品計画は、小売業にとっての事業計画であり、「誰に、何を、どのよ
うに販売するか」といった小売業の基本的策定をその内容とします。

・「誰に」

　消費者ニーズが多様化、個性化している今日では、ターゲット層に適合した商品
構成ならびに販売方法を確立しなければ、固定客化や愛顧客化を図ることは難しく
なっています。

・「何を」

　何を売るかは、顧客の求める商品構成を決定する問題であり、商品カテゴリーと
商品アイテムの組合せを意味しています。

●商品構成の基本原則、商品構成の手順については、しっかりと理解しておきま
しょう。

・「どのように」

どのように売るかは、顧客への対応方法の決定です。

・店舗立地：どこで（立地と位置）
・売場環境：どのようなムードで
・顧客への情報提供：どのように伝えて
・顧客への便益提供：どのように援助して

2　商品構成の実務

①商品構成の基本原則

商品構成を端的にいうと、顧客の立場に立って、顧客の生活や買物を支援するための商品のグルーピングや組合せを行うことです。商品構成の前提として、**対象顧客の明確化**、**顧客満足の実現**、**構成する商品のグレードおよびプライスゾーンの設定**を決定しておく必要があります。

②商品構成の手順

商品構成は、次図のような手順にもとづき取り組みます。

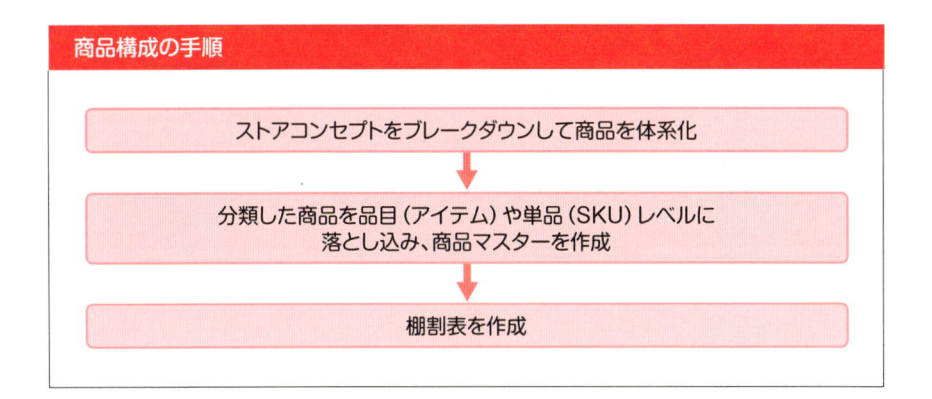

商品構成の手順

ストアコンセプトをブレークダウンして商品を体系化

↓

分類した商品を品目（アイテム）や単品（SKU）レベルに
落とし込み、商品マスターを作成

↓

棚割表を作成

③チェーンストアの商品ミックス

　チェーンストアの経営にとっては、次のようなことを的確に判断することが重要とされています。

- ・どのような商品カテゴリーにプロモーションの重点を置くべきか
- ・値引や特売などの売価変更は、商品ライフサイクルのどの時期に行うべきか
- ・衰退期に入る定番商品をいつ陳列棚から排除し、それに代わる何（新商品）を、いつ（時期）、どのくらい（量）導入すべきか

　さらに、品ぞろえとともに、品目（アイテム）選定も重要となります。総売上高の主要な割合を占める商品を**基幹商品、ベストセラー商品**といい、粗利益率が高く、店舗の柱となるような商品を**重点商品、戦略商品**などといいます。仕入担当者や売場担当者は、これらの商品が欠品を起こさないようにすることが必要となります。

- ●商品構成を実行するには、「顧客の支持を得ているのか」「計画した売上高や利益を達成しているか」を数値で管理できるようにしておく必要があります。
- ●そのためには、商品体系や単品、棚割などをコード化し、数値を瞬時に把握できるような体制づくりが求められます。

商品特性別の商品計画
～流行商品と定番商品～

重要度：★★★

マーチャンダイジングにおいて比較的よく用いられる分類基準は、流行商品（ファッショングッズ）と定番商品（ステープルグッズ）です。

● EOQ (Economic Order Quantity) とは、発注コストと在庫保持コストを最小化するための最適な発注量を指します。EOQを算出することで、在庫コストを抑えつつ、必要な在庫を効率的に補充することができます。

①流行商品（ファッショングッズ）

　商品本来の機能的側面よりも、外観の感覚的側面が消費者の購買行動において重視される傾向にあります。その多くは季節商品であり、一般的に、買回品や専門品に分類されます。

②定番商品（ステープルグッズ）

　商品の感覚的側面以上に、実質的な機能性が消費者の購買行動において優先される商品です。それらの多くは非季節商品であるとともに、最寄品が大半を占めています。

● 流行商品、定番商品の一般的な特性、経済的発注量（EOQ）からの出題が目立ちます。それぞれの内容をしっかりと理解しておきましょう。

1　流行商品の特性と扱い方の注意点

①流行商品の一般的な特性

・顧客の購買は、必ずしも定期的、反復的ではない。

・多くが非消耗品、非生活必需品であり、**需要変動に対する価格弾力性は高い**。

- 定番商品に比べると、平均的な価格水準が高くなると同時に、同一カテゴリーに含まれる品目間で価格差の幅が大きくなる場合が多い。
- 同一カテゴリーに含まれる品目数が多い。多種多様な商品が多数のメーカーや輸入業者によって市場に供給されている場合が多い。
- 手づくりによる商品が多く、**労働集約性が高い**。また、ファッション性や季節性が特に高いので、同一品目の長期の連続生産は避けられ、ロット生産や一気通貫方式などが適用される。

②流行商品を取り扱う場合の留意点

- 同一の品目で長期にわたる商品計画を立案するのは難しい場合が多い。
- 品ぞろえ（品目構成）の拡充は、顧客誘引ならびに売上目標達成のうえで重要な要因となる。
- プライスゾーン（価格帯）およびプライスライン（価格線）、タイプ、スタイル、素材、色調、サイズ、ブランドなどの面から、豊富な構成とすることがストアロイヤルティを高める条件となる。
- プライスゾーン、プライスラインの設定が特に重要とされる。
- 品目ごとのライフサイクルが短いので、品目別の在庫の動きをきめ細かく追跡し、需要の推移や他店の状況に合わせて、早め早めに処分していくことを事前の計画に織り込む。
- 一般に、流行性の高い品目であればあるほど生産量は限定されるため、再発注が困難となる。シーズン中の販売個数を発注時に極力正確に予測し、必要な数量を確保する。

2　定番商品の特性と扱い方の注意点

①定番商品の一般的な特性

- 日用品が主体であるため、顧客の購買はほぼ定期的で反復的である。歯磨き粉、洗剤、調味料、トイレットペーパーなどが該当。
- 大半は消耗品、かつ、生活必需品である。よって、需要変動に対する**価格弾力性が低い**。

- 平均単価が買回品に比べると総じて低い。また、同一カテゴリーに属する品目間の価格差は極めて小さいのが一般的。
- 同種同カテゴリーに属する品目の数自体が、相対的に制限されている。
- 大量生産され、同一品目について長期的に安定供給される場合が多く、**プロダクトライフサイクル（PLC）は流行品よりも相対的に長い**。
- 生鮮食料品は別として、顧客は銘柄指定による購買を行う割合が高い。

②定番商品を取り扱う場合の留意点

- ある特定品目（特定メーカーの特定銘柄の特定商品）を取り扱う場合は、長期にわたり継続的に売場に置くことを前提とする。それにより、同一店舗で反復購入しようとする顧客の購買行動に応えられるだけでなく、仕入面でも**規模の経済性が働き**、仕入原価の引下げに結び付く可能性が高くなる。
- 顧客の信頼を得るうえで、長期にわたる安定供給が保証されないような商品、製造計画が曖昧な商品、製造段階や卸売段階での常備的な在庫が乏しく、小売店の再発注に対応できない商品などは、仕入価格や支払条件などがどんなに有利に見えても取扱いの対象とすべきではない。
- 取扱品目のそれぞれについて、常に在庫を切らさないという配慮が必要である。
- 品切れを防ぐために各品目の常時手持在庫数量を無計画に増やすことは、在庫投資の総額に限度があるため不可能である。売上に見合った適正手持在庫数量を品目ごとに維持することが、商品計画ならびに仕入管理において重要となる。
- 仕入先企業を過度に増やすことも適切ではない。
- 品ぞろえ幅の拡大は、流行商品の場合ほどには重要でない。需要度が高い重要な商品の数点を定番化して、確実な手持体制を維持することが大切である。
- 大量に扱う能力があれば、直接仕入による仕入チャネルの短縮が有利に作用する場合が多い。

3 定番商品の商品計画の立て方

①定番商品の商品計画の立て方

定番商品の場合、「在庫の総額を決めたうえで、扱い品目候補の各々について個別に適正な在庫数量を確定し、重要な品目の順に加えて、累計額が許容在庫総額に達したところで、取扱いの範囲を定める」という方法をとるのが一般的です。その意味で、定番商品の商品カテゴリーについては、**積上げ方式（ボトムアップ）**の考え方を採用することが多いです。

②定番商品の品目構成

定番商品に属する商品カテゴリーの品目構成については、次の事項に留意します。

1) 品質規格

産業標準化法におけるJIS規格、日本農林規格等に関する法律によるJAS規格などのフォーマルな品質規格だけでなく、広く概念的な品質レベルの高低を示すものまでを包含します（化粧品における化粧品基準、菓子／キャンディー類におけるSQマークなど）。

2) ブランド

顧客の多くは、定番商品をブランド（銘柄）によって選択し、一度選んだら反復購入する傾向が強いです。**ブランドロイヤルティの形成を考慮し**、最も需要頻度の高いブランドは、常時取扱いの対象とする必要があります。

3) 機能・用途

同一メーカー、同一ブランドの商品であっても、機能別、用途別に多数の品目に分かれている場合があります。これらをサブカテゴリーとして品ぞろえ計画に反映することが重要です。

4) 容量

家庭用の徳用容量、標準容量、旅行用小容量などの区分があります。需要に応じた容量の商品を取り扱うことが重要です。

③定番商品の商品計画における諸数値の決定

定番商品の商品計画の策定にあたっては、次の2点を重視する必要があります。

1) 品目ごとの週当たりの販売計画数量の決定

品目ごとの週当たりの販売計画数量を決めることは、かなり困難です。そこで、POSデータを使って一定期間で観察し、中・長期的な販売計画数量を予測します。

2) 発注期間の決定

発注期間の決定とは、それぞれの品目をどれくらいの頻度で仕入れるかを決めることです。一定の販売数量を前提とした場合、その品目はどれくらいの数量単位で発注すれば費用が最も低くなり、最大の利益を生むか、という視点から考えます。発注期間の決定には、発注費用と在庫費用を考慮する必要があります。

▼発注費用と在庫費用

発注費用	・商品の発注にかかわる費用であり、仕入担当者の人件費、仕入事務所の経費、仕入出張費、通信費など。 ・**発注費用の多くは、発注数量にかかわりなく発生する固定費。** ・1回の発注数量を増やせば増やすほど、仕入れる商品1個にかかってくる発注費用は逓減する。
在庫費用	・商品が入荷して以降、顧客の手に渡るまでの在庫期間に発生する費用であり、在庫中の保管費用、保険費用、在庫投資の金利や陳腐化費用など。 ・**在庫費用の多くは、発注数量が増えるに従い増加する変動費。** ・1回の発注数量を増やせば増やすほど、商品1個にかかる在庫費用は大きくなる。

商品1個にかかる発注費用と在庫費用の合計が最小となる数量の仕入を行うことが重要です。

次図のように、商品1個当たりの発注費用は、仕入数量の増加に伴い、右下がりのカーブで描かれます。また、在庫費用は、右上がりのカーブで示されます。両費用の合計は、図のように逆放物線状となり、その最も低い谷間で最小となります。この「仕入れる商品1個に計上する費用の額が極小値を示すところの仕入数量」を**経済的発注量**(**EOQ**)といいます。

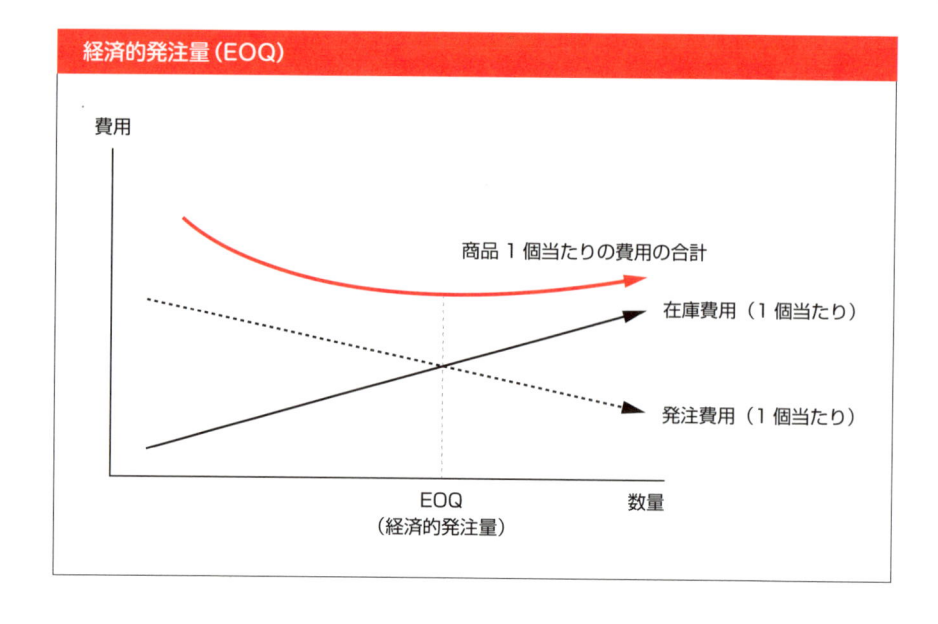

経済的発注量（EOQ）

費用

商品 1 個当たりの費用の合計

在庫費用（1 個当たり）

発注費用（1 個当たり）

EOQ
（経済的発注量）

数量

　EOQは、実際には確定することが困難ですが、理論的には、次の計算式で求められます。

EOQの計算式

$$EOQ = \sqrt{\frac{2RU}{CI}}$$

R：年間発注個数
C：仕入単価
U：1個当たりの発注費用（固定費）
I：在庫費用率

上記からは、次の計算式が成り立つ。

$$RP = \frac{EOQ}{S}$$

　S：週当たり販売計画数量
RP：発注期間

　この式で、コスト的に理想的な発注期間が算出されます（単位：週）。

　この経済的発注量のモデルが実際に適用されるためには、次の前提条件が必要であることに留意しなければなりません。

2

マーチャンダイジング

・対象は単品であること
・年間の売上高が安定的で、かつ、変動がほとんどないこと
・再発注費用は、在庫費用と発注費用だけで、そのほかの費用がほとんどないこと
・追加発注回数の限界費用が一定であること
・分割納品は行われないこと
・売上高の正確な予測および在庫費用と発注費用が正確に把握されていること

●品目Aの週当たりの販売数量30個、仕入単価770円、1回当たりの発注費用200円、在庫費用率10％の場合のEOQおよび発注期間は、次のようになります。

$R = 30個 \times 52週 = 1,560個 \quad C = 770円$
$U = 200円 \qquad I = 10\% = 0.1$

$$EOQ = \sqrt{\frac{2 \times 1,560 \times 200}{770 \times 0.1}} = \sqrt{8,104} \fallingdotseq 90個$$

$$発注期間 = \frac{EOQ}{S} = \frac{90個}{30個} = 3週$$

5 商品計画と利益管理

利益は、売上総利益、営業利益、経常利益などと多層的に分かれて
います。

重要度：★★★

●売上総利益の以前に、それ自体は利益ではありませんが、似た性格を持つ
ものとして初回値入、実現値入があります。これらの相互関係を理解して
おく必要があります。

1 営業利益と売上総利益の違い

　小売業にとって、最も重要な利益は、**営業利益**の段階です。しかし、小売業の営
業部門では直接的に統制できない一部の一般管理費があるため、販売員が責任を負
わなければならない利益は、**売上総利益**となります。

　売上総利益は、最終的な企業の利益ではありません。しかし、販売費及び一般管
理費（販売管理費、販管費）の額が一定であれば、売上総利益が多くなるほど営業利
益への貢献度は高まります。

2 売上総利益の増加要素

　売上総利益の増加要素としては、次の要素が考えられます。

・平均販売単価の計画的引上げ

・販売数量の計画的増大化

・売上値引、売上戻りの抑制

・仕入値引、仕入戻しの合理的増加

・売上原価の計画的引下げ

・在庫高の合理的抑制

● 売上総利益の増加要素、売上形成の構造からの出題が目立ちます。しっかりと覚えておきましょう。

3 各利益の増加要素に対する商品計画の役割

①平均販売単価の計画的引上げと販売数量の計画的増大化

　売上高を伸ばす手段は数限りなく存在しています。商品計画に直接関係する要因を示せば、企業全体の**平均販売単価の引上げ**と**販売数量の増加**をあげることができます。この両要素を掛け合わせたものが、当該期間の企業全体の総売上高に合致しています。

　両要素は、いずれも総売上高の増加に寄与しますが、両者は**トレードオフ**の関係となります。

○平均販売単価の引上げ

　同一カテゴリー内で、より高品質化、高イメージ化、あるいは有力ブランドの品目割合の増加によって、当該商品カテゴリーの平均価格を引き上げることを意味します。よって、この政策は、商品の高級化や専門性度合いの引上げを志向するものといえます。また、ディスプレイ、照明、売場配置などの店舗内の物的環境力、販売員の接客技術などの人的環境力、情報提供力の強化を伴わなければなりません。

○販売数量の増加

　価格面から顧客に刺激を与え、商品の低価格化、大衆化の度合いを引き上げて、販売数量の増加につなげるのが一般的です。広告、催事、そして良質廉価の商品のアピールが決め手です。

　以上のことから、平均販売単価の引上げと販売数量の増加は、同時に採用しにくいです。どちらかを選ぶかによって、商品計画のあり方は根本的に変わります。

○小売業の売上形成の構造

小売業の売上高の形成の構造は、次図のように描かれます。

一定期間の売上高は、**総商圏人口**に**商圏カバー率**を掛けた**店舗商圏客数**、**集客率（来店率）**、**購買率**、**顧客1人当たりの平均購買単価**、**1店当たり平均販売単価**から計算され、これらの因子のいずれを増加させても売上高は増加します。

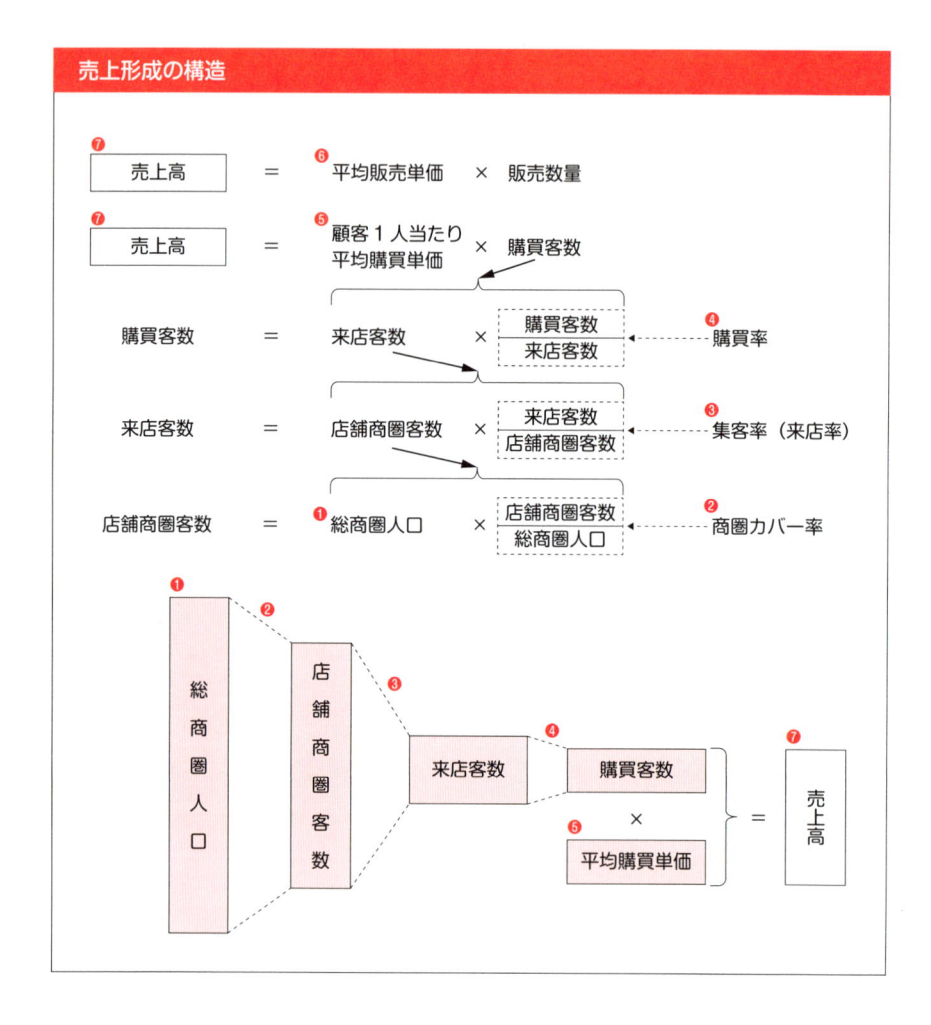

商品力は図中の、❷以降のすべてに影響を与えますが、特に関係の深い因子は、❺平均購買単価と❻平均販売単価です。

❷商圏カバー率、❸集客率、❹購買率は、小売業の基本的なマーチャンダイジング力とともに、広告・キャンペーン（販売促進活動）、店舗施設や売場の環境形成、情報伝達能力が重要な役割を果たします。

②売上値引、売上戻りの抑制

総売上高から売上値引や売上戻りを差し引いたものが純売上高となります。

売上値引や売上戻りを合理的に抑制しなければ、実質的な純売上高の増加にはつながりません。

純売上高を圧縮する売上値引や売上戻りの要素を抑えることは、利益確保のためには重要な取組みとなります。しかし、売上値引、売上戻りを無意味に抑え込もうとすれば、売上そのものが落ち込んだり、顧客の店離れが顕著になるおそれもあります。

商品計画と仕入技術の向上により、売上値引や売上戻りを必要としないような有力な商品を充実させることで、結果的に抑制効果を生み出すべきです。

○売上値引の抑制

売上値引を値下（マークダウン）と混同しないことです。

値下は、特定の商品やサービスの販売価格を、特定の時点から一律に安い価格に意図的に変更することです。季節商品や流行商品においては、シーズン中に売り切るためのマークダウンが不可避です。また、定番商品でも在庫処分のために販売価格の下方修正をする場合も多いです。

売上値引は、小売業が顧客に販売する都度、販売価格を適宜、下げることです。したがって、相手の交渉力や購入数量などによって値引する額が違ってきます。

○売上戻りの抑制

売上戻りとは、販売後における顧客から小売店への返品を指します。百貨店などでは、瑕疵・欠陥商品以外は、同額またはそれ以上の商品との交換または商品券との交換をもって対処することが多いです。中小小売店の場合には、百貨店のような対応をするのが難しいです。したがって、**商品計画・仕入技術の強化改善、受発注業務の堅実化と商品管理により、売上戻りの発生を抑制すること**が求められます。

③仕入値引、仕入戻しの合理的増加

　仕入値引、仕入戻しを活用することは、利益確保にプラスの影響を及ぼしますが、その乱用は仕入先企業との関係を悪化させ、小売業にとって悪影響がもたらされる点に注意する必要があります。

○仕入値引の増加

　仕入割引は、一般にリベート（割戻金）を意味し、通常の仕入業務外で発生します。それに対して、**仕入値引は、仕入価格を引き下げるので、売上総利益を増加させます**。しかし、仕入先企業との「よき関係」の維持に起因するものは許されますが、取引上の力関係にもとづく強要は許されません。公正な値引要請にもとづき、仕入先企業が価格の値下を妥当とする判断理由がなければなりません。

○仕入戻しの増加

　仕入先企業への返品を意味します。納入された商品や相手方の納入方法に問題があった場合と、商習慣的な行為として残品について適用される場合の2つに分けられます。しかし、残品の在庫調整の名における安易な返品は、望ましい行為とはいえません。相手方に対する取引上の力関係の優位性を利用した強引な返品は、独占禁止法に規定される不公正な取引方法としての**優越的地位の濫用**とされ、不法行為となります。

④売上原価の計画的引下げ

　売上原価の引下げは、販売価格が維持できれば、売上総利益の増大につながります。

　具体的には、より安く仕入れることで、初回値入率をできるだけ高くすることや、実現値入率を初回値入率に近い値に維持するように、値下、売上戻り、減耗などをできるだけ小幅にすることが重要です。

⑤在庫高の合理的抑制

　小売業の資金投下の3大領域は、**土地および設備**（＝設備投資）、**商品**（＝在庫投資）、**人材**（＝人材投資）です。このうち、在庫投資は、資本コストの計上であり、一定の売上高に対して巨額になれば、売上総利益を著しく圧縮します。したがって、「少ない在庫の効率よい運用」が必要となります。すなわち、年間平均在庫高を合理的に抑制し、商品回転率を計画的に引き上げる“**高商品回転経営**”の推進が有効策です。

投資回収の効率を高めようとするなら、売上高を生み出す付加価値（売上総利益）との対応を加えて捉える必要があるので、**在庫投資収益率を示すGMROI**の概念が重視されます。この数値が大きいほど、在庫投資は相対的に大きな利益を生み出します。

在庫投資収益率（商品投下資本粗利益率）を示すGMROIは、次の計算式で求めます。

在庫投資の付加価値形成割合（在庫投資収益率：GMROI）

$$= \frac{\text{付加価値}}{\text{平均在庫高（原価）}} = \frac{\text{売上総利益}}{\text{平均在庫高（原価）}}$$

$$= \frac{\text{売上総利益}}{\text{純売上高}} \times 100 \times \frac{\text{純売上高}}{\text{平均在庫高（原価）}}$$

$$= \text{売上総利益} \times 100 \times \text{商品回転率}$$

また、在庫を圧縮して得られる利益拡大策には、次のようなものがあります。

・保管費用や保険料などの削減による営業利益の増大

・棚卸減耗額の圧縮による営業利益の改善

・商品の市場価値低下の防止による在庫の陳腐化費用の極小化

・値下（マークダウン）の極小化に伴う売上総利益の増大　　　など

マーチャンダイジング　2

▼高商品回転が経営にもたらすメリット・デメリット

メリット	デメリット
・在庫投資効率が向上する ・商品保管費、商品保険費など在庫投資金金利以外の在庫関係費も節約される ・商品緒物理的価値の低下（在庫中に発生する減耗）が小さくなる ・商品の市場的価値の低下（流行変化、季節の経過、新モデル出現などによる商品価値低下）が防止できる ・値下率を一般に低めに抑えることが可能となる	・手持ち資金の過少を引き起こしやすい ・仕入事務費、仕入出張費などの発注関係費が一般に割高になる ・過少在庫に陥り、欠品を発生させやすい ・在庫の総枠が限られるので、品ぞろえを強化しにくい ・当用仕入（小口仕入）が恒常化することとなり、割高の仕入になりがちで、大量仕入のメリットが得られなくなる
・商品劣化度が低いので、売上戻り（顧客からの返品）は比較的少ない ・商品が絶えず小刻みに流動するので、売場の雰囲気の沈滞化を防ぎやすい ・商品手持ち在庫の絶対量を抑えることができるため、商品管理（特に在庫統制）が容易となる ・総じて目先の（短期的な）効率、機動性が向上する	・当用仕入が恒常化する結果、仕入が甘くなるおそれがあり、仕入戻しが増加するおそれがある ・仕入先企業に対する発言力が弱まり、優良商品を優先的に確保する能力も低下する ・総じて顧客や仕入先企業からの支持が弱まり、（長期的な）競争力が低下する

●GMROIの計算式で用いられる商品回転率は、分子を売上原価で計算していないので、商品投下資本回転率としての性格を持ちます。GMROIとほぼ同様の目的に利用される交差比率の場合は、売価表示ベースで捉えた本来の商品回転率を利用します。

商品予算管理

均衡のとれた商品在庫を維持するための前提条件は、総在庫投資の
適合性を高めることです。

●商品在庫に関する総投資額の計画と管理は、商品予算管理を通じて行うの
が一般的です。どれくらいの規模の在庫投資を行うべきかの計画は、小売
業全体、店舗別、部門別、商品カテゴリー別に策定します。

1 商品予算管理の重要性

　在庫投資を計画するにあたっては、全般的な消費動向や競争環境などの情報を綿
密に分析し、解釈すると同時に、将来の一定期間に対する予測を含め、明確な行動
指針にもとづいて商品予算の策定から始めなければなりません。

①商品予算の適用方法

　商品予算管理の適用方法は、次のような諸条件によって異なります。

・企業規模の拡大に伴い、商品予算管理の必要性が増す

・季節的変化の影響の強弱により、商品予算管理の対応が違う

・発注から納品までのタイムラグが重要な考慮要件となる

---

②ダラーコントロールシステムの必要性

　商品予算管理の有効性を高めるには、**ダラーコントロールシステム**（在庫商品の
金額による統制）を確立しなければなりません。

●出題頻度は低いですが、ダラーコントロール、ユニットコントロールについて
は、覚えておきましょう。

商品予算計画とは、特定の期間に対して金額で示された商品諸活動の詳細な青写真を描くことです。その目的は、金額で目標を設定し、実際に活動を推し進めるプロセスを財務的側面からチェックするための計画を立案することにあります。

これらの動きは、ユニットコントロール（単品ごとの在庫統制）の主要な課題といえます。

①商品予算の編成

商品予算は、部門または商品カテゴリーごとに算定され、そのうえで、小売業全体として管理運営を行うために、**マスタープラン**（中・長期の目標を達成するための具体的な方法を記した実行プラン）への統合を図ります。商品予算は、売上総利益に影響を及ぼす売上高（売上高予算）、商品在庫（在庫高予算）、減耗高（減価予算）、値入高（値入高予算）ごとに予測し、金額で設定するのが一般的です。これらの金額が決まれば、自動的に仕入額（仕入高予算）を計算できます。

②商品予算に要請される条件

商品予算管理の実施については、小売業全体、あるいはその企業内における個々の部門の必要に応じて、適切に管理項目を当てはめます。

商品予算管理を行うための基本的条件は、次のとおりです。

○トップマネジメントの配慮

商品予算は、部門マネジャーの目標達成への貢献意欲を刺激し、実効性と責任を感じる水準に設定することが好ましいです。

○達成可能な計画目標

販売予測と目標設定の誤りは、計画在庫や仕入、値入に影響します。

○目標達成のための手段の裏づけ

商品予算は、前年を上回る実績で計画されるのが一般的です。その場合、単なる数字上のつじつま合わせであってはなりません。計画を遂行する手段の裏づけが必要となります。

販売目標の設定方法と販売計画の策定

販売目標を設定するには、必要な資料を作成し、それにもとづいて
総合的な検討を行います。

●貢献度分析には、2つの分析方法があります。粗利益貢献度分析は、商品
回転率が高く、在庫負担の少ない業種に適しており、交差比率貢献度分析
は、商品回転率が低く、在庫資金の負担が重い業種で用いられます。

1 販売目標の設定基準とその意義

①販売目標の設定に必要な資料の作成

・POSデータなどによる時系列分析の結果から見た、商品カテゴリー別の来期
（または2〜3年先）の販売可能計画書
・相関分析などによって、外部条件（地域市場の伸長率や競争要因など）から見
た来期（または2〜3年先）の販売可能計画書
・財務資料などをもとにして、小売業の維持、発展を図るうえで必要な来期（ま
たは2〜3年先）の必要売上高予測書

②上記資料にもとづいた総合的な検討

・必要売上高が販売可能額より高いときは、それを販売目標として設定。この
場合には、経営者層が責任をもって、目標と販売可能額との差を埋める対策
や戦略を策定する。
・必要売上高が販売可能額を大きく上回り、達成困難とみなされるときは、財
務面を再検討して費用削減などの対策を講じ、必要売上高自体を引き下げる。
・販売可能額が必要売上高を上回っているときは、それを販売目標とする。時
系列分析からの予測値と、相関分析からの予測値のいずれにするかは、実情
に応じて設定する。

- 販売可能額が必要売上高を大きく上回った場合は、必要に応じて人材能力の開発や組織体制の整備など、内部の充実を図り、販売可能額より低めに販売目標を設定する。

●貢献度分析、季節指数、販売目標の設定方法からの出題が目立ちます。しっかりと覚えておきましょう。

2 商品カテゴリー別販売計画の策定ポイント

①商品カテゴリーの考え方

商品カテゴリーとは、ここでは小売業における販売管理の単位を意味します。

全体の目標を決定した後に、商品カテゴリー別に割り当て、それを各商品カテゴリー担当の目標とします。そして、目標を達成するうえで必要な指揮・統制を行います。

②商品カテゴリー別販売計画の基本的考え方

商品カテゴリー別の販売計画を立案する際は、過去の商品カテゴリー別実績の内部資料と、業界の標準や商品カテゴリー別市場動向といった外部資料を、基本的資料として活用します。

○経営環境の変化が比較的小さい場合、または業績が安定している場合

主に、商品カテゴリー別実績などの**内部資料を中心に検討**し、商品カテゴリー別割当を行う際には、外部の市場動向資料を参考程度に利用します。

○外部環境の変化が比較的大きい場合、または業績が低迷している場合

現状を打破する戦略的な取組みが必要なため、地域別の市場動向データなど**外部資料を中心に検討**し、過去の販売実績データなど内部資料は参考程度にとどめます。

③貢献度分析

商品カテゴリー別の採算状況を把握するための分析で、次の2つの方法があります。

○粗利益貢献度分析

食品主体の小売業のように、商品回転率が高く、在庫負担の少ない業種向け。

各部門の売上構成比 × **粗利益率** ÷ 積数合計 × 100%

○交差比率貢献度分析

買回品主体の小売業のように、商品回転率が低く、在庫負担の重い業種向け。

各部門の売上構成比 × **交差比率** ÷ 積数合計 × 00%

3　季節変動と月間販売計画の立て方

①季節変動と季節指数

月間の販売実績といった時系列資料は、季節、天候、生活習慣、購買習慣、社会的行事などの影響によって、毎年、同じような変動を示します。この**月ごとや季節ごとの変動パターンを季節変動**と呼びます。これを**月または季節の平均を100とした比で示した数値を季節指数**といいます。

②季節指数の求め方

季節指数の求め方については、次表に示す3種類があります。

▼季節指数の求め方

特定年基準法	実績値の中から、最も標準とみられる年度を選んで季節指数を求める方法。冷夏や暖冬などで季節変動に相違がある場合に有効。
月別平均法（単純平均法）	過去数年間の月別売上高を集計し、それを12で割った月平均売上高で、各月の集計値を割って季節指数とする方法。 不規則変動が少ないときは有効。
連環比率法	アメリカの統計学者パーキンズが考案したもの。月ごとに前月に対する変化率を計算し、その前月比の平均値を季節変動値とみなす方法。これによって、季節的な要因による影響を除去する季節指数を計算することができる。

③月別・商品カテゴリー別販売計画の立案方法

○毎月の商品カテゴリー別販売計画

　商品カテゴリーごとの季節変動が少ない小売店の場合、まず、季節指数によって総販売目標を各月別に割り当て、月別販売計画を決定します。次に、商品カテゴリー別分析の結果をもとに、担当者の意見を参考にして商品カテゴリー別・月別販売計画を決定します。

　また、商品カテゴリーごとの季節変動が大きな小売店の場合、まず、総販売目標を商品カテゴリー別に割り当てます。そのうえで、商品カテゴリーごとの季節指数をもとに、商品カテゴリー別・月別販売計画を策定します。

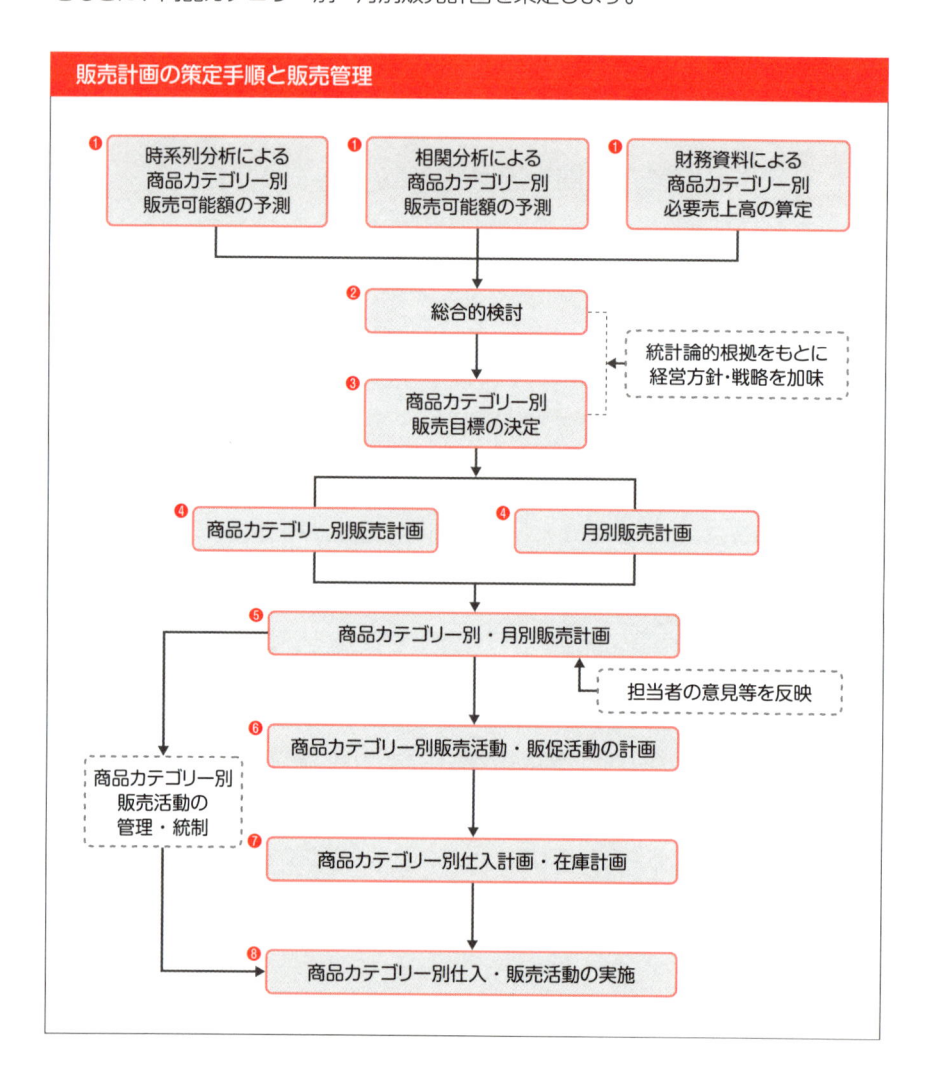

○販売計画と目標管理

　総販売目標を毎月の商品カテゴリー別販売目標として示すことにより、商品カテゴリーごとの身近な目標とします。それを達成させるために、誰が、何を、いつ、どのような方法で取り組んだらよいかを検討します。

　このように、**従業員に目標意識を抱かせ、目標達成に対する貢献意欲を引き出す方法が目標管理**です。

　目標管理において重要なのは、トップダウンの方式ではなく、**ボトムアップの方式**で目標の設定や計画の策定に従業員を参画させることです。

2

マーチャンダイジング

④週間販売計画策定の重要性

　1週間を基準とした販売計画を作成し、それを忠実に実行していくことが、小売業の基本的業務です。

　1週間単位で実施すべき販売業務には、次のようなものがあります。

・地域行事に合わせた催事

・特売計画の企画および実施

・国民の祝祭日に合わせた催事

・販売計画の検討および修正

・死に筋商品の排除と売れ筋商品の選定

・販売員別週間販売計画の検討および実行

・商品カテゴリー別のディスプレイ変更および売場演出　など

　一方、週間販売計画を進めるうえでは、次のような点に留意すべきです。

・商品カテゴリー別に厳選した仕入、販売予測、粗利益管理、在庫管理

・商品カテゴリー別に見た商品選定と販売促進企画

・店全体、部署別、販売員別の販売計画

・販売の先行管理 (店内と店外での売れ筋商品、死に筋商品の把握と対策／商品
　カテゴリー別売れ筋商品の欠品防止対策／商品カテゴリー別販売分析と次期
　の基本的フロアレイアウト計画の策定／特売計画の企画と仕入交渉)

---

⑤販売実績の管理、統制

　月を単位とした管理を行う場合、月末に締め切った実績を計画と比較し、達成率を求める方法がとられます。しかし、環境変化の激しい今日では、月ごとに毎日の計画達成状況を管理するZチャートを活用することも必要です。

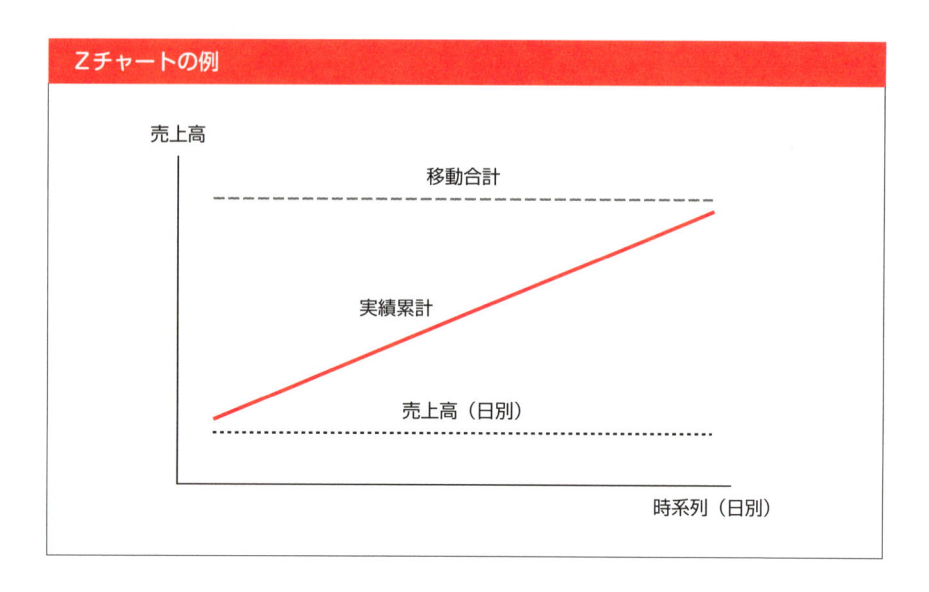

4　販売割当

①販売割当

　販売割当とは、販売予測をもとに販売戦略などを加味して設定した計画販売高（販売目標）を、さまざまな基準に従って、店別、売場別、フロア別（商品カテゴリー別）、販売員別というように、現場単位ごとに下部へ順次、割り当てることです。

②商品カテゴリー別販売目標額の設定方法

　ある店舗に、「年間売上高1億円、平均粗利益率27.0％」の目標が与えられたとします。この場合、店舗に振り分けられた販売目標額が前年比8％増であるからといって、すべてのカテゴリーの予算を一律、前年実績＋8％にする、といった単純な算出をしてはいけません。商品動向や競争店動向、そして自店の客層の変化や営業方針などを考慮し、さらに店長自身の販売方針を加味した商品カテゴリー別の販売予算を策定するべきです。

こうして配分した商品カテゴリー別の販売予算の構成比は、次表に示す例のようになります。

▼商品カテゴリー別販売目標額（例）

商品カテゴリー	販売目標額	販売高構成比	粗利益率	相乗比率
A	2,500万円	25%	28%	7.00%
B	1,700万円	17%	30%	5.10%
C	3,800万円	38%	22%	8.36%
D	600万円	6%	30%	1.80%
E	1,400万円	14%	27%	3.78%
合計	10,000万円	100%	—	26.04%

この表の相乗比率とは、販売高構成比と粗利益率を掛け合わせたものです。この合計が店舗全体の平均粗利益率に該当します。

ところが、与えられている平均粗利益率は27.0%ですので、1.0%ほど不足しています。そのため、これを27.0%にする必要があります。

相乗比率を高めるには、販売高構成比と粗利益率のどちらかをアップさせる必要があります。しかし、粗利益率を高めるには、仕入価格を引き下げるか、売価を上げることが必要となり、いずれも容易にできることではありません。

そこで、販売高構成比を変化させることで、店舗全体の平均粗利益率を高める方策をとります。

▼修正された商品カテゴリー別販売目標額（例）

商品カテゴリー	販売目標額	販売高構成比	粗利益率	相乗比率
A	2,500万円	25%	28%	7.00%
B	**3,000万円**	**30%**	30%	**9.00%**
C	**2,500万円**	**25%**	22%	**5.50%**
D	600万円	6%	30%	1.80%
E	1,400万円	14%	27%	3.78%
合計	10,000万円	100%	—	**27.08%**

商品カテゴリーBとCの販売高を変化させることで、相乗比率を高め、店舗全体の平均粗利益率を高めます。

　商品カテゴリーBの当初の販売目標額を修正するにあたって、陳列場所の移動、品目数の増加、推奨販売の指示、などの販売戦略の変更を検討します。

③個人またはチームへの販売割当

　割り当てられる予算は、いずれも個人の業績評価に直接的または間接的に結び付きます。したがって、販売割当は、単なる経験年数だけでなく、その実力に応じて公平に与えなければなりません。

　割り当てられる販売目標額は、達成が容易だったり、逆に達成不可能なものであったりすると、販売員のモラールは低下してしまいます。「努力次第で達成でき、少し手を抜くと達成不可能」といったラインが、最もやる気を起こさせる理想的な目標水準です。そのため、販売員自身の目標も考慮に入れて、話し合いで販売割当を決定するのが最もよい方法といえます。

●目標管理は、組織マネジメント手法の1つです。個々の担当者に自ら業務目標を設定・申告させ、その進捗や実行を各人が自ら主体的に管理します。
●本人の自主性に任せることで、主体性が発揮され、結果として大きな成果が得られます。

販売計画における予算管理

予算管理とは、期首と期末の実績を把握し、分析する活動のことです。

● 予算管理は、計画、調整、統制の諸機能を果たす技法として、その必要性がますます高まっています。特に、分権的な経営管理機能組織において、目標利益として示された企業全体の目標を実現するための調整機能が、予算管理の基本的な機能です。

1 予算管理と利益管理

　小売業は、内外の経済的・技術的な環境変化を予測し、存続と発展にとって適切なマーケティング戦略を策定する必要があります。そのため、市場環境に対して積極的に働きかけ、長期的に必要な目標利益を達成することが重要です。

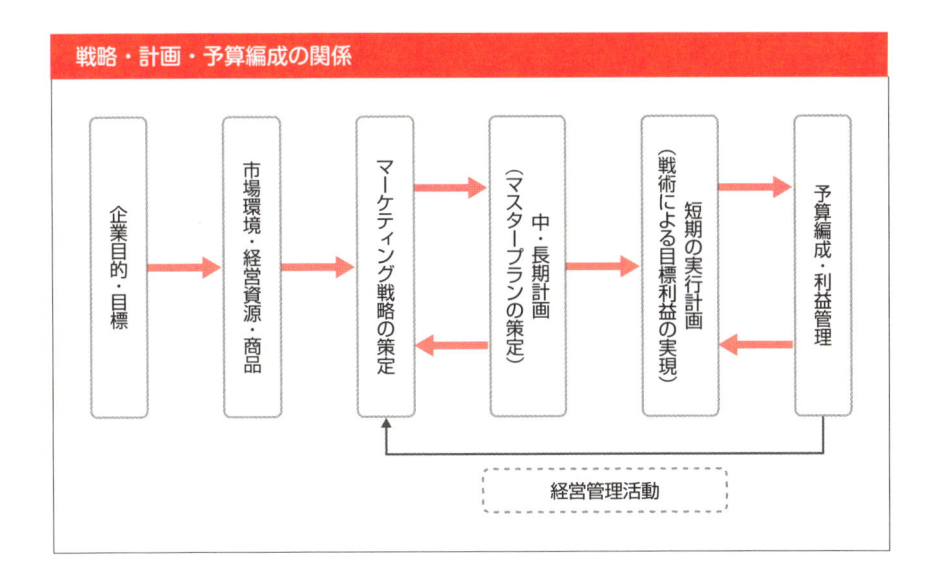

戦略・計画・予算編成の関係

企業目的・目標 → 市場環境・経営資源・商品 → マーケティング戦略の策定 → 中・長期計画（マスタープランの策定） → 短期の実行計画（戦術による目標利益の実現） → 予算編成・利益管理

経営管理活動

①マーケティング戦略との関係

マーケティング戦略は、企業目的・目標を前提に、市場環境、経営資源、新・旧商品などの状況の諸要因を勘案しながら策定します。その場合、マーケティング戦略は、中・長期的経営計画を基礎とした戦略を実現するための短期的な実行計画（戦術レベル）を策定しなければなりません。

前ページの図に示したフローにもとづき編成される予算は、中・長期的な視野に立つ戦略との結び付きが重視され、その戦略を短期的な目標利益の設定により具体化するものでなくてはなりません。また、短期の実行計画にもとづく予算管理の結果は、長期的な戦略の実行に関する判定と検討、あるいは戦略の改訂に反映していくことが望ましいです。

②予算管理の意義

予算管理とは、将来の一定期間（予算期間）における企業の目標利益を達成するために必要な計画を貨幣額によって示した、総合的な利益管理のための技法です。この場合、利益計画の設定が予算管理の前提になります。

予算管理は、計画・調整・統制の諸機能を果たすものです。特に、分権的な管理組織において、目標利益として示された企業全体の目標を実現するための**調整機能**が、予算管理の最も基本的な機能です。

③予算管理の調整機能

予算管理における調整機能は、垂直的調整と水平的調整に分けられます。垂直的調整とは、管理階層の「縦」の統制を意味します。これに対し、水平的調整は、部門間の「横」の調整により実現される機能を意味します。つまり、調整機能は、独立的な部門活動におけるセクショナリズムの弊害を排除し、相互に関係すべき各部門の諸活動を共通の目標に向かって統合・調整する機能です。

その主な役割は、次のように示されます。

・予算期間の目標管理に対する垂直的調整と、部門間の水平的調整を行い、目標利益を達成できる実行計画を見いだす。
・各部門管理者に対し、小売業全体の目標を達成するために必要な条件を知らせるとともに、他の部門の選択しうる行動を予測できるようにする。
・各部門管理者に目標達成を動機づける。
・予算に対する実績を測定・比較し、業績評価に役立てる。

④人的要因にもとづく予算管理の実行

予算を達成するためには、個々の従業員が必要とされている目標を達成することが基礎となります。トップマネジメントは予算の実行に最終的な責任を負うことを明確にする一方で、管理者に予算編成への参加の機会を積極的に与え、動機づけていく必要があります。予算管理を有効に機能させるためには、人的要因を視野に入れることが不可欠です。

⑤予算管理のプロセス

小売業の経営管理活動に関連づけられた予算管理のプロセスは、次図のようになります。

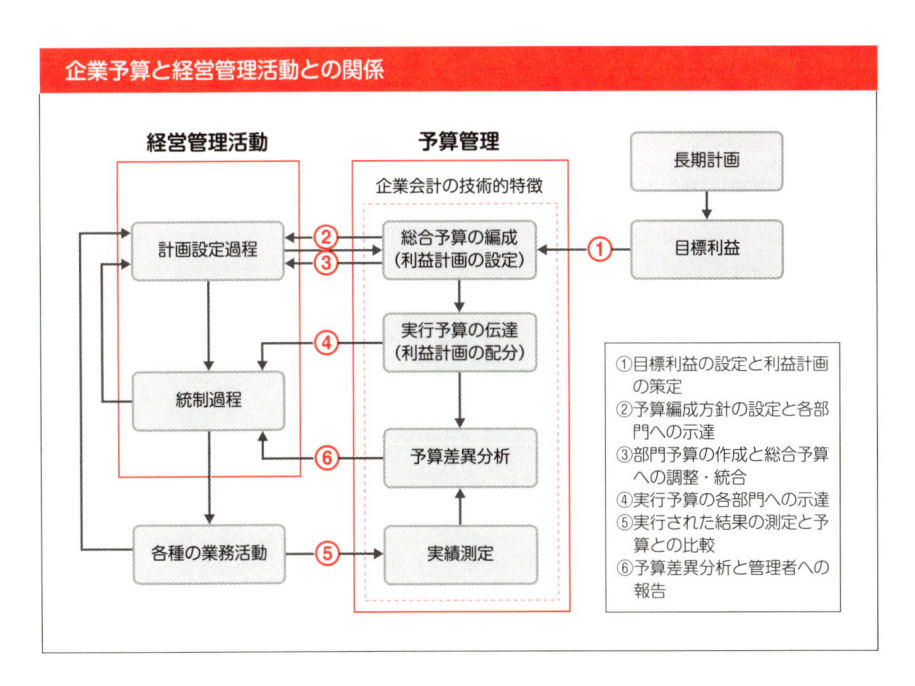

企業予算と経営管理活動との関係

⑥予算管理の計画機能

　垂直的および水平的調整の諸活動は、予算管理における計画機能および統制機能と結合して行われる点に特徴があります。

　予算管理における計画機能は、予算編成により達成される機能です。小売業経営における計画的な予算管理は重要であり、予測される環境変化に積極的に対応できる合理的な計画の設定が不可欠となります。

⑦予算管理の統制機能

　統制とは、経営活動の結果を管理基準と一致するように、実績を測定し、管理基準と比較し、実績と管理基準の事後的な差異を管理者に報告して、修正行動によって業績の改善を図る一連の手順のことです。

　予算管理は、従業員の諸活動を支援し、また、利用されるべき管理技法として理解する必要があります。業績を明確に測定・評価する基準を通じて、自主的に目標達成に向けて動機づけしていくことが重要です。

2　予算の種類、体系と組織

①長期予算と短期予算

　予算は、予算期間の長短によって区分されます。通常、予算という場合は短期予算を意味し、年次予算、半期予算、四半期予算、月次予算が目的に応じて利用されます。1年を超え、3年から5年を単位とするのは、中・長期予算とされます。

②経常予算と資本予算

　経常予算は、**業務予算**とも呼ばれ、経常的業務活動の期間予算で、**損益予算と資金予算**が含まれます。資本予算は、長期予算として設備投資計画や各種プロジェクトに関する投資予算です。

③当初予算と修正予算

　当初予算は、年度当初において編成された予算を意味します。修正予算は、経営環境の変化に弾力的に対応するための予算で、**実行予算**として編成されます。

④割当予算と積上予算

　割当予算は、利益計画にもとづきトップマネジメントが利益目標から各部門の予算を導き出して設定し、各部門に割り当てます。それに対して、積上予算は、**参加型予算**とも呼ばれ、各部門から予算原案を提出させ、これを尊重して総合的に調整して予算を編成します。

⑤予算体系の確立

　予算を合理的に運用するためには、部門予算を企業全体の観点から調整し、統合化するための総合予算の体系を、経営規模や組織状況などから判断し、確立しなければなりません。

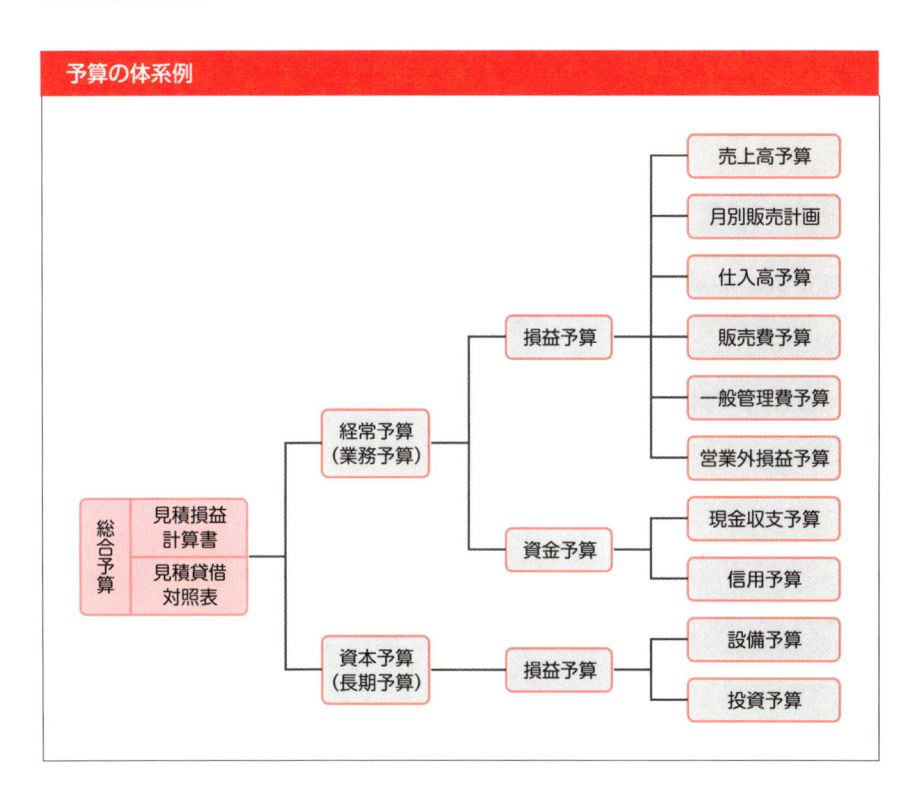

予算の体系例

173

⑥予算管理組織の設営

予算管理を有効に機能させるためには、一般に予算委員会、予算担当役員、予算担当課などから構成される**予算管理組織**の設営が必要です。

○予算委員会

部門予算から総合予算に集約するための機関で、実質的な調整活動の場として、各職能部門別の責任者が部門間の調整について提案し、部門予算を目標として責任者を動機づける役割を担います。

○予算担当役員および予算担当課

予算管理組織として予算規定の設定、予算編成方針の立案、総合予算の編成、決定された予算の各部門への伝達、予算と実績の比較とその結果の予算委員会への提出などの予算業務の責任を負います。

3 予算の編成と統制

①目標利益の設定と予算の編成手続き

年次予算を設定する第1の手順は、短期の**目標利益**を設定することにあります。

▼目標利益の算出

予定売上高 − 許容費用 ＝ 目標利益

利益計画においては、目標利益の設定に始まり、これを基礎として目標達成に必要な予定売上高を求め、その際に限度として許容される費用額を決定します。

この場合の目標利益は、達成可能利益であるべきで、利益額または利益率により示されます。

一定期間に達成すべき目標利益は、**売上高利益率と資本回転率の積である資本利益率**を設定基準とすることが望ましいです。資本利益率は、総合的な業績指標として、計画要素に売上高利益率だけでなく、使用される資本額の効率性を考慮する点で、目標利益をより適正に算出することができます。また、中・長期的に必要な利益額を検討する方法の1つとして、株主に対して安定した配当を支払い、十分な利益留保を行うために必要な資本利益率を設定し、それを次期に予想される資本額に掛けて算出する方法があります。

　目標を決定した後、これを達成しうる**大綱的利益計画**をまとめます。これは、見積財務諸表の作成を必要とする予算編成の基本的な枠組みを提供する重要な役割を担います。

　その際には、経済予測、市場調査などの各種統計調査が用いられます。さらに、目標利益の実現に必要な利益構造を分析する手法として、**損益分岐点分析**が利用されます。

②販売予測の手順

　利益計画の策定においては、その基礎となる販売予測が重要な手順となります。

▼販売予測の手順

- ・販売予測の利用目的を明確にする
- ・取扱商品を店舗別、得意先別、注文規模別などの適当なグループに分ける
- ・各グループの売上高に影響する要因とその相対的な重要性を決定する
- ・適当な販売予測の方法を選択する
- ・資料を収集し、分析する
- ・測定できない要因の影響を仮定する
- ・分析の結論を各商品に当てはめてみる
- ・企業全体の販売予測に適用する

③販売予測の方法

　販売予測の方法には、将来や年単位の予測をする長期的傾向変動の分析手法として、次のようなものがあります。

▼長期的傾向変動の分析手法

目安法	グラフの横軸に時間の流れ、縦軸に売上高をとり、そこに売上高の実績をプロットし、描かれた折れ線グラフの状態を見て目測で傾向線を引く方法。フリーハンド法とも呼ばれる。
両分法	時系列データの期間を2つに分け、それぞれの部分のデータの平均値を求め、その2つの平均値をグラフ上にプロットして直線で結び、傾向をつかむ方法。
移動平均法	任意の一定期間ごとに1期ずつ移動させ、それぞれの平均値を求め、この平均値をグラフ上にプロットし、折れ線の様子から傾向を把握する方法。
最小二乗法	販売傾向をグラフ上ではなく方程式によって把握する方法。過去のデータと計算値との間の誤差の2乗の和が最小となるような方程式を求める方法。

④期待利益の算定

利益計画の策定においては、目標売上高の設定とともに**期待利益**を算定します。期待利益が目標利益を上回る場合は、部門予算の編成が可能となり、逆に、目標利益を下回る場合は、各種の利益改善策を講じる必要があります。

⑤予算編成方針の伝達

予算編成方針は、目標利益を達成する会計数値を指示し、各部門の業務予算編成における代替案の選択基準となります。一般に、経済状態や環境変化、価格、賃金・給与について予想される状態をとるべき許容限度、これらに対するトップマネジメントの方針、期待すべき利益額や各種の目標利益率が含まれます。

これにより、部門予算の編成における目標利益との調整や部門間の調整を促進し、最終的な総合予算の編成が効率的なものとなります。

4　部門予算の編成

計画的に目標利益を達成していくために、予算管理の中心となるのが損益計算です。各部門の損益計算は、資金予算および資本予算とともに、**総合予算**として見積財務諸表にまとめます。

①損益予算

損益予算は、販売予算、（売上高予算と販売費予算）、一般管理費予算などから構成されます。

○販売予算

予算編成方針にもとづき、販売部門により積み上げられた詳細な原案を組み合わせて作成します。**売上高予算**と**販売費予算**が含まれます。

○一般管理費予算

適切な予算配分にもとづく一般管理活動の程度と範囲が決定され、各費目の支出統制が重要となります。

②資金予算

短期の財務予算として、資金の調達と運用、それに付随する出納や保管に関する予算から構成されます。

資金予算の機能は、財務流動性を維持しながら、資金運用効率を向上させ、目標利益の達成を補完すること、損益予算に適合する資金予算の編成により部門予算の円滑な実施を可能にするとともに、総合的な財務予算および見積貸借対照表の基礎資料を提供する点にあります。

資金予算は、**現金収支予算**、**信用予算**、**財務予算**などに分けられます。

▼資金予算

現金収支予算	現金収支の金額的、かつ、時間的な均衡を図るために編成される予算
信用予算	取引先との売上債権、仕入債務ならびに銀行からの短期的な信用について、当期発生高と決済高を予測・計画するために編成される予算
財務予算	営業外費用とされるもので、借入金や社債に対する支払利息・割引料などの財務活動に伴う費用にかかわる予算

③資本予算

資本予算は、**中・長期の財務予算**です。設備投資のような資本支出や資金調達を行うための予算で、長期予算の特質を持ち、一般的に支出額が大きく、企業の将来に与える影響も少なくないため、予算と稟議による二重管理が求められます。

また、当座の資金計画に関する現金収支予算よりも、期間をある程度長くし、広く短期的な財務流動性を検討するために必要となる予算を**運転資本予算**といい、正味運転資本の増減要因に関する予算です。

▼正味運転資本

正味運転資本 ＝ 流動資産 － 流動負債 ＝（固定負債 ＋ 自己資本）－ 固定資産

運転資本予算は、正味運転資本の適正な維持による財務流動性の維持と資本の効率的な運用に貢献することをねらいとします。

期末の正味運転資本を見積もる方法には、資金運用表を利用して、期首の正味運転資本に増減額を加減して算定する方法があります。

5 予算による統制

①予算による統制の目的

調整された総合予算は、予算管理組織が**実行予算**として各部門に配分します。実行予算は、月別・管理活動別に分割し、管理者の指揮・監督活動に対して達成目標を指示する数値になり、**予算許容額**とも呼ばれます。

予算による統制にあたっては、編成された予算を管理者に伝達し、予算**目標の達成に向けて動機づけ**を図る事前的な統制とともに、予算と実績との比較により**管理者の業務評価**を適正に行う事後的な統制を有効に機能させることが重要です。

○目標達成のための動機づけ

予算が目標達成の動機づけとして機能するためには、管理者の努力によって達成可能であると同時に、達成のために努力を必要とするような水準（**実現可能水準**）に設定することが望ましいです。

○適正な業績評価

業績評価を有効に機能させるためには、管理者の実績を明確に認識して測定する**管理会計**を確立しなければなりません。

②予算差異分析の意義と手順

予算による統制の重要な手段となるのが、**予算差異分析**です。予算と実績を比較し、その差異を算出することによって、経営上の課題を見つけることをねらいとします。この分析結果は、予算報告書によって各管理者に伝達し、事後的な統制活動に貢献します。

▼予算差異分析の手順

・予算と実績の比較による差異の測定
・差異の原因分析
・差異の報告

③予算差異分析の方法

予算差異分析の方法として、一般に**項目別分析法**が利用されており、総合予算差異分析と部門予算差異分析に分けられます。

○総合予算差異分析

損益計算書および貸借対照表における予算と実績を比較し、その差異を算定します。

○部門予算差異分析

総合予算の内訳として**販売予算差異分析**、一般管理費予算差異分析、財務予算差異分析などがあります。販売予算差異分析については、売上高、売上原価、売上総利益、販売費、在庫などに細分化して行います。

・売上高予算差異分析

売上高予算差異の生じた要因とその影響の大きさを詳細に分析するため、販売数量差異と販売価格差異に分けて分析する項目別要因分析法を用います。

▼売上高予算差異分析

販売数量差異 ＝（実際販売数量 − 予算販売数量）× 予算販売価格
販売価格差異 ＝（実際販売価格 − 予算販売価格）× 実際販売数量

・売上総利益差異分析

売上総利益差異は、販売数量と利益総額の側面から分析します。

▼売上総利益差異分析

販売数量差異 ＝（実際販売数量 − 予算販売数量）× 予算単位利益
利益総額差異 ＝（実際単位利益 − 予算単位利益）× 実際販売数量

マーチャンダイジング 2

仕入計画と仕入予算編成

仕入（バイング）とは、消費者への再販売を目的とした財貨を購入することです。

●仕入には、商品の購入行為が伴うため、当該商品の所有権は仕入行為を行ったときに、その人、もしくは企業に帰属します。単に商品を預かっている倉庫業者や、買付けを受託した企業が暫定的に売買契約を行う場合と区別しなければなりません。

1 仕入業務の内容と位置づけ

①仕入業務の位置づけ

現実の仕入業務は、「仕入-在庫-販売」という一連の流れの中で的確に運用されなければなりません。明確な**経営計画**を策定し、それを達成するために**商品計画**を策定します。そして、その運用を適切に行うために**仕入計画**を策定します。

②仕入業務の内容

仕入部門が担当している業務の細目は、以下のようにまとめられます。

▼仕入部門の業務

- ・商品計画にもとづいて自己が担当する商品カテゴリーごとに、年間、季節、月ごとの仕入スケジュールを策定する。
- ・上記の仕入スケジュールにもとづいて、月ごとの仕入予算を編成する。
- ・仕入スケジュールや仕入予算にもとづいて仕入業務を執行するために、適切な仕入先企業を選別し、維持・育成を図ると同時に、良好な仕入先企業とのリレーションシップを確立する。
- ・仕入先企業が紹介・推奨する商品の中から、仕入れるべき商品を選別し、品ぞろえの開拓をする。

- ・価格、数量、支払い、納期、納入方法、クレーム処理などに関する取引条件について、仕入先企業と協議・折衝した後、初回の発注業務を行う。
- ・発注後の仕入先フォローアップと、発注内容についての社内コミュニケーション（販売、在庫、経理、その他の部門に適切な形で情報提供）に従事する。
- ・納入商品の荷受、検収、仕分けなどの業務に従事する。ただし、大規模小売業では、これらの業務を仕入部門以外の部門が担当していることもある。
- ・個々の商品の販売価格に関する決定と、それにもとづく値札やバーコードなどの貼付を、仕入部門が販売部門との連携によって実施する。
- ・バックヤードにおける商品（在庫）の管理をする。バックヤードでの商品管理は、販売部門が担当する場合もあり、大規模小売業では仕入や販売とは別の部門が従事することもある。
- ・販売部門への商品の補充、搬出した商品に関する販売部門とのコミュニケーションの維持、ならびに既取扱商品の販売動向に応じた価格修正や変更（追加値入やマークダウンによる値札やバーコードの貼替え）に従事する。

出題者の目線

● 仕入予算金額の策定、棚卸資産の評価法からの出題が目立ちます。しっかりと理解しておきましょう。

2　仕入計画の立て方

①仕入対象の決定

　仕入対象の決定とは、明確な品ぞろえ構想にもとづき、仕入れるべき**商品カテゴリーの幅とその品目構成の奥行を決定**することです。

　カテゴリー（品種）の幅とアイテム（品目）などの組合せ内容をどのようにするか、品目ごとの仕入数量をいくつにするかを決定します。

②仕入数量と仕入金額の決定
○仕入数量の決定

　特定したカテゴリーごとに販売すべき計画数量を決定し、そのうえでカテゴリー内の各品目をいくつずつ仕入れるのが望ましいかを決定します。同時に、仕入数量と仕入価格の値引の関係を適切に把握することが重要です。

○仕入金額の決定

仕入金額は、商品ごとの仕入数量に個々の商品の仕入単価を掛けて求めます。ただし、現実には売上高予算を考慮し、収益性確保の視点から仕入金額ならびに仕入総額の限度を決定します。

③仕入時期の決定
○定番商品

大量生産体制と流通経路の整備、発注システムの自動化などにより、一定数量を安定的に流通させる状況にあるため、最適数量をまとめて定期的に仕入れ、仕入価格を抑制する体制を維持する必要があります。

○流行商品や季節商品

生産数量と生産時期が限定されるため、発注のタイミングがより重要になります。

これらの商品の仕入計画を策定するときは、供給サイドで商品が品薄となる前に必要量を確保することに留意します。流行性、季節性の強い商品は、シーズン直前に発注しても入手できますが、早期にまとまった量を発注することによって、一定の仕入枠の確保と仕入価格の面で有利な条件で取引することができます。これを**季節割引**と呼んでいます。

3 　仕入予算編成

①仕入計画立案に関連して把握すべきデータ

仕入計画を策定するためには、販売予測をはじめとする各種データの整備が必要となります。

▼販売予測のためのデータ

- ・過去3年間の月別売上動向ならびに販売促進活動の内容と実績
- ・過去3年程度の商品カテゴリー別売上状況とその推移
- ・過去1年程度の来店客数と平均購買単価の推移
- ・最近の商圏内人口や世帯数の推移　　など

これらのデータから、最小自乗法を用いて販売の傾向変動を指数化したり、月別平均法や連環比率法などによって季節指数を求めたり、広告や販売促進成果を時系列に捉えたりすることが求められる。

▼必要売上高の把握のためのデータ

・過去2～3年間の損益計算書（固定費、変動費率、粗利益率などを把握する）
・商品カテゴリー別粗利益率表（損益分岐点売上高を算定する）
・目標利益を達成するために必要な売上高を損益分岐点分析によって算定
・限界利益率を向上させるために粗利益貢献度を把握

　粗利益貢献度は、商品別に求めた粗利益率に、全体の商品の純売上高に占めるその商品の構成比を掛けて求める。

▼月別商品計画表策定のためのデータ

・年間販売計画表、月別販売計画表、原価率、商品回転率などを参照して、月別の推移（特に季節変動など）を把握し、各月の売上高予算から各月の仕入額を求める。
・**百分率変異法**または**基準在庫法**などを用いて新規年度の月初計画在庫高を算定し、仕入予算の割出しを行う。それにもとづいて季節変動などを適宜考慮し、各月別に配分することによって月別仕入高予算を求める。

▼商品効率の評価・判断のためのデータ

　商品売上高実績値、商品別平均原価率、商品別平均在庫高、商品帳簿棚卸残高、減耗額などのデータを用いて、**ABC分析**、トータル粗利益率、商品回転率、交差比率、商品ロス率などを把握し、商品の販売効率や在庫管理状況などを把握する。

仕入先一覧表を作成し、商品の安定供給能力、新商品に関する情報提供力、物流サービスの内容、リテールサポートサービスの内容、仕入価格に関する条件などについて、仕入先ごとに自店への協力度などを査定する。仕入先の変更や新規開拓、取引条件の改定、仕入ルートの抜本的な変更の可能性などについても、適宜積極的に検討し直す。

②仕入予算金額の算定
○仕入高予算の算定

金額的な仕入高予算は、原則的には次の計算式によって導くことができます。

▼仕入高予算の計算式

仕入高予算（売価）＝ 売上高予算 ＋ 期末在庫高予算（売価）
　　　　　　　　　　 － 期首在庫高予算（売価）＋ 減価予算（売価）

仕入高予算は、期待する売上高、予想される減価、期末に必要とされる在庫高を考慮したうえで加算し、他方で期首に予測される在庫高分を控除することによって算出します。

なお、仕入は、一般的に実際に商品を仕入先から購入したときの金額で計算するため、売価で求めた仕入高予算は、**（1 － 予定売価値入率）を掛けて原価還元**し、表示金額を修正しておく必要があります。

○仕入高予算の仕組み

売上高予算と目標利益を設定した後、仕入高予算を立案するとともに、同時に在庫高予算も立案します。

期末在庫高からは、棚卸減耗費や商品評価損が発生するため、これらの費目については、別途減価予算を立案し、管理します。

仕入高予算と売上高予算の各項目については、次の関係が成り立ちます。

・純売上高 － 売上原価 ＝ 売上総利益

・純売上高 ＝ 総売上高 － 売上戻り高 － 売上値引高

・売上原価 ＝ 期首在庫高（原価）＋ 純仕入高（原価）－ 期末在庫高（原価）

・純売上高 = 期首在庫高（売価）＋ 純仕入高（売価）－ 期末在庫高（売価）

・純仕入高 = 総仕入高 － 仕入戻し高 － 仕入値引高

・期末実地棚卸高（原価）= 期末帳簿棚卸高（原価）－ 減価（原価）

・期末実地棚卸高（売価）= 期末帳簿棚卸高（売価）－ 減価（売価）

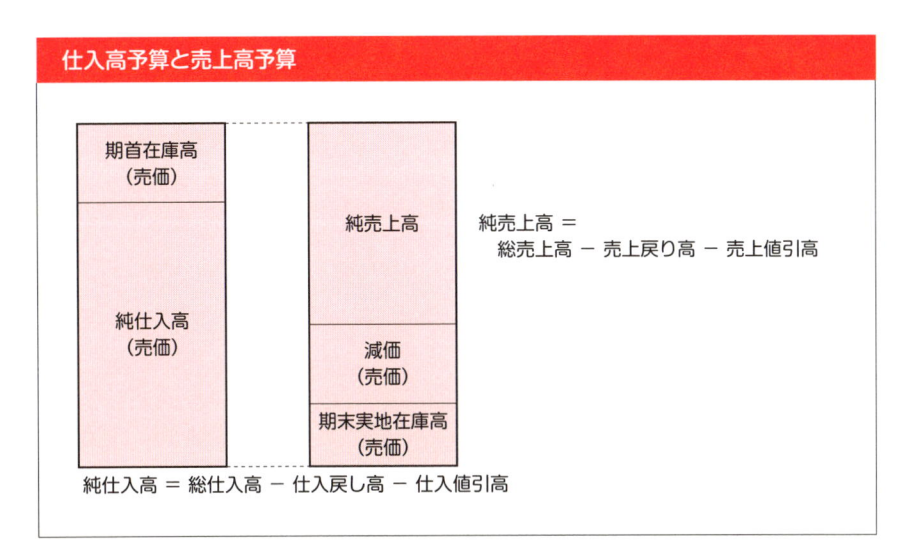

仕入高予算と売上高予算

4　仕入予算策定上の留意点

①月初予定在庫高の把握

　小売業は一般に、平均在庫ラインをあらかじめ設定しておき、売上高が少ない月は在庫高を平均在庫ラインよりも低めにし、売上高が伸びる月は平均在庫ラインよりも多めに在庫高を確保します。

　月初予定在庫高は、直前月の月末在庫が繰り返されますが、変動を考慮し、より適切な月初における在庫の確保を目指して、**基準在庫法**や**百分率変異法**などの方法に従って算定します。

②月末在庫高の評価による月初在庫高の把握

　通常、月末の在庫高は、そのまま次月の月初在庫高として計上されます。その際、棚卸評価法としてどれを採用するかによって評価額は異なってきます。

棚卸商品の期末評価を行う方法には、**時価法**と**原価法**があります。先物取引など
の目的で保有する場合には時価法を適用し、販売目的で保有する場合には原価法で
評価します。ただし、期末の正味売却価額が帳簿価額を下回ったときには、帳簿価
額を正味売却価額まで切り下げます。

○時価法

　市場価格が変動した際に、先物取引などによりキャピタルゲインを得る目的で棚
卸商品を保有する場合に適用します。これは、金融商品に近い性格を持つためです。

○原価法

　原価法は、多種の方法がありますが、いずれか1つを選択し、継続して用いなけ
ればなりません。

▼原価法による棚卸資産の評価法

個別法	・期末棚卸商品のすべてについて個々に取得原価（実際原価）によって評価する方法。最も厳格な評価法。 ・一般に、高額品で取扱数量の少ない商品に採用される。
先入先出法	・棚卸商品の種類、品質、型が異なるごとに区分し、仕入の古い順に販売されたものと仮定し、期末棚卸商品は、期末に最も近いときに取得した商品から構成されているとみなして評価する方法。 ・仕入価格が持続的に高騰すると評価額が多額になり、下落すると評価額は少額になる。最後に仕入れたときの価格が相対的に多くに反映されるので、時価評価に近い評価ができる。
総平均法	・棚卸商品の種類などが異なるごとに区分し、期首繰越も含めて取得原価合計を総仕入数量で割った額を単位価格として評価する方法。 ・取引価格の変動による影響が比較的薄められ、計算法も簡単である。
移動平均法	・棚卸商品の種類などが異なるごとに区分し、新しい仕入が行われる都度、残高評価額に仕入価格を加え、残高数量に仕入数量を加えた数量で割った平均価格を算出する。 ・仕入の都度、平均価格を改めるので、継続記録を必要とする。評価計算が煩雑なため、期末棚卸商品の評価法にはあまり用いられない。
最終仕入原価法	・棚卸商品の種類などが異なるごとに区分し、最終仕入原価をもって評価する方法。 ・単純計算の手数を要しないが、仕入価格が高騰または下落すると、評価額に及ぼす影響が最も強くなる。

（次ページに続く）

売価還元法	・棚卸商品を種類や値入率が異なる商品ごとにグループ分けしたものの原価率を求め、他方で棚卸商品を売価で調べておき、その売価に原価率を掛けて棚卸商品の原価を求める方法。小売業で広く利用されており、**小売棚卸法**とも呼ばれている。 ・部門や商品グループごとに値入率がほぼ一定である場合、あるいは売価評価のしやすい定価販売制度が実施されている場合には適用できる。

　税法上の売価還元法の計算式は、次のとおりです。

▼税法上の売価還元法の計算式

月末商品原価棚卸高 ＝ 月末商品売価棚卸高 × 原価率

$$原価率 = \frac{期（月）首商品原価棚卸高 ＋ 当期（月）純仕入高}{当期（月）売上高 ＋ 期（月）末商品売価棚卸高} \quad ← 原価 \atop ← 売価$$

③減耗の把握

　減耗（棚卸減耗）とは、帳簿上は不足が把握できていない在庫高のことです。実際に棚卸（実地棚卸）を行った結果、帳簿上の期末在庫高と比較して認識された不足分のことで、**棚卸ロス**や**不明ロス**と呼ばれることもあります。

　通常は、一定の推定値をもって予算化し、減耗を考慮して商品を仕入れます。多くの場合、各期の減耗の合計を求め、それぞれの期の純売上高で割って**減耗率**を算定し、仕入高予算や在庫高予算に活用します。

　減耗の発生原因、ロスの状況、それを防ぐための対策は、次の表のようになります。

▼減耗の発生原因とその対策

	①主因	②ロス状況	③対策
汚〔破〕損	陳列中の汚（破）損 倉庫保管中の汚（破）損 顧客による汚（破）損	陳列管理の不手際 倉庫管理の不手際 商品配置陳列の不備	日常の陳列管理チェック 日常の倉庫管理チェック 商品配置、陳列器具の点検
盗難	部外者による盗難 部内者による盗難	店舗保安管理の不備 従業員教育の不備	保安対策の検討 教育による徹底
見本	取引先への見本持出し 顧客提供見本の損耗	見本出庫伝票の不備 見本品、販売品の区分不備	伝票の作成義務の教育 仕切り伝票の徹底
棚卸	売場の棚卸の脱漏 倉庫の棚卸の脱漏	売場棚卸の不徹底 倉庫棚卸の不徹底	棚卸方法のチェック 〃
販売	量込みによる損失 値引未決済損失	計量器、計量の不手際 値引事務の不徹底	計量器、計量方法のチェック 値引手続きの再点検（伝票等）
数量	数量違い販売 数量違い仕入	数量の過剰包み込み 仕入の検品不備	販売時の確認チェック 検品の再点検
伝票	売上伝票の間違い 仕入伝票の間違い 入荷時の検品不備 その他	売上伝票作成の不備 仕入伝票作成の不備 検品作業の不備 棚卸不備など	売掛事務の伝票確認 納品書のチェック、検品の徹底 検品のマニュアル化 売上納品の忘れ物を棚卸に算入　　　　　など

出典：マーチャンダイジングの基礎と実務知識（評言社）

④値入率の確保

　小売業は、さまざまな目的による割引（値引）やマークダウン（価格そのものを付け替えて下げる＝値下）などによって、当初の値入幅を計画的に実現できていないのが現状です。当初の利益幅を維持するためには、**初回値入率**を仕入価格の値下努力によって確保する政策を講じることが必要となります。

　初回値入率の値は、次の計算式で求められます。

▼初回値入率の計算式

$$\text{初回値入率} = \frac{\text{初回値入額}}{\text{初回売価}} \times 100$$

　この式で初回値入率を求めた結果、当初の目標利益を確保できない場合、原価表示に直したズレの分を、仕入価格の引下げによって補います。

商品の仕入価格を引き下げる方法には、次表のようなものがあります。

▼仕入価格の引下げ方法

数量割引	通常の仕入数量よりも大幅に多く仕入れた場合に適用される割引形態。一般に大量割引と累積割引に分類される。
特定顧客割引	継続的な取引関係を維持している小売業や大口のユーザーに対して、販売価格を割り引く形態。
業種割引	卸売業や小売業が果たしている機能を評価したうえで、販売価格を割り引く形態。機能割引ともいう。
現金割引	手形や掛売りなどの信用取引が広く行われている売買において、支払いを現金または小切手などで行う場合に適用される割引。
販売促進割引	小売業が、一定条件の共同広告を行ったり、メーカーの主催するイベントやキャンペーン活動に参加したりすることを条件に、メーカーが小売業の仕入価格を割り引く方法。
季節割引	季節性や流行性の高い商品について、通常の仕入時期より早い時期に仕入契約をした場合は、どれくらい早い時期に締結したかによって仕入価格を割り引くもの。

5　月初適正在庫高の決定

月初適正在庫高の算定方法には、以下のようなものがあります。

○基準在庫法

　当該月の売上高予算に安全在庫としての基準在庫（年間の平均在庫から月平均の売上高を差し引いたもの）を加えて算出する方法です。

▼基準在庫法の計算式

月初適正在庫高（売価）＝
　　各月売上高予算 ＋（年間平均在庫高〈売価〉 － 月平均売上高）

　この方法は、年間予定商品回転率が6回転を超えない商品カテゴリーに適用されます。

○百分率変異法

「各月の月初在庫高と年間平均在庫高の変動率は、各月の売上高予算と月平均売上高の変動率の50％である」ということを前提として求める方法です。

▼百分率変異法の計算式

$$月初適正在庫高（売価）＝ 年間平均在庫高 \times \frac{1}{2}\left[1 + \frac{当月売上高予算}{月平均売上高}\right]$$

百分率変異法は、一般には、商品回転率が6回転以上の商品カテゴリーに有効な方法とされます。

○週単位供給法

当該商品の週当たり売上高予算に、週単位で示した年間平均の**商品回転期間**を掛け、原価表示にして月初適正在庫高とする方法です。

▼週単位供給法の計算式

$$月初適正在庫高（売価）＝ 週当たり売上高予算 \times \frac{52}{年間予定商品回転率}$$

週単位供給法は、流行商品よりも定番商品に適した方法とされています。

6　数量および金額による仕入管理

①数量による仕入管理

数量による仕入管理では、一般に、金額で管理する場合ほどは、価格変動や値引などを考慮しなくてよいことになります。そのため、実際の商品の販売や仕入の動きに連動しやすく、取扱いが容易であるというメリットがあります。

○定番商品の仕入数量の決定

資金繰りの事情や**発注費用**と**在庫費用**の極小化の面から、欠品防止事情などを考慮し、政策的に確保すべき在庫量を割り出すと同時に、常時、手持ちすべき数量を商品ごとに割り出し、安定供給体制を確保します。

○流行商品や季節商品の仕入数量の決定

流行商品や季節商品は、売上高の変動幅が大きく、短期決戦型の販売を行うことが多いため、販売数量に見合う仕入をタイミングよく集中的に実施しなければなりません。

流行性や季節性が強い商品は、売れ始めてから当該商品を仕入れようとしても、すでに欠品していたり、割高になっていたりすることがほとんどです。したがって、販売予測にもとづく見込仕入を積極的に実施する、シーズンに入る前に予備発注も含め前もって必要数量を仕入れておく、などを徹底することが重要です。

②金額による仕入管理

金額で仕入を管理するのがダラーコントロールです。仕入予算の運用を金額で捉えたほうが、利益管理との結び付きが明確となります。特に、商品ごとの収益性を比較したり、全体利益への貢献度を商品別に把握したりするときも、金額表示のほうが対応しやすくなります。

流行性や季節性が強く、販売に変動が出やすい商品の仕入には、ダラーコントロールによる仕入管理が行われることが多いです。

なお、骨董品や手芸品のように、非常に多くの種類のものを少量扱ったり、商品回転率がかなり低く、販売までに時間のかかりそうな商品などは、**視覚による仕入管理**を実施するほうが適している場合があります。

2

マーチャンダイジング

在庫投資と管理

ROIとは、投資利益率のことです。投下した資本総額に対して、どれだけの利益が得られたのかを表します。

重要度：★★☆

●在庫投資の効率を見るという目的からすれば、在庫金額は原価で捉え、粗利益率、商品回転率および売価値入率の3要素を総合的に検討することによってGMROIを考えることが重要です。

1 適正在庫の考え方

①適正在庫とは

適正在庫とは、**欠品を出さない最小限の在庫数量**を意味します。在庫が過剰になると、商品回転率や保管効率の低下を引き起こし、小売業の資金繰りに悪影響を及ぼすことになります。

過剰在庫には、次のようなリスクがあります。

▼過剰在庫のリスク

・商品の品質劣化　　・不良在庫の発生
・保管作業にかかる倉庫コストや人件費の増加
・値引商品の増加　　・商品回転率の低下　　など

②適正在庫を維持する目的と利点

小売業の利益を最大化することが、適正在庫を維持する目的です。そして、小売業は適正在庫を維持することによって、保管スペースや保管コストを低減できる利点があります。

●ROIの基本構造、GMROIモデルは、ねらわれやすいところです。しっかりと覚えておきましょう。

③適正在庫の求め方

適正在庫は、「**安全在庫 ＋ サイクル在庫**」で求めます。

安全在庫とは、需要や発注リードタイムに多少の変動が生じても、ある程度までなら欠品を防ぐことができるように備えておくべき数量のことです。また、サイクル在庫とは、発注してから次に発注するまでの間に消費される在庫量のことです。

2　在庫投資と投資効率化

①基本ROIモデル

小売業経営の基本は、限られた資金、人材、店舗、商品から構成される諸資源を効率的に運用し、顧客が求める商品を、求める量だけ、求めるときに、提供することです。投資した資本がどのように効率的に運用され、いかに収益に結び付いているかを示す指標に**ROI**（**投下資本利益率**）があります。

ROI（投下資本利益率）の基本構造

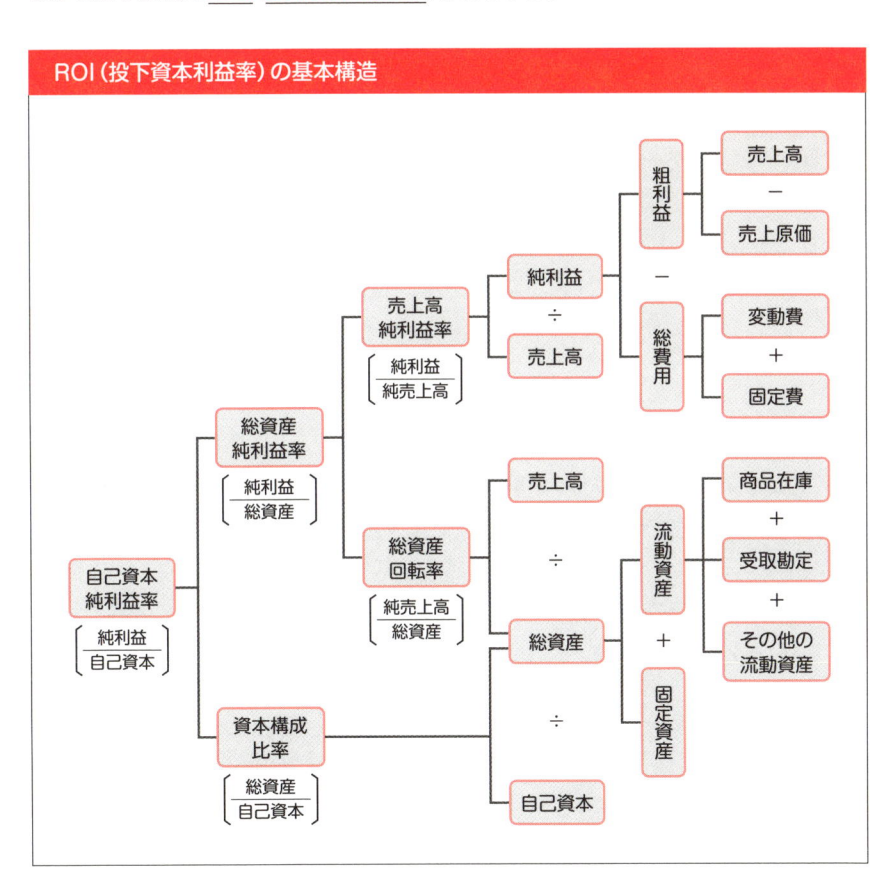

193

ROIをコントロールする目的は、**投下資本回転率**と**売上高純利益率**の両方を高めることにあります。

②GMROI モデル
○GMROIとは

GMROI（**商品投下資本粗利益率**）は、小売業界において、比較的容易に得られる財務データを用いた、商品別の貢献度を見る方法です。

ROAは、総資本利益率のことを指し、企業が持っている資産を利用して、どの程度の利益を上げているかを示す指標です。これに対して、GMROIと交差比率は、ある期間における商品ごとの在庫投資に対する粗利益額を表します。

GMROIが在庫金額を原価で算出するのに対し、交差比率は在庫金額を売価で算出します。

▼ GMROIとROAの計算式

$$\text{GMROI} = \frac{\text{売上総利益}}{\text{在庫投資額（原価）}} \times 100 = \frac{\text{売上総利益}}{\text{売上高}} \times 100 \times \frac{\text{売上高}}{\text{在庫投資額（原価）}}$$

$$= \text{粗利益率} \times \text{在庫投資回転率}$$

$$\text{ROA} = \frac{\text{事業利益}}{\text{総資産}} = \frac{\text{事業利益}}{\text{売上高}} \times \frac{\text{売上高}}{\text{総資産}}$$

$$= \text{売上高事業利益率} \times \text{総資産回転率}$$

○GMROIの利点

GMROIの利点は、単品別に貢献度が測れることです。これらを集計し、カテゴリー別、部門別、店舗別などの単位での貢献度を数値化することができます。

○GMROI活用の前提条件

GMROIを使用するうえでは、次のような前提条件があります。

▼GMROI活用の前提条件

- ・GMROIは、粗利益額で利益を代替してみる指標であるため、販売費や一般管理費などの費用がその粗利益額で補填できることが必要である。小売業は総額での利益を生み出していることが絶対条件である。
- ・GMROIは、欠品がある場合には使用が制限される。欠品があれば、商品回転率が低くなるため、その商品のGMROIは悪化する。欠品率を正確に把握し、それを判断時において考慮することが必要である。
- ・粗利益率には、リベートやアローワンスが含まれていることがある。これらの問題がある場合には、GMROIの使用は、商品カテゴリーなど、ある程度の固まりの単位でしか使用できず、単品ごとに計算できるというメリットは活かせなくなる。

3　商品回転率

①商品回転率の概念

　商品回転率は、商品が売場に出され、販売されるまでの速度の指標です。「**商品回転率は、一定期間**（**通常1年間**）**にわたって、平均手持在庫の何倍の売上高が形成されたかの回転数である**」といえます。商品を仕入れて実際に販売されるまでの平均期間も意味します。

②商品回転率の算出方法

　商品回転率を求めるには、売上高と在庫高を金額または数量で捉え、次の3つの計算式を利用します。

▼商品回転率の計算式

- ・売価で求める方法　……　$商品回転率 = \dfrac{純売上高}{平均在庫高（売価）}$

- ・原価で求める方法　……　$商品回転率 = \dfrac{売上原価}{平均在庫高（原価）}$

- ・数量で求める方法　……　$商品回転率 = \dfrac{売上数量}{平均在庫数量}$

売価、原価で求める商品回転率は、ともに金額を基準としているため、経営全体の商品の回転状況ならびに商品カテゴリー別商品の回転率を見るのに便利です。これに対して、数量で求める商品回転率は、物量単位による在庫管理を実施する場合の商品の回転率を見るのに便利です。

　いずれの方法においても、商品カテゴリー別、サイズ別、色別、仕入先別などの商品回転率を検討することによって、売れ行き速度を判別し、商品管理の合理化を促す資料とすることが求められます。

● リベートとは、個々の商品価格体系とは別に、一定期間の取引高を基準として、販売先の小売業などに対する継続的販売促進や売上額の割戻しを意図してメーカーが行う営業利益の配分のことです。また、アローワンスとは、メーカーが自社商品を販売してもらうための努力の代償として、主に小売業に支払う販促金のことです。通常は、事前に支払われます。

11 戦略的商品管理としての単品管理

重要度：★★☆　単品管理とは、それ以上細かく分類できない最小の単位で商品情報を把握し、マーチャンダイジングに反映していく仕組みのことです。

学習アドバイス

● POSシステムによる販売動向の把握、在庫管理システムによる在庫の把握などを通じて、単品ベースで品ぞろえや棚割などが可能になります。

1 単品管理

①単品管理とは

　小売業でのマーチャンダイジングにおいて、膨大な数の単品（SKU）を日々管理するのは、非常に煩雑で困難な作業です。しかし、コンピュータの普及・拡大により戦略的商品管理としての単品管理が可能になりました。

　単品管理とは、商品を単品（SKU）ごとに管理する方法です。広義には、商品を仕入れてから販売するまでの一連のマネジメントプロセスを最も効果的に行うという意味での商品管理です。一方、狭義には、小売業の経営戦略と密接に結び付いており、マーケティングの基盤と位置づけられます。これは、顧客の購買履歴情報や、売れ筋・死に筋情報などをマーケティング戦略に活用できることなどを意味します。

　単品管理の本質は、1つの商品の動きを踏まえ、数字の裏づけによって品ぞろえと販売計画を検証することです。すなわち、単品管理とは、現状分析により、仮説（Plan）、実践（Do）、検証（See）を繰り返すことで、顧客のニーズに合わせた品ぞろえを実現していくことです。

出題者の目線

● ABC分析、単品管理の実施手順については、しっかりと覚えておきましょう。

②単品管理の活用

単品管理は、それ自体が目的ではありません。単品管理の方法を活用して、次の諸点に役立てることが重要です。

○商品構成の計画および検証

月別、シーズン別の商品構成を企画し、それを単品管理で検証します。つまり、品ぞろえした商品構成の意図が顧客の支持を得たかどうか、また、計画した販売数量、売上高、粗利益などを達成できたかどうか、死に筋商品を把握してその対策を講じたかどうか、を検証します。

○販売計画や数量計画の立案および促進

週、月ごとの販売計画や販売促進計画を考慮した単品ごとの数量計画を策定し、単品管理します。

○問題発見と対策の立案および実施

売上高や粗利益額の低迷などの問題を発見します。そして、商品カテゴリー別の売上高が低迷している場合は、当該カテゴリーにおける**プライスラインの見直し**、どの品目や単品が落ち込んでいるかなどの原因を、単品管理によって把握し、対策を講じます。

○正確な発注と的確な在庫管理

単品別販売数量にもとづいた適正在庫数を決定し、それを踏まえた適正な**フェイシング**を実施します。

2　単品管理の実施と検証

①ABC分析の活用

期間合計（1日、1週間、1か月、1シーズンなど）のデータを使い、商品カテゴリーごとの品ぞろえ計画に対する検証を行う際に役立つのが、ABC分析です。

ABC分析は、商品構成のねらいと照らし合わせて検証し、重点管理する商品を把握する方法です。その際、次のような分析の切り口で検証します。

▼**検証の切り口**

- ・どのようなファクターで売れたのか（デザイン・色・価格・機能など）
- ・プロモーションやチラシ特売などの販売促進効果はどうか
- ・発注方法や発注単位に問題はないか
- ・ディスプレイの位置は的確か、POP広告や演出の効果はどうか
- ・フェイシングは適切か、欠品はなかったか
- ・どのよう顧客がどのような動機で購入したのか
- ・プライスカードはよく見えるか　など

②**検証を行ううえでの注意点**

　POSデータの販売実績だけを見て、売れ筋商品と判断してはいけない商品もあります。例えば、売れ残りが予想されたため、大幅に値下した結果、なんとか売り尽くした場合などは、販売実績とともに値下や廃棄の実績も単品管理する必要があります。

③**単品管理の実施手順**

　品ぞろえの改善をねらいとした単品管理の一般的手順は、次のとおりです。

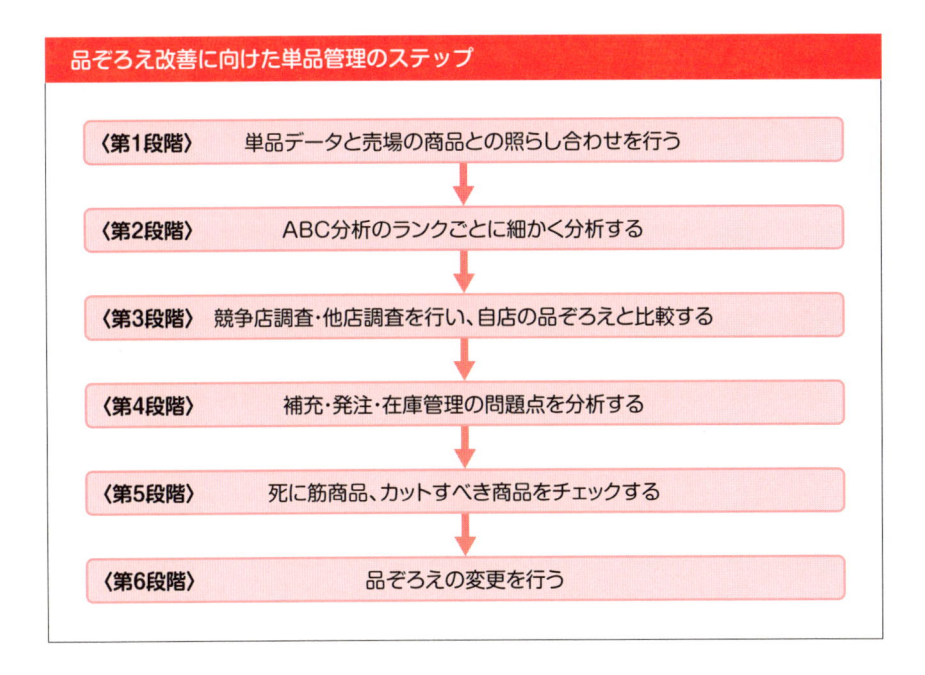

品ぞろえ改善に向けた単品管理のステップ

〈第1段階〉　単品データと売場の商品との照らし合わせを行う

〈第2段階〉　ABC分析のランクごとに細かく分析する

〈第3段階〉　競争店調査・他店調査を行い、自店の品ぞろえと比較する

〈第4段階〉　補充・発注・在庫管理の問題点を分析する

〈第5段階〉　死に筋商品、カットすべき商品をチェックする

〈第6段階〉　品ぞろえの変更を行う

　小売業が取り扱う商品の売上高は、天候や気温などによって大きく変化します。その変化を的確に捉え、適切な値入、発注、補充、ディスプレイなどを行ったかどうかで、販売実績は大きく異なります。

　単品管理は、こうした計画的な販売機会の創出に役立つものの、怠ると売上機会損失が発生します。

　単品管理の意義は、**品ぞろえと販売のPDCAサイクルの継続化**にあるといえます。

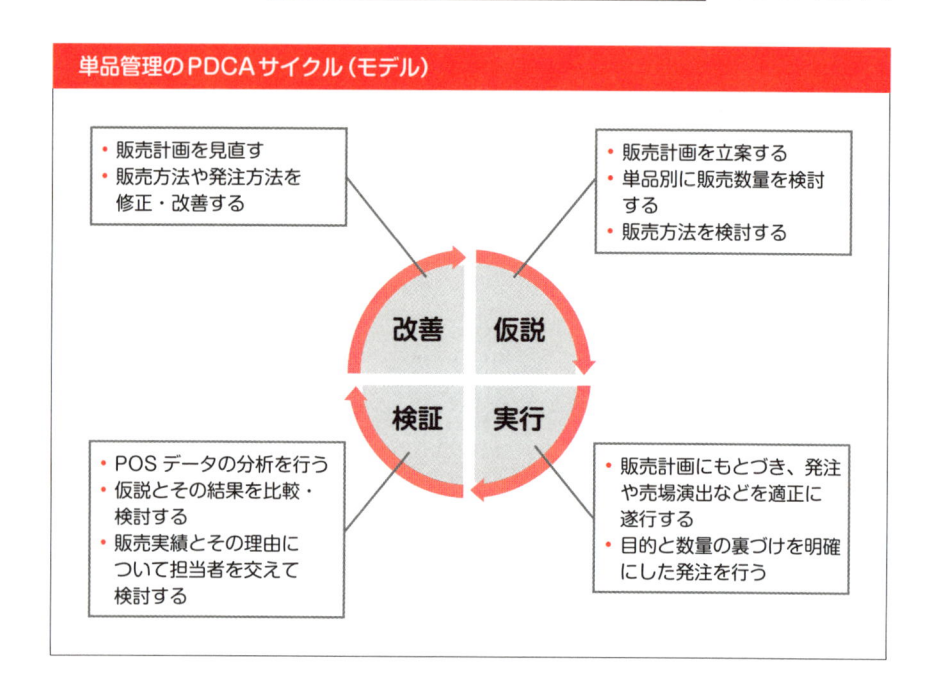

単品管理のPDCAサイクル（モデル）

- 販売計画を見直す
- 販売方法や発注方法を修正・改善する

- 販売計画を立案する
- 単品別に販売数量を検討する
- 販売方法を検討する

改善　仮説
検証　実行

- POSデータの分析を行う
- 仮説とその結果を比較・検討する
- 販売実績とその理由について担当者を交えて検討する

- 販売計画にもとづき、発注や売場演出などを適正に遂行する
- 目的と数量の裏づけを明確にした発注を行う

4 在庫管理における単品管理の取組み

　単品管理の実践により理論在庫の精度を高め、さらに定期的な実地棚卸によって実在庫と理論在庫の乖離（かいり）要因を究明していくことが、在庫管理の効率化とともに経営全般の改善につながります。

　在庫管理における単品管理の実務にあたっては、基礎データとなる商品コードなどの商品属性を登録し、そのうえで日々の商品の入出庫情報を入力していきます。そして、定期的に実施棚卸を行い、正確に実際の在庫数量を把握していくという手順で進めます。

日本における物流センターは、機能面から３形態に分類されます。

●ロジスティクスとは、物流にとどまらず、物流をより効率的にするような戦略的計画の立案および統制するプロセスを含んだ概念のことです。

1 物流システムの動向と物流センターの運営タイプ

①小売業の物流センター

日本における物流センターは、次の３形態に大別されます。

○ディストリビューションセンター（DC）

商品在庫を持ち、店舗からの発注を受けるごとに**オーダーピッキング**によって出荷する、在庫集約拠点としての物流センターです。

○トランスファーセンター（TC）

在庫を持たず、卸売業の納品を中継して、店舗別商品カテゴリー別の仕分けと納品を行う、通過型の物流センターです。

○プロセスセンター（PC）

スーパーマーケットなどの保管機能の代行拠点という意味で物流センターの一種とされます。プロセスセンターとは加工処理センターのことで、その多くは加工工場に隣接しています。

●物流センターの種類、物流システムの形態からの出題が目立ちます。それぞれをしっかりと覚えておきましょう。

ディストリビューションセンター DC	トランスファーセンター TC
・センターにあらゆる商品在庫を置き、発注に応じてピッキングを行って店舗に配送する。 ・卸売業の物流センターに近い機能を持つ。 ・卸売業が行うのはセンター在庫の補充のみ。センターがオーダーピッキング、仕分け、検品などを行う。 ・店舗発注〜納品のリードタイムは、在庫があれば極めて短く設定できる。 ・取扱いアイテムの絞込みが必要。 ・日配品は扱えない。	・センターには在庫を置かず、納品された店別カテゴリー別商品をその日のうちに店舗に配送する。 ・物流企業のターミナルに近い機能を持つ。 ・卸売業がオーダーピッキング、仕分け、検品などを行い、センターが配送を行う。 ・店舗発注〜納品のリードタイムは、最低24時間程度は必要。 ・取扱いアイテムは多くてもよい。 ・日配品も取扱い可能。

②ジャストインタイム（JIT）物流

ジャストインタイム物流は、メーカーの多品種少量生産の進行による在庫の急増という問題を抱えていたチェーンストアが、サプライヤーに対して売れた分だけ指定時間に補充配送するように要請したことに始まります。

最近では、**JIT Ⅱ**が注目されています。これは、発注元チェーンストアの提供する販売予測データにもとづき、サプライヤーが発注元の在庫を管理して補充する納品システムです。

トランスファーセンターは場所・施設を表し、センターは管理業者を指しています。

2 小売主導の物流システム

①物流システムの形態

物流システムの形態は、次の4つに大別されます。

○一括統合物流（一括物流）

総合品ぞろえスーパーや百貨店などが自前で配送センターを建設し、商品が納入される店舗を起点に、必要な商品を取りまとめて、一括して運ぶという**一括納品システム**を構築しました。

○窓口問屋制

　各地区や商品分野ごとに窓口となる問屋を決め、配送センターに自社以外の各問屋からも商品を集約、混載して店舗に運ぶシステムです。

○納品代行システム

　百貨店業界でみられ、中間に置かれた納品代行業者が多くのサプライヤーからまとめて集荷し、商品センターに商品を持ち込みます。

○共同配送システム

　窓口問屋制を一歩進めたのが、大手CVSチェーンによる共同配送システムです。これは、小売業主導で商品分野別のサプライヤーを取りまとめた**温度帯別時間帯別**の共同配送システムといえます。

②店舗形態別の物流システム

○コンビニエンスストア（CVS）

　CVSは、取扱品目が約3,000アイテムと少なく、標準化されているため、補充業務がシステム化しやすく、必要性も高かったことから、一括物流に最も早く取り組みました。

○ホームセンター（HC）

　HCセンター業界では、自前の物流センターを設置した企業が多くありますが、旧来の物流センターをリニューアルする中で、一括物流の機能を取り込む企業が増えています。

○スーパーマーケット（SM）

　SMの物流センターは、青果・鮮魚・精肉を扱う**生鮮センター**、惣菜・日配品を扱う**チルドセンター**、加工食品・菓子・雑貨を扱う**ドライセンター**、冷凍食品を扱う**冷凍センター**の4つに分けられます。

③サードパーティ・ロジスティクスの台頭

　チェーンストアでは、一括物流センターの開発や運営の大部分を外部の物流専門企業に**アウトソーシング**しています。物流業は、従来の配送保管という単独業務の代行だけでは利益の確保が困難になっていることから、一括物流センターの運営委託を足がかりとして、**サードパーティ・ロジスティクス**（**3PL：第三者物流企業**）への転身を図っています。

2

マーチャンダイジング

3 流通コラボレーションの取組み

　流通の合理化に向け、メーカーや卸売業など各サプライチェーンと小売業間では、その壁を取り除くため、流通コラボレーションを合言葉に、次の項目の実現に取り組んでいます。

▼流通コラボレーション取組み項目

・生産、在庫、販売情報の共有
・需要の把握と予測に関する協業
・情報システムの業務ルールの標準化と統一
・「流通コラボレーションに参加するすべての企業の最適化」に向けた目的意識の明確化と共有
・具体的な共同目的の設置
・各セクションの共同化領域の設置

●一括物流システムにおけるチェーンストアのメリットとしては、「荷受作業を簡素化できる」「店舗側の検品作業が不要となる」「レイバースケジューリングが実施できる」「在庫が削減され、在庫の質が向上する」「リードタイムが短縮する」などがあげられます。

13 物流における ABC の考え方

重要度：★★★　ABCは活動基準原価計算と呼ばれています。

●従来の物流コストは、出荷形態別、物流領域別、物流機能別に帳簿ベース で算出されていました。そのため、物流活動の実態を正確に把握すること が難しい状況でした。そこで、ABC（Activity Based Costing）の考え 方が注目されるようになりました。

1　新たな物流コスト把握の手法

　ABCとは、Activity Based Costingの略称で、「**活動基準原価計算**」と呼ばれて います。このABCは、現場でのさまざまな作業の一つひとつを細かく分析し、より 実態に合ったコストを把握しようとする手法です。

　さらに、ABCから得られるコスト分析をもとに、業務プロセスを改善したり、物 流の取引条件を見直したりして経営改善を行う手法を**ABM**（**活動基準原価管理**）と いいます。また、この考え方を物流に応用したものが**物流ABC**です。

　これにより、いままでできなかった最小単位のさまざまな庫内作業コストが把握 できるようになりました。

●ABC、ABM、物流ABCのメリットについては、しっかりと理解しておきましょう。

物流コストの把握や管理の目的としては、次のようなことがあります。

○作業別単位基準の設定

現在の取引先（物流企業など）との契約単価と比較した場合の単価ベースでの採算性の把握や、物流サービス別単価の設定などができます。

○作業別採算性の把握

作業別標準原価の単価に処理量を乗じて作業別コストを算出することによって、物流サービス別採算性の把握や、販売部門別コストの把握（**コストの可視化**）が可能となります。

○作業改善後の活動別単価、コストの予測

作業改善後または不採算の作業を排除した場合の作業別単価やコストを予測し、作業コストをどれくらい低減できるか、試算することができます。

○継続的なコスト管理の実施

物流ABCによる作業別の標準原価の単価やコストを配分できる計算方法が確立できれば、これらをシステム化することによって、継続した原価管理を行うことができます。いわゆるABCからABMの段階へと進むことが可能となります。

●コストドライバーとは、ABC（Activity Based Costing）で用いられる計算方法を指します。これは、コストを発生させるさまざまな活動を特定し、その活動ごとにコストを集計したうえで、それらを、コスト発生要因（コストドライバー）を基準に商品別に配分する手法です。

3　物流ABCの手順

物流 ABC の手順は次図のとおりです。

物流ABCの手順

> **プロジェクトチームの編成**
> ABC導入の目的を明確にし、社内にプロジェクトチームを編成する。

↓

> **活動 (アクティビティ) の設定**
> 現場の実作業に沿ったさまざまな作業基準を抽出し、その個々の作業レベルに
> 業務範囲、発生コスト、コスト把握方法、コストドライバーを設定していく。

↓

> **諸経費の把握と費用の配分**
> 庫内作業などの諸費用を把握し、把握した費用を物流作業別に配分していく。

↓

> **物流活動における作業時間の測定**
> 物流作業ごとに、どのくらいの数量 (商品) を何人で、何分で作業したか、
> 時間 (人時生産性) の測定を行う。

↓

> **作業の最小単位の原価の把握**
> 1つの庫内作業に対して、1つの商品を処理するのに必要な人件費とそれにかかわる
> 正確な経費をプラスして、作業の最小単位での原価を把握する。

4　物流ABCのメリット

物流 ABC によるコスト算定を行うことで、次のようなメリットが生じます。

▼物流ABCのメリット

- ・物流を改善し、物流コストを下げる
- ・現場の無駄を発見する
- ・物流サービスのコストを計算し、小売業別に採算を分析する
- ・共同物流施設の利用料金を公平に設定する

問1 次の文中の〔　〕の部分に、下記に示すア〜オのそれぞれの語群から最適なものを選びなさい。

カテゴリーマネジメントとは、〔　ア　〕に合わせた特定のカテゴリーを〔　イ　〕として、売場づくり、〔　ウ　〕管理、価格設定、プロモーション、ロジスティクスなどを、その〔　エ　〕単位で統合する〔　オ　〕である。エ単位の売上とウ目標の両方の追求を目的としたマーチャンダイジング展開にある。

【語群】
ア　1. 市場規模　　2. 顧客ニーズ　　3. 立地　　　4. 外部環境
イ　1. EDI　　　　2. SKU　　　　　3. SPA　　　4. SBU
ウ　1. 人件費　　　2. 売上原価　　　3. 利益　　　4. 値入
エ　1. ゴンドラ　　2. フェイス　　　3. フロア　　4. カテゴリー
オ　1. 商品管理　　2. ビジネスプロセス
　　3. 競争戦略　　4. 顧客管理

問2 次の文中の〔　〕の部分に、下記に示すア〜オのそれぞれの語群から最適なものを選びなさい。

物流 ABC の ABC とは、「〔　ア　〕原価計算」と呼ばれているもの。この物流 ABC は、物流業を行う現場でのさまざまな作業の一つひとつを細かく分析し、より実態に合った〔　イ　〕を把握しようとする新しい手法である。
物流 ABC の手順としては、①〔　ウ　〕の編成⇒②活動の設定⇒③諸経費の把握と費用の配分⇒④物流活動における作業時間の測定⇒⑤作業の〔　エ　〕の原価を把握、となる。
物流 ABC をベースにして業務プロセスを改善したり、物流の取引条件を見直したりして経営改善を行うことを〔　オ　〕という。

【語群】
ア　1. 活動基準　2. 活動管理　3. 作業基準　4. 作業管理
イ　1. 売上高　　　2. 売上総利益　3. コスト　4. 人時
ウ　1. マーチャンダイジング　　　2. ロジスティクス
　　3. プロジェクトチーム　　　　4. ディストリビューター
エ　1. 最小単位　2. 最大単位　3. 最短時間　4. 最長時間
オ　1. ABM　　　2. JIT Ⅱ　　　3. 3PL　　4. ASN

問3　次のア～オについて、正しいものには1を、誤っているものには2
を記入しなさい。

　ア　粗利益貢献度は、商品別に求めた粗利益率に、全体の商品の純売
　　　上高に占めるその商品の構成比を掛けて求める。
　イ　売上高予算が2,000万円、期末在庫予算1,800万円（売価）、期
　　　首在庫予算1,200万円（売価）、減価予算200万円（売価）の場合、
　　　仕入高予算（売価）は、2,400万円である。
　ウ　総売上高2,000万円、その際の売上戻り50万円、販売員購入に
　　　対する割引30万円、売価値入率45%の場合、売上原価は1,056
　　　万円である。
　エ　在庫高の評価における移動平均法とは、棚卸商品の種類などが異
　　　なるごとに区分し、取引数量を考慮に入れず、取得単価だけを取
　　　引回数で割った平均値をもって期末商品棚卸高を評価する方法で
　　　ある。
　オ　小売店で販売される価格としての推奨小売価格や標準小売価格を
　　　基準に販売価格を割り引くことを特定顧客割引という。

問4 次のア〜オについて、正しいものには1を、誤っているものには2を記入しなさい。

ア 発注費用とは、仕入担当者の人件費、仕入事務所の経費、仕入出張費、通信費などで、その多くは、発注数量が増えるに従い増加する変動費である。

イ 在庫費用とは、在庫中の保管費用や保険費用、在庫投資の金利や陳腐化費用などで、その多くは、発注する商品数量にかかわりなく発生する固定費である。

ウ 1回の発注量が多くなるほど、商品1個当たりにかかる発注費用は逓減するが、商品1個当たりにかかる在庫費用は大きくなる。

エ 仕入れる商品1個当たりにかかる発注費用と在庫費用の和が最小となる数量で仕入を行うことが最も有利となるが、その仕入数量を EOQ（経済的発注量）と呼ぶ。

オ ある品目の週当たりの販売計画数量は30個、仕入単価385円、1回当たりの発注費用が100円、在庫費用率が10%である場合の、EOQ は120個、RP は4週である。

問5 次のア〜オについて、正しいものには1を、誤っているものには2を記入しなさい。

ア GMROI は、商品別の貢献度を見る方法の1つで、在庫金額を売価で算出する。

イ GMROI は、粗利益率に在庫投資回転率を掛けて求める。

ウ ROA は、売上高利益率に総資産額を掛けて求める。

エ 欠品がある場合、商品回転率は低くなるため、その商品のGMROI は低下する。

オ 粗利益率に、リベートやアローワンスが含まれている場合、GMROI は単品ごとでしか使用できず、商品カテゴリーでの使用はできない。

答え合わせ

問1　正解：ア—2　　イ—4　　ウ—3　　エ—4　　オ—2

解説

　カテゴリーマネジメントは、ブランドを重視するメーカーよりも、特定の顧客ニーズをひと固まりの商品グループに捉えて管理できるという点で、小売業にとって優位な戦略的管理手法です。

問2　正解：ア—1　　イ—3　　ウ—3　　エ—1　　オ—1

解説

　物流 ABC の ABC とは、Activity Based Costing の略称で、「活動基準原価計算」と呼ばれています。物流 ABC をベースにして業務プロセスを改善したり、物流の取引条件を見直したりして経営改善を行うことを ABM（Activity Based Management）といいます。物流 ABC や ABM によるコスト管理の目的は、①作業別単価基準の設定、②作業別採算性の把握、③作業改善後の活動別単価、コストの予測、④継続的なコスト管理の実施——にあります。

問3　正解：ア—1　　イ—2　　ウ—1　　エ—2　　オ—2

解説

ア　粗利益貢献度は、商品別に求めた粗利益率に、全体の商品の純売上高に占めるその商品の構成比を掛けて求めます。

イ　「仕入高予算 = 売上高予算 + 期末在庫予算（売価）- 期首在庫予算（売価）+ 減価予算（売価）」であるため、「仕入高予算 = 2,000 万円 + 1,800 万円 - 1,200 万円 + 200 万円 = 2,800 万円」となります。

ウ　「総売上高 - 売上戻り - 販売員に対する割引 = 純売上高」になります。「純売上高 = 2,000 万円 - 50 万円 - 30 万円 = 1,920 万円」なので「売上原価 = 純売上高 × (1 - 値入率) = 1,920 万円 × (1 - 45%) = 1,056 万円」となります。

エ　在庫高の評価における移動平均法とは、棚卸商品の種類などが異なるごとに区分し、新しい仕入が行われる都度、残高評価額に仕入価格を加え、残高数量に仕入数量を加えた数量で割った平均価格を算出して評価する方法です。

オ　特定顧客割引とは、継続的な取引関係を維持している小売業や大口ユーザーに対して、仕入価格を割り引くことです。

<hr>

問4 正解：アー2　　イー2　　ウー1　　エー1　　オー2

解説

ア　発注費用は、仕入担当者の人件費、仕入事務所の経費、仕入出張費、通信費などで、その多くは、発注する商品数量にかかわりなく発生する固定費です。

イ　在庫費用は、在庫中の保管費用や保険費用、在庫投資の金利や陳腐化費用などで、その多くは、発注数量が増えるに従い増加する変動費です。

ウ　1回の発注量が多くなるほど、商品1個当たりにかかる発注費用は逓減しますが、商品1個当たりにかかる在庫費用は大きくなります。

エ　仕入れる商品1個当たりにかかる発注費用と在庫費用の和が最小となる仕入数量をEOQ（経済的発注量）といいます。

オ　$EOQ = \sqrt{2RU / CI}$、$RP = EOQ / S$ ですので、公式に当てはめると、
「$EOQ = \sqrt{2 \times 1,560 \times 100 / 385 \times 0.1} = \sqrt{8,104} \fallingdotseq 90$ 個」
「$RP = 90$ 個／ 30 個 $= 3$ 週」となります。

<hr>

問5 正解：アー2　　イー1　　ウー2　　エー1　　オー2

解説

ア　GMROIは、商品別の貢献度を見る方法の1つで、在庫金額を原価で算出します。

イ　GMROIは、粗利益率に在庫投資回転率を掛けて求めます。

ウ　ROAは、売上高利益率に総資産回転率を掛けて求めます。

エ　欠品がある場合、商品回転率は低くなるため、その商品のGMROIは低下します。

オ　粗利益率に、リベートやアローワンスが含まれている場合、GMROIは商品カテゴリーなど、ある程度の固まりを単位として使用できますが、単品ごとに計算できるというメリットは活かせません。

第 3 章

ストアオペレーション

1 店長に求められるマネジメントの革新

店舗の最高責任者である店長には、担当する店舗の目標利益を達成することが求められます。

●チェーンストアでは、本部と店舗との役割分担が必ずしも効果的に機能しているとは言い難い実情があります。その本部と店舗の間に生じる運営上のギャップを埋める役割が店長に求められていることを理解しましょう。

●小売業にとって店舗は、利益を生み出す源です。したがって、店舗の最高責任者である店長には、自らが担当する店舗の目標利益を達成することが求められていることを理解しましょう。

1 店長の職責と実務の再構築

①業績を評価する相対数値

チェーンストア経営における本部による店舗支援活動は、本部スタッフが各店舗に要請する数値によって管理される傾向があります。その店舗に要請される数値とは、業績を評価する相対数値（パーセント）のことです。そして、この相対数値の改善が本部スタッフの目的です。

②人時生産性

小売業の多くは、**人時生産性**を店長のマネジメント指標として位置づけています。ただし、それはあくまで**バロメータ**（**指標**）にすぎず、店長は、店舗の経営者として、**粗利益高**の向上に重きを置いて経営にあたる必要があります。

2　コスト管理主義マネジメントからの脱却

　本部スタッフの**コスト管理主義**による**弊害は、人手や商品在庫を削減対象（コスト）として扱うこと**にあります。店長にとっては、人手も商品も店舗運営上の重要な資産資源であり、それぞれの中身（質）を追及することが求められます。

①予算を数値化する実務プロセスの確立

　日常の店舗運営の基本となる数値は、売上高予算と人時枠であり、店長は各部門のマネジャーを通じ、全従業員に**予算の目標値化**を実現させるプロセスを確立し、実践させなければなりません。

②店内コミュニケーションのインフラ整備

　チェーンストア運営上の問題点の1つに、従業員間のコミュニケーション不足があります。コミュニケーションとは単なる情報伝達ではなく、従業員相互の信頼関係の形成を目指したふれあいを意味します。店長には、**店内コミュニケーション**の強化に向けたインフラを整備することが求められます。

③継続的業務改善の体質化

　これからの店舗運営には、全従業員による**継続的業務改善**を常に実践する仕組みが必要であり、OJI（On the Job Improvement）チャレンジという全社業務改善活動プログラムを実行しているチェーンストアもあります。

3　店長が目標とすべき具体的事項および役割

①付加価値の実現

　チェーンストアの付加価値は、計画、仕入、販売の協働によって生み出されますが、付加価値を生み出す場所は、顧客と接点を持つ店舗です。店長は、日々、店舗での成果を上げる責任を負っています。

②チェーンストアの店長が目標とすべき具体的事項

　店長のマネジメントにおいて、普遍的な目標を当てはめると次のような項目となります。

1) 顧客の支持

　顧客の支持に関する指標には、**顧客支持率**、**顧客満足度**、**市場占有率**などがあります。

2) 店舗でのマーチャンダイジング業務の改善

　顧客は、**品ぞろえ**、**品質**、**価格**、**売場快適性**、**接客サービス**などを評価し、店舗を使い分けます。こうした評価要素を活かし、本部のマーチャンダイジング政策を支援していくことが求められます。

3) 資源の管理

　小売業の資源に関する目標には、**労働資源**、**物的資源**、**資本資源**の獲得があります。そして、これらの資源を維持・向上させ、コストを管理することが店長には求められています。

4) 生産性の向上

　小売業において**生産性**（**販売効率**）の向上は、マネジメントの課題として重要です。店長は生産性を維持・向上させるためのマネジメントの技法を学び、身につけることが求められます。

5) 環境への責任

　チェーンストアの店舗は、地域環境への貢献を果たすだけでなく、地域社会の一員として積極的に取り組むことが求められます。

6) 利益

　店長は、自店の利益目標を自分自身に課し、存続・発展のための利益を確保し続けていかなければなりません。

③マネジャーとしての役割

　チェーンストアの店舗組織には複数の部門があります。店長は各部門長（チーフ）が成果を上げられるよう指導・監督する責務があり、次図のような仕事を担っています。

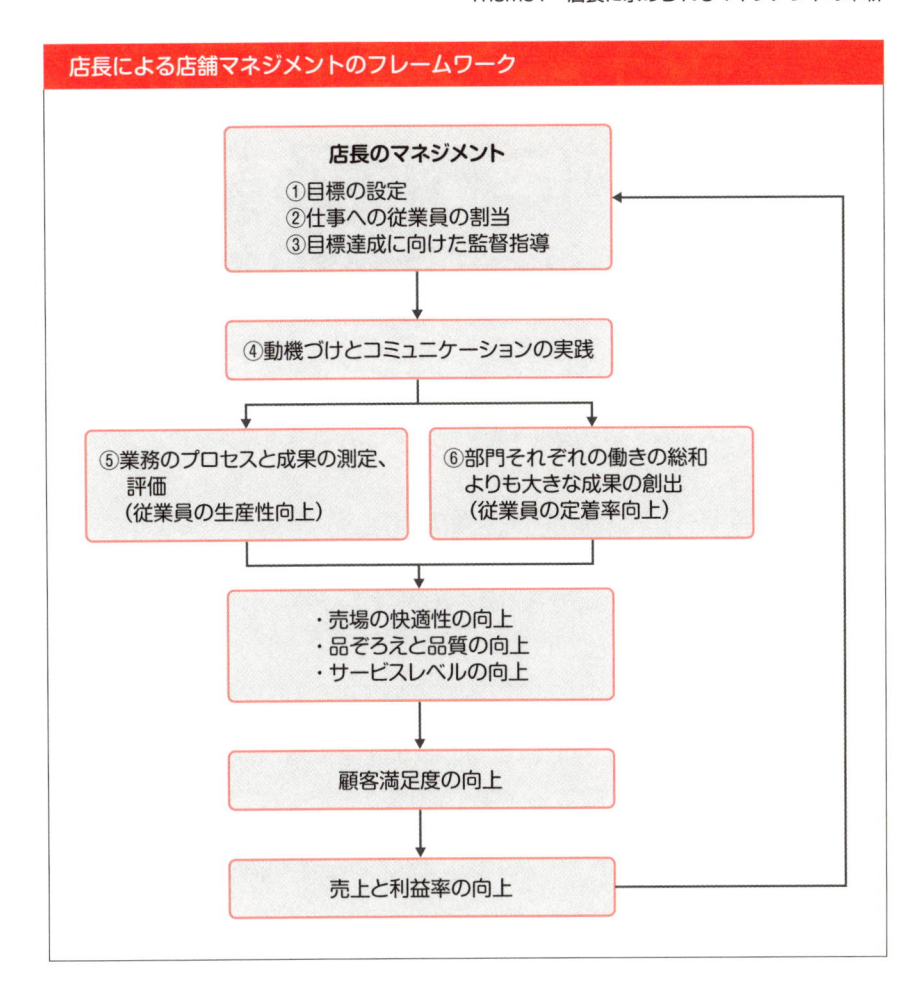

店長による店舗マネジメントのフレームワーク

店長のマネジメント
①目標の設定
②仕事への従業員の割当
③目標達成に向けた監督指導

④動機づけとコミュニケーションの実践

⑤業務のプロセスと成果の測定、評価
（従業員の生産性向上）

⑥部門それぞれの働きの総和よりも大きな成果の創出
（従業員の定着率向上）

・売場の快適性の向上
・品ぞろえと品質の向上
・サービスレベルの向上

顧客満足度の向上

売上と利益率の向上

4　マネジメントスキルの向上

　管理（**Control**）と**管理手段**（**Controls**）の関係は、「適切な管理手段（測定と評価）は、管理能力を高める」と置き換えることができます。管理手段を管理と勘違いすると、精緻、かつ、煩雑な定量的管理手段を採用することがよい管理だと思い込み、場合によっては資源の無駄遣いが起こります。

チェーンストアの店舗における業務区分と行動規範

チェーンストアにはさまざまな業務があります。それらを区分けし、各業務区分の役割に応じて対応します。また、それらを着実に実行するために、日々のルーティーンワークとしての行動規範があります。

●店舗にはさまざまな役割や役職があります。それらの役割や役職に応じて正確に遂行することが求められます。各業務区分ごとの業務内容と、それらを遂行するための行動規範を理解しましょう。

●店舗にはさまざまな業務を担当する部門があり、各部門における業務にもいくつかのクラスがあり、それぞれに与えられた業務があることを理解しましょう。

1 チェーンストアの店舗における基本的業務区分

一般的に、チェーンストアにおける業務は次のように区分できます。

①販売計画の作成
②作業割当計画の作成と監督
③発注
④商品入荷および商品補充（品出し）
⑤ディスプレイ、装飾、演出、POP広告などに関する業務
⑥接客サービス、部門レジ運用
⑦売価変更、返品、店間移動
⑧売場の維持管理と保全
⑨後方管理
⑩売出し準備など

　それぞれの業務について、管理者（店長）クラス、主任・係長クラス、担当者に分けて業務内容を整理すると、次の表のようになります。

▼**チェーンストアの店舗における基本的業務**

		管理者（店長）クラス	主任・係長	担当
①	販売計画の作成	月間販売計画の作成	週間販売計画の作成	
②	作業割当計画の作成と監督	1) 人員配置計画作成 2) 販売主任の週間重点業務の設定 3) 作業割当、作業スケジュール計画の指導とチェック 4) 作業割当計画にもとづく実施のチェックと改善指示	1) 月度勤務管理表の作成 2) 曜日別重点作業の設定 3) 作業割当表、週間作業スケジュール表の作成 4) 週間作業スケジュール表にもとづく実施のチェックと作業指示など	1) 作業割当表、週間作業スケジュール表の事前確認と実施など
③	発注	1) 商品別発注責任者の承認 2) 発注日が守れているかの確認 3) 重点商品の発注量のチェック 4) 端境期における関係先との調整、商品手配など	1) 発注指示 2) 発注内容と発注量のチェックなど	1) 在庫調査 2) 発注数量の予測 3) オーダーブック（発注書）の起票と発注連結など
④	商品入荷および商品補充（品出し）	1) 重点商品の未納に対する対策と実施 2) 商品補充体制のチェックと指導など	1) 発注商品がいつ、どこから、どれくらい納品されるかの確認 2) 未納商品の対策と実施、報告 3) 発注外商品の処理の指示 4) 商品補充の指示 5) 進行状況のチェックなど	1) 発注に対する納品内容のチェック 2) 未納商品の上司への報告 3) 発注外商品の報告と上司指示による処理 4) 商品の仕分けと運搬 5) 商品補充、陳列と後始末など

（次ページに続く）

3

ストアオペレーション

		管理者（店長）クラス	主任・係長	担当
⑤	ディスプレイ、装飾、演出、POP広告などに関する業務	1) 催事、季節商品売場づくりに関する指示、指導とチェック 2) シーズン切替え時における売場づくりの指示、指導とチェック	1) 販売計画にもとづく売場づくりの実施および作業指示 2) シーズン切替え時およびシーズン中における陳列などの実施と作業指示 3) 重点商品の陳列位置、量などの修正 4) POP広告プライスカードの定期点検 5) POP広告制作依頼のまとめと発注など	1) 左記にもとづく陳列、演出の実施 2) 演出、POP広告関係消耗品の調達 3) プライスカード、ショーカードの発注または作成 4) POP広告の依頼および取付け、取外しなど
⑥	接客サービス、部門レジ運用	1) 接客、重点売場および曜日別重点時間帯の設定と実施 2) 売場別、曜日別、時間帯別人員配置の設定と実施 3) 苦情処理と改善対策実施など	1) 左記にもとづく実施と臨機応変の配置指示 2) 苦情の受付と対応および報告など	1) 推奨販売、売場案内、買物相談 2) 返品交換 3) 寸法直し、宅配などの受付と販売事務 4) 部門レジの打刻および両替、精算業務 5) サッカー業務 6) 包装紙（袋）、包装消耗品の補充 7) 苦情の受付など
⑦	売価変更、返品、店間移動	1) 予算確認と予算内における効果的運用 2) 死に筋商品、量的に多い商品の移動と対策案調査 3) 売り尽くし計画と販売方法の徹底 4) 返品、店間移動に関する確認と指示など	1) 担当売区の予算進行管理 2) 死に筋商品、量的に多い商品の原因分析と対策立案および報告 3) 返品、店間移動の実施と作業指示およびチェックなど	1) 死に筋商品、量的に多い商品の在庫調査と報告 2) 売価変更伝票の起票と値替実施 3) 返品、店間移動伝票の起票 4) 返品、移動商品の梱包と商品管理セクションへの連絡など
⑧	売場の維持管理と保全	1) 売場清掃、商品整理状況のチェックと指示、指導 2) 什器、備品、整備の管理状況のチェックと指示、指導など	1) 売場清掃、商品整理のスケジュール化と実施チェック 2) 陳列什器、備品の定期点検など	1) 売場清掃の実施 2) 商品整理の実施など

（次ページに続く）

		管理者 (店長) クラス	主任・係長	担当
⑨	後方管理	1) バックヤード管理状況の定期チェックと指示、指導 2) 在庫内容の確認と滞留商品の対策実施など	1) バックヤード清掃、商品整理のスケジュール化と実施チェック 2) 通路の確保と分類の徹底 3) バックヤード在庫の内容チェックと滞留商品の対策立案など	1) 通路、ラック商品の清掃 2) バックヤード在庫商品の整理整頓 3) 滞留商品の報告など
⑩	売出し準備など	1) 売出し準備体制のチェックと確認 2) 陳列、演出の指導とチェックなど	1) 売出し、催事計画、売出し商品リストによる売出し準備の指示と実施チェック 2) 売出し商品の入荷確認 3) 陳列、演出の実施など	1) 売出し商品の入荷チェックと報告 2) チラシ広告と商品内容のチェック、品出し陳列 3) 売出しPOP広告のチェックと取付けなど

2　チェーンストアの店舗における行動規範

　ストアオペレーションにおけるルーティーンワークの基本は、「品質、清潔、奉仕、謙虚、礼儀」の5項目を、顧客の立場になって励行することです。

　このことを次表に示す5つの場面で実行することが求められます。

▼ストアオペレーションにおけるルーティーンワークの例

①売場管理	1) 前進立体陳列作業を常に実施する。 2) 品出し作業で顧客に迷惑をかけない。 3) 段ボール、台車などを通路・売場に放置しない。 4) 主通路、副通路を明確にして、はみ出し陳列をしない。 5) 陳列商品が乱れたら、直ちに整理する。 6) 売場の什器・器具は一定の頻度で磨く。 7) 売台の床に、ホコリ、ゴミ、汚れがない。 8) 天井に、ステープラー、テグス、期限切れのPOP広告などがない。 9) 蛍光灯、防煙垂れ幕は、期間設定して清掃する。 10) エスカレーター、エレベーター、階段の安全管理および清掃を徹底する。
②レジ・サッカー管理	1) レジ周辺、サッカー台周辺を常に整理・整頓・清掃する。 2) サッカー台は、備品切れを起こさない。 3) 通路の水やゴミを速やかに取り除く。 4) 店内カゴを清潔に保つ。

（次ページに続く）

③後方管理	1）部門別、商品カテゴリー別に、定位置管理・整理・整頓・清掃する。 2）販売器具、備品を定位置管理する。 3）事務所、営業室、食堂、休憩室を整理・整頓・清掃する。 4）非常口、避難階段、屋上を毎日、安全点検する。 5）トイレを毎日定期的に清掃し、毎月殺虫および消毒する。
④店内管理	1）顧客用、従業員用出入口の美化・安全を徹底する。 2）駐車場、駐輪場を毎日清掃し、清潔と安全を保つ。 3）店舗の外に、不用品を放置しない。 4）植込み、樹木の手入れを行き届かせる。
⑤身だしなみ・ 応対	1）制服は清潔で、かつ、好感が持てるように着用する。 2）爪は短く、指先を清潔に保つ。 3）ハキハキと挨拶し、丁寧な美しい言葉遣いをする。 4）明るい笑顔で、気持ちよく対応する。 5）素直な態度で、接客や応対にあたる。 6）常に、キビキビと機敏な行動をとる。

●チェーンストアの店舗では、複数の業務区分ごとに部門が分かれ、各部門におい
て従業員のクラスがあり、それぞれの役割について行動規範に則り業務を遂行す
ることで、目標が達成できるといえます。

3 発注業務のフロー

店舗における発注業務フローとその業務内容を理解することが、欠品や過剰在庫のない状態を維持することにつながります。

重要度：★★★

学習アドバイス

●発注の基本は、顧客がなぜその商品を購入するのかを考え、発注の仮説（単品ごとの最適な数量の予測）を立てることにあります。

出題者の目線

●発注業務の一連の業務は、決して従業員が単独で行う業務ではありません。チームワークによる作業です。それらチームワークによる業務の流れを理解しておきましょう。

1 チェーンストアにおける発注業務の流れ

　総合品ぞろえスーパー（スーパーストア）のような大型チェーンストアにおける一般的な発注業務フローを次図に示します。

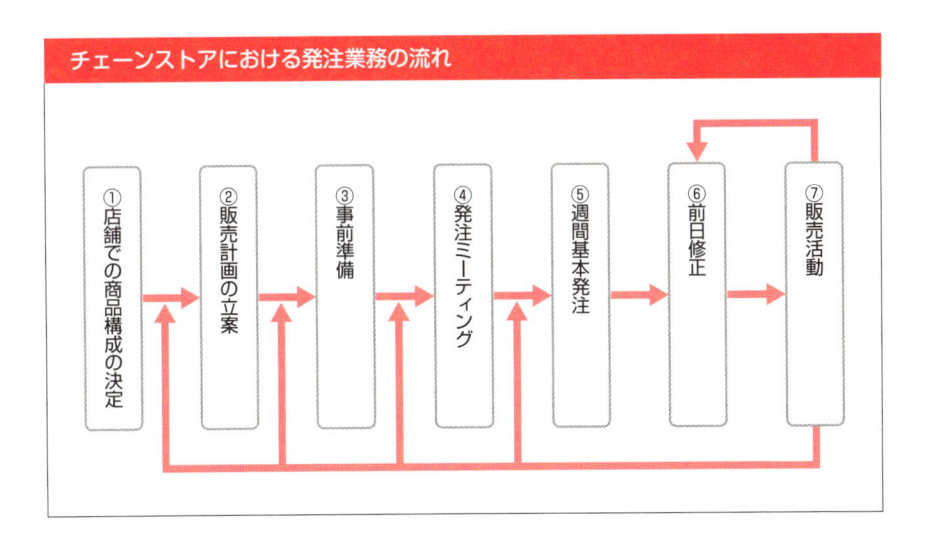

チェーンストアにおける発注業務の流れ

①店舗での商品構成の決定 → ②販売計画の立案 → ③事前準備 → ④発注ミーティング → ⑤週間基本発注 → ⑥前日修正 → ⑦販売活動

2　チェーンストアにおける発注業務の内容

チェーンストアにおける発注業務の内容は、以下のとおりです。

▼チェーンストアにおける発注業務の内容

①店舗での商品構成の決定	ターゲット顧客が求める品種・品目（価格、規格、サイズ）など、地域の顧客ニーズや欲求に対応した店舗での品ぞろえを決定する。
②販売計画の立案	販売計画で、売るべき商品、数量、タイミング（販売時期）、プロモーションの展開場所、商品の供給方法などを決定する。地域情報に対応した重点販売商品などを選定し、選定したカテゴリーごとの販売数量を具体的に単品に割り当て、単品別の週間販売計画とフロアレイアウト図を決める。
③事前準備	販売計画をスムーズに実行に移すための準備を行う。
④発注ミーティング	正社員やパートタイマーのすべてを対象に、発注に必要な情報の意味について共通の認識を持たせるためのミーティングを実施する。
⑤週間基本発注	発注に必要な情報の意味を考慮し、単品の販売計画数量に置き換えて発注。実際に販売して「仮説」と違っていた場合は、単品ごとの販売計画数量を修正する。
⑥前日修正	週間基本発注の時点を経過し、気温や競争店の特売状況などの情報に変化が生じた場合は、販売計画で設定した販売数量を変化に合わせて修正する。
⑦販売活動	販売活動は、実際の販売促進活動だけにとどまらず、商品の納品から顧客が購入するまでのすべての作業が含まれる。重点販売商品が顧客から見てわかりやすい状態かなど、計画どおりに活動できているか確認する。

● 発注の基本は、顧客がなぜその商品を購入するのか、仮説（単品当たりの最適数量の企画）を立てることです。そして、一連の発注業務をチームワークで行うためのマネジメント体制を確立することで、欠品や過剰在庫といった状態を回避・改善することが求められます。

発注支援システムの目的とねらい

重要度：★★★

チェーンストアの本部から提供される情報を活用し、仮説にもとづく的確な発注を店舗が行えるようにすることが、発注支援システムの目的です。

●顧客に選ばれるためには、顧客のライフスタイルに合った品ぞろえをする必要があります。

●品ぞろえを実現するためには、仮説を設定し、実際に販売してその仮説を検証、修正・改善していくことが求められているということを理解しましょう。

1 どのような「仮説」が必要なのか

　チェーンストアの本部は、さまざまな情報を各店舗に発信し、日々の発注を支援するシステムを運営・管理しており、一般的にはそれを「**発注支援システム**」と呼んでいます。発注支援システムの目的は、本部からの情報を活用し、仮説にもとづく的確な発注を店舗において行うことです。

　顧客が商品を選択して購入するには理由があります。顧客は各々嗜好や家族の構成、生活シーンなどに合った商品を購入します。つまり**ライフスタイルが商品を購入する理由**であり、小売店ではそれらの理由を商品と数量に反映させることが求められます。しかし、すべての顧客にその理由を問うことはできません。したがって、さまざまな情報から「**買う理由**」**を想定**（**仮説設定**）**し、カテゴリー別の購買需要**（**商品、数量、売り方**）**を決定する必要があります**。

　「**理由**」**＝**「**仮説**」を立て、その商品を販売してみることで、実際に顧客の生活や商品を購入してくれる理由が確認できます。その理由がわかると、店舗運営の方法を改善していくことが可能になり、継続的にそれら仮説を検証し、自店のノウハウとして蓄積できれば、より多くの顧客の支持につながっていきます。

2 仮説の設定要件

　発注の仮説を立てるには、さまざまな**情報**とそれを使える**能力**が求められます。発注数量を左右する情報には、以下のようなものがあります。

①**自店の顧客情報**
1) 来店頻度と居住地域 (どこから、どのくらいの頻度で来店しているか)
2) 自店での買上商品 (何を中心に購入しているか)

②**顧客の生活情報**
1) 社会行事 (立春、七夕、盆、父の日、端午の節句など)
2) 地域行事 (入学式、春休み、プール開き、修学旅行、子ども会など)
3) 家庭行事 (誕生日、結婚記念日、家族旅行、帰省など)
4) 季節ごとの料理
5) 流行や習わし

③**与件 (天候、気温など)**
1) 天候 (晴れ、曇り、雨、雪、台風、日照時間、じめじめ·乾燥など)
2) 気温 (体感温度、暑い·寒いなど)

④**商品の特性**
1) ライフサイクル (旬·季節商品、新商品·主力商品·衰退商品など)
2) 食べ方 (料理材料、素材、スナック、おつまみなど)
3) 鮮度 (家庭でストックする·しない)

⑤**商品の売り方**
1) 売価 (最寄品であれば継続的に購入できるような売価を主体としているか)
2) 陳列位置 (顧客導線上から目立つかどうか、売りたい商品を顧客の手の届く位置·高さに陳列しているか)
3) フェイシング (売れ筋商品ほどフェイス数を増やしているか)
4) チラシ広告、クーポン券、関連販売、試食 (魅力的なプロモーションが定期的に行われているか)
5) 売切り (腐敗する度合いが高い生鮮食料品を適時に、値下しているか)

6) ディスプレイパターン（商品の特性や販売目的に合わせた陳列パターンの選択、異品種異品目のテーマ別集合などの工夫を凝らしているか）

　これらの情報を顧客の観点から把握し、発注に活かすことが求められます。そのためには、次のような情報やスキルが求められます。

1) 顧客の生活がわかる情報や、過去の販売履歴（販売状態と結果）
2) 情報から顧客ニーズの仮説を読み取れる能力（スキル）
3) 仮説を具体的な商品や発注数量に落とし込める能力（スキル）

3　サブカテゴリーの設定による発注情報への活用

　発注量の起案時には、さまざまな情報を捉える必要があります。特に重要となるのが**サブカテゴリーの販売情報**です。

①サブカテゴリーの設定

　顧客が日常生活で目にする（耳にする）商品情報の中で、テレビ情報の影響は大きく、売場でも顧客に強く訴求できれば、売上増につなげることができます。しかし、この情報を逃し売場づくりや発注に反映できないと、大きな機会損失（売り逃し）が発生します。

　一般的に小売業において、カテゴリーマネジメントの展開におけるカテゴリーの基準策定にあたっては、商品の品種を単位とする小売業が多い傾向にあります。し**かし、食品業界などでは1つの品種の中に多くの品目が含まれることから、品種（クラスともいう）を基準として商品の販売や管理を行うのでは、その正確性に欠けることになります。**

　例えば、最近は健康志向が高まり、食べ方を含めたテレビの情報発信番組が注目されていますが、テレビの情報番組で、ヨーグルトの効能を報道があった場合、「ヨーグルト」の販売増加が見込まれます。その際、商品にPOP広告を添付し、商品の陳列スペースを拡大して販売するといったことが行われます。それまでは「ブルーベリーヨーグルト」にPOP広告を添付して販売しておいて、次週からは販売を強化したい「アロエヨーグルト」の下段にPOP広告をつけて展開する、といった工夫が考えられます。

このように、「ヨーグルト」というカテゴリーに、「ブルーベリーヨーグルト」「アロエヨーグルト」など商品カテゴリー（品種単位）の購買需要を伸ばすための商品細分化戦略としての「サブカテゴリー」を設定することで、販売の増加が見込まれます。

サブカテゴリーは、通常の品種よりもさらに一段階、細分化した商品分類の単位であり、品種をさらにサブ品種（サブクラスともいう）へと落とし込み、それらを単位としてマネジメントすることで、販売増加を図るものです。

②対策

サブ品種（サブクラス）を活用して販売増加をねらうといった場合、日ごろから、テレビ番組の食品などに関する情報や報道に気を配ったり、担当する商品に関して、インターネットを使って情報を漏れなくつかんでおくことが重要です。

●商品によっては、サブカテゴリーを設定して分析することで、季節による販売数量の変化を発注数量に反映することが求められます。

発注支援システムによる発注業務のフロー

重要度：★★☆ 欠品や過剰在庫のない状態を実現するには、的確な発注を行わなければなりません。そのため、定められた作業フローを遵守することが求められます。

●的確な発注に求められる各作業と、発注ミーティングにおいて何が検討されているかを理解することが重要です。

●サブカテゴリーのトレンド、地域行事、売上予算、販売計画など具体的な作業内容を理解しましょう。

1 的確な発注のための作業フロー

　的確な発注を行うためには、以下のような作業フローを遵守しなければならなりません。

①サブカテゴリートレンドの確認

　サブカテゴリーの販売データを確認し、昨年度からの変化、季節変化や生活の変化を考慮しつつ、発注起案時に先週の欠品の発生状況などを確認し、週計で発注数量を増減させます。売上推移が拡大または縮小しているのに、売場（スペースや商品数）が変わらないという状況を避けなければなりません。

②地域行事の確認

　販売数量に影響があると思われる地域行事は、いつ実施される予定なのかを発注ミーティングで確認し、競争店の休日やチラシ広告の投入日なども確認してクロスマーチャンダイジングなどの方法で検討し、提案します。

　販売計画書などを確認し、売上予算と発注（販売予定）実績において継続的に差が生じている場合、その理由を明らかにして、予算と売上状況を再検討する必要があります。

④**販売計画数の起案**

　前週の販売実績をもとに、今週の販売計画数量などを起案することが、店舗運営の基本です。販売促進を実施する場合は、スポット販売、チラシ広告、マネキンによる試売などの方法を考慮に入れて発注数量の修正を行います。併せて、地域行事にかかわる商品が充実しているか、売上推移のトレンドにかかわる商品が充実しているかどうかを確認します。

2　発注ミーティングの実施

　発注ミーティングにおいて確認すべきポイントは、先週と何が変わったかという点です。例えば、重点販売商品の最終販売時刻が閉店時間より1～2時間前の場合、欠品または商品補充遅れとなる可能性があります。欠品した場合、単純に数量不足と判断して無計画に数量を増やさないようにします。

　販売計画数の起案方法のポイントは以下のとおりです。

①**先週の実績をもとに日別の販売予定数を入力**

　発注単位にこだわらず、販売単位で数量を考え入力します。変える必要のない商品は、次の項目を確認します。

1) **先週の実績を活用＝最終販売時刻と売価変更**

　最終販売時刻に欠品が予想される場合、販売予定数量を増やし、売価変更額を見て値下や廃棄が発生していると思われる場合は、販売予定数量を減らす。

2) **客数を活用＝実績と予測**

　客数の実績を見て、先週実績より増減が予想される場合、それに合わせて販売予定数量を加減する（客数＝1割増なら数量＝1割増など）。

3) 天気予報を活用＝気温と商品特性

商品によっては気温の高低によって数量を増減させる。例えば、その時期に寒くなったら、その商品を使用した料理をつくるだろうか、などと検討し、その答えを数量に反映する。

②販売促進（スポット販売・チラシ広告など）を実施する場合は必ず修正

販促を行う商品の販売予定数量について、販促の方法（チラシ広告・マネキン販売・関連販売など）と展開場所と価格を、過去の実績を参考に決定します。

③地域行事にかかわる商品が充実しているかを確認

地域の行事を確認し、関連する重点販売商品の販売予定数量を加減します。

④サブカテゴリーの数字を確認

先週の部門内構成比で、大きく異なる数値を示すサブカテゴリーの販売数量がないかを確認します。

- 的確な発注を実現するには、まず、事前にサブカテゴリーのトレンド、地域行事、日割りの売上予算などの確認をします。その後、発注ミーティングにおいて先週との差異を考慮して販売予定数量を決定したうえで、販売促進などがある場合、それらに合わせて数量を修正していくことが求められます。

発注数量の算出方法

発注にあたっては、発注数量の考え方と、一般的な算出方法があります。

● 最低陳列数量を満たす発注数量をどう求めるか、その算出方法や計算式を理解することが重要です。

● 発注数量を求める計算式について理解しておきましょう。

1　一般的な発注数量の考え方と算出方法

一般的な発注数量の考え方を、「学校の体操着」の販売を例に、次図に示します。「学校の体操着を何枚発注すればよいか？」を考えます。

▼学校の体操着の販売数量表

6月	1日	2日	3日	4日	5日	6日	7日	8日	9日	10日	11日	12日
曜日	月	火	水	木	金	土	日	月	火	水	木	金
発注日	★							★				
納品日					■							■
販売数量	4	3	3	2	4	5	10	3	2	2	2	

1) 本日を6月1日、朝の在庫は40着と仮定します。

2) 商品の発注サイクルは7日間で、毎週月曜日に発注するとします。

3) 発注リードタイムは4日間、月曜発注で金曜の朝に納品されます。

4) 最低陳列数量は20着とします。

「今日、学校の体操着を何枚発注すればよいか?」を考えてみます。

1) 6月1日 (月) の朝の在庫数量40着が、次の入荷日である6月5日 (金) の朝までに何着売れるか予測します。

⇒表から、4 + 3 + 3 + 2 = 12着

2) 今日の発注数量は、6月5日(金)から6月11日までに売るべき計画数量のことであり、6月5日から6月11日における販売数量を考慮して、販売数量を決定することが望ましいです。

⇒表から、4 + 5 + 10 + 3 + 2 + 2 + 2 = 28着

3) 6月8日の発注分が納品される6月12日 (金) の朝、商品は最低陳列数量である20着が残っていなければなりません。

以上を整理すると、発注数量の考え方は次図のように整理されます。

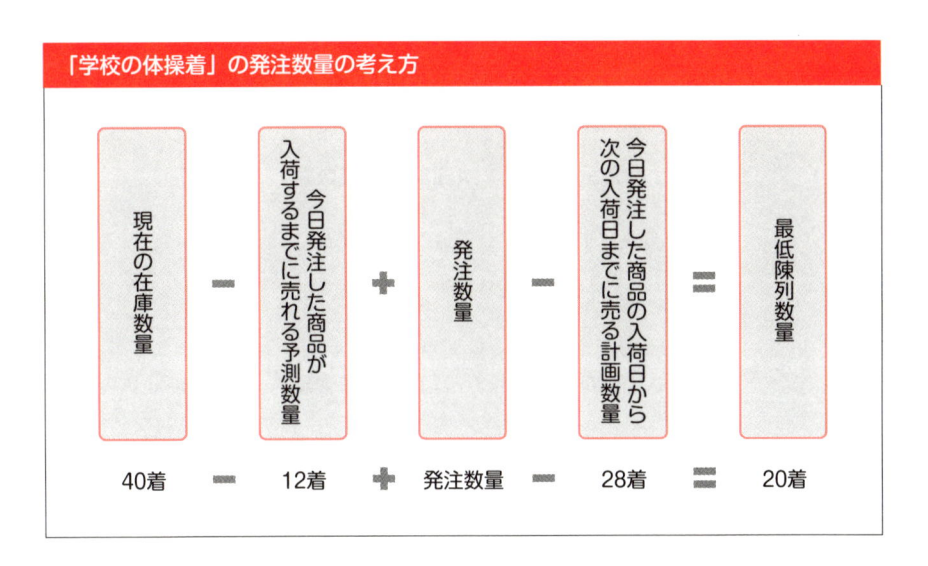

「学校の体操着」の発注数量の考え方

現在の在庫数量 − 今日発注した商品が入荷するまでに売れる予測数量 ＋ 発注数量 − 今日発注した商品の入荷日から次の入荷日までに売る計画数量 ＝ 最低陳列数量

40着 − 12着 ＋ 発注数量 − 28着 ＝ 20着

2　発注数量を求める計算式

発注数量を求める計算式の例は次図のとおりです。

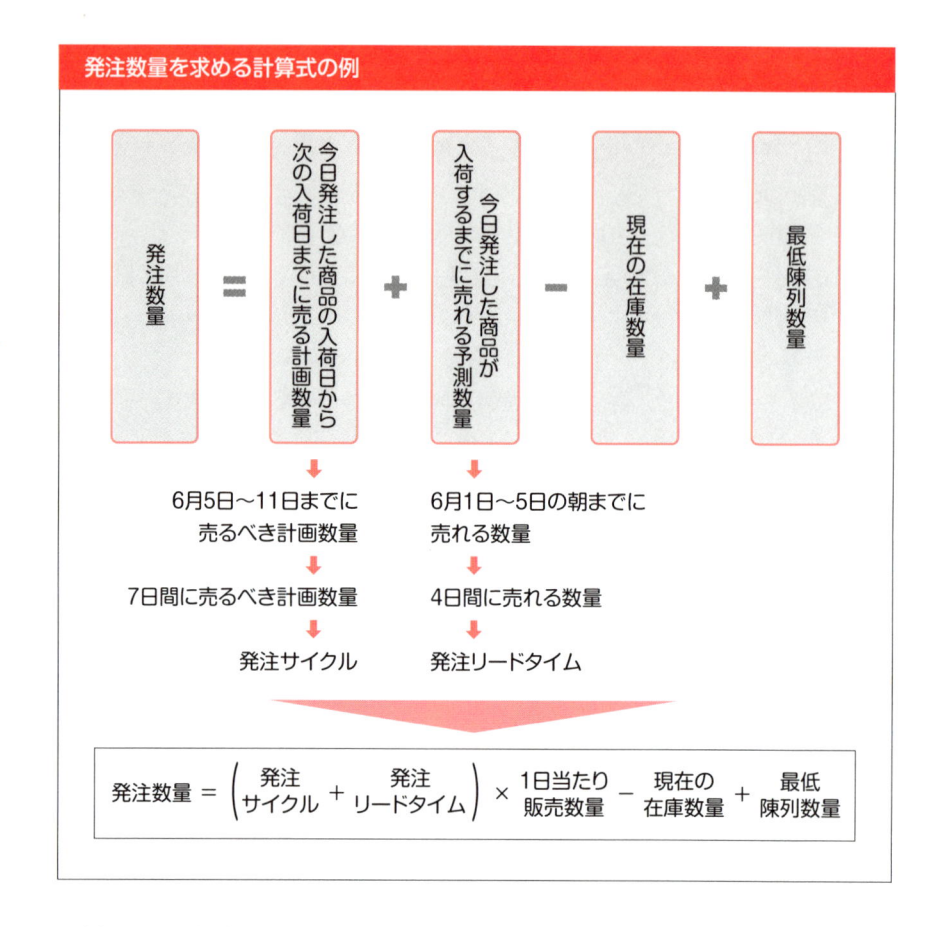

発注数量を求める計算式の例

6月5日～11日までに売るべき計画数量
↓
7日間に売るべき計画数量
↓
発注サイクル

6月1日～5日の朝までに売れる数量
↓
4日間に売れる数量
↓
発注リードタイム

$$発注数量 = \left(発注サイクル + 発注リードタイム\right) \times \frac{1日当たり販売数量}{} - 現在の在庫数量 + 最低陳列数量$$

例題である学校の体操着の注数量は、次のとおりとなります。

発注数量 ＝（7日 ＋ 4日）×（12枚 ＋ 28枚）/ 11日 － 40枚 ＋ 20枚 ＝ 20枚

発注業務の留意点

的確かつ効果的な発注を阻害する要因はさまざまです。それらを一つひとつ認識、クリアするために、日ごろから売れ筋商品などをしっかり把握することが求められています。

●商品の販売動向の予測には、さまざまな要素が影響するため、極めて難しい作業ですが、阻害する要因を理解することが重要です。

●効果的な発注を阻害する要因を理解するとともに、売れ筋商品を把握する方法を理解しておきましょう。

1 効果的な発注を阻害する諸要因

①在庫の未整備

バックヤード内の在庫整理ができておらず、在庫調査に時間がかかったり、**段ボールに何が入っているかわからないといった状態**。

②バックヤードの在庫数量が不明

バックヤードに何がいくつ保管されているかわからず、**商品ごとの在庫数量が不明なことにより、発注数量の決定ができない状態**。発注時に正確な数量を把握したうえで発注できるようにすることが求められます。

③売場の在庫数量が不明

売場において、**決められた商品のスペースに、ほかの商品が混じっていたりする状態**。売場の商品は**棚割表**にもとづき**仕切版**を使って**フェイス管理**を行い、数えやすいように整理することが求められます。

④定番カット商品の処理が行われていない

定番カット商品（新商品の販売や規格が変更されたために店頭から撤去される商品）が決められたスケジュールで処理されていない状態。新商品導入の妨げとなるカット商品が残らないように、カット商品を把握し、在庫数量を調べ、縮小に備えることが求められます。

⑤新規導入商品の陳列が指示どおりに行われていない

一般的に、**新規導入商品の導入時期や陳列場所については、商品部から商品連絡表により通達されます**。それに従い、期間陳列変更を実施し、効力発生時には陳列を完了させておくことが求められます。

⑥棚ラベルがついていない

棚ラベルがついておらず、そのスペースに何が入っていたかわからない状態。

⑦棚レベルの訂正が指示どおりに行われていない

棚ラベルがついていても、**入り数、適正在庫の変更が行われていない状態**。商品部から変更の指示が出た場合、速やかに変更することが求められます。

⑧販売計画が立てられない

売出しによる販売数量予測や販売促進計画が立てられていない状態。過去のデータなどを使って計画できるようにしておくことが求められます。

⑨地域行事や催事を把握していない

地域商圏内の催事情報により催事計画が組み立てられていない状態。地域の催事情報を前もって収集しておき、催事計画を早めに立てておくことが求められます。

⑩商品の販売動向がつかめていない

季節商品の販売動向、これから売る商品、これから売れなくなる商品、定番商品などが把握できていない状態。日ごろから商品の販売動向をしっかり把握しておき、最低限、週間の販売数量が予測できる能力が求められます。

2　売れ筋商品を把握する５つの方法

①目による管理方法

売場の陳列状態を日ごろから注意して観察することで、売れ筋商品を把握します。

②補充量によって知る方法

商品を補充する際、その頻度によって売れ筋商品を把握します。

③販売実績の分析によって知る方法

カテゴリー別の販売実績データを分析することで、売れ筋商品を把握します。

④発注量によって知る方法

発注数量により、売れ筋商品、死に筋商品を把握します。

⑤各種情報によって知る方法

販促カレンダーなどさまざまな情報を活用して売れ筋商品を把握します。

● 商品の販売動向の予測は、さまざまな要素が影響するため非常に難しい作業です。阻害する要因や原因を改善し、売れ筋商品を把握する方法を理解・実行することで、適切な予測ができるようになります。

Theme 8 店舗経営への データ活用の実際

重要度：★★★　小売業では、POSデータなど売場の各種データの活用が求められています。

●在庫過多や欠品を防止するためには、各種データの活用が不可欠です。さまざまな情報があり、それらの特徴や意味を理解することが重要です。

●POSデータから読み取れる情報、推測できる情報、推測できない情報などがあります。データの特性をしっかりと理解しておきましょう。

1 売場におけるデータ活用レベル

日々の運営レベルを高めていくためには、売場の各種データを活用することが求められます。活用するためには、**どのようなデータがあるのかを知り、データを分析する能力を養うことが必要となります**。

次表に、データ活用のレベルの整理した例を示します。

▼データ活用のレベル

レベル1	データ	**売場で発生する事象（量と精度の把握が重要）** 売上高、販売数量、一点単価、客数など⇒POSデータ 例）男子通学用シューズの第1週の売上高・販売数量
レベル2	情報	**あるテーマ（考え）でくくられたデータ群（一般的にデータベース）** 週別男子通学用シューズの売上ベスト30SKU⇒POSデータ A高等学校の入学式の日付⇒地域情報 A高等学校の靴学校指定項目⇒地域情報
レベル3	知識	**情報をまとめて1つのハウツーにしたもの** 例）男子通学用シューズは高校の入学式の約2週間前がピークである。 　　男子通学用シューズは、従来の黒色が定番となっている。 　　よく売れるサイズは、25.5センチや26センチである。

レベル4	知恵	**知識を活用して体内化したもの** 例) 新入学高校生におすすめの25.5センチと26センチで黒を中心に品ぞろえする。 テレビCMで有名な「○○○○○」を拡販するために売場で販促ビデオを放映する。 入学式の日程や靴の高校指定を一覧表にして、売場で表示する。 学校指定の靴を実際にディスプレイし、POP広告を添付して展示販売する。

参照：カリアックテキスト　第2章 第6節 P46 図2-6-1

3
ストアオペレーション

●小売業にはデータの活用が求められています。まずはPOSデータの活用が考えられますが、POSデータですべてがわかるわけではありません。正しいデータ活用のプロセス、レベルを理解したうえで、仮説を立て、現場で具現化することが求められます。

2 POSデータの性格

POSデータとは、売場で発生する事象の結果です。そのデータを活用するには、POSデータの量と精度（売場の仕組みづくりの質）の把握が重要となります。

(例)・1月26日（日）の靴部門の売上高・販売数量　⇒部門
　　　・カテゴリー06（男子運動靴）の第1週売上高・販売数量　⇒カテゴリー
　　　・「○○○○○」26cm（ブラック）の第1週売上高・販売数量　⇒SKU

POSデータの活用範囲を次表に示します。

▼POSデータの活用範囲

売上となった商品	売上となっていない商品	欠品による機会損失	品ぞろえされていないことによる機会損失
POSデータによる把握が可能		POSデータによる推測が可能	POSデータからの把握は不可能

POSデータは、単品（SKU）ごとに販売の事実を正確に記録することができますが、当該店舗において品ぞろえされた商品の売れた分の事象しか把握できず、当該店舗で扱っていない商品が売れている理由や売れない理由を解明することはできません。また、POSデータは当該店舗において、ある単品を対象とし、その時点において販売された過去の販売データです。

したがって、例えば「この商品（単品）はいまが旬だ。だから大量に陳列して、調理法（レシピ）を提案したらより多く売れるはず」といった仮説を立てて、どれだけ売れたかを検証することに役立てるデータといえます。

①売場での確認
例えば次のように、常時売場をチェックし、何が売れているか、なぜ売れているのかを考えて発注を行います。

・商品整理時：「昨日入荷した商品がもう売れている」
・接客時　　：「フード付きの軽量コートが人気となっている」
・レジ時　　：「この色のシャツとこの色のパンツの組合せが多いようだ」

②データでの確認

　販売員に代わってすばやく、正確に販売動向を知ることができ、道具として有効に活用できますが、POSシステムは意思決定をしてくれません。仮説を立て、意思決定するのは、あくまでも販売員自身です。

③売れ筋商品と死に筋商品の扱い方

　売れ筋商品の中には、「これからも売れるもの」と「もうすぐ売れなくなるもの」があります。また、死に筋商品の中には、「これからも売れないもの」と「（売り方を変えることによって）これから売れてくるもの」があります。

　販売員は、売れ筋商品の中で「これからも売れるもの」を優先的に発注し、「これから売れてくるもの」を厳選して発注しなければなりません。

　仮説を立てずに思い込みや勘で補充発注すると、在庫過多もしくは品薄の状態になります。 したがって、売れ筋商品であっても、拡大発注する商品と発注を抑制する商品を見極めることが求められます。一方、死に筋商品は一刻も早く売場から取り除く必要があり、かつ、販売方法を変えたり、プロモーションの方法や販売場所を変えたりし、それでも売れない場合は、値下（見切り処分）などを行い、売り切る努力をすることが求められます。

3　売れる理由をデータで推察

　売れた、売れていない、という事実を知るのに、カテゴリー別の販売データの活用は不可欠です。例として、「学校の体操着」の売れる時期を推察してみます。
　体操着の販売データを次図に示します。

カテゴリー（体操着）週別販売数量推移表

		第1週	第2週	第3週	第4週	第5週	第6週	第7週	第8週	第9週	第10週	第11週
体操着	昨年	59	61	57	113	204	162	309	151	67	57	39
	今年	94	90									

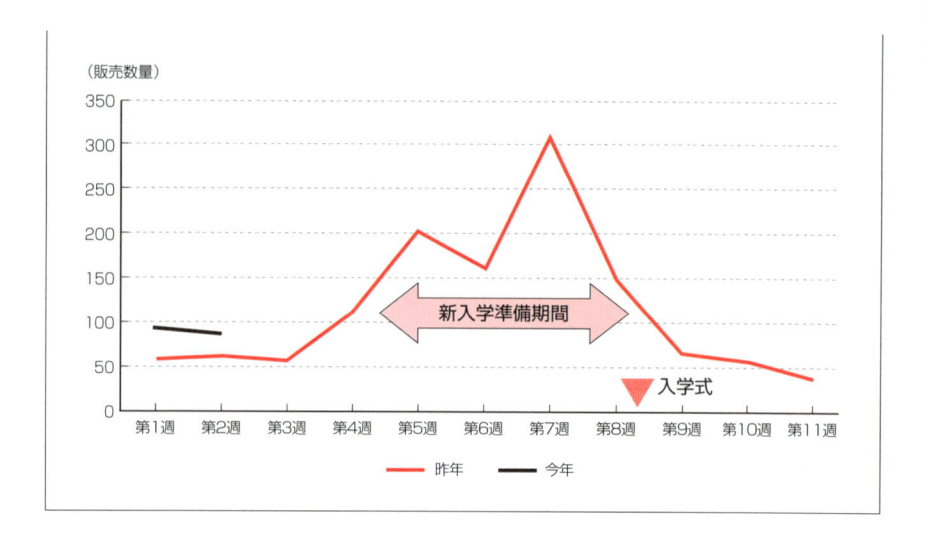

　販売数量は、第5週くらいから伸び始めて第7週がピークとなり、その後は販売数量が急速に減少しています。第7週2月中旬は、小学校の入学式がある第8週の直前期であることから、第7週によく売れる理由は、新入学で新しいウェアを買いそろえる時期だからであると考えられます。新入学生の需要が大きなポイントであり、このような理由の考察は、**顧客のライフスタイルから読み取れます**。

4　仮説を売場で具現化

①カテゴリー別・週別販売数量推移表（年間）

　「**売れ始めてから売れなくなるまで**」**の期間を確実に把握しておくことが重要です**。昨年の52週と直近5週間のカテゴリー別売上高・販売数量を把握し、次のような事項を把握することが求められます。

1) 第何週から売れ始めるのか
2) 第何週に売上高の伸び率が最も高いのか
3) 第何週がピークなのか
4) 第何週で衰退するのか
5) その期間中にどれくらいの実需があったのか

　前項の体操着の例でいえば、新入学需要の商品であり、ヤリ型のライフサイクルを描いています。

②昨年の週報情報

　同様に体操着の例では、第5週くらいから伸び始めて第7週がピークです。

③地域情報と顧客の要望事項

　近隣小学校の入学式日程、新入学児童数などの情報を取りまとめます。

④商品部情報

　本年度の取組み方針、重点販売商品、売込み商品リストなどを整理します。

⑤マーケティング本部情報

　次月度における月別・週別の販売方法、生活カレンダーとリンクさせた生活シーンとニーズを明記する、といった販売戦略のフレームワークを確認します。

⑥販売達成計画書

　売場の主任クラスが、上記①〜⑤を組み合わせ、重点カテゴリー、重点売場のフロアレイアウトなどを明確にした販売達成計画書を作成します。

5　データ活用のための資料一覧

　データを活用するための資料には、次表のようなものがあります。

▼データ活用のための資料一覧

#	名称	対象商品	内容・利用方法
①	カテゴリー別・週別販売数量推移表（年間）	ファッション商品	1.カテゴリー別に販売動向を把握し、販売計画を立案する。
		ステープル商品	2.カテゴリーの販売動向を把握し、売場ごとの拡縮計画を立案する。
		生鮮食料品	3.重点カテゴリーの販売計画・在庫計画を作成する。

（次ページに続く）

#	名称	対象商品	内容・利用方法
②	カテゴリー別 他店舗比較 売上ベスト50	ファッション 商品	1.自店でのカテゴリー別売れ筋商品の把握と同時に、他店舗の販売動向を確認する。 2.他店舗では売れ筋商品であるのに、自店では欠落している商品を確認する。 3.自店での状況をチェックし、販売方法・販売スペース・在庫数量の変更を実施する。
③	カテゴリー別 ライフサイクル 分析リスト	ファッション 商品	1.カテゴリー別に売上高のピーク週や在庫のピーク週を把握する。 2.発注や売場の拡縮計画に活用する。 3.成長カテゴリーでの売上高と在庫バランスから、在庫の拡大を検討する。
④	週別 カテゴリー トレンド	ファッション 商品	1.昨年度の実績、前月度の実績、今月度の計画から事前に週別の計画数値を入力する。 2.計画と実績の差異を把握し、原因の解明と改善案の検討をする。 3.発注ミーティングで今後のカテゴリー動向を検討し、成長カテゴリーの追加拡大、不振カテゴリーの縮小を指示、実施する。
⑤	不要不振在庫 商品一覧	ファッション 商品	1.毎週火曜日などに出力し、カテゴリー単位で不振商品のチェックを実施する。 2.スポット商品については、店舗で処分を決定する（入荷8週間で売り切る）。
⑥	衣料発注支援 リスト	ファッション 商品	1.売れ筋商品の確実な発注ができ、販売機会損失が削減できる。 2.発注に必要な単品（SKU）に絞り込まれて出力され、売れないSKUの発注を防ぐ。 3.契約数切れが発生している商品を、タイムリーに把握する。
⑦	SKU別他店舗 比較売上 ベスト50	ステープル 商品	1.自店でのカテゴリー別売れ筋商品の把握と同時に、他店舗の販売動向を確認する。 2.他店舗では売れ筋商品であるのに、自店では欠落している商品を確認する。 3.自店での状況をチェックし、販売方法・販売スペース・在庫数量の変更を実施する。
⑧	発注勧告書	ステープル 商品	1.発注モレの防止、発注単位以上売れたら発注勧告書に出力される。 2.過剰在庫の防止、商品回転率の改善。 3.発注作業の標準化。
⑨	発注支援 システム書	ステープル 商品	1.売れ筋商品が把握でき、確実に補充発注できる。 2.発注時に、過去3週の販売数量を確認して、発注作業をする。 3.発注作業の運用方法を統一化、標準化する。

（次ページに続く）

#	名称	対象商品	内容・利用方法
⑩	欠品報告レポート	ステープル商品	1. ゴンドラにある在庫ゼロ商品の原因を追究して対策を立案し、再発を防止する。 2. 発注勧告での発注の前作業として、欠品しそうな商品を事前に調査し、勧告書に強制的に掲載させて発注モレを防止する。
⑪	死に筋チェックリスト	ステープル商品	1. カテゴリー別に設定された、例えば30・60・90日末売上などの基準に従って、見切り処分をすることで、有効在庫比率の向上、商品回転率の改善を目指す。 2. 在庫なし商品の在庫「0」報告により、在庫データの精度向上を図る。 3. 在庫のない商品をPOSマスターから削除して、マスター整備をする。
⑫	単品情報検索リスト	ステープル商品	1. 単品別・クラス別に週間売上や月間売上の条件設定ができる。例えば、週間3個以上の販売実績があるすべての単品を出力する。 2. 目的に応じた商品情報を出力し、売場や商品の改善に利用する。
⑬	単品別時間帯別販売履歴	ペリシャブル商品（生鮮食料品）	1. 時間帯別、特に夕刻に売れている商品の確認をする。 2. 夕刻強化商品の販売数量を把握する。 3. 時間帯別製造計画の変更とレイアウト変更を実施する。
⑭	生鮮単品売価変更（週報）	ペリシャブル商品（生鮮食料品）	1. 売価変更ワーストアイテムの発注計画をウィークリーの作業として実施する。 2. 週報の曜日別過去2週間の売上数とコーザル要因（天気・気温・催事・競争店状況など）を検討して発注数を決定する。その際、平均販売単価や値下・廃棄数値を考え合わせて決定する。

参照：カリアックテキスト　第2章 第6節 P41「データ活用のための資料一覧」

3

ストアオペレーション

LSPの概念と運用ポイント

重要度：★★★

LSPは、データにもとづいた効率的な人員配置と作業の標準化により、人件費を増加させずに売上高や利益、顧客サービスを向上させる概念です。

●従来型の作業割当とLSPによる作業割当の違いについて理解することが重要です。

●LSPは、ほぼ毎回出題される重要なテーマです。概念から具体的な活用方法までをしっかりと理解しておきましょう。

1 　LSP導入の背景

①流通業界の厳しい経営環境

　バブル経済崩壊以降、流通業界を取り巻く経営環境は大変厳しく、売上高の拡大が望めなくなった小売業の多くは、目標利益の確保に向けてコストパフォーマンス、商品回転率、売上総利益 (粗利益)、人時生産性などの効率という指標に注目しています。

　一般的に、**効率と効果は相反する関係**にあり、効果を追求すると効率は低下し、効率を追求すると効果は低下する傾向にあります。例えば、人件費を削減しようとすればサービスレベルが低下し、サービスレベルを向上させようとすれば人件費が増大するという現象に陥りがちです。

　そこで、**効率を低下させることなく効果を高める方法論としてLSP** (**Labor Scheduling Program**) **が生み出されました。LSPは、データにもとづいた効率的な人員配置と作業の標準化により、人件費を増加させずに利益確保や顧客サービスの向上を実現するという理論**です。

②人件費低減への対応

一般的に、**売上高対人件費比率は小売業全体平均で約20％**、**販売費及び一般管理費に占める人件費の割合は60％近く**といわれています。このようにコストの中心は人件費であり、人件費の高騰という問題は労働集約型産業としての小売業の経営管理上、極めて重要な課題となっています。

人件費低減対応策の1つに、パートタイマー・アルバイト比率の向上があります。しかしこれは、人件費低減にはつながる半面、正社員の長時間労働や残業の増大、それに伴うサービスレベルやオペレーションレベルの低下という問題を引き起こす要因につながります。そのため、パートタイマー・アルバイト比率を高めても業務レベル、サービスレベルを低下させない合理的、かつ、高度なオペレーション体制の確立がチェーンストアには求められています。しかし、多くの小売業の実態としては、最も改善の余地が残されている作業計画や人時計画の領域に関して、相変わらず現場担当者の勘と経験に依存した形で行われています。

2 LSPの概念

①LSPの基本概念

LSPは、人件費を増加させずに売上高や利益、そして顧客サービスを向上させることを、データにもとづいた効率的な人員配置と作業の標準化により実現しようとする概念です。

従来の作業割当は、従業員に対して作業を割り当てますが、**LSPでは店舗における1日の時間帯別必要作業（ルーティーンワーク）を確定させたうえで、その作業に従業員を割り当てていくことで、作業および人時の無駄を省き、効率的な計画が可能になるというものです。**

②最適投入人時の明確化

LSPを実行するには、**店舗、部門、時間帯別などに従業員の最適な投入人時を設定し、それぞれに最適な人員数を算出します**。例えば、一般的にチェーンストアでは、土曜日と日曜日の売上高のピークは15時前後にあり、平日の売上高のピークは閉店間際の19時30分前後です。この場合、パートタイマー・アルバイトの稼働を土日の売上高の波（15時前後に出勤人数を最大にする）に合わせています。そして、平日の勤務体制を、土日×約70％の人数で調整していたとすると、平日の時間帯別投入人時は15時台をピークとする勤務体制となります。

その結果、1日全体としては人数が足りているにもかかわらず、平日の閉店間際の売上高のピーク時に人員が不足するといった事態を引き起こし、販売機会損失やサービスレベル低下の危険性を高めることになります。

　そこで、LSPを導入により、時間帯別の過不足人時を数値的に把握したうえで、次の対応をとることが可能となります。1人時の余剰が出ている時間帯のパートタイマー・アルバイトを、不足している時間帯にシフトさせます。特に、アルバイトの採用計画の際には、人時が不足している時間帯を中心に採用します。また、2人時が不足している時間帯の作業を見直し、人時の余剰が出ている時間帯に移動できる作業があれば、作業の実施時間帯を変更します。

　これらの対応は、ストアオペレーションにおいて常識的な対応ではありますが、必要人時が数値的に把握できなければ、これらを適切に行うことは困難です。

③LSP導入の目的と運用のポイント

　LSPは、どのような目的で導入するかによってその効果は異なりますが、最低限、次の対応が必要となります。

1) **本部と店舗の役割機能の明確化と再分担**
2) **店舗運営業務の標準化と人時の数値化**

　これらを基本として、最終目的を「適材適所・最適配置」と「人時コントロール」の2点に置きます。

1) **適材適所・最適配置**
　具体的に各部門内において実現させるための仕事の手順とそれに必要な人員体制を策定する。

2) **人時コントロール**
　店舗、部門ごとの総労働時間を「売上高」基準から「人時」基準でコントロールする仕組みに変革する。

　また、**LSP の実施においては**「**仮説⇒実行⇒検証⇒改善**」**を繰り返し行うことが重要です**。本部で策定した作業手順や必要人時は、あくまでも仮説にもとづくものであり、店舗の状況によって頻繁に変える必要があります。仮説は、検証するために設定するものであり、「仮説⇒実行⇒検証⇒改善」の繰り返しの過程でオペレーションの質を継続的に向上させていくことが重要です。

　そして、**LSP 運用のポイントは、必要人時、契約人時、計画人時、実績人時という 4 つの人時を正確に把握し、必要人時と契約人時を近づける活動、契約人時と計画人時を合わせる活動、そして計画人時と実績人時を一致させる活動に分けて実施することが求められます。**

LSPの実施サイクルと運用ポイント

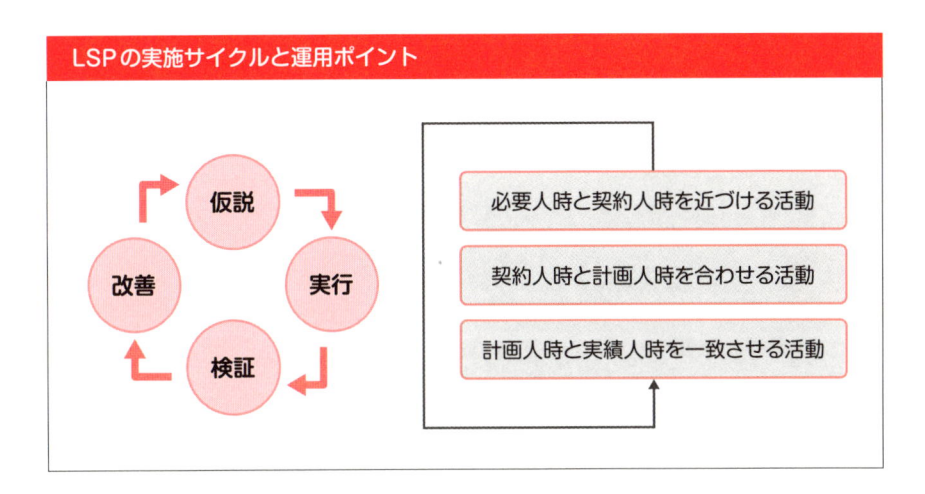

10 LSPの導入手順

LSP導入で特に重要となるのは、導入目的の設定と作業情報分析です。

重要度：★★★

 ●必要な人時は、基本的に固定作業と変動作業の合計で算出しますが、実際の必要人時には随時作業も加算する必要があります。考慮すべき項目についても理解しておきましょう。

 ●LSPは頻出の問題です。具体的な手順やその効果について、しっかりと理解しておきましょう。

1 LSP導入手順

①LSP導入手順

LSPを導入するためのステップは次のとおりです。

1）導入目的の設定
2）現状分析（作業情報分析／人員情報収集／マスター登録／仮検証）
3）現場への導入説明と実地指導
4）試行運用
5）評価

　LSP導入のステップで特に重要となるのは、導入目的の設定と作業情報分析になります。 LSPの実施における情報分析では、さまざまなデータにもとづくシミュレーションが必要であり、そのため一般的にはコンピュータシステムの利用が不可欠となります。

②作業標準化の手順

　LSPの導入前から、店舗で行うべき各作業が店舗運営基準書（マニュアル）の形で整備されている小売業では、店舗作業の標準化のステップは大きなの負荷にはなりません。一方、店舗作業が標準化されていない場合、その手順を誤ると大変な労力が必要となります。一般的に作業標準化のステップは次図のとおりです。

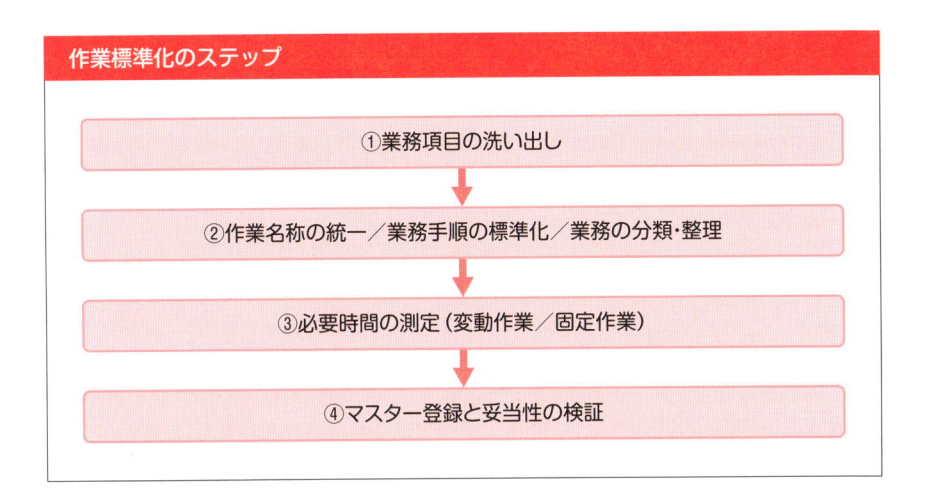

作業標準化のステップ

- ①業務項目の洗い出し
- ②作業名称の統一／業務手順の標準化／業務の分類・整理
- ③必要時間の測定（変動作業／固定作業）
- ④マスター登録と妥当性の検証

1) 業務項目の洗い出し

- ・店舗で実施している業務を作業指示可能な範囲で抽出する。
- ・業務を作業レベルに分解する。
- ・必要に応じて作業を動作レベルまで詳細化する。

2) 作業名称の統一／業務手順の標準化／業務の分類・整理

- ・店舗や従業員により呼称が異なる作業があれば、作業名称を統一する。
- ・作業名称が同じでも、店舗や従業員によって作業範囲や手順が異なる作業があれば、作業内容を統一する。

3) 必要時間の測定（変動作業／固定作業）

- ・作業を、売上高や客数などに応じて作業量が変動する変動作業と、売上高や客数などの変動要素とは無関係に定量的に発生する固定作業に分類する。
- ・変動作業は、変動要素単位当たりの作業時間を測定する。
- ・固定作業は、1日の合計作業時間を測定する。

・具体的に必要労働時間を算出する際は、人時を用いて、それぞれの作業の基準時間（RE値）を設定する。

4) マスター登録と妥当性の検証
・標準化した作業をコンピュータのマスターファイルに登録し、算出された必要人時の妥当性を検証する。
・あまりにも現実との乖離が大きい場合、その原因を作業レベルで検証する。妥当性の検証は、LSPの運用開始後も定期的に行う（追跡調査）必要がある。
・ケースによっては、基準時間（RE値）の見直しを行う。

③ 必要人時の算出イメージ

営業活動は、小売業にとって店舗従業員が行う販売に直結した業務（作業）であり、それぞれの業務（作業）を行うために必要な時間を明確化することにより、適切な人時（人件費）を決定することが求められます。

必要な人時は、基本的に固定作業と変動作業の合計で算出しますが、実際の必要人時には研修や勉強会などの随時作業も加算する必要があります。また、計算される必要人時には、売上高予算や客数の予測だけではなく、特定周期で発生する固定作業や突発的な随時作業も考慮しなければなりません。

そのため、仮に売上高予算が同じでも、曜日や月末・月初の違い、発生するイベントなどにより、必要人時は異なる数値が計算されることになります。

LSPの実施にあたっては、この必要人時に対して、社員、パートタイマー・アルバイトの契約条件や職務規程などを考慮しつつ、最適な人員を配置していくことが求められます。

④ LSPシステム導入の効果

LSPシステムの導入によりもたらされる効果としては、以下のようなことがあげられます。

1) 売上高や客数に応じた売場の最適な勤務体制の確立
必要人時と投入人時を比較することで、無駄な投入実態を把握し、売上高や客数、そして業務量に応じた体制を確立することができる。

2) **勤務計画担当者の負担軽減**

　店長や部門長など勤務計画担当者が行っている月間勤務計画や日次作業割当表、作業指示書などを自動作成するため、担当者の負担が軽減できる。

3) **最適な勤務計画の策定**

　衣料品や生鮮食料品など、部門ごとの目標売上高や客数予想を入力することにより、時間帯ごとに必要な要員を算出・配置できるなど、最適な勤務体制の策定が容易になる。

4) **店舗作業の標準化の実現**

　店舗で実施されるべき作業の量と質が明確化されるため、店舗や担当者のサービスの差を縮めることができる。

5) **個人別作業能力の把握**

　「誰が、どんな作業を行えるのか」がきちんと整理され、パートタイマー・アルバイトの有効活用や教育計画が立案できる。

6) **人時生産性の向上および総労働時間の短縮**

　最終的な導入効果として、人時生産性の向上、総労働時間の短縮、人件費の削減を図ることができる。

●LSP実施にあたっての各プロセスにおけるポイントを理解しておきましょう。

1 LSPの戦略的展開

　業務と業務量を明確に把握し、過不足なく従業員を割り当てるためのステップは、次図のようになります。

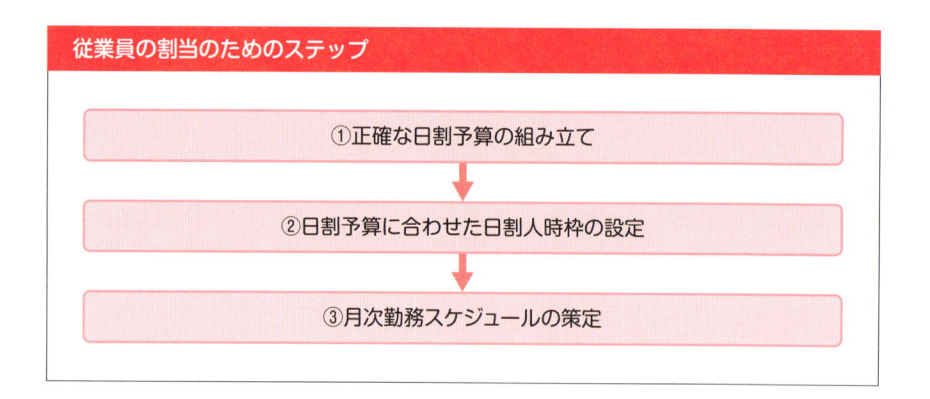

従業員の割当のためのステップ

①正確な日割予算の組み立て

↓

②日割予算に合わせた日割人時枠の設定

↓

③月次勤務スケジュールの策定

①正確な日割予算の組み立て

　前年実績や販促計画、季節の催事、さらに天候や競争店の動向などを考慮して、各部門の責任者が正確な日々の売上高を予測し、月間の日割予算を組み立てます。**ポイントは、売上高予算が想定される実績と乖離した数値にならないことであり、部門責任者の売上予測の精度がLSPの成果を左右するといえます。**

②日割予算に合わせた日割人時枠の設定

日割予算額を人時売上高予算で割って、日割の人時枠を計算します。**ポイントは、日割の予算に応じて過不足なく、投入人時を科学的に設定することです**。

③月次勤務スケジュールの策定

各部門の責任者がパートタイマー・アルバイトと調整を行い、月次の勤務スケジュールを戦略的に策定します。例えば、土日の重点曜日には従業員数を多く、平日の閑散日には少なく配置するようにします。繁忙日の売上予測と実績の差異は大きく、その原因は人時投入量の過不足によるものが大きく、逆に、閑散日の売上予測と実績の差異は小さく、人時投入量の影響は少ないという傾向があります。

ポイントは、繁忙日には最大限に人時を投入して売上高の幅の上限をねらい販売機会ロスをなくす、「月次勤務スケジュールの策定」が重要となります。

2　日々のオペレーション実行計画の立案に関する検討

日々のオペレーションにおいての実行計画を立案する際、次のような発注事項に関して、その対象アイテムを明らかにするとともに、その数量を適正に決定するための検討が必要となります。

1) 日々のPOSデータからの売れ筋商品と死に筋商品の把握
2) 発注点の把握（売上高、在庫数量、入り数、発注サイクルの検討など）
3) 週間販売計画の具体的な落とし込み

また、このほかにもバックヤード業務の生産性を向上させるために、次のようなLSPに関する諸分析を行う必要があります。

4) 作業別の工程、工数の分析
5) 時間帯別、曜日別の販売数量の把握と作業スケジュールのマッチング

これら諸活動の実施において、商品の販売動向に合わせて、単品管理と作業割当の精度をいかに高めるかが重要となります。

●LSPの展開においては、人に仕事を割り振るのではなく、予定した仕事に最適の人員を配置するという考え方を徹底することが重要となります。また、作業の無駄を徹底的に排除することを心がけるよう求められます。

LSP実施上の留意点

LSP実施にあたっては留意すべき点が複数あります。

重要度：★★☆

 ● LSPを実施するには、労働生産性の把握、作業発生量の予測、コーザルデータの把握など留意すべき点があるので、それらを理解することが重要です。

 ● 大きな品群単位のカテゴリーの中に各業務LSPがあり、それぞれの業務についてLSPがあるということをしっかりと理解しておきましょう。

1 作業の分類

　スーパーマーケットなどで取り扱われるグローサリーという品群単位のカテゴリーを例に分類すると、以下のようになります。

①グローサリー業務LSP

　発注、荷受、仕分け、（値付）、定番陳列、エンド陳列、前出し、清掃、事務などに大まかに分類し、次にそれらの作業を、売場主任、正社員、パート・アルバイトなど担当者レベルによって分類します。

　また、商品の包装形態によって効率に著しく差が出る作業に関しても、分類すべきです。例えば荷受には、配送センターからの商品と、メーカーから直接送られてくるDSD（直送）商品があったり、担当者の違いや曜日の違い、時間帯の違いで区別できる分類も必要となります。一方で、陳列作業のように作業効率の違いによって、営業時間中と閉店後に分類される作業もあります。

②レジ業務LSP

　レジ担当者がレジ以外のグローサリーに関係する業務も行っている場合、グローサリー業務LSPに準じる部分があり、レジ作業だけを行っているのであれば、レジ作業の予測に何を用いるかによって分類します。

　販売数量と客数をレジ作業に影響を与える要因とみなすならば、"商品登録"と"接客(挨拶)と金銭授受"を分ける必要があります。

③生鮮食料品業務LSP

　作業の標準化と密接に関係するため、インストア加工については、作業量の発生の予測精度にかかわらず、細かく分類されます。

2　労働生産性の把握

　レジ業務における労働生産性を把握するためには、ストップウォッチによる計測や動画撮影との併用、それに類する作業分析なども必要になります。

　レジ業務は、開設台数に比べて客数が少ないとゆっくりと打たれ、客数が多ければ速まる傾向にあり、レジ担当者の操作技術の個人差も大きく影響します。労働生産性を測定しながら、どれくらいの速さで商品登録を行い、顧客と接するべきかを検討していくことが求められます。

3　作業発生量の予測

　変動作業に影響を与える主な要因には、入荷量、客数、販売数量の変化があります。客数や販売数量の予測は、レジ業務LSPや生鮮食料品業務LSPにおける作業量の予測に影響し、レジ業務LSPは時間帯ごとの店舗全体の客数もしくは販売数量によって、必要作業時間が変動します。客数により変動する接客と金銭授受の時間は、販売数量によって変動する商品登録の時間に比べて比較的長く、予測の簡単化のために客数と販売数量のどちらかを選ぶとすれば、一般的には客数にもとづいて予測されます。

4　コーザルデータの把握

　コーザルデータ(Causal Data)とは、売上高または販売数量に影響を与える要因となる各種データのことを意味し、天候、気温、地域行事などがあります。

　その小売店にとって重要となる、天候、気温などのコーザルデータを選択し、入力します。それらデータを客数や販売数量のデータと結び付けてコンピュータに登録することにより、売上予測が可能となります。

5 その他の留意点

①作業を常に用意しておく

　売場における労働生産性（販売効率）は、次の作業まで余裕がありすぎたり、次に行うべき作業が明確化していなかったりする場合に低下していきます。作業時間に余裕ができそうな場合、次の作業割当に移ってよいのか、別の作業を行うべきなのかがわかるようにしておくことが求められます。

②作業の改善につなげる

　作業割当を計画する担当者は、従来と同じような作業割当の維持を考える傾向にありますが、作業が集中して忙しすぎる時間などの問題点を探して、その改善を図っていくようにすることが求められます。

● 生産性の把握には、作業担当者の個人の能力差や、客数の多寡などが大きく影響します。ストップウォッチや動画撮影などを併用した作業分析により、労働生産性を測定しながら検討する必要があります。

13 店舗従業員の生産性向上

重要度：★★★ チェーンストアの店長には、販売費及び一般管理費（販売管理費、販管費）を低減しつつ、顧客サービスの質的向上を図ることが求められています。

●労働生産性が改善される仕組みには、機械的技術システムと人間組織（社会）システムがあります。それぞれの特徴を理解することが重要です。

●生産性向上は重要なテーマです。その導出方法や式などをしっかりと理解しておきましょう。

1 パートタイマー比率の向上と人時生産性

　近年、チェーンストア業界では**パートタイマーの就業比率を一段と高めています。**その背景には、外資小売業の日本市場への進出に伴う競争激化への対処など、低価格政策を見据えた経費（販売費及び一般管理費）の削減が強化されたことなどがあります。このようなパートタイマーの戦力化については、さまざまな小売業界にも波及しています。

①効率と効果のバランス維持

　チェーンストアの店長には、販売費及び一般管理費（販売管理費、販管費）を低減しつつ、顧客サービスの質的向上を図るという目標を達成するため、従業員の生産性向上の実現が求められます。

　労働生産性は、「従業員の労働の成果」の指標としての効率を示すもので、従業員1人当たり、あるいは1時間当たりの労働の成果として計測するのが一般的です。「従業員の労働の成果」は従業員の協働の結果として稼ぎ出した付加価値とされ、通常、売上総利益（粗利益）を用い、数式としては次のとおりです。

人時生産性 ＝ 売上総利益 ÷ 総労働時間（指標として平均月間数値を用いる）

　売上高に変化がなく、棚卸減耗なども増加しない状態で総労働時間（総人時）を減らせば、短期的には人時生産性は高まります。しかし、**単純に総労働時間（総人時）を削減すると、長期的には売上高や売上総利益が低下し、人時生産性は同じか、もしくは下がる傾向にあります**。また、人件費を削減するため人時数を変えずにコストを下げると、一般的に業務や作業の質が低下し、期待した売上高および売上総利益を得ることができなくなる傾向にあります。

②技術革新による人時生産性の向上

　店舗における労働生産性の関係を無視し、本部の計画部門がパートタイマー比率、人件費の削減額、人時生産性を数値目標として設定すると、手作業の機械化と技術システムの高度な改革を行わない限り、店舗運営は困難となります。

　チェーンストアにおける技術革新は、例えば、荷受から商品補充（品出し）まで、フォークリフトで運べる什器、コンテナをはめ込む青果の陳列什器、電子棚札、自動発注システム、自動精算システム、電子売場・棚案内表示など、顧客サービスの質を落とさずに人時数を削減するシステムがあり、こうした技術の導入によって、店舗の労働生産性が改善されることになります。

2　労働生産性の向上の方法と店長の役割

①労働生産性を改善する２つのシステム

1）機械的技術システムと人間組織システム

　日本のチェーンストアでは、人時生産性の数値を店長の目標とすることが一般的ですが、アメリカのスーパーマーケット業界の多くでは、人時数の調整を店長の役割としながらも、人時生産性の数値そのものを目標として課してはいません。その背景には、従業員の動機づけや労働の成果の評価システムとその評価を積み上げての昇格システム（人事・労務管理）が合理的に構築されていることがあります。ここでいう合理的とは、従業員の働く目的と組織業務の目的とに整合性があるという意味です。

労働生産性が改善される仕組みは、大きく2つに大別されます。1つは機械的技術システム、もう1つは人事・労務管理領域における動機づけシステムに代表される人間組織（社会）システムです。この2つのシステムがバランスよく統合されているチェーンストアでは、労働生産性の改善が図られ、総じて業績がよいという研究結果が英国の研究機関にあります。組織研究分野では、「**社会技術システム（Sociotechnical Systems）の原則**」といわれ、ヒューマンリソース・マネジメントの基礎的考え方になっています。

2）レイバースケジューリングの基本的考え方

　店長が店舗運営に臨むにあたり、労働生産性を念頭に置く目的は、レイバースケジューリングの枠組みの中で人時配置を適正化することにあります。レイバースケジューリングの枠組みとは、1日24時間で1週間の業務や作業に従業員を配置することです。

　例えば、コンテナ台車やフォークリフトによる商品補充は、営業時間外か深夜の閑散時間帯に行うのが合理的といえます。配送時間を考えれば、騒音に注意を払いつつ深夜の配送が合理的な場合もあります。また、ペリシャブル商品（生鮮食料品）は、市場などの拠点からの配送時間と荷受、店内加工、商品補充、買上時間帯などに応じた業務作業時間を設定することになります。

　このように、店舗での業務や作業を、分刻みの24時間をベースとして、1週間を単位にシステムとして設定し、その業務や作業に対して最適な従業員を配置するということが、レイバースケジューリングの基本的考え方です。

②人時配置上の留意点

1）マネジャーの部下に対する監督・指導時間の配慮

　マネジャーは、自分の業務や作業を行う傍ら、部下を監督・指導する立場にあり、自分の業務や作業に追われ、部下の監督・指導がおろそかになることも少なくありません。また、急な病欠などが部下に発生した場合、部下に代わってその仕事を負担しなければならないこともあり、長時間労働や残業を余儀なくされる傾向にあります。店長は、人時配置を行う際、このような事態にも配慮しなければなりません。

2）従業員の持ち場決めと4S作業時間の配慮

　日々の売場、フロントエンド、後方の整理・整頓・清掃・清潔（4S作業）は、各売場を担当する従業員の仕事であり、店長は、そのための持ち場決めと4S作業時間について配慮することが求められます。

3) 時間帯別の店舗の責任者決め

　店舗の稼働が長時間または終日に及ぶ場合、店長は、時間帯別に店舗の責任者を決めておく必要があります。一般的には、店長、副店長、ナイトマネジャーなどが分担しますが、空白がないように決めておくこと、責任者間の連絡方法などを決めておく必要があります。

③従業員満足の向上

　店長には、従業員の教育・訓練および従業員満足の向上が求められます。店長による従業員満足は、次の要件によって生み出されます。

1) 顧客サービス技術の教育・訓練
2) 従業員の選抜と育成
3) 従業員の評価と認知
4) 職場の整備

　また、教育・訓練は、厳正さと配慮に満ちたもので、かつ、育成や評価は公正でなければなりません。

人的管理（マンアワーコントロール）の実務

人時生産性を向上させるには、売上総利益を上げる方法と総人時を
削減する方法があります。

●人時管理の推進ステップならびに各ステップでの指標や管理、計画項目を
理解することが重要です。

●マンアワーコントロールは頻出問題です。推進にあたってのステップや計画作
成基準をしっかりと理解しておきましょう。

1 人件費と人時管理

人時管理とは、「**人時**」という単位を用いて従業員の生産性（販売効率）をコントロールすることであり、**人時生産性を管理することではなく、人時生産性を向上させるために、どのように作業プロセスを変えるかに注目することです。**

人時生産性を向上させるには、**売上総利益を上げる方法と、総人時を削減する方法があります**。

1人の従業員が1時間でこなすことができる作業量のことを1人時（**マンアワー、MH**）といいます。例えば、バックヤードから売場への商品補充（品出し）作業を5人で2時間行うと、作業量は10人時となります。また、従業員のすべての労働時間を合計したものが総人時といい、売上総利益を総人時（総労働時間）で割ったものを「**人時生産性**」といって、1人時当たりいくらの売上総利益を稼いだかを表します。

小売業にとって人件費は常に最大の費用であり、人件費をいかにコントロールするかが店舗運営上の生命線となります。人件費には、給与や賞与、福利厚生費、教育費などが含まれますが、勘定科目による人件費のコントロールには限界があり、人時管理で人件費をコントロールすることが求められます。

「人件費 ＝ 総人時 × 1人時単価」と考えると、**人件費を削減する方法は、総人時を削減するか1人時単価を下げるかのどちらかしかありません。総人時を削減するためには業務プロセスの変革が必要であり、1人時単価を下げるためには、要員構造を変革することが必要となります**。

2 人時管理の目的

人時管理の目的として、以下の3点をあげることができます。

① **必要な作業と要員の一致**

時間帯別に必要となる作業を細分化し、それぞれの作業に適切な従業員を割り当てます。

② **作業基準の維持と向上**

1日の店舗運営に必要な作業の種類を明確にし、それぞれの作業を何人時で行うかは、1人時でどれだけの作業がこなせるかを表す「作業基準」にかかってきます。作業基準をもとに適切な従業員を配置し、計画どおりに作業が進んでいるかを作業基準でチェックします。また、総人時を削減するためには、作業の方法を変えるなどして作業基準のレベルを継続して高めることが重要です。

③ **オペレーションシステムの構築**

自社店舗数の増加に伴い、従業員や商品の在庫数量なども増えるため、店舗運営政策の意思疎通が難しくなります。そのため、チェーンストアとしてのより強固なオペレーションシステムの構築が欠かせません。

すなわち、**時間帯別に違う作業量と従業員を合致させ、効率的かつ効果的なオペレーションシステムを構築することが、人時管理を行ううえでの前提となります**。

3 人時管理のために必要な技術

人時管理を効率的、かつ、効果的に行うためには、次のような作業技術が必要となります。

1) 作業基準を決めたり、作業の問題点を発見したりするための分析技術
2) 作業基準を実施するためのスケジューリング技術

3) 改善策を検討し、改善を進める技術

4) 上記を支える情報技術

　これらの作業技術から得られる「作業基準」や「人時計画書」を「人時管理基準書」として体系化し、毎年、更新することが必要です。

4　人時管理の推進ステップ

　人時管理を効率的、かつ、効果的に推進していくためには、次図のようなステップを踏むことが望まれます。

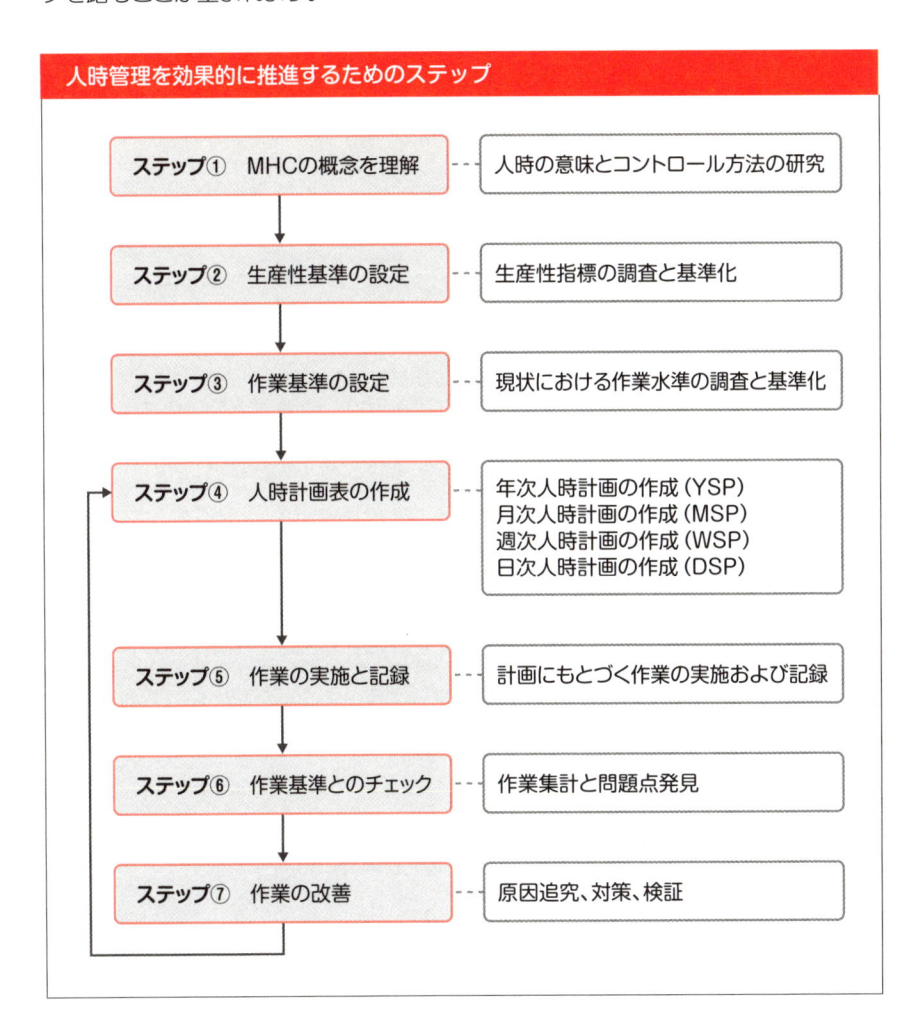

人時管理を効果的に推進するためのステップ

ステップ① MHCの概念を理解	人時の意味とコントロール方法の研究
ステップ② 生産性基準の設定	生産性指標の調査と基準化
ステップ③ 作業基準の設定	現状における作業水準の調査と基準化
ステップ④ 人時計画表の作成	年次人時計画の作成（YSP） 月次人時計画の作成（MSP） 週次人時計画の作成（WSP） 日次人時計画の作成（DSP）
ステップ⑤ 作業の実施と記録	計画にもとづく作業の実施および記録
ステップ⑥ 作業基準とのチェック	作業集計と問題点発見
ステップ⑦ 作業の改善	原因追究、対策、検証

① **ステップ1**：人時の意味とコントロール方法など、人時管理の概念を理解する。

② **ステップ2**：人時管理に必要な生産性の基準を実態調査などによって決める。生産性を表す代表的な指標には、次の4つがある。

  1) **人件費率 ＝ 人件費 ÷ 売上高（売上高に占める人件費の割合）**

  2) **労働分配率 ＝ 人件費 ÷ 売上総利益（売上総利益に占める人件費の割合）**

  3) **人時売上高 ＝ 売上高 ÷ 総人時（従業員1人の1時間当たりの売上高）**

  4) **人時生産性 ＝売上総利益 ÷ 総人時（従業員1人の1時間当たりの売上総利益）**

③ **ステップ3**：現状における作業水準の調査などを行うことによって、作業遂行のための基準を決める。

④ **ステップ4**：生産性基準、作業基準にもとづき「人時計画表」を作成する。人時計画は、年次、月次、週次、日次と細分化する。人時計画表を作成する場合の注意点は次のとおりである。

  1) 年次計画から日次計画まで、連続性を持った計画とする。

  2) 売上高予算や生産性の基準値などが人時計画と矛盾しないようにする。

  3) 常に計画と現状とを対比させながらチェックを行う。

  人時計画表の作成基準は、次ページの図のとおりです。

⑤ **ステップ5**：作業計画表にもとづき作業を行い、その実績を記録する。作業計画と違った作業を行った場合、計画表を修正してシステムに入力することで実績を記録する。

⑥ **ステップ6**：作業基準とのチェックを行う。記録した作業実績を集計して算出された作業の生産性が作業基準と一致しているかどうかチェックする。そして、一致していない時間帯、曜日、月日を洗い出し、作業上の問題点を明確にする。

⑦ **ステップ7**：作業の改善を行う。問題点の原因を追究し、具体的な改善に結び付ける。改善の方法としては、配置計画の見直し、作業手順の変更、機械化、物流システムの改善などが考えられる。作業の改善の結果、生産性に変化が表れているはずであり、それを検証する。

これら7つのステップを店舗単位で推進していくことが望まれます。

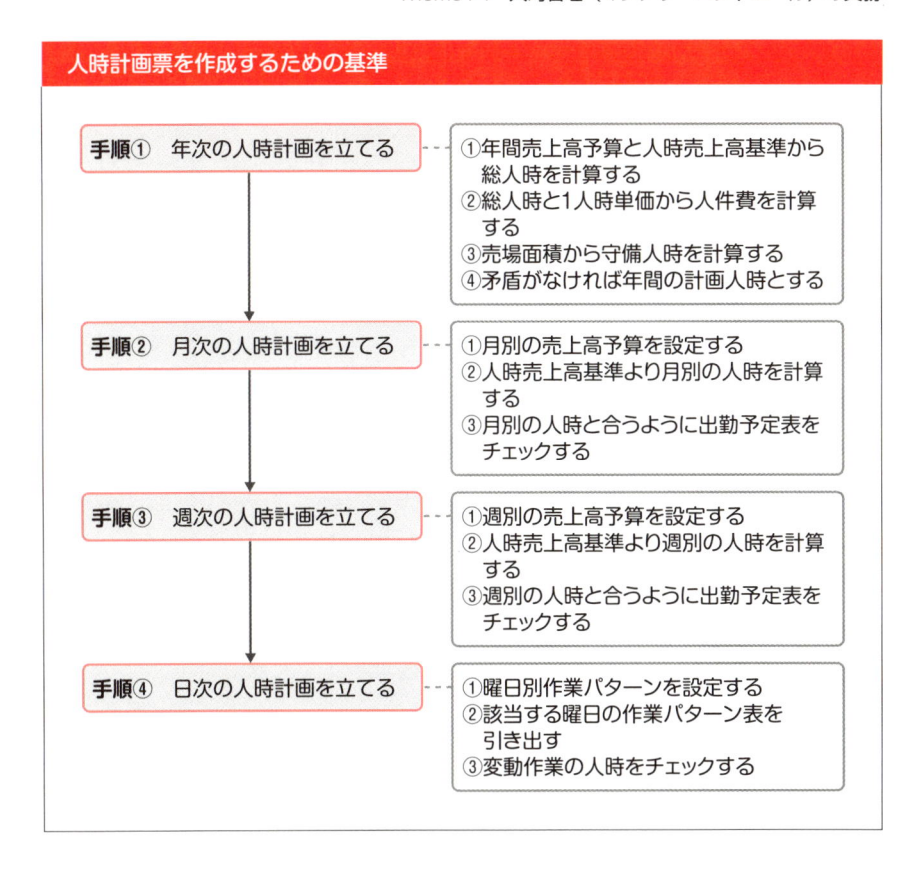

5　人時管理における取組み上の問題点

　小売業が人時管理を実施する場合に、次の問題点がしばしば発生します。

1) 生産性の目標と人時計画が連動していない。
2) 作業の実績記録と分析が行われていない。

　人時計画を策定する際、いきなり作業計画表など、日次の人時計画表を作成する小売業は少なくありません。これは、曜日別の作業計画が人時計画であると思い込んでしまっているためです。

15 売場における作業分析

実際の作業を稼働計画に近づけていくためには、実行された結果を確認し、検証する仕組みをつくることが不可欠です。

重要度：★★☆

●検証には大別すると、店舗内データによる作業分析と、他店との比較による作業分析があります。それぞれの特徴を理解することが重要です。

●作業分析は重要なテーマです。各レポートの目的と内容をしっかりと理解しておきましょう。

1 作業改善のための作業分析の方法

　一般的に、小売業は生産性の基準と作業の基準を決め、年間の人時計画から日別の人時計画へとブレークダウンしていきます。この「日別の人時計画」が稼働計画です。稼働計画を立てることで、現場作業の効率化が図られると考えている小売業は少なくありません。

　しかし、**計画を立ててそれを実行するだけでは、次第に計画とのズレが発生し、やがて基準と実際の作業の格差が広がっていってしまいます**。

　これを防ぎ、計画に近づけていくためには、**実行された結果を確認し、検証する仕組みをつくることが不可欠であり、この検証を行うには作業実績の記録が必要となります**。そのためには作業計画表に作業実績を記録し、計画と違った作業が行われた場合には、その具体的内容を記録する必要があります。そして、1日の作業終了後、その作業データを集計・分析し、どこに問題があるのかを掘り下げていくことが求められます。

　その際、有効的に活用できるツールが作業分析レポートであり、作業分析レポートは次の2種類に大別することができます。

1) **店舗内データによる作業分析**
2) **他店との比較による作業分析**

次表に、作業分析レポートの構成を例示します。

▼作業分析レポートの構成例

作業分析メニュー	店舗作業分析メニュー	①マンアワーコントロール運用チェック	日別に作業計画が立てられ、作業の実績が記録されているかをチェックする。
		②変動作業基準チェック	変動作業である商品の補充（品出し）作業が基準どおりに行われているかをチェックする。
		③固定作業基準チェック	品出し作業以外の固定作業が基準どおりに行われているかをチェックする。
	他店舗作業比較分析メニュー	①マンアワーコントロール進捗状況店舗別比較	マンアワーコントロール（MHC）の進捗状況を店舗別に比較チェックする。
		②店舗別作業基準比較	変動作業が基準どおりに行われているかを店舗別に比較してチェックする。
		③店舗別作業構成比較	作業構成が適正かを店舗別に比較してチェックする。

①店舗内データによる作業分析

自店の作業データを活用して作業分析を行うもので、以下の3つのレポートから構成されます。

1) マンアワーコントロール（MHC）運用チェックレポート

自店舗が適正に作業計画を立て、適正に作業実績を記録しているかをチェックするレポートのことです。

作業実績データが部分的に欠落していたのでは、詳細な作業分析はできません。そのため、どの売場で、どの日の、どのような作業データが欠落しているかをチェックします。このレポートの作成は、店内のシステムで自動的に行われるようにシステムを構築しておくことが望まれます。

2) 変動作業基準チェックレポート

変動作業である商品補充作業が基準どおりに行われているかをチェックするレポートのことです。

曜日単位でチェックし、基準と大きくズレている曜日に着目し、問題点を見つけ出します。セルフサービス販売方式の売場では、変動作業である商品補充作業の全作業に占める割合が高く、この商品補充作業をいかに効率よく行うことができるかが、その店舗全体の生産性（販売効率）向上に大きく影響します。

「商品の量に対して作業の量をどれだけ増やせばよいか」という基準が商品補充作業の基準ですが、実際には当日の急な欠員の発生や別の作業に思った以上に時間をとられたなどの理由により、計画どおりに進まないことが多々あり、こうした作業上の問題点を明確にするツールがこのレポートです。

3）固定作業基準チェックレポート

商品補充作業以外の固定作業について、固定作業の種類ごとに基準どおりに行われているかをチェックするレポートのことです。

発注作業や特売準備作業、売場整理などの固定作業は曜日単位で行いますが、どの固定作業が、どの曜日に、どれくらい基準とズレているかをチェックします。

②他店との比較による作業分析

多店舗展開のチェーンストアなどにおいて、自店舗の作業の状況を他店舗と比較することにより、自店舗の問題点を見つけ出すものであり、以下のレポートから構成されます。

1）マンアワーコントロール進捗状況店舗別比較レポート

各店舗の人時管理の進捗状況をチェックするレポートです。人時管理の進捗状況を10段階に分け、店舗別にどの段階に進んでいるかを体系的に把握することをねらったものです。

2）店別作業基準比較レポート

変動作業の商品補充作業を基準と比較して、店舗別に達成率で比較したレポートです。どの店舗が基準を下回っているか確認することができます。

3）店別作業構成比較レポート

作業の構成が適正かどうか、店舗別にチェックするレポートです。他店舗と比較することで、自店舗の作業が適正な構成になっているかを評価することをねらったものです。

2　スーパーマーケットの商品補充作業の改善例

①改善前の状況と問題点

　Aスーパーマーケットにおける開店前のデイリー食品の商品補充作業は、各担当者が担当する商品カテゴリーの荷受からディスプレイ、後片づけまで一貫して行っていました。

　そこには次のような問題点がありました。

1) 商品補充担当者は、自分の発注担当範囲だけを商品補充する個人完結型のため、ほかからの応援を受けたり、自分から手伝ったりするという雰囲気がみられない。
2) 出勤時間や商品補充開始時間、商品補充終了時間が担当者ごとに異なり、誰が効率的で誰が非効率な作業となっているのか把握できていない。
3) 台車の準備や事前の仕分けが不十分な担当者がおり、商品のディスプレイに集中できず、台車を探すなど無駄な動きが多くみられた。
4) ディスプレイの終了後、商品の空きダンボール箱を、そのつど個々人がダンボール置場まで運んでいた。

②作業改善項目と改善効果

1) 仕分け担当者の設置

　商品補充担当者が出勤する2時間前に仕分け担当者を出勤させ、デイリー食品の全商品を売場別に仕分けし、売場の所定の場所に商品を配付し、商品補充担当者が出勤後、すぐにディスプレイできるように段取りをしておく。

2) 商品補充の一斉開始

　商品補充担当者の出勤時間を全員同じ時間にシフトし、商品補充の開始および終了時間を設定し、終了時間近くになってまだ商品補充が終わっていない売場があれば、ほかの全員で応援することをルール化した。

3) 空きダンボール箱片づけ担当の設置

　仕分け担当者が配付作業終了後、売場を巡回し、空いた台車やダンボール箱を回収することにした。

これらの作業改善を行ったことで、無駄な歩行作業が削減され、集中的に商品補充作業にあたることで作業スピードが向上し、結果的に人時数は約13％削減されました。次図に、開店前商品補充作業の改善フローを例示します。

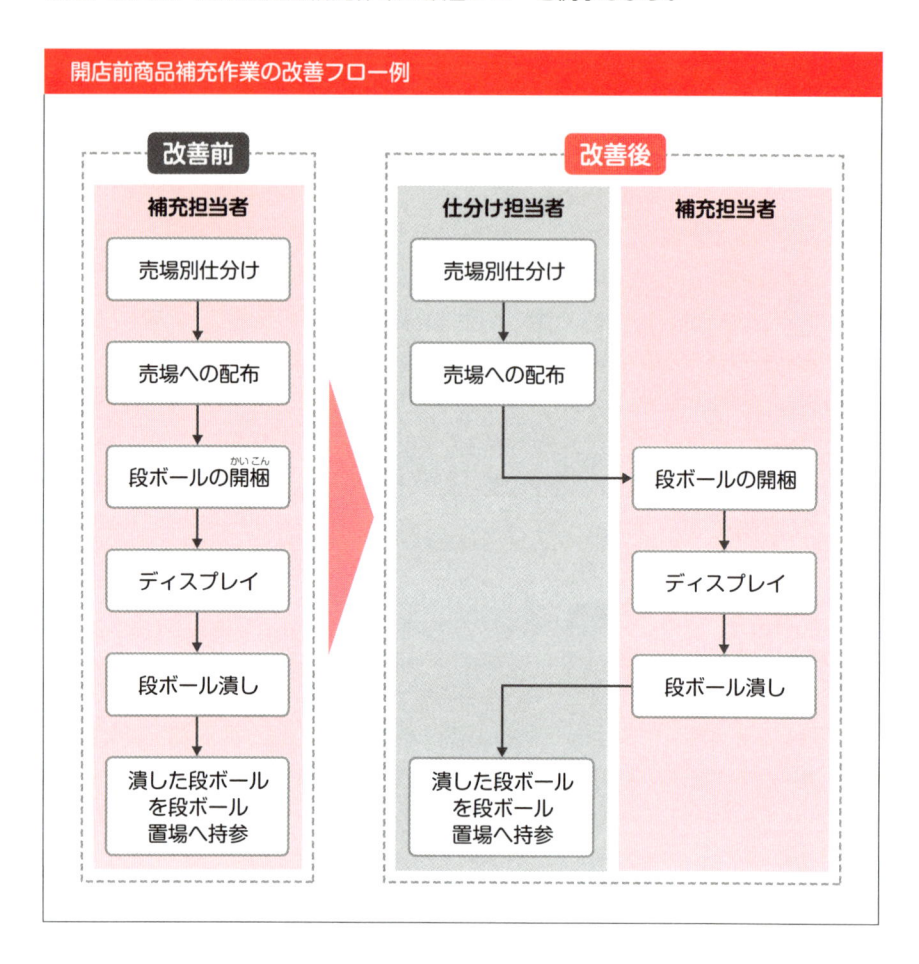

開店前商品補充作業の改善フロー例

改善前 — 補充担当者

- 売場別仕分け
- 売場への配布
- 段ボールの開梱（かいこん）
- ディスプレイ
- 段ボール潰し
- 潰した段ボールを段ボール置場へ持参

改善後 — 仕分け担当者 / 補充担当者

仕分け担当者
- 売場別仕分け
- 売場への配布

補充担当者
- 段ボールの開梱
- ディスプレイ
- 段ボール潰し

仕分け担当者
- 潰した段ボールを段ボール置場へ持参

●実行された結果を確認し、検証する仕組みをつくることが不可欠であり、この検証を行うためには作業実績の記録が必要となります。

16 ローコストオペレーションの実際

重要度：★★★　ローコストオペレーションの実現には、人時管理が求められます。

●ローコストオペレーションを実現するには、販売費及び一般管理費の、人件費に注目することが重要です。

●ローコストオペレーションは出題されやすいテーマです。考え方や計算の方法をしっかりと理解しておきましょう。

1 ローコストオペレーションの必要性

　小売業は、高度経済成長期において諸費用の増大を売上高の増大でカバーできたことにより、その多くは売上至上主義の経営を行ってきました。

　しかし、人口減少の時代となり成熟化した消費が浸透し、容易に売上高の増大が望めなくなっている状況の中にあっても、多くのチェーンストアではいまだに売上至上主義から転換できておらず、その結果として、売上高販管比率（＝販売費及び一般管理費÷売上高）を減少させる結果となっています。

　特に、大手チェーンストアは1990年代以降の各種規制緩和の波に便乗する形で売上拡大志向に終始した結果、売場面積と諸費用の増大に売上高の伸びが伴わない状況にあります。これにより、単位面積当たりの販売額（坪効率）は低下の一途をたどり、生産性と採算性を悪化させているのが実情です。

　他方で、今日業績を伸ばしている小売業に共通する1つの要因として、売上高販管比率と損益分岐点比率を低く抑えた店舗運営（ローコストオペレーション）を前提にした経営構造があげられます。経費構造の低さは、価格競争を中心とした顧客満足度の向上につながり、結果として売上高の増加を実現しています。

　この場合の中心となるコストは坪当たり経費であり、この坪当たり経費を出発点とした経営（＝ローコストオペレーション）への転換が求められています。

ローコストオペレーションの本質は、売上高が伸びない状況においても収益性を出しやすい企業構造の構築にあります。

企業の収益性を図る指標としてよく用いられるものの1つに、売上高営業利益率（＝営業利益÷売上高）があります。この指標からいえることは、売上高営業利益率を向上させるためには営業利益を上げるか、売上高を下げるかということになります。しかし、営業利益の金額の比較では効率的な経営が行われているかは判断できませんので、営業利益率は「売上高総利益率－売上高販管費率」と考えるべきです。

例えば、売上高総利益率が30％、売上高販管費率が25％とすれば、30％－25％＝5％が売上高営業利益率となり、営業利益率を向上させようとすれば、売上高総利益率を高めるか、売上高販管費率を下げるかの選択になります。前者は、返品などのリスクを負担することで仕入原価を引き下げるリスクマーチャンダイジングへの取組みが求められ、後者にはローコストオペレーションによる店舗運営の仕組みの構築が求められることになります。

また、同じ営業利益率の確保を目指したとしても、目標とする売上高総利益率を確保してから許容できる売上高販管費率を決める場合と、そうでない場合とでは、品ぞろえや販売方法が異なることとなります。

こうしたサービスや販売方法の違いは、小売業における経営戦略の特徴の表れであり、業態の違いにまで発展する可能性も高いといえます。

①人件費のコントロール

営業利益率を向上させる場合、販売費及び一般管理費の中身に注目する必要があります。最大の費用は人件費であり、売上高に占める人件費の割合である人件費率は、小売業では8〜10％というのが一般的数値です。

ただし、人件費率が高くても売上高総利益率が高ければ営業利益率は高くなる場合もありますので、売上総利益に占める人件費の割合である「労働分配率」が重要な指標となります。労働分配率は、小売業では45〜48％というのが一般的数値で、50％を超えると危険領域といわれています。

ローコストオペレーションの実施にあたっては、人件費を、売場を運営するために何人時が必要かという「総人時」と、1時間当たりの平均賃金である「1人時単価」で捉え、「総人時×1人時単価」の式で分析します。

この式から人件費を削減しようと考えれば、「総人時」を減らすか、「1人時単価」を下げるか、の選択になります。

　この「人時」（1人の作業員が1時間当たりに働いた工数）という単位によって人件費をコントロールする方法が「人時管理」であり、コストコントロールに欠かせない技術となります。人件費のコントロールの考え方を次図に示します。

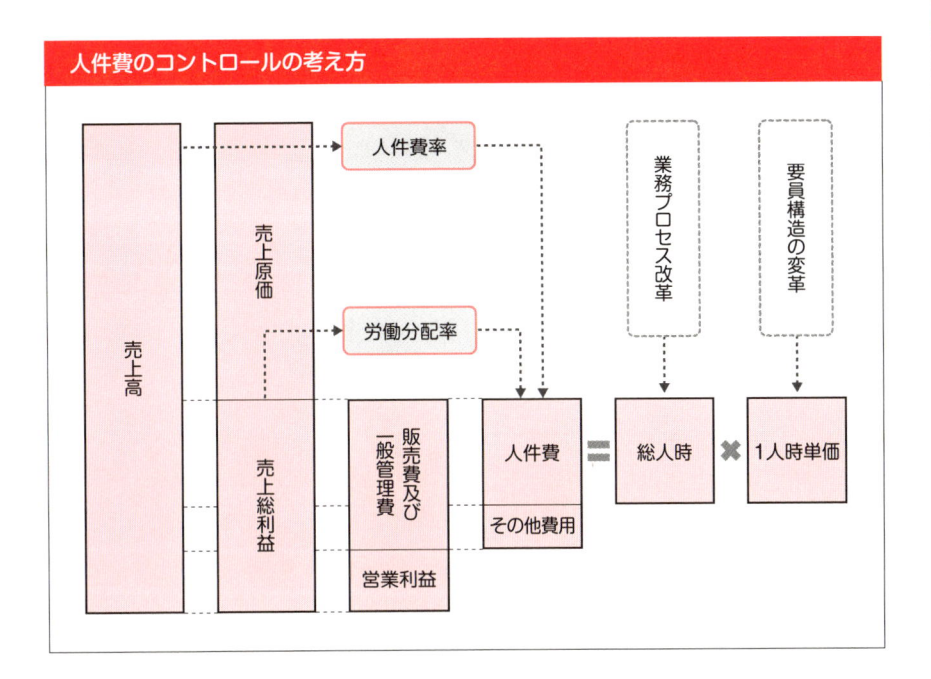

②必要人時の計算

　人件費のコントロールにあたっては、売場面積1坪当たりの売上総利益を一定水準で維持するために最低必要な人時、すなわち必要人時を管理していくことが求められます。この必要人時には、売上高に関係なく売場の維持のために一定の人時が必要となる「固定人時」と、売上高の増加に伴って人時も増えていく「変動人時」があり、このことから必要人時は「固定人時＋変動人時」となります。

　必要人時の計算手順は次のとおりです。

① 坪当たりの必要人時（基準人時）を設定する。
② ①に売場面積を掛けて最低必要人時（固定人時）を算定する。
③ 1人時当たりの売上高基準を設定する。
④ 年間売上高を③で割って、売上高から見た必要人時（変動人時）を算定する。
⑤ 固定人時と変動人時を比較して、大きいほうを必要人時とする。

この場合の分岐点は「固定人時×1人時売上高基準」で求めることができます。

必要人時の考え方を次図に示します。

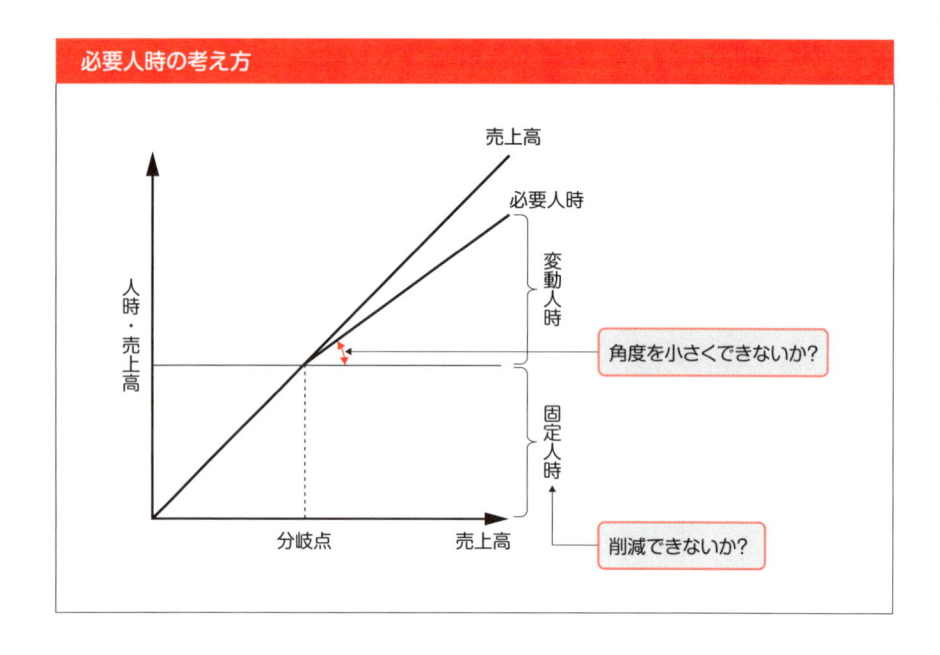

必要人時の考え方

③売上低下時の人時削減のプロセス

　売上高が低下した場合、いかに人時を削減して店舗の収益構造を改善するかという対策が求められ、そのためには「固定人時を削減できないか」「変動人時を小さくできないか」などについて検討することとなります。つまり、1坪当たり必要人時を削減することと、1人時当たりの売上高を高めることが必要ということです。必要人時を削減するには、業務プロセスの改善が必須条件となり、具体的な対応策としては以下の4つが考えられます。

1) 1人の守備範囲を狭くしない

　1人で10坪の売場を維持するのではなく、3人で30坪の売場を維持できるようにするということです。1人当たりの守備範囲を狭くして専門化すると業務効率は向上しますが、業務が多種類に及ぶ場合、かえって人時が増えてしまうこととなります。

2) クロス配置ができるようにする

　1人が休日で欠けても、ほかの従業員が対応できるようにクロス配置することで、固定人時が削減できます。

3) 作業の種類と時間を少なくする

　複雑な作業を改善したり、重複する作業を廃止することで、売場の作業そのものを削減することができます。

4) アウトソーシングする

　まとめて行うと効率が向上する作業で、店内で行う必要のない作業を外部へアウトソーシングすることで対策となります。

④人時管理の目的

　人時管理の目的は、以下の3つに整理できます。

1) 時間帯での必要な作業と要員を一致させる

　小売店運営に必要な時間帯別作業は、客数、販売動向、納品タイミングなどによって異なります。必要作業を調査し、それらの作業に必要な時間帯別の要員を配置します。

2) 小売店が政策として決定したサービスレベルを維持する

　効率化をねらうあまり顧客へのサービスがおろそかになっては、本末転倒の結果となります。重要なことは、時間帯別に決められたサービスレベルを維持しながら販売効率を高めることにあります。

3) 小売店の政策を完全に実施する

　特売などのプロモーションを実施しても、十分な要員がいなければ計画どおりの成果を上げることはできません。時間帯別に従業員をしっかりと管理することで、政策を実現することが求められます。

17 ローコストオペレーションの戦略的展開

重要度：★★☆ ローコストオペレーションには、人時計画と作業効率化の２つのアプローチがあります。

●作業量を削減し、作業効率を向上させるためには、集中化、平準化、機械化、アウトソーシングといった原則が重要です。

●ローコストオペレーションの実現方法を理解しておきましょう。

1 ローコストオペレーションの戦略的展開

　小売業で扱われる商品は、マーチャンダイジングサイクルに従って循環しています。それに合わせて店舗の従業員は発注、荷受検品、補充、ディスプレイ、接客などの作業を行っており、店舗運営においては商品と人材とは表裏一体の関係にあります。

　商品の情報は、POSシステムにより単品別に個別管理できるようになっているものの、発注作業、補充、ディスプレイ作業などは、「何人で、いつ始まっていつ終了したのか」といった人材の情報はほとんど把握されておらず、人時生産性の考え方がシステムとして確立されていないのが実情です。

　ローコストオペレーションの実現には、商品情報だけでなく、人材（作業）の情報が不可欠です。

①ローコストオペレーションへのアプローチ

　店舗運営の生産性を向上させる仕組みづくりには、以下の2つの側面からのアプローチが求められます。

1) 人時計画からのアプローチ

　目標利益を達成するための収支計画を立案し、そこで立てられた売上高や売上総利益の目標を年間52週の販売計画に落とし込み、その販売計画を実現するために人時計画を立て、目標とする人件費率や労働分配率の枠内で収まる人時を求めて必要な人員を割り出し、週別の人時を日ごと、時間帯ごとに落とし込んで実行に移します。

2) 作業そのものの効率化のアプローチ

　商品補充、ディスプレイ方法、販売方法などの作業分析を行い、効率化を目指します。作業分析にあたっては、作業の種類を少なくする、作業種類別の量を少なくする、という2つの方向から見直していく必要があります。

　例えば、スーパーマーケットの場合、売場の3大作業である加工作業、商品補充、ディスプレイ、それにレジ作業を加えた作業で全体の6割を占めており、これらの作業の無駄を削減することは大きな効果を生み出します。

②人時計画の進め方

　人時計画作成の一般的なステップは、次の6つから構成されます。

1) 店舗合計の人時計画を作成する

2) 店舗合計の人時計画を年間で52週に分ける

3) 部門別の人時計画を作成する

4) 部門別の人時計画を年間で52週に分ける

5) 週の平均を基本とした曜日別の人時計画を作成する

6) 日別の要員配置計画を作成する

　ここでのポイントは、店舗合計の人時計画から部門別の人時計画へと落とし込み、さらに52週の人時計画に分けることです。

③作業効率化の原則

　作業量を削減し、作業効率を向上させるための原則は、集中化、平準化、機械化、アウトソーシングです。

1) 集中化 (Centralization)

　各店舗で行う惣菜などの加工、プリパッケージ化などの作業をプロセスセンターに集中させ、一括処理して各店舗へ配送します。また、作業量の小さなものは、できるだけ決められた時間帯に集中させます。

2) 平準化 (Leveling)

　さまざまな種類の作業や商品を均等に分割することをいいます。集中しすぎることで作業量が多くなる場合は、平準化するようにします。

3) 機械化 (Mechanization)

　売場で行う必要のある作業だけに絞り込み、それ以外の作業は店外（本部やセンターなど）で機械化し、オートメーションによる効率的な大量生産・大量加工を実現します。

4) アウトソーシング (Outsourcing)

　既存の業務フローを見直し、定型・定期的業務を外部の企業に委託し、効率化を実現しコストの削減を図ります。

●日本の小売業の特徴、課題、その対策について理解することが重要です。

●労働生産性は小売業における重要な指標です。しっかりと理解しましょう。

1 小売マネジメントと店舗生産性

①小売店経営の課題

　小売業にとっての店舗運営における根本的な課題は、従業員の労働生産性を向上させることです。労働量を従業員の人数と定義すると、労働生産性は従業員1人当たり付加価値（従業員1人当たり売上総利益）となり、労働量を労働時間と定義すると、労働生産性は従業員1人当たりの人時生産性（従業員1人が1時間働くときの生産性）となります。

　これまで、店舗における経営問題を解決するには品ぞろえが問題であり、「死に筋商品を排除し、売れ筋商品をそろえること」で解決されるとされてきました。しかし、今日の店舗運営の基本的な課題は、店舗における人時生産性を向上させることにシフトしているにもかかわらず、それらに対応できていないことだといえます。

②店舗生産性への本格的な取組みの要請

　日本の小売業は、1990年代から現場労働のパートタイマー化を進め、利益を維持してきました。しかし、このような対策は、本来の生産性の向上ではなく、労働者の時間単価を低下させるだけで、現場における商品管理と在庫管理作業の構造改革は進まず、売上高と粗利益高依存型の経営が残る結果を招きました。

そして、今日ではパート化比率も70〜80%と限界水準に達しており、店舗が本格的に生産性向上の問題に取り組まなければならない時代となっています。

③経済統計に見る店舗生産性の実態

総務省統計局の「日本の統計2020」によれば、2016年の小売業の全事業所数は99万246店、従業員数765万4,443人、年間販売額145兆1,038億円、売場面積1億3,534万m^2となっています。これを1店舗当たりに換算すると、おおよそ売場面積135m^2（約41坪）、年商1.5億円、従業員数約8人となります。

また、経済産業省の「2020（令和2）年の企業活動基本調査」によれば、2019年の小売業の1企業当たりの売上高は249億5,000万円、営業利益は6億9,000万円となっています。これを1企業当たりの売上高営業利益率で見れば、2019（令和元）年は、わずか2.8%にすぎず、生産性の低さがうかがえます。

2　小売業の生産性

①1坪当たり人的作業費

大手小売業の従業員1人当たり付加価値は、おおむね年間800万〜1,000万円といわれており、これは零細小売業も含んだ小売業全体の約2倍とはいえ、賃金からすると十分な成果を生んでいるとは言い難いものがあります。また、店舗における生産性が低いことにより、1坪当たりのコスト（営業費÷売場面積）は、おおむね50万円を超えています。個人の賃金水準は低いが店舗経費としてのコストが高いということは、1人当たりの生産性が低いということになります。

②従業員1人当たり担当売場面積

店舗の生産性を示す指標として、従業員1人当たりの担当売場面積があります。大手小売業の平均は10〜15坪であるため、1坪当たりの売上高が400万円以上なければ店舗運営は難しくなります。

③共通する課題

小売業における真の競争は、生産性競争であり、売場1坪当たりの総作業人時を減らすこと、つまり作業の効率化を図らなければなりません。

一般的に日本の小売業は、売場担当者の人数を決め、その人々に商品作業を包括委任する運営体制を維持する店舗が多い傾向にあります。しかし本来は、次のような作業マネジメントが求められています。

1) 商品についての必要作業を計画化し……

2) 必要作業量と標準人時を計算し……

3) 人員を割り当てる

　しかし、これが欠落していると、次のような状態が生まれます。

1) 作業工程による単位作業がないため、単位作業量の計測ができない。

2) 作業量と必要標準時間の計測ができないため、ワークスケジューリング（作業割当）ができない。

3) ワークスケジューリングができないため、手待ちの時間が生じる。

●日本の小売業は、低生産性という大きな問題を抱えています。現場労働のパートタイマー比率を高めるといった方法は限界に達しており、また、「個人の賃金水準は低いが、店舗経費が高い」という問題を抱えています。今後は、店舗における生産性の向上が本格的に求められています。

ロスの管理と削減法

在庫ロスを防止するためには、品目に合わせた発注方法があります。

●定期発注、補充発注の特徴や計算方式を理解することが重要です。

●小売業において、品目に合わせた在庫管理方式と発注管理方式は利益に直結する重要な管理方式です。しっかりと理解しておきましょう。

1 ロスの管理と削減法

①販売機会ロス発生の原因と解決法

商品の欠品から生じる販売機会ロスの原因は、次の4つに大別できます。

1) 品ぞろえ計画書と店舗における作業との差が拡大するため
2) 品目コード化が不適切なため
3) メーカーおよびベンダー欠品と受注商品の未納によるもの
4) 品ぞろえ計画書そのものによるもの

一般的に、欠品は品ぞろえ計画書と店舗における作業との差があるために生じる売場欠品であり、その原因として、次のような課題が考えられます。

1) ルーティーンワークとしての売場における過少在庫
2) マネジメントの問題(売場の販売実績と損益の週間管理が不十分など)
3) プロモーションの問題(特売用商品の売れ残りに関する責任が不明確など)

　小売業は、顧客のニーズを起点とした品ぞろえを行い、基準在庫管理を徹底する必要がありますが、近年、メーカーにおける在庫削減の影響により、リードタイムの変更が頻繁に発生しています。入荷遅れによる欠品を防止するため、小売店とベンダーの情報共有化だけでなく、安易な返品をしないことも重要です。

　また、品ぞろえ計画書そのものが原因となる欠品は、単品管理の不適切、組織的学習の不足、知識が共有化されていないことなどが、原因として考えられます。

②単品管理の導入によるロス管理法

1) 統計的基準在庫管理方式の導入

　基準在庫数量を数値管理するメンテナンス責任者（在庫コントローラー）を決定し、統計的基準在庫管理方式を導入します。統計的基準在庫管理方式による基準在庫数量のメンテナンスには、店舗での品目別在庫数量と販売数量のリアルタイムな集計が不可欠です。店舗に新たな品目を導入する際には、複数店舗においてある週の販売数量実績にもとづき算出する方法と、1店舗での販売数量実績を時系列で見る方法があります。

2) 定期発注と補充発注

　店舗で取り扱う品目は、長期（年間）定番、季節定番、集荷特売、特価特売に分類することができます。

　長期定番と季節定番の品目は、統計的基準在庫管理方式を適用し、補充発注（売上予測数量だけ発注する方法）を行います。

　集荷特売と特価特売の品目は、類似品目とのデータ比較などの実験を行ってから定番化します。

　定期発注法とは、発注間隔を一定にした発注方法で、発注数量は発注のたびに計算して決定します。発注サイクルとは発注日と発注日の間の期間で、発注リードタイムとは発注日から入荷日までの期間をいいます。発注数量に関する計算式は次のとおりです。

発注数量 ＝（発注サイクル ＋ 発注リードタイム）× 日販予測数量
　　　　　− 発注時点在庫数量 − 発注済未入荷残数 ＋ 安全在庫数量

---

3) キャッシュフロー管理

　小売業における在庫数量管理は単品管理を主体とし、財務会計上の粗利益計算ではなく、現金ベースでの利益管理であるキャッシュフロー管理が必要です。そのためには、バイヤーと在庫コントローラーによる管理が不可欠であり、仕入可能枠を責任在庫と関係づけ、現金ベースで管理する手法が求められます。

③ロスの戦略的削減法

　一般にロスとは、万引、売価変更、消費期限切れによる廃棄、販売機会の見誤り、死に筋商品の発生による売場の劣化などによって生じる利益の減少のことをいいます。対策としては発注の精度を向上させて、各種コストをゼロに近づけることです。例えば、売れにくくなった商品の販売価格を下げる売価変更 (見切り) の実施頻度を減らして、利益を確保する方法などがあります。そのためには次のような対策が必要となります。

1) POSデータの分析によって、売切り能力を高めて適正な発注を行う。
2) 定番の売れ筋商品をより多く確保する。
3) 死に筋商品を早期発見し、早期の売価変更などを行う。

ロス管理における 3つの作業視点

重要度：★★☆ ロス管理には、発注段階、加工段階、在庫段階での対処が求められます。

●3つの段階における対策の特徴を理解することが重要です。

●ロスの違いによる対応の違いなども、しっかりと理解しておきましょう。

1 ロス管理における3つの作業視点

　小売店において発生するロスは、発注数量の多さ、伝票記入のミス、商品保管の不備などの基本的なことに起因するものがほとんどです。そのロス発生の原因を分析すると、作業手順の未確立から人材育成の問題まで広範囲に及び、多様な傾向があります。結局は、ロスを削減するには商品を「仕入れすぎず、出しすぎない」ことであり、これを実行すればロスは減少します。

　しかしその反面、商品の欠品による販売機会ロスという、別のロスが発生する危険性が高まります。したがって、ロス管理とは「販売機会を逃さないようにしながら、実際の商品廃棄や見切りなどのロスを減らす」ということになります。

①生鮮食料品におけるロス管理

　生鮮食料品を例にロスのケースを見てみると、生鮮食料品の場合、ロスを削減するには、一般に3つのステップで作業を改善することが求められます。ロス管理の3ステップ（生鮮食料品の場合）を次図に示します。

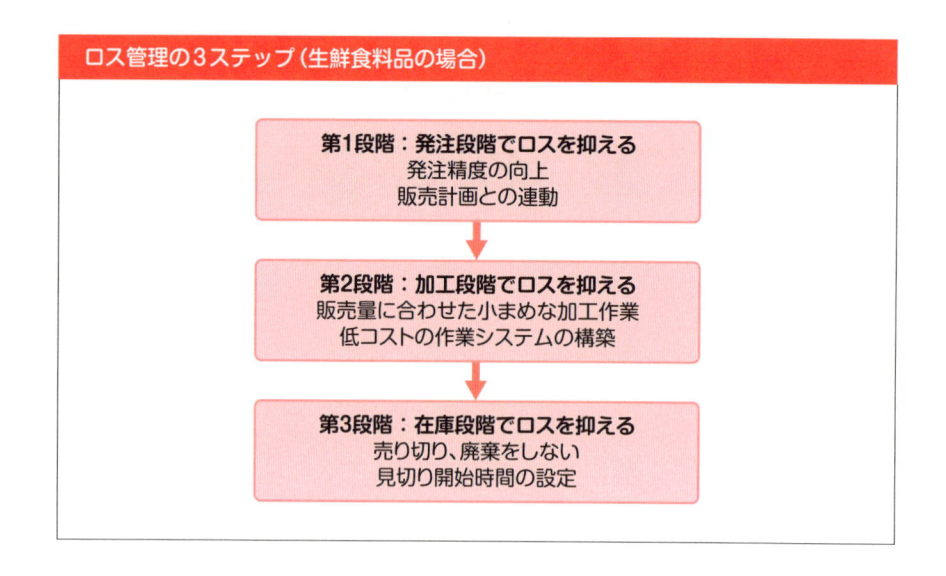

ロス管理の３ステップ（生鮮食料品の場合）

第1段階：発注段階でロスを抑える
発注精度の向上
販売計画との連動

第2段階：加工段階でロスを抑える
販売量に合わせた小まめな加工作業
低コストの作業システムの構築

第3段階：在庫段階でロスを抑える
売り切り、廃棄をしない
見切り開始時間の設定

1) 第1段階：発注段階でロスを抑える

　ロスが発生する第1の原因は、発注数量の過多にあり、これは、販売予測の誤りなどで商品を必要以上に仕入れてしまうことで発生します。生鮮食料品は売れ残っても返品ができず、鮮度劣化が速いためすぐに在庫処分しなければならないという特徴があります。また、在庫処分には、値下ロスが発生し、さらに売れ残れば廃棄ロスの発生となります。

　したがって、ロスを抑えるためには、売れる分だけの仕入を遵守すること、つまり、適正発注と発注精度の向上が対策の基本となります。しかし、発注精度の向上は、商品別に顧客のニーズを予測（単品別の販売予測）することであり、これは大変難しい課題であるといえます。この難しい課題に対し、一般的には発注と販売計画との連動が行われます。

　例えば、スーパーマーケットでは通常、売上高予算を部門別に毎日設定しており、仮に、生鮮食料品部門の明日の売上高予算を100万円とした場合、売価で80万円分の商品しか仕入れていなければ、完売しても売上高予算を達成することはできません。反対に、売価で120万円分の商品を仕入れてしまうと、在庫処分のためのロスが発生する可能性が高くなります。

　つまり、ロスを抑えるためには、販売計画に連動した発注を行うことが重要だということであり、そのためには、販売計画と発注した商品の金額をチェックする仕組みの構築が必要になります。

2) 第2段階：加工段階でロスを抑える

　仮に、発注ミスが発生し、ロスが発生しそうになった場合を検討すると、店内加工であれば加工段階でもう一度、ロスを抑えるチャンスがあります。

　仕入れた原材料をすべて一度に加工するのではなく、サイクル加工 (2〜3回に分けて加工) すると、加工量を調整することができます。つまり、販売状況に応じて加工を進めることであり、加工の段階でロスを抑えるには、販売状況を見ながら、1日1回の加工ではなく小まめにサイクル加工をすることが求められます。

　しかし、サイクル加工にも問題があります。加工作業を分割し、小まめな加工をすればするほど、作業コストが増加するという問題が発生します。

　加工作業は、加工数に関係なく一定に発生する「固定作業」と、加工数に合わせて増減する「変動作業」とに分けられ、固定作業は、冷蔵庫からの食材の取出し、トレーの取出し、調理器具の準備・片づけなどの作業が含まれ、加工数が1個でも100個でも、同じだけの作業量がかかってしまいます。また、変動作業は、商品化のための加工作業そのものであり、加工数により一定の割合で増えていくものです。

　低コストでサイクル加工を行う方法として、次の2点が考えられます。

Ⅰ) 商品カテゴリー別の固定作業をできるだけ小さくする。
Ⅱ) サイクル加工する商品の選定基準を明確にする。

　つまり、加工のサイクル数を増やすと、そのたびに固定作業が必要になることから、これをいかに少なくできるかがポイントになります。

　例えば、食材を運ぶ時間、調理器具を準備するための時間、調理器具の後片づけや作業場の清掃などの時間を短縮化・標準化することが重要です。

　すべての商品をサイクル加工するというのが対応困難な場合は、加工数が多い商品、ロスが出やすい商品、鮮度劣化が激しい商品などの基準を設定し、サイクル加工する商品を選別することが重要となります。

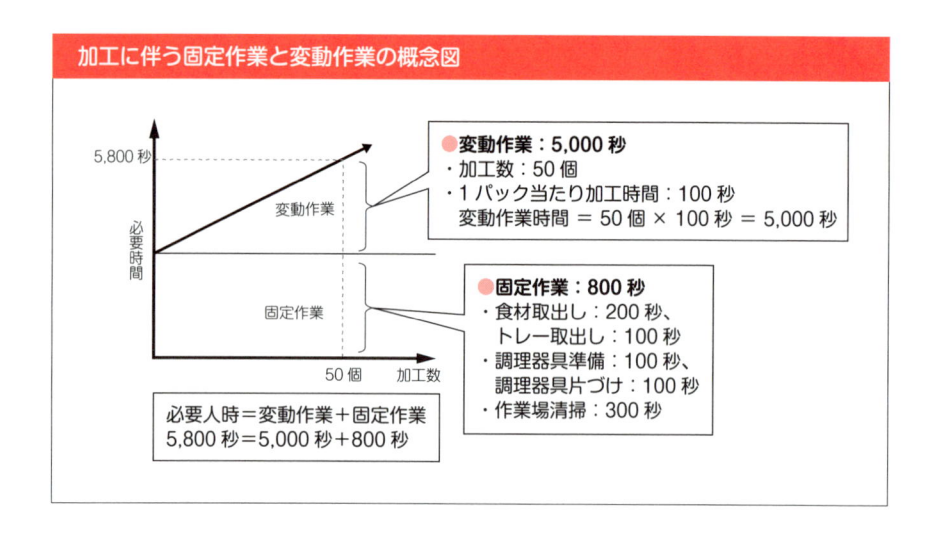

加工に伴う固定作業と変動作業の概念図

- 変動作業：5,000秒
  - 加工数：50個
  - 1パック当たり加工時間：100秒
    変動作業時間 = 50個 × 100秒 = 5,000秒

- 固定作業：800秒
  - 食材取出し：200秒、
    トレー取出し：100秒
  - 調理器具準備：100秒、
    調理器具片づけ：100秒
  - 作業場清掃：300秒

必要人時＝変動作業＋固定作業
5,800秒＝5,000秒＋800秒

3) 第3段階：在庫段階でロスを抑える

　仮に、加工の段階でもミスが発生し、販売状況が悪いにもかかわらず作りすぎてしまったような場合、それらは売場にディスプレイされ、店頭在庫となりますが、この段階で再度、ロスを抑えることができます。

　売れ残りそうな商品は、見切りのタイミングが遅いと必然的に商品ロスが多くなりますが、見切りのタイミングを早めれば値下幅を狭めることができます。少ない値下幅でも顧客にとっては買い得感が増すことで、販売ピーク時にもさらによく売れる傾向があります。それでも売れ残りそうなときは販売員を投入し、声掛けを行うとともに、さらに値下して売り尽くし、売場に在庫を残さないようにすることで、結果的に値下率も廃棄率も低くなります。

　値下は、売価の一部の減少を意味しますが、廃棄にすると仕入原価まで失うことになります。つまり、廃棄が増えれば、ロス率は急速に高まるということになります。

2　見切り基準時間を設定するオペレーション

①開店から閉店までの時間帯別の平均売上高の明確化

　まず、開店から閉店までの時間帯別の売上高の平均値を調査します。そして、その売上合計を100％とし、時間帯別の売上高構成比を計算してグラフ化します。

　そのグラフを使って、夕方の販売ピーク時間帯をチェックします。

②折返し時間の明確化

　時間帯別売上高構成比を累計して、50％を超える時間帯を探します。この時間帯のことを折返し時間といいます。

③見切りの基準時間を設定

　これらのデータを利用して見切りの基準時間を設定します。設定のポイントは、折返し時間以降で、販売ピークの前に設定することです。また、部門単位、四半期ごとに見切りの基準時間を設定すれば精度は高くなる傾向にあります。

　次図は事例を図示したものです。

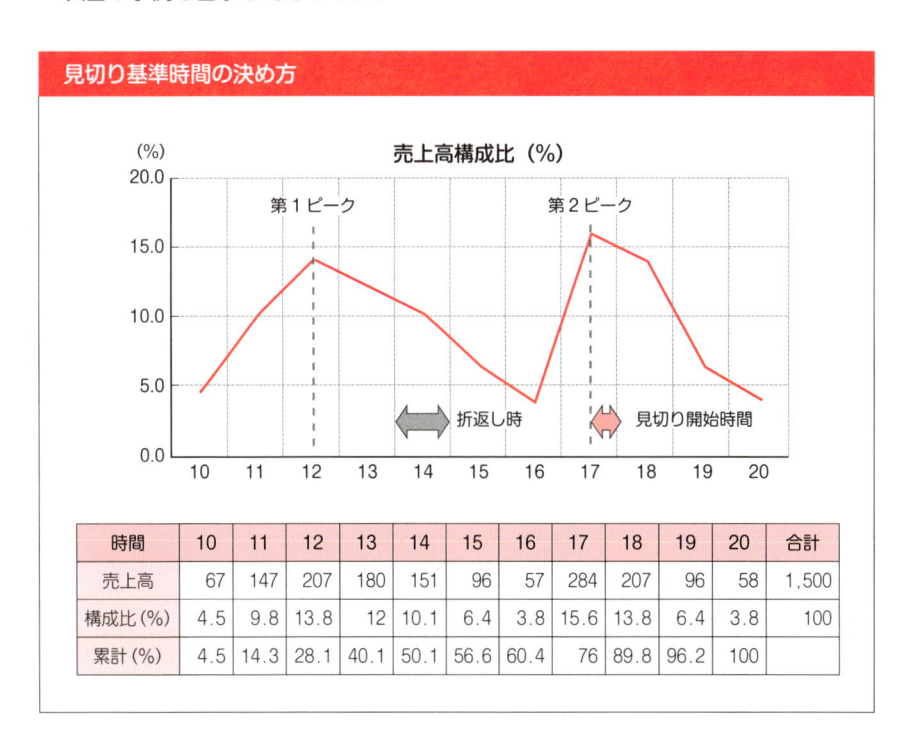

見切り基準時間の決め方

売上高構成比（％）

時間	10	11	12	13	14	15	16	17	18	19	20	合計
売上高	67	147	207	180	151	96	57	284	207	96	58	1,500
構成比（％）	4.5	9.8	13.8	12	10.1	6.4	3.8	15.6	13.8	6.4	3.8	100
累計（％）	4.5	14.3	28.1	40.1	50.1	56.6	60.4	76	89.8	96.2	100	

3
ストアオペレーション

この事例では、折返し時間が14時ごろ、夕方のピークが17時ごろから始まっています。そこで、17時に見切り基準時間を設定することにするものです。

④作業計画の策定
　設定した基準は守らなければ意味がありません。そのために作業計画表が必要となります。

　オペレーションとして、販売などの仕組みを変えなければロス削減の効果は表れません。ロスを発生させない仕組みをつくる必要があります。

●生鮮食料品の場合のロスの削減は、まず発注精度の向上により発注段階で抑えること、次に販売量に合わせた小まめな加工により加工段階で抑えること、そして、見切り時間の設定により在庫段階で抑えることが求められます。

Theme

21 特売とコストの関係

特売を実施すると、販促費だけでなく人件費も増加することになります。

重要度：★★☆

1　販促費と特売コストの関係

　小売業の販売促進費（販促費）の内訳は、極めて雑多であり、業種、店舗形態、小売業の政策などによってばらつきがあるものの、一般には、売上高総利益率25％の小売業であれば、売上高に対して2％程度（販促費率）、売上総利益に対して8％程度（販促費分配率）といわれています。

　販促費は、人件費や設備費などに次いで大きな費用項目であり、そのため、小売業は特売の回数を減らしたり、EDLP政策を志向したりして、販促費を減らす努力を日々行っています。しかし、特売やチラシ広告の回数を抑えたりすると、客数がたちまち減少し、売上高の低下をもたらします。また、EDLP政策に切り替えても、特売の回数を思ったほど減らせない状況もあり、こうした努力を行ったとしても、結果的に販促費は増加の傾向にあり、競争が激化している今日では小売業の努力があまり報われているとはいえないのが実情です。

　一般的に、販促費にはチラシ広告作成のコストや配布コスト、POP広告作成のコストなどがあり、また、こうした直接的な販促費だけでなく、特売を準備・実施したり後処理をしたりするための作業コストもかかっており、特売の回数が増えると販促費だけでなく人件費も増加することになります。

　そこで問題となるのは、1回当たりの特売の実施に伴うコストであり、1回の特売にどれだけの人件費がかかっているか、特売の規模によってどれだけ作業コストが増加するのか、という実態の明確化が必要となります。

293

2 EDLP政策と特売の違い

① EDLPの実態

「毎日が低価格」を遂行する政策である、EDLP（EveryDay Low Price）は、特売をやめて販促費を抑えるなどのコスト削減を徹底して行い、その分、価格を安くするというものです。

顧客にとって、あらゆる商品がいつでも安く買えるということは、最大の魅力であるといえます。あらゆる商品が毎日ければ、顧客は無理してその日のうちに買う必要はなく、同時に、買った翌日に特売されて悔しい思いをすることがありません。また、EDLPは、販促費の削減だけでなく、作業が平準化される分、作業コストを削減できるという効果が見込まれ、それにより、間接コストが抑えられ、売価を引き下げることができ、最終的には顧客の固定化につながることが見込まれます。

これに対し、特売は、いつもと異なる売り方をするための準備や後処理が必要になり、特売をする日としない日とでは作業量が異なるため、従業員のシフトが難しくなり、ムリ、ムダ、ムラが発生しやすくなります。そのうえ、商品の配送も一時的に増大するため、トラックを増車したり、バックヤードの中に一時的なストック場所を確保しなければならないなど、付随するコストも発生してしまいます。

ただし、上述のようにさまざまな効果が見込まれるEDLP政策ですが、すべての小売業が取り組むにはハードルが高く、目下のところ日本ではあまりうまく機能しているとはいえない状況です。

② EDLP政策と特売の違い

仮に、火・水曜日と土・日曜日の2回、特売が実施される場合、商品価格は、月曜日は平常価格ですが火・水曜日に特売価格へと引き下げられ、木曜日にはまた平常価格に戻り、そして、再び土・日曜日に特売価格へと引き下げられることとなります。このときの商品価格の動きを見てみると、価格が上下するハイ＆ロー・プライシング状態となります。

一方、EDLP政策の場合、毎日が低価格ということであり、価格の動きは水平なロープライスとなります。

これらに対し顧客の反応は、小売業が考えている以上に価格に敏感であり、品質のよいものをより安く買うための努力は惜しみません。最寄品については、必ずしもEDLP政策を行う小売店を選択するとは限らず、価格の変化に対して衝動的な購買行動を起こす顧客も少なくはありません。

　どこも特売を行っていないときはEDLP政策を実施している小売店で購入し、他店で特売をやっていればそのときだけ特売店を選択するような行動をとります。つまり、最寄品を対象とするならば、顧客は習慣的に底値を拾った購買行動をするのが実状であり、EDLP政策を実施しても来店してもらえるのは、どこの小売店も特売をしていないとき、もしくは絶対的な低価格を実現した場合ということになります。

　毎日が安いといっても、それが本当のEDLP政策とはいえず、それは単に特売をしていないだけのことと同様になります。諸費用を削減してどこまで価格を下げているかという低価格設定の度合いと、どの範囲の商品をEDLPの対象としているかがポイントとなります。

　仮にEDLP政策を成功させようとすれば、競争他店の特売価格よりも低い価格帯でのEDLP政策でなければなりません。ただし、すべての商品をこの価格帯で販売しようとすると、かなりのバイングパワーを必要としますが、大規模チェーン以外の小売業が、多くの品目を対象に、バイングパワーを発揮することは現実的ではありません。

　特売政策とEDLP政策の違いを次図に示します。

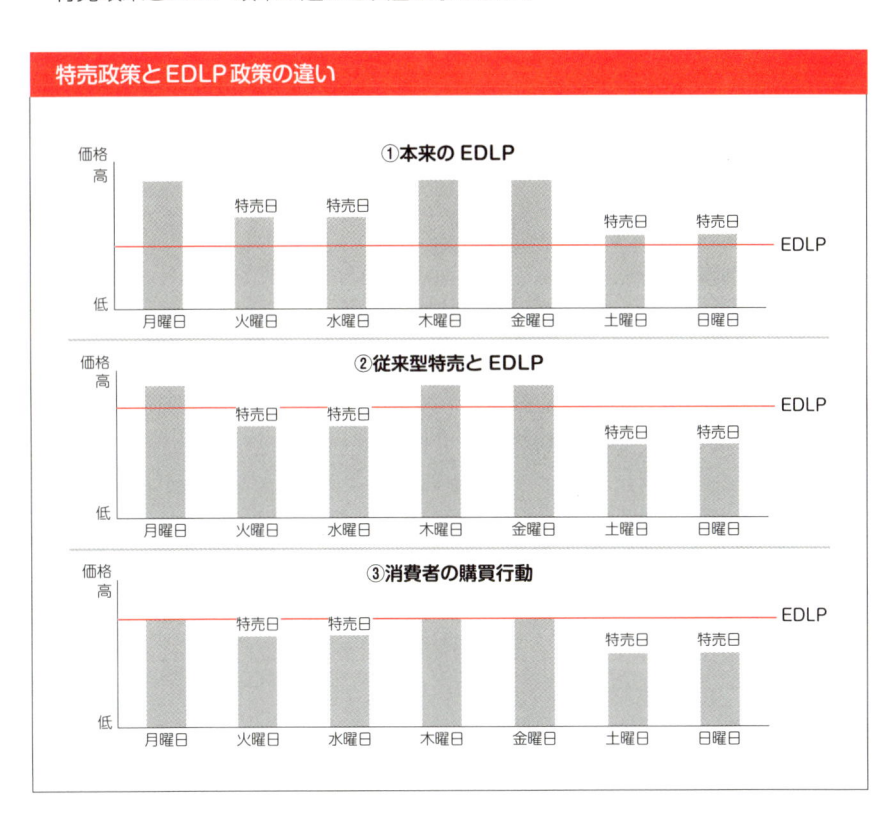

特売政策とEDLP政策の違い

① 本来の EDLP
価格 高／低
月曜日　火曜日（特売日）　水曜日（特売日）　木曜日　金曜日　土曜日（特売日）　日曜日（特売日）　EDLP

② 従来型特売と EDLP
価格 高／低
月曜日　火曜日（特売日）　水曜日（特売日）　木曜日　金曜日　土曜日（特売日）　日曜日（特売日）　EDLP

③ 消費者の購買行動
価格 高／低
月曜日　火曜日（特売日）　水曜日（特売日）　木曜日　金曜日　土曜日（特売日）　日曜日（特売日）　EDLP

● 特売を行うにあたり、各プロセスにおける作業内容の特徴を理解することが重要です。

● 特売実施時における本部業務と現場作業について、しっかりと理解しておきましょう。

1 特売実施のプロセス

　特売のプロセスを分析すると、そのプロセスは「前工程」と「後工程」に大別することができます。作業効率化にあたってのポイントは、後工程がやりやすいように前工程を進めることです。

①特売の前工程（本部業務）

1）特売計画の作成

　特売の前工程は、主に本部が主体的に行う業務で、特売計画の作成から始まります。特売計画の内容は、特売テーマ、特売の期間、特売商品などの検討や会議の開催、設定などの作業時間となります。基本的に、特売のテーマや期間などの決定は、作業時間が一定であるため固定作業の扱いとなります。

2）商談の実施

　特売商品の決定後、対象商品の仕入先企業の選定や仕入価格の交渉が始まります。これらの作業は、特売商品の品目が増えるにつれて作業量も増えるため、変動作業の扱いとなります。

3）特売商品の発注

　仕入先企業との仕入価格決定後、各店舗に納品する数量の割当案を作成し、売場の担当者に送付します。売場担当者は、本部から割り当てられた予定納品数量を過去の実績や地域需要の変化、そして競争店の状況などを考慮に入れて検討し、必要があれば修正して本部に送付します。本部では、予定納品数量の修正を再検討して最終的な店別商品カテゴリー別の品目ごとの納品数量を決定し、仕入先企業へ特売商品扱いで一括発注します。

4）特売商品の納品

　特売商品は、各店舗に特売開始日の2、3日前から前日にかけて直接または間接的に納品されます。また、並行してチラシ広告や販促ツールの作成などが行われますが、それらの作業は販促費で処理されるのが一般的です。

　特売に伴う前工程は、おおむねこうしたプロセスで進みますが、前工程の効率化のポイントは、販売計画のための会議や特売商品の手配の短縮化にあります。

　特売実施プロセスの前工程（本部業務）を次の表に示します。

▼**特売実施プロセスの前工程（本部業務）**

項目	プロセス1	プロセス2	固定作業	変動作業
前工程＝本部業務	特売計画の作成	特売テーマの設定	○	
		特売期間の決定	○	
		特売商品の決定		○
		特売価格の決定		○
		特売数量の決定		○
	商談の実施	商談、特売原価の決定		○
	特売商品の発注	店舗納品数の割当案作成		○
		店舗発注数量の決定		○
		仕入先への発注	○	
	特売商品の納品	仕入先からの納品		○

②特売の後工程（店舗作業）

1) 特売商品の受入れ

　店舗側では特売商品の受入れから始まります。特売開始日の2、3日前から納品が始まり、検品作業後、検品した商品をバックヤードに一時保管します。

2) 特売前作業

　特売日前日から特売日の開始前に行うのが特売前作業です。特売前作業は、特売による値下金額を算出するために、特売対象商品の在庫棚卸から始め、特売対象の在庫品を1品ごとに数え、値下伝票を作成します。一般には、特売商品として入荷したものはすでに特売価格で納品されているため、そのときに棚卸をする必要はありません。おおむね特売日の前日までに、本部の陳列指示書などにもとづき特売商品のディスプレイを終了するとともに、特売日当日の朝に売価変更をします。

　売価変更後、POP広告を設置していきます。今日ではPOSシステムにより一括売価変更が行われ、多くの作業が効率化されています。しかし、正しく売価が変更されたのかチェック作業が新たに発生しているのも実状で、特売商品を集めてスキャンチェックしている小売業が多い傾向にあります。

3) 特売日

　特売期間中は、日替わり商品の入替えや特売商品の補充などのルーティーンワークが必要となります。

4) 特売後作業

　特売終了後は、特売後作業となります。POP広告の取外しや、特売商品を定番商品に戻すための売価変更作業を行います。価格の変更作業は、POSシステムで自動的に行うことができますが、変更後の価格チェックには手作業が必要となります。売価変更終了後、速やかに特売商品の残数を数え、値上金額（定番商品への戻し価格）を算出する必要があり、値上金額がわかると、値上伝票を作成します。特売商品の残品を定番コーナーに戻したり、バックヤードに移動させたりした後、一連の特売作業が終了します。

特売実施プロセスの後工程（店舗作業）を次図に示します。

▼特売実施プロセスの後工程（店舗作業）

項目	プロセス1	プロセス2	固定作業	変動作業
後工程＝店舗業務	特売商品の受入れ	特売商品の検品		○
		特売商品の一時ストック		○
	特売前作業	値下伝票の作成		○
		特売商品の陳列		○
		特売商品の売価変更	○	
		特売商品のPOP広告取付け		○
		特売商品の価格チェック		○
	特売日	特売実施		○
	特売後作業	特売商品のPOP広告取外し		○
		特売商品の売価変更	○	
		特売商品の価格チェック		○
		値上伝票の作成		○
		特売商品の陳列移動		○

3
ストアオペレーション

23 特売における コスト構造

重要度：★★☆ 特売を実施するために多くのルーティーンワーク（作業コスト）がかかっています。

●特売のコストには、特売のつど常に一定の率で発生する固定作業と、特売にかかる商品の数で変化する変動作業があることを理解しておきましょう。

●特売にかかるいくつものコストについて、その算定方式をしっかりと理解しておきましょう。

---

1 特売におけるコスト構造

　特売におけるコスト構造を分析すると、前述したように前工程としての本部業務と、後工程としての店舗作業に分けることができます。それぞれの部門の作業は、特売のつど、常に一定の率で発生する固定作業と、特売にかかる商品の数で変化する変動作業に分かれます。

①特売作業コストの把握

　一般的に、特売コストは、すべて販促費として捉える傾向にあります。ただし、実際は特売を実施するための多くのルーティーンワーク（作業コスト）がかかっており、次の式で表すことができます。

特売コスト ＝ 販促費 ＋ 特売作業コスト

---

②本部の特売作業コスト

本部側の特売作業コストは次の式で表すことができます。

本部の特売作業コスト ＝ ｛本部の特売固定作業コスト ＋ （特売アイテム数 ×
1アイテム当たり変動作業コスト）｝ × 特売回数

　この式から本部側では、固定作業にかかる人時数を削減するか、特売アイテム数を減らし、特売商品の選択や仕入先企業との交渉時間を減らしたり、特売回数を減らすことで、大幅なコスト削減が見込まれます。

③店舗の特売作業コスト

店舗側の特売作業コストは次の式で表すことができます。

店舗の特売作業コスト ＝ ｛店舗の特売固定作業コスト ＋ （特売アイテム数 ×
1アイテム当たり変動作業コスト）｝ × 特売回数

　計算式は本部と店舗で基本的に同じですが、本部と店舗では固定作業と変動作業の内容が違うため、改善方法も異なります。

　コスト削減に取り組む際の重要なポイントは、サービスレベルの維持です。効率化を目指すあまり、顧客サービスを低下させるようなことになっては本末転倒です。また、従業員に過剰な労働を押し付けてもいけません。これらは、顧客満足度と従業員のモチベーションを低下させるため、効果的とはいえません。

④効果的な特売のための改善例

　効果的な特売を行うためのチラシの改善方法を検討してみると、例えば、次図に示すような特売のチラシが考えられます。

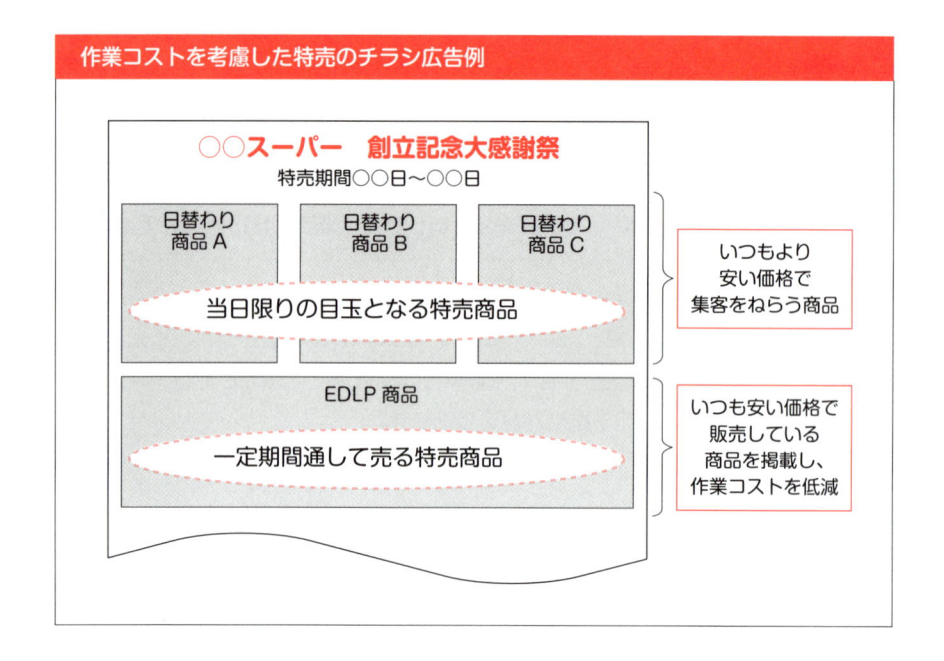

作業コストを考慮した特売のチラシ広告例

○○スーパー　創立記念大感謝祭
特売期間○○日～○○日

| 日替わり 商品 A | 日替わり 商品 B | 日替わり 商品 C |

当日限りの目玉となる特売商品

いつもより 安い価格で 集客をねらう商品

EDLP 商品

一定期間通して売る特売商品

いつも安い価格で 販売している 商品を掲載し、 作業コストを低減

このチラシ広告のケースでは、集客力を高めるために従来と同じように日替わりで訴求力を持つ目玉となる特売商品を選定し、90日間や120日間などの一定期間通して売る特売商品については、EDLP商品を掲載します。

このような方法を取り入れれば、一定期間通した商品の作業はいつもと同じ条件であり、「広告の品」のPOP広告の取付けだけで済み、本部も店舗も大幅に作業コストを削減することが実現できます。

このようなケースでの問題点は、EDLPとしての商品やチラシ広告の特売商品の価格が、顧客にとって魅力的かどうかという点です。また、売場の何％の商品をEDLPの対象とすべきかについては、100％の商品を競争店より毎日（一定期間）安くするのが理想的とはいうものの、それは非現実的であり、基本的には売上高上位5％程度の商品をEDLPの対象とすべきです。

2　特売効果の測定方法

　小売業において、特売効果の測定法は大きな課題の1つです。実施した特売にどのくらいの効果があったか測定したいところですが、精度の高い測定をしようとすると、それだけでもコストアップの要因となってしまうからです。

　そこで、一般的には、以下のような方法で効果を測定します。判断のポイントは「特売コストを吸収できる売上高を達成できたかどうか」となります。

①特売を打つためのコスト（特売コスト）の算出

　特売コストは、販促費と特売作業コストを加えた次の式で求められます。

> 特売コスト = 販促費 + 特売作業コスト

②特売コストを吸収する売上高の算出

　上記①の特売コストを計画された売上高総利益率で割って、特売コストを吸収できる売上高の増加分を求めます。

　特売コストを吸収することができる増加売上高
　　　　　　　　　＝特売コスト÷ここで求めた売上高総利益率

③特売期間中に必要な売上高の算出

　上記②で求めた増加売上高に、通常の売上高を加算すると、コストから換算した必要売上高を求めることができます。

> 必要売上高 = 増加売上高 + 通常売上高

　この必要売上高と特売実施後の実際の売上高を比較し、実際の売上高が高ければ特売の効果があったと判断できます。

重要度：★★★　生鮮4品の加工工程にはそれぞれに違いがあります。

●"生鮮4品"といわれる「鮮魚、青果、精肉、惣菜」においても、その加工の仕方に違いがあります。

●加工作業には1次加工〜3次加工、商品の状態には「仕掛品」「仕置品」「仕越し品」などがあることを、しっかりと理解しておきましょう。

1　生鮮食料品の加工現場の実態

　小売業における、生鮮食料品のオペレーションの基本として、生鮮食料品は鮮度を追求すればするほど、常に従業員を配置し、加工の回数を増やす必要が生じます。反面、加工の回数を増やせばその分のコストが増加し、作業効率は悪化するため、鮮度と作業効率は二律背反の関係にあります。

　したがって、鮮度を保ちながら作業効率を維持するオペレーションシステムの構築が、生鮮食料品の後方作業を実施するにあたっての極めて重要な課題であるといえます。

①労働集約性の高い生鮮食料品部門のオペレーション

　生鮮食料品は、食材を仕入れ、それらを加工して鮮度が劣化しないうちに販売しなければならないため、小売業、とりわけチェーンストアにとって手間がかかる部門であるといえます。

　一般的に、生鮮食料品を扱うチェーンストアは売場に加工工場を持った部門であり、その加工の多くを店内の狭いバックルームに依存しています。また、生鮮食料品は、その日に仕入れた食材を店舗で製造・加工する付加価値の高い基幹商品といえるものの、反面、必ずしも生産性（販売効率）が高いとはいえません。

　問題点の1つに、鮮度の問題があります。鮮度劣化が激しいため、大量に製造してストックしておくことができず、そのオペレーションに多くの人時を必要とするためです。また、物流やスペースの問題があります。生鮮食料品は、輸送時においても時間の経過とともに鮮度が劣化することや、物流コストがかかることから、商品は顧客に最も近い店舗で製造するのが理想とされています。しかし、店舗での製造はスペースに制限があって完全な機械化が難しいことなどから、1日の製造量には限界があり、その分、人手に依存しなければならず、人時の増加が問題となっています。

　このように、生鮮食料品は高い粗利益をとっているにもかかわらず、人時生産性は他の部門と比較すると最下位になるほど多くの人時を必要とする部門であるといえます。

②作業別コストがあいまいな生鮮食料品部門

　一般的に、生鮮食料品はチェーンストアの店舗単位で加工するので、生産量（規模）が小さく、作業工程別のコスト計算も不明確となってしまう傾向にあります。そのため、加工に必要な従業員や設備など、そこで発生するコストはすべて販売費として一くくりで処理されているのが実態です。

　例えば、バックルームで加工作業をしているパートタイマーの人件費や、それほど売場に出ていないチーフ社員の人件費、加工のために使っている水道光熱費も、売場の照明と同じ販売費として処理される傾向にあります。

　このように、店舗における加工の実態は不透明な状態であるといえます。

2　生鮮食料品の作業工程

　小売業の実態として、生鮮食料品のオペレーションシステムを確立しているチェーンストアは少ないというのが実情です。

　生鮮食料品の作業は加工を行うため、日用雑貨品や衣料品などと比較して複雑で、そのうえ、加工の仕方は生鮮4品といわれる「鮮魚、青果、精肉、惣菜」それぞれに違いがあります。プロセスの違いのイメージは次図のとおりです。

スーパーマーケットにおける生鮮食料品の作業種類

鮮魚	青果	精肉	惣菜

荷受・検品

加工

水洗い	冷塩水処理	カット

冷塩水処理	トリミング	揚げる

トリミング	袋詰め	カット	焼き

おろし、切り身	カット	スライス	炊き

刺身	その他加工

盛り付け

パック化

値付

陳列

販売

①タイプ別の作業内容

　例えば、鮮魚の加工作業工程を前提に整理すると、一般的に次のような7つのタイプに分けられます。次ページで、タイプ別の加工工程を図示します。

タイプＡ：作業工程が最も短い加工商品は入荷後、そのまま陳列、販売される。
　　　　　加工品は加工食品に近く、産地で加工済みの商品。
　　　　　例）生ガキやモズクなどのパック化された商品。
タイプＢ：一般に丸物といわれている商品。
　　　　　水洗いと冷塩水処理の後でそのままパック化され、値付される。
　　　　　例）イワシやサンマなどの商品。
タイプＣ：タイプＢにうろこ取りや腹出しなどのトリミング処理をした商品。
タイプＤ：タイプＣをさらに細かく切り身にした商品。
タイプＥ：フィーレと呼ばれ、二枚または三枚におろされてパック化された商品。
タイプＦ：おろされる商品をさらに短冊状に小分けしたもの（ブロック）。
タイプＧ：刺身まで商品化されたもの。

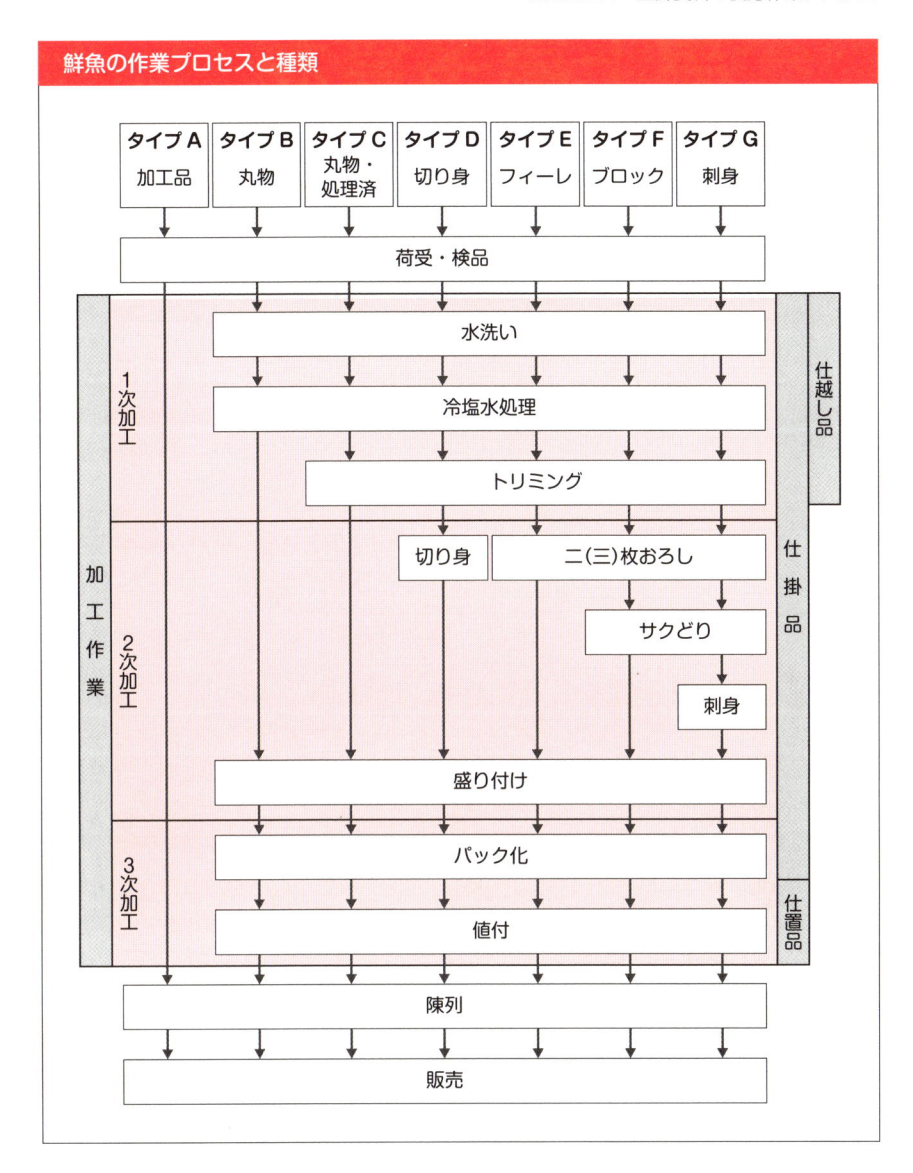

鮮魚の作業プロセスと種類

②加工作業

　一般的に、水洗いからトリミングまでの工程を1次工程、切り身から盛り付けまでを2次工程、パックから値付までの工程を3次工程と呼んでいます。

　値付されていない加工途中にある商品を「仕掛品」、値付が終わった陳列前の商品を「仕置品」といいます。さらに、翌日の販売のために加工の一部までを済ませた商品を「仕越し品」といい、その作業のことを「仕越し（作業）」と呼びます。

●目標売上高から求められる「積み上げられた数字」と、収支構造から求められる「落とし込まれた数字」の違いを理解することが重要です。

●必要人時や投入人時の求め方が重要です。計算方法をしっかりと理解しておきましょう。

1　売上高予算をもとにした必要人時

　チェーンストアの本部では、各店舗での目標売上高を緻密に設定していますが、加工に必要となる人時を店舗の生鮮食料品部門に準備していなければ、その目標を達成することは難しいといえます。人時が不足すると加工作業を進めることができず、品薄になったり、原材料に近い加工品から丸物・処理済品といったタイプの商品の品ぞろえが増えてしまったりします。つまり、売上高予算の達成に必要な人時数を求め、準備することが求められます。

①変動作業と固定作業の計算

　変動作業や固定作業の計算をするには、まず、作業を変動作業と固定作業に分けます。

　変動作業に該当するのは、販売数（＝加工数）に応じて変化する加工作業です。

　まず、変動作業を計算します。最初に、その日の売上高予算を1個当たりの平均単価で割って販売数量を割り出します。

　例えば、売上高予算が40万円、1個当たり平均単価480円としたとき、400,000円 ÷ 480円 ＝833個が販売数量となります。これに1個当たりの平均加工時間を掛けて必要人時数を求めます。

例：変動作業人時 ＝ 833個 × 100秒 ÷ 3,600秒 ≒ 23人時

　次に、固定作業を計算します。固定作業には、発注、荷受、検品、清掃といった作業があり、曜日により若干異なる場合もあるので、曜日別に基準値を設定しておきます。

　例えば、固定作業の合計が8人時とすると、必要な人時の合計は、変動作業と固定作業を足した次の算式で求めることができます。

例：必要人時 ＝ 23人時 ＋ 8人時 ＝ 31人時

②売上高予算をもとにした必要人時の検証

　上述の計算では、売上高予算から販売数量を割り出し、その数量から必要人時を求めました。

　この販売数量から導き出された必要人時は、1個当たりの加工に必要な作業時間から「積み上げられた数字」です。

　一般的に、人時売上高や人時生産性の基準は、これとは逆に収支の構造から「落とし込まれた数字」です。

　したがって、人時生産性の基準を達成できるかどうかについて、「積み上げられた数字」と「落とし込まれた数字」の突き合わせが必要となります。

　例として、部門別の人時売上高と人時生産性の基準を分析してみると、次表のようになります。

▼人時生産性の部門別基準例

部門	人時売上高(円)	人時生産性(円)	売上高総利益率(%)
鮮魚	13,000	3,800	29.2
青果	15,000	3,500	23.3
精肉	17,000	4,100	24.1
惣菜	11,000	3,700	33.6

　この表で、鮮魚部門の基準値を見ると、人時売上高は13,000円、人時生産性は3,800円です。また、鮮魚部門の1週間分の売上高予算をもとに、販売数量から人時数を計算した表を作成すると、次のようになります。

▼売上高予算にもとづく要員計画（鮮魚部門）例

曜日	売上高予算（円）	1個当たり単価（円）	販売数量（個）	1個当たり加工時間（秒）	変動作業（人時）	固定作業（人時）	必要人時（人時）
月曜日	250,000	480	520	100	14	8	22
火曜日	200,000	480	416	100	11	8	19
水曜日	250,000	480	520	100	14	8	22
木曜日	200,000	480	416	100	11	8	19
金曜日	300,000	480	625	100	17	9	26
土曜日	350,000	480	729	100	20	8	28
日曜日	450,000	480	937	100	26	9	35
合計	2,000,000	480	4,163	100	113	58	171

　週の合計を見てみると、鮮魚部門の売上高予算は200万円、必要人時は171人時となっています。

　このときの人時売上高は次のようになります。

　人時売上高 ＝ 2,000,000円 ÷ 171人時 ＝11,696円

　これと鮮魚部門の人時売上高基準13,000円と比較すると、次のパーセンテージが求められます。

　11,696円 ÷ 13,000円 ＝ 90％

　結果から見ると、基準よりも下回っていることがわかります。つまり、販売数量から割り出した必要人時に合わせて出勤計画を立てたとしても、人時売上高の基準は達成できない計算になります。

　同様に、人時生産性をチェックすると、2,000,000円 × 0.292 ÷ 171人時 ＝3,415円となり、基準3,800円を達成していないことがわかります。

　実際には、こうした矛盾を抱えた状況のまま、出勤計画や配置計画を立てる場合が多い傾向にあります。基準となる人時売上高や人時生産性を達成するためには、1個当たりの加工時間を短縮するなどの工夫が求められます。

2 作業計画の見直し

小売業界などにおいて、1日に2回、新たな商品をディスプレイして販売することを「ワンデイ・ツーオープン」と呼んでいます。開店時間が1日に2回あるという意味ですが、1日1回の加工作業（1サイクル）で済ませるほうが高効率であることは間違いありません。

商品を新たに加工しようとすると、前処理と後処理が発生します。前処理とは、原材料を作業場所まで持ち出したり、調理器具を準備したりといった作業です。後処理とは、原材料を元の位置に保管し、調理器具の後片づけや作業場の清掃などを行うことをいいます。仮に1日に2回の加工となれば、人時は2倍となります。

①サイクル加工別商品動向

1サイクル加工の場合の、売上高と在庫の動きを見ていくこと、次図のようになります。

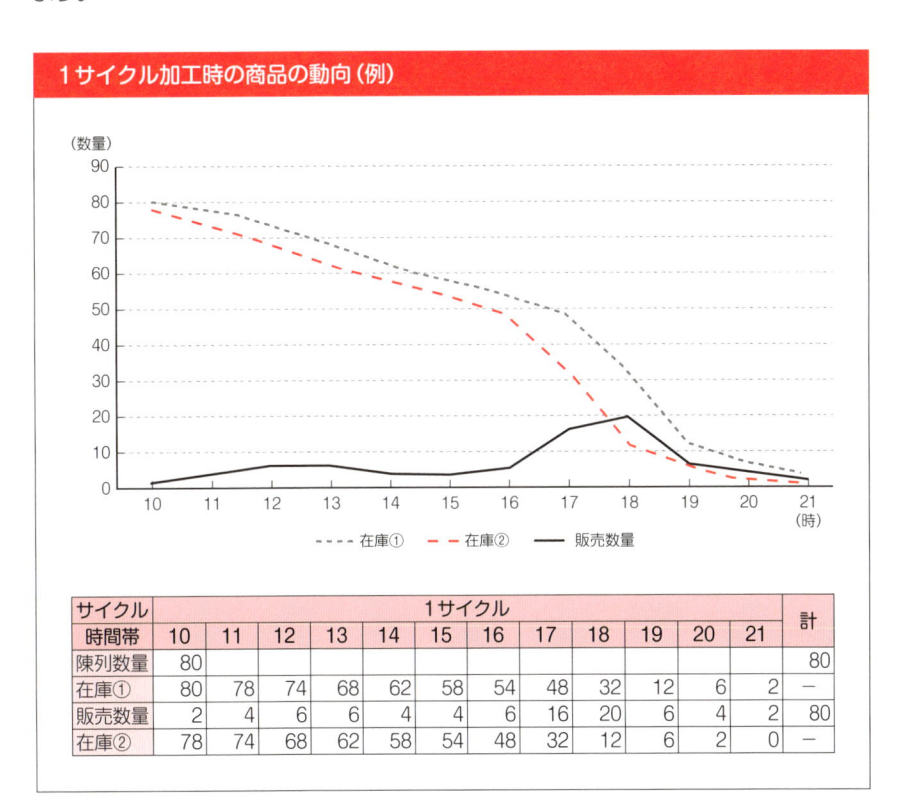

1サイクル加工時の商品の動向（例）

サイクル	1サイクル												計
時間帯	10	11	12	13	14	15	16	17	18	19	20	21	
陳列数量	80												80
在庫①	80	78	74	68	62	58	54	48	32	12	6	2	－
販売数量	2	4	6	6	4	4	6	16	20	6	4	2	80
在庫②	78	74	68	62	58	54	48	32	12	6	2	0	－

1サイクルの加工では、次のような問題が発生するおそれがあります。

1) 夕方になると鮮度が落ちる。
2) 朝の作業が集中し、商品の補充が遅れる。
3) 最大在庫が増加し、品ぞろえが少なくなる。

　一方、1日2回に分けて商品が加工、ディスプレイされた2サイクルの加工のケースを見ていくと、次図のようになります。

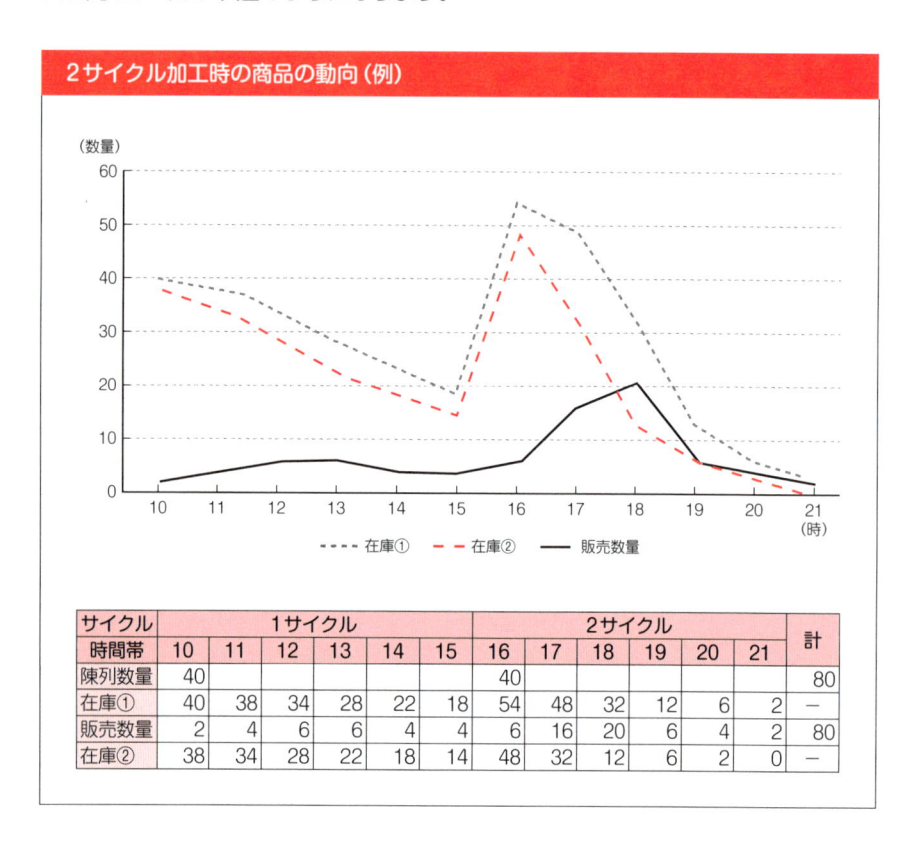

2サイクル加工時の商品の動向（例）

サイクル	1サイクル						2サイクル						計
時間帯	10	11	12	13	14	15	16	17	18	19	20	21	
陳列数量	40						40						80
在庫①	40	38	34	28	22	18	54	48	32	12	6	2	―
販売数量	2	4	6	6	4	4	6	16	20	6	4	2	80
在庫②	38	34	28	22	18	14	48	32	12	6	2	0	―

2サイクルの加工では、次のようなことがわかります。

1) 売上高の動きは同じでも、在庫の動きが大きく変化している。
2) 夕方の時間帯によく売れる商品は、それに合わせてディスプレイされるため、鮮度劣化は起きにくい。
3) 作業についても朝以外の時間帯への分散ができ、最大在庫の位置も下がる。

②生鮮食料品における仕越し作業

1) 仕越しとは

「仕越し」とは、商品化の一部を前日に済ませておくことです。開店時には各種の作業が集中するため、品ぞろえが間に合わないことが起こらないように、開店時に品ぞろえすべき商品を明確にし、その商品を開店時に100％そろえることを目標として、前日に仕越し作業が行われます。

鮮魚などでは、鮮度の問題があるので1次加工までの作業となります。

2) 仕越しを考慮した人時計算

仕越しを考慮した人時計算を見てみると、次図のようになります。

なお、翌日の何％の作業を仕越しするかを表した指標を「仕越し作業比率」といいます。

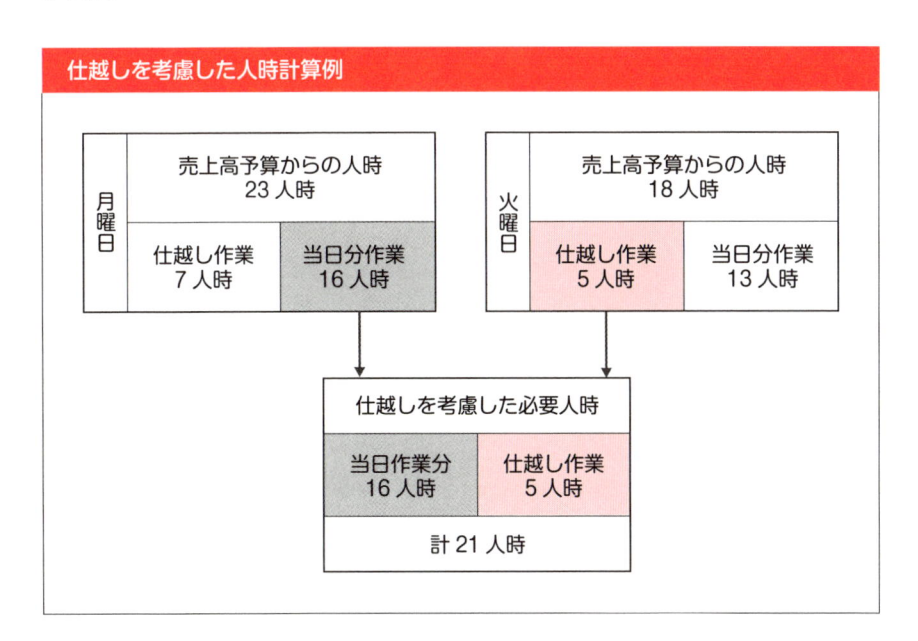

仕越しを考慮した人時計算例

月曜日　売上高予算からの人時　23人時
　仕越し作業　7人時　／　当日分作業　16人時

火曜日　売上高予算からの人時　18人時
　仕越し作業　5人時　／　当日分作業　13人時

仕越しを考慮した必要人時
　当日作業分　16人時　／　仕越し作業　5人時
　計21人時

③人時削減のポイント

　人時を削減する最大のポイントは、作業工程を分解し、どの作業にどれだけのコスト（人時）がかかっているかを把握するとともに、1個当たりの平均加工時間を計画的に短縮していくことです。

OJTの実践方法

OJTでは、業務知識や商品知識ばかりではなく、考え方や進め方なども指導育成することが求められます。

重要度：★☆☆

● OJTを行うにあたって、効果的に進めるために、従業員の教育のポイントを理解することが重要です。

● OJTでは、姿勢や意図など、指導の背景を含めて指導する必要があることをしっかりと理解しておきましょう。

1 OJTの機会

OJT（On the Job Training）とは、上司が部下の従業員に日常の業務を通して仕事に必要な知識、技能、態度などを計画的、継続的に指導育成することです。併せて、**実務上の知識・技能だけではなく、上司の考え方などを指導育成することも重要です**。したがって、OJTは日常業務のさまざまな場面で実施する必要があります。

以下に、管理者または店長が従業員に指導するケースを例示します。

①ケース1：「**返品対応**」

指導内容：「当店では、お買い上げいただいた商品にご満足いただけない場合、いつでもお取り換え、ご返金いたします」という顧客対応について、なぜそうすることが大切なのかを、実際の例も交えて説明した。

学習内容：**顧客に対する当店の姿勢**、**顧客に対する上司の姿勢**

②ケース2：「**苦情対策**」

指導内容：顧客から苦情が出た場合、上司ひとりで対策を決めてしまうのではなく、部下の従業員と一緒に「なぜ不手際が起きたのか」「同じミスを繰り返さないようにするにはどうすればよいのか」を考え、対策を決めて実行していくことにした。

学習内容：**顧客の立場に立ってものごとを考える姿勢**、**真の問題を発見し、その問題を解決する業務改善過程**

③ケース3：「経験談」

指導内容：従業員が、商品知識をどのようにして覚えればよいのか悩んでいたので、自分がどのようにして商品知識や接客の仕方を身につけてきたかの経験談を語り、参考になる教材や専門誌などについてアドバイスした。

学習内容：**自己啓発の大切さ**、**自ら学ぼうとする意欲**、**みんな苦労しているのだという安心感**

④ケース4：「悩み相談」

指導内容：従業員が元気のない様子なので、売場をパートタイマーに任せ、夕食に誘い、それとなく悩み事を聞いてみた。悩みについて一緒に考え、自分のできる限りの助言をした。

学習内容：**コミュニケーション（人と人のふれあい）の大切さ**、**上司への信頼感**

２ 管理者が心がけるべきOJTのポイント

①新しい仕事を割り当てるとき

・従業員の現状レベルより少しだけ上回るような仕事を割り当てる。

②仕事を指示するとき

・指示する仕事の目的や意義、重要性を説明する。

・どのように、いつまでに、その仕事を完了させるのかを明確に示す。

・ノウハウや注意すべき点など、仕事の進め方のポイントを明確に示す。

③仕事に取り組んでいるとき

・目を配り、声掛けをしたりして進捗状況を確認する。

・重要な仕事や、長期にわたる仕事を任せている場合は、中間報告を求める。

・仕事の進め方で修正が必要な場合、支援やアドバイスをする。

④話し合うとき

・従業員は話をすることを要求されて初めて自分の頭を整理することができるので、答えのわかっていることでも従業員に質問し、従業員自身に話をさせる。

⑤相談を受けたとき

・従業員の言葉の奥にある真意や感情が何なのかを把握するため、話を最後までしっかりと聞く。

・状況や原因を把握し、アドバイス、支援、指導、激励など、従業員が抱えている問題に応じた対応を行う。

⑥褒めるとき

・「やらせてそのまま放ったらかし」にするのではなく、実行したことについては、率直に評価する。

・事実だけを具体的に心から褒める。

⑦叱るとき

・感情的にならず、事実にもとづいて叱る。

・従業員と一対一の場面をつくり叱る。

・頭ごなしの改善命令ではなく、「なぜ改善するのか」「何を改善すればよいのか」従業員自身に気づかせるよう仕向ける。

・上司が期待する具体的な改善方法を示す。

⑧報告を受けるとき

・仕事は報告で終わることを従業員に徹底する。

・従業員の報告を最後まで聞く。

・仕事の過程の中で、問題点はなかったか、お互い省みる。

・今後、改善が必要な点については、指導ポイントや自己学習ポイントとして明示する。

・従業員が報告を終えたときは、「ご苦労さま」の言葉をかける。

3 効果的なOJTの実践ステップ

　職場におけるすべての機会をOJTの機会として捉えることが必要となります。場当たり的な指導では、効果的なOJTを行うことはできません。

　OJTを効果的に進めるため、次表に示すOJTのステップを理解し、計画的に実施することが求められます。

▼効果的なOJTの実践ステップ

ステップ	テーマ	内容
Step-1	職務基準の理解	・目標達成のために必要な能力の要件を知り、部下の従業員と共有化する。 ・全社、全店、自店などの方針と目標を部下と共有化する。
Step-2	教育必要点の把握	・部下の従業員の仕事ぶりから現状の能力を評価し、不足している能力を明確化する。 ・長期と短期の視点から育成の必要な点を把握する。
Step-3	指導計画の決定	・指導項目を決定する。 ・指導期間やスケジュールなどを決定する。 ・指導方法や使用ツールなどを確認する。
Step-4	指導の実施	・指導計画に従い、OJTを推進する。 ・自己啓発を促進する。 ・指導計画の修正と指導項目の追加を行う。
Step-5	指導成果の確認	・従業員の習得状況や出来映えを評価する。 ・本人と上司の評価の相互確認を行う。 ・次回への課題や目標を設定する。 ・指導方法などを反省する。
Step-6	反復・追加指導	・上司が期待するレベルに能力が向上するまで繰り返し指導する。

4　OJTを推進する力

管理者の役割の1つは部下を育成し、伸ばすことです。**管理者の育成意識の強弱で部下の成長は大きく異なります**。また、**部下自身が学ぼうとする意欲も欠かせない要素です**。管理者の意識と、部下の意欲の関係を次図に示します。

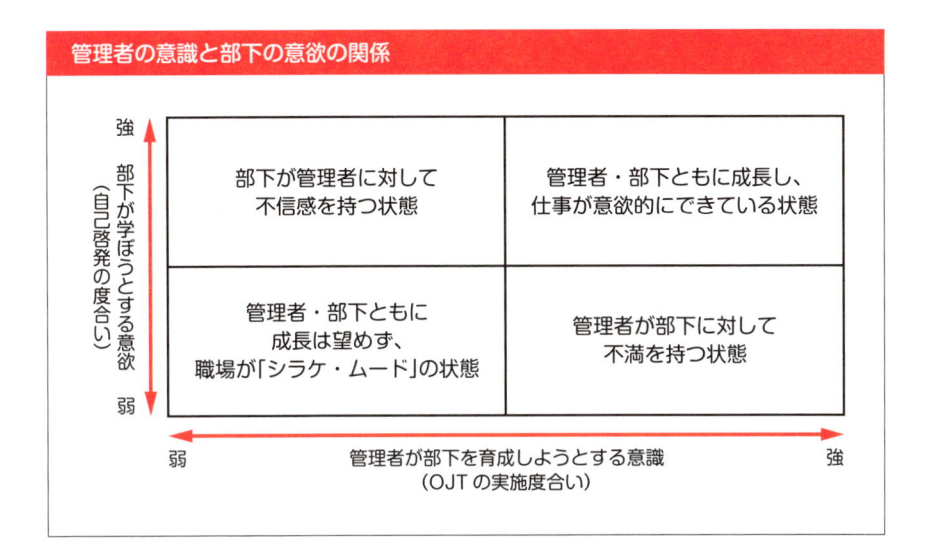

管理者の意識と部下の意欲の関係

	弱　管理者が部下を育成しようとする意識（OJTの実施度合い）　強
強　部下が学ぼうとする意欲（自己啓発の度合い）　弱	部下が管理者に対して不信感を持つ状態 / 管理者・部下ともに成長し、仕事が意欲的にできている状態 / 管理者・部下ともに成長は望めず、職場が「シラケ・ムード」の状態 / 管理者が部下に対して不満を持つ状態

● OJTにおいて管理者は、新しい仕事を与えるとき、仕事の指示をするとき、仕事に取り組んでいるとき、話し合うとき、相談を受けたとき、褒めるとき、叱るとき、報告を受けたときなど、それぞれのポイントに合わせた指導を心がけることが求められます。

27 OJTの効果的な指導方法

OJTには効果的な指導方法があります。

● 指導される側がどういったステップで習熟していくのか、具体的に理解しておくことが重要です。

● 単に現場で教えることがOJTではありません。教えられる側の理解度、習熟度に合わせた指導ポイントがあることを理解しておきましょう。

1 効果的な指導方法のステップ

　管理者や店長は、OJT実施にあたり、効果的な教え方を理解しておく必要があります。1つの作業を教えるにあたり、効果的な指導方法を理解したうえで進めることにより、部下は作業のやり方だけでなく、仕事への考え方も含めて学ぶことができます。効果的な指導方法のステップは次のようになります。

　第1段階：**教える準備をする**
　第2段階：**実際にやってみせる**
　第3段階：**実際にやらせてみる（実習）**
　第4段階：**教えた後を見る（評価）**

　次ページからの表に、効果的な指導方法におけるステップを明示します。

▼効果的指導方法のステップ

第1段階：教える準備をする			
	手順	具体的方法	教えるポイント
①	従業員をリラックスさせる	・相手が答えられる質問をする。 ・会話レベルで可。	・親しみを込めて尋ねる。
②	何の仕事をしてもらうかを話す	・「発注という仕事をいまからやってもらいます」などと言う。 ・必要に応じ、道具名、商品名などを加える。	・教えようとする仕事の名前などを具体的に話す。
③	その仕事の認識度を確かめる	・「発注という仕事をやったことがありますか?」などと言う。 ・必要があれば、簡単に作業や使用する端末機や商品、帳票、規準、手引書について話をして、上記の質問を行う。	・具体的に、だんだん細かく質問を重ねていく。 ・不正確な知識や間違ったやり方の習慣がついているときは、その箇所をチェックしておき、もう一度やらせる必要がある。
④	仕事を覚えたいという気持ちにさせる	・できた状態を見せる。 ・その仕事の性質とでき上がりの状態の関係を話し、仕事の意義や役割の重要性を教える。 ・自店や顧客に対するその仕事の価値を伝える。	・不必要に好奇心や競争心などを駆り立てない。 ・正しいやり方をすれば安全だということを強調する。
⑤	正しい位置につかせる	・仕事の動作がよく見える場所につかせる。	・身体位置、手先の場所を考える。 ・すべての準備ができ、その商品、帳票、手引書などについての知識が与えられたら第2段階へ。
第2段階：実際にやってみせる			
	手順	具体的方法	教えるポイント
①	主なステップどおりに1つずつ口と動作で示す	・作業手順の主なステップだけを、区切りをつけて、1つずつ口と動作で説明する。 ・主なステップに移るとき、動作を止めて「その次は」という言葉を挟む。	・作業の過程を最初は黙ってやってみせる。 ・必要とき以外は手まねを使わない(実物教育が原則)。 ・間違った方法は使わない。 ・簡単な言葉を使って説明する。 ・専門用語や職場語は、説明してから用いる。

(次ページに続く)

	手順	具体的方法	教えるポイント
②	重点を強調する	・主なステップに対応させ、「…するときに大事なことは」などと言う。 ・重点がわかるように、動作と重点を一致させる。 ・語調を強く、繰り返して重点を教える。	・主なステップと重点は、必ず分けて強調する。 ・重点を強調するために身振りをしたり、アクセントをつけたりする。
③	はっきりと抜かりなく、根気よく、理解する能力以上に強いない	・再度、主なステップと重点を説明し、その理由を付け加えながら、動作を見せる。 ・「ここで大事なことは何でしたか?」といった質問をして (2〜3回)、相手の重点の理解を確かめる。 ・その従業員の答えられそうな重点の理由を質問する。	・相手または仕事によっては2回に分ける。 ・不十分と思われる場合、回数を重ねて説明する。 ・習得の遅いときは、計画を変えて2段階またはそれ以上に分けて実行する。 ・焦ったり、怒ったり、自己満足に陥ったりしない。
	第3段階:実際にやらせてみる(実習)		
	手順	具体的方法	教えるポイント
①	やらせて、見て、間違いを直す	・「それでは、自分でやってみてください」などと言う。 ・説明した方法と違ったら、すぐやめさせて直す。 ・直す場合、「こうするともっとうまくいくよ」「こうすればもっと簡単だよ」「このところがまだ十分ではないね」などと言う。	・従業員が実行するのを正しい位置から見る。 ・間違いが多いときは、1つずつ直していく。 ・できるまでやらせる。 ・間違えた原因を確かめるための質問をする。 ・よくわかっていない点は、もう一度、第2段階に戻って説明する。
②	やらせながら作業を説明させる	・「今度は何をやっているか(手順)を言いながら、やってください」などと言う。	・間違いなく実行できるようになってから説明させる。 ・主なステップが第2段階で説明したとおりに言えるかどうか確かめる。 ・説明ができなかったら、知っているところまで戻って、説明する。
③	できるようになったか確かめる	・指導マニュアルなどのチェック項目にもとづき、一つひとつ確認する。	・うまくやれたら、すぐに褒める。

(次ページに続く)

第4段階：教えた後を見る（評価）		
手順	**具体的方法**	**教えるポイント**
① 仕事に就かせる	・継続してやらせる。 ・練習させる。	・励ましの言葉をかけて継続を促す。
② わからないときに聞く担当者を決めておく	・「わからないことがあったら、私は、ここ（どこそこ）にいます」などと言う。	・「わからないときは、まず自分（リーダー）に聞け」が重要である。 ・自分（リーダー）の居場所およびそこへはどう行けばよいかをはっきり話す。 ・代行者を決める場合には、その人の氏名（役名）、その人がその仕事についての熟練者であること、居場所、そこへ行く順路などをはっきり伝える。
③ 質問するように仕向ける	・「今教えた仕事の方法について、何か質問はありませんか?」などと聞く。 ・「もし、あなたに何かわからないことがあったら、いつでも私に聞いてください」などと言う。	・「わかったか」という高圧的な態度ではなく、誰もが疑問を抱きそうなことを尋ねてみる。
④ 何回か教えた後、実際の仕事ぶりをチェックする	・「10分たったら、あなたの仕事状況を見せてもらいに行きます」などと言う。 ・「でき上がったら見せてください」などという言い方もある。	・例えば、「仕事の正確さを確かめるため10分後」「仕事の早さを調べるため5分後」などといったように計画的にチェックする。 ・チェックしたとき、よくできていたら褒める。 ・1週間、1か月後にできているかどうかをチェックする。
⑤ 指導の回数や時間を徐々に少なくする		・教えた方法が十分身について、習慣的にできるようになったら、その仕事の教育を終了する。

出典：カリアック「販売士ハンドブック＜発展編＞」P120〜122

3

ストアオペレーション

問 1　次の文中の〔　〕の部分に、下記に示すア〜オのそれぞれの語群から最適なものを選びなさい。

〔　ア　〕と管理手段（Controls）の関係は、「適切な管理手段（測定と評価）は管理能力を高める」と置き換えることができる。管理手段を管理と勘違いすると、精緻、かつ、煩雑な〔　イ　〕を採用することがよい管理であると思い込み、場合によっては〔　ウ　〕の無駄遣いが起きる。

〔　エ　〕は、マネジメントの道具であり、経営行動を分析するものである。その分析は経営行動の診断に用いられ、マネジメントの〔　オ　〕に役立てられる。

【語群】

ア　1. 監視　　　　　2. 記録手段　3. 管理　　4. 手続き

イ　1. 定量的管理手段　2. 機械的管理
　　3. 定性的管理手段　4. 人的管理

ウ　1. 費用　　　　　2. 時間　　　3. 従業員　4. 資源

エ　1. 行動科学　　　2. 経営科学　3. 近代科学　4. 数値科学

オ　1. 効率化　　　　2. 意思決定　3. 削減　　4. 管理

問 2　次の文中の〔　〕の部分に、下記に示すア〜オのそれぞれの語群から最適なものを選びなさい。

発注の仮説を立てるには、さまざまな情報が求められる。発注数量を左右する情報には、以下のようなものがある。

1）自店の顧客情報には、〔　ア　〕と居住地域、自店での買上商品
などがある。
2）顧客の生活情報には、社会行事、〔　イ　〕、家庭行事、季節ごと
の料理、流行や習わししなどがある。
3）〔　ウ　〕には、天候、気温などがある。
4）商品の特性には、〔　エ　〕、食べ方、鮮度などがある。
5）商品の売り方には、売価、陳列位置、〔　オ　〕、チラシ広告、クー
ポン券、関連販売、試食、売切り、ディスプレイパターンなどが
ある。

【語群】
ア　1．学歴　　　　2．出生地　　　3．来店頻度　4．人種
イ　1．国際行事　　2．地域行事　　3．国家行事　4．会社行事
ウ　1．条件　　　　2．前提　　　　3．規定　　　4．与件
エ　1．ライフサイクル　　　　2．発注サイクル
　　3．ライフプラン　　　　　4．リードタイム
オ　1．保管　　　2．フェイシング
　　3．集荷　　　4．検品

問3　次のア〜オについて、正しいものには1を、誤っているものには2
を記入しなさい。

ア　効率を低下させることなく効果を高める方法論としてLSPが生
み出された。LSPは、データにもとづいた効率的な人員配置と
作業の標準化により、人件費を増加させずに利益確保や顧客サー
ビスの向上を実現するという理論である。
イ　一般的に、売上高対人件費比率は小売業全体平均で約40%、販
売費及び一般管理費に占める人件費の割合は80%近くといわれ
ており、コストの中心は人件費である。
ウ　LSPシステムの導入によりもたらされる効果の1つとして、最
適な勤務計画の策定があげられる。部門ごとの目標売上高や客数
予想を入力することにより、最適な勤務体制の策定が容易になる。

エ　労働生産性は、「従業員の労働の成果」の指標としての効率を示すもので、従業員1人当たり、あるいは1時間当たりの労働の成果として計測するのが一般的です。

オ　小売業にとって仕入費用は常に最大の費用であり、仕入費用をいかにコントロールするかが店舗運営上の生命線となります。

問4　次のア〜オについて、正しいものには1を、誤っているものには2を記入しなさい。

ア　営業利益率を向上させる場合、販売費及び一般管理費の中身に注目する必要がある。最大の費用は人件費であり、売上高に占める人件費の割合である人件費率は、小売業では20〜30%というのが一般的数値である。

イ　ローコストオペレーションへのアプローチの1つに、作業そのものの効率化のアプローチがある。商品補充、ディスプレイ方法、販売方法などの削減を行い、販売員の削減を目指すものである。

ウ　小売業の販売促進費は極めて雑多であり、業種、店舗形態、小売業の政策などによってばらつきがあるものの、一般には、売上高総利益率25%の小売業であれば、売上高に対して2%程度（販促費率）、売上総利益に対して8%程度（販促費分配率）といわれている。

エ　生鮮食料品のロス管理には3ステップがあり、第3段階では、在庫段階でロスを抑える。加工でのミスにより作りすぎてしまったような場合、それらは店頭在庫となる。この段階で売れ残りそうな商品は、見切りのタイミングを早めると、値下幅を狭めることができ、また、買い得感が増して、よく売れる傾向があり、ロスを抑えることができる。

オ　特売のプロセスを分析すると、そのプロセスは「前工程」と「後工程」に大別することができ、作業効率化にあたってのポイントは、前工程がやりやすいように後工程が合わせることである。

問5 次のア〜オについて、正しいものには1を、誤っているものには2
を記入しなさい。

ア 管理者が心がけるべきOJTのポイントとして、話し合うときは、
従業員は話をすることを要求されて初めて自分の頭を整理するこ
とができるので、答えのわかっていることでも従業員に質問し、
従業員自身に話をさせる。

イ 効果的なOJTの実践ステップにおいて、Step-4：指導の実施で
は、指導者の指導計画だけに従い、OJTを推進する。

ウ 効果的指導方法のステップにおいて、実際にやってみせる第2
段階では、作業手順の主なステップだけを、区切りをつけて、1
つずつ口と動作で説明し、作業の過程を最初は黙ってやらせてみ
る。

エ 効果的なOJTの実践ステップにおいて、Step-5：指導成果の確
認では、従業員の習得状況や出来映えを評価し、次回への課題や
目標を設定する。また、指導方法などを反省する。

オ 教えた後を見る（評価）第4段階では、わからないときに聞く
担当者を決めておき、「わからないことがあったら、私はここ（ど
こそこ）にいます」などと伝える。「わからないときは、まず自
分（リーダー）に聞け」が重要であり、自分がいないときは待機
させる。

答え合わせ

問1　正解：アー3　イー1　ウー4　エー2　オー2

解説

　管理（Control）と管理手段（Controls）の関係は、「適切な管理手段（測定と評価）は、管理能力を高める」と置き換えることができます。管理手段を管理と勘違いすると、精緻、かつ、煩雑な定量的管理手段を採用することがよい管理と思い込み、場合によっては資源の無駄遣いが起こります。

　経営科学は、マネジメントの道具であり、経営行動を分析するものです。その分析は経営行動の診断に用いられ、マネジメントの意思決定に役立てられます。

問2　正解：アー3　イー2　ウー4　エー1　オー2

解説

　発注の仮説を立てるには、さまざまな情報が求められます。発注数量を左右する情報には、以下のようなものがあります。

1）自店の顧客情報
　　1）来店頻度と居住地域（どこから、どのくらいの頻度で来店しているか）
　　2）自店での買上商品（何を中心に購入しているか）
2）顧客の生活情報
　　1）社会行事（立春、七夕、盆、父の日、端午の節句など）
　　2）地域行事（入学式、春休み、プール開き、修学旅行、子ども会など）
　　3）家庭行事（誕生日、結婚記念日、家族旅行、帰省など）
　　4）季節ごとの料理
　　5）流行や習わし
3）与件（天候、気温など）
　　1）天候（晴れ、曇り、雨、雪、台風、日照時間、じめじめ・乾燥など）
　　2）気温（体感温度、暑い・寒いなど）
4）商品の特性
　　1）ライフサイクル（旬・季節商品、新商品・主力商品・衰退商品など）
　　2）食べ方（料理材料、素材、スナック、おつまみなど）
　　3）鮮度（家庭でストックする・しない）

5) 商品の売り方
- 1）売価（最寄品であれば継続的に購入できるような売価を主体としているか）
- 2）陳列位置（顧客導線上から目立つかどうか、売りたい商品を顧客の手の届く位置・高さに陳列しているか）
- 3）フェイシング（売れ筋商品ほどフェイス数を増やしているか）
- 4）チラシ広告、クーポン券、関連販売、試食（魅力的なプロモーションが定期的に行われているか）
- 5）売切り（腐敗する度合いが高い生鮮食料品を適時に、値下しているか）
- 6）ディスプレイパターン（商品の特性や販売目的に合わせた陳列パターンの選択、異品種異品目のテーマ別集合などの工夫を凝らしているか）

問3 正解：アー1　　イー2　　ウー1　　エー1　　オー2

解説

ア　効率を低下させることなく効果を高める方法論として LSP が生み出されました。LSP は、データにもとづいた効率的な人員配置と作業の標準化により、人件費を増加させずに利益確保や顧客サービスの向上を実現するという理論です。

イ　一般的に、売上高対人件費比率は小売業全体平均で約 20%、販売費及び一般管理費に占める人件費の割合は 60% 近くといわれています。このようにコストの中心は人件費であり、人件費の高騰という問題は労働集約型産業としての小売業の経営管理上、極めて重要な課題となっています。

ウ　LSP システムの導入によりもたらされる効果の 1 つとして、最適な勤務計画の策定があげられます。衣料品や生鮮食料品など、部門ごとの目標売上高や客数予想を入力することにより、時間帯ごとに必要な要員を算出・配置できるなど、最適な勤務体制の策定が容易になります。

エ　労働生産性は、「従業員の労働の成果」の指標としての効率を示すもので、従業員 1 人当たり、あるいは 1 時間当たりの労働の成果として計測するのが一般的です。「従業員の労働の成果」は従業員の協働の結果として稼ぎ出した付加価値とされ、通常、売上総利益（粗利益）を用い、数式としては「人時生産性 ＝ 売上総利益 ÷ 総労働時間（指標として平均月間数値を用いる）」となります。

オ　小売業にとって人件費は常に最大の費用であり、人件費をいかにコントロールするかが店舗運営上の生命線となります。人件費には、給与や賞与、福利厚生費、教育費などが含まれますが、勘定科目による人件費のコントロールには限界があり、人時管理で人件費をコントロールすることが求められます。「人件費 ＝ 総人時 × 1 人時単価」と考えると、人件費を削減する方法は、総人時を削減するか 1 人時単価を下げるかのどちらかしかありません。

総人時を削減するためには業務プロセスの変革が必要であり、1人時単価を下げるためには、要員構造を変革することが必要となります。

問4 正解：アー2　　イー2　　ウー1　　エー1　　オー2

解説

ア　営業利益率を向上させる場合、販売費及び一般管理費の中身に注目する必要があります。最大の費用は人件費であり、売上高に占める人件費の割合である人件費率は、小売業では 8 ～ 10% というのが一般的数値です。

　　ただし、人件費率が高くても売上高総利益率が高ければ営業利益率は高くなる場合もありますので、売上総利益に占める人件費の割合である「労働分配率」が重要な指標となります。労働分配率は、小売業では 45 ～ 48% というのが一般的数値で、50% を超えると危険領域といわれています。

イ　ローコストオペレーションへのアプローチの1つに、作業そのものの効率化のアプローチがあります。商品補充、ディスプレイ方法、販売方法などの作業分析を行い、効率化を目指します。作業分析にあたっては、作業の種類を少なくする、作業種類別の量を少なくする、という2つの方向から見直していく必要があります。

ウ　小売業の販売促進費（販促費）の内訳は、極めて雑多であり、業種、店舗形態、小売業の政策などによってばらつきがあるものの、一般には、売上高総利益率25% の小売業であれば、売上高に対して 2% 程度（販促費率）、売上総利益に対して 8% 程度（販促費分配率）といわれています。

エ　生鮮食料品のロス管理には3ステップがあり、第3段階では、在庫段階でロスを抑えます。仮に、加工の段階でもミスが発生し、販売状況が悪いにもかかわらず作りすぎてしまったような場合、それらは売場にディスプレイされ、店頭在庫となります。この段階で売れ残りそうな商品は、見切りのタイミングが遅いと必然的に商品ロスが多くなりますが、見切りのタイミングを早めれば値下幅を狭めることができます。少ない値下幅でも顧客にとっては買い得感が増すことで、販売ピーク時にもさらによく売れる傾向があり、ロスを抑えることができます。

オ　特売のプロセスを分析すると、そのプロセスは「前工程」と「後工程」に大別することができます。作業効率化にあたってのポイントは、後工程がやりやすいように前工程を進めることです。

問5 正解：アー1　イー2　ウー2　エー1　オー2

解説

ア　管理者が心がけるべき OJT のポイントとして、話し合うときは、従業員は話をすることを要求されて初めて自分の頭を整理することができるので、答えのわかっていることでも従業員に質問し、従業員自身に話をさせます。

イ　効果的な OJT の実践ステップにおいて、Step-4：指導の実施では、指導計画に従い自己啓発を促進しながら、OJT を推進します。

ウ　効果的指導方法のステップにおいて、実際にやってみせる第2段階では、作業手順の主なステップだけを、区切りをつけて、1つずつ口と動作で説明し、作業の過程を最初は黙ってやってみせます。間違った方法は使わず、簡単な言葉を使って説明し、専門用語や職場語は、説明してから用います。

エ　効果的な OJT の実践ステップにおいて、Step-5：指導成果の確認では、従業員の習得状況や出来映えを評価し、次回への課題や目標を設定します。また、指導方法などを反省します。

オ　教えた後を見る（評価）第4段階では、わからないときに聞く担当者を決めておき、「わからないことがあったら、私はここ（どこそこ）にいます」などと伝えます。「わからないときは、まず自分（リーダー）に聞け」が重要であり、自分（リーダー）の居場所およびそこへはどう行けばよいかをはっきり話します。代行者を決める場合には、その人の氏名（役名）、その人がその仕事についての熟練者であること、居場所、そこへ行く順路などをはっきり伝えます。

MEMO

マーケティング

マーケティング概論

小売業は、顧客志向を重視して、リテールマーケティングの理念を確立することが求められています。

重要度：★★☆

●マーケティングの基本的概念と、その基本的概念を具体化するための行動規範である5つの指導原理を押さえましょう。

●マーケティングの基本的概念の変遷を理解するとともに、顧客志向のマーケティングを実現するために必要となる指導原理をしっかりと理解しましょう。

1 マーケティングの基本的概念

　マーケティングの基本的な概念は、小売業が市場活動を行う際の、理念または店舗経営の基本的な姿勢・考え方です。日本にマーケティングの概念が導入されて以来、時代とともに、その概念も変遷しています。

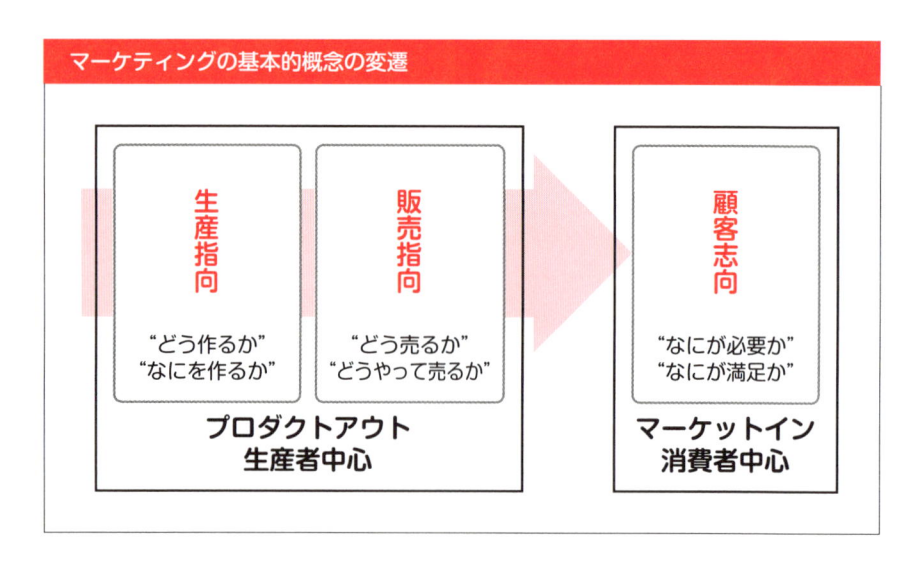

マーケティングの基本的概念の変遷

生産指向	販売指向		顧客志向
"どう作るか" "なにを作るか"	"どう売るか" "どうやって売るか"		"なにが必要か" "なにが満足か"
プロダクトアウト 生産者中心			マーケットイン 消費者中心

　小売業におけるマーケティングの理念はおおむね次のとおりです。

①小売業は利益を追求するものの、利己主義であってはならず、市場の必要性や顧客の満足、社会への貢献を追求することが、小売業に存在意義を与える。
②現在から将来にわたる、市場や顧客の欲求・ニーズを的確に把握し、それらに商品やサービスを適合させる努力を続けなければならない。
③短期的、中期的、長期的視点に立ち、小売業の維持・発展を追求する。
④小売業組織におけるマーケティング活動に対する管理運営体制を改革し、店舗経営を効果的に展開する必要がある。

2　マーケティングの指導原理

　マーケティングの基本的概念を受け、小売業経営の諸活動を通して具体化させるための行動規範が、次の5つの指導原理です。

①需要創造の原理
　需要は固定的なものではなく、経済動向などにより流動的に変化するものであるが、小売業側からの積極的な働きかけによっても需要は拡大・創造される。

②非価格競争の原理
　価格以外の手段によって、商品の優位性のある特徴をアピールすることで、競争条件を有利にし、購買意欲を喚起することが求められる。

③販売中枢性の原理
　「生産したものを売る」から「売れるものを生産要請する」へと、小売業の経営姿勢が移り、それに伴い店舗の担う期待や役割も変わっている。そのため組織体制も販売活動を中心に据えて、さまざまな活動を統合させることが必要となってきている。

④主体性維持の原理
　マーケティングの基本的概念である顧客志向として、単に顧客に従属するのではなく、小売業として主体性を持ち、対市場活動を行うことが求められている。

⑤科学的市場認識の原理

　顧客志向の理念を実現するためには、市場や顧客の実態を正確に把握しなければならない。そのためには、市場調査、心理テストなど、科学的な調査や分析といった技術を駆使して市場の実態を把握し、妥当かつ適正なマーケティング活動を遂行しなければならない。

●一般に、競争は値引に象徴されるような価格競争が主体であると考えられてきましたが、それは「利益なき繁栄」に進む危険性があります。それらを避けるためにも、店舗の雰囲気や商品特化、返品サービスなど、非価格競争による競争優位の確立が求められています。

●景気などの影響に合わせたり、顧客に従属するのではなく、科学的に市場を分析し、主体性を持って小売業の側から積極的に働きかけることで、価格競争に陥ることなく購買意欲を喚起することが可能になります。

Theme 2 生活者の欲求と行動

マーケティングにおいて、消費者は「生活者」であり、文化的・社会的背景の中で、感情や心理的要因により行動を起こします。

重要度：★☆☆

●市場は生活者の集まりであり、その市場（商圏）を把握するにあたり、市場の構成員である特定の生活者に注目する必要があります。

●生活者の購買行動を起こさせるプロセスや、生活者の行動に影響をもたらす要因（動機）が何かをしっかりと理解しておきましょう。

1 生活者の欲求と行動

①生活者と市場

　マーケティングを実施するにあたり、**消費者を「生活者」として捉えることが重要**です。生活者は、文化的・社会的背景の中に生きる人間であり、嗜好や欲求が環境的刺激により変化し、**感情や心理的要因に影響を受けながら選択行動を起こします**。したがって、生活者を把握するには、経済的な立場だけでなく、社会学、心理学、生態学的な観点を統合した学際的なアプローチが求められます。

　P.コトラーは、生活者の集まりである市場（商圏）に関し、市場創造、あるいは消費者行動の特性を把握するには、次の「**4つのO**」**と呼ばれる質問をすることにより市場を明確にすることが可能**であるとしています。

誰が買うか （Organization）	購買する者、使用する者、提案する者、影響を与えるグループ、決定する者などを明らかにする。
何を買うか （Object）	生活者の購買欲求を満たす効用は何か、小売業の提供条件の何を評価しているのか。
なぜ買うか （Objectives）	購買目的・購買行動は、人間行動の一部であるから、さまざまな要因が影響しているはずである。
どんな方法で買うか （Operations）	購買するためにどのような行動をするか、どこで買うか、商品選択のためにどのような手段を用いているか。

②人間の行動動機

人間の行動を促進するものに動機があり、商品やサービスを購入する際、この**動機が働いて購買行動を起こします**。動機はもともと心理学の分野で研究されていましたが、1950年ごろからマーケティングの分野でも注目され、**動機調査（モチベーションリサーチ）**として活用されています。

E.J.マッカーシーは、購買行動を起こさせる動機を、**情緒的動機**と**合理的動機**に分類しています。

▼購買行動を起こさせる動機

情緒的動機	合理的動機
・感覚の満足：食欲充足、センスのよさ、個人的快楽の確保 ・種族の保存：セックスと結婚、子どもに対する愛情 ・恐怖：自分の保護、他人の保護 ・休養：緊張の緩和、健康の維持 ・自尊心：容姿、財政状態、社会貢献 ・社交性 ・努力：社会的名声獲得、野心、教養の広がり、経済的対抗、経験の蓄積 ・好奇心	・便利さ ・操作性や便宜上の効率 ・使用上の汎用性 ・付加サービスの信頼性 ・耐久性 ・所得力の増進 ・真の生産性の促進 ・購買ないし利用による節約

③欲求とニーズ

　購買動機を発生させる主な要因は「**欲求**」です。欲求は、外部環境や状況に応じて変化し、生活の質が変化すれば、欲求も変化します。

　欲求は潜在的なものですが、**欲求が顕在化したものが**「**ニーズ**」であるといえます。リテールマーケティングにおいては、この**潜在している欲求を探り出し、ニーズとして顕在化させ、そしてそのニーズを満足させることが中心的な課題**となります。

4

マーケティング

得点アップ講座

● マーケティングにはさまざまな分析手法や調査手法があります。それぞれの理論や目的、内容について理解することが、市場 (商圏) の理解を深めることにつながります。

生活者の行動分析

生活者は、購買するまでにいくつかのプロセスをたどり商品やサービスを購入します。

重要度：★★☆

● 生活者が購買に至るプロセスについて、各プロセスの内容を理解することが重要です。

● 購買プロセスを理解したうえで、生活者の行動に影響をもたらす要因が何かをしっかりと理解しておきましょう。

1 生活者行動の分析

①購買過程を分析する

　生活者は、ニーズ、動機、欲求などによって購買行動を起こします。商品やサービスを購入するにあたり、その購入に至るまでにいくつかのプロセスをたどります。そのプロセスの全体的な流れは次図のようになります。

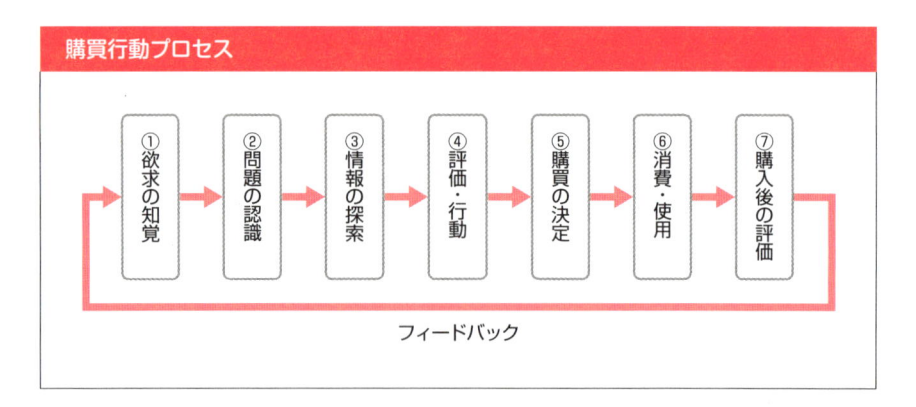

1) 欲求の知覚

購買行動におけるプロセスの始まりは、欲求の知覚です。欲求は、内部と外部の刺激から喚起されます。内部からの刺激は、「喉が渇いたから飲み物が欲しい」「きれいな服を着て他人から褒められたい」といった欲求です。外部からの刺激は、「飲食店の前を通っておいしそうなものを見つけたので空腹を感じた」「友人が新しい服を購入したので自分も買い替えたくなった」というような欲求です。

2) 問題の認識

知覚された欲求を満たすために解決すべき問題が認識されます。仮に、欲求が強く、満足の対象が明確で、すぐに入手可能であれば、生活者は直ちに知覚された欲求を充足しようと行動します。例えば、喉に渇きを感じたとき、自動販売機を見れば、すぐに飲み物を購入するといった場合です。

3) 情報の探索

問題が認識されると、その問題を解決するために情報の探索が行われます。例えば自動車を買い替えたいとなると、車の広告やカタログ、Webサイトの口コミなどを調べるようになります。

4) 評価・行動

生活者が情報を得ると、さまざまな代替案や相対的な魅力を明らかにするために、得た情報を利用して評価します。例えば自動車を買い替えるとすると、いくつかの自動車ディーラーへ行き、試乗したり、性能を評価したりするといった行動を起こします。

5) 購買の決定

自分の欲求を満たす商品やサービスの購買を決定します。

6) 消費・使用

購入したものを（一定期間）使用します。

4

マーケティング

7) 購入後の評価

　実際に使用してみて、期待された満足が得られたかどうかを評価します。この購入後の評価がフィードバックされて、次回の購買行動に影響を与えます。期待された満足を得られれば、次回も同じ商品（ブランド）を購入する可能性が高まり、不満足であれば、次回にほかの商品（ブランド）に購買がスイッチすることにつながります。

②ライフスタイルを分析する

　生活者の行動を分析する場合、心理学的なニーズ、動機、欲求を把握するだけではなく、これらに大きな影響を与える社会学的な分析も重要です。

1）生活者行動に影響をもたらす2つの要因

　生活者行動に影響を与える要因として、次表に示す2つがあります。

▼生活者行動に影響を与える2つの要因

1	**デモグラフィック要因**	性別、年齢、所得、学歴、居住地域、家族構成などの人口統計的要因
2	**サイコグラフィック要因**	生活者の興味、関心、趣味などによって変化する価値観の差異などの社会心理学的要因

　これら2つの要因が作用して生活者の購買行動に影響を与えます。生活者の行動を分析する場合、1つの側面からのみ観察するのではなく、より総合的、ダイナミックに捉える必要があります。

2）ライフスタイル分析

　消費者は「生活者」であり、彼らの生活意識や価値観により個性が形成され、その個性により、生活者の行動にさまざまなタイプやパターンが形成されます。その**行動様式に表れるタイプやパターンがライフスタイル**です。
　ライフサイクルに関するさまざまな分析方法がありますが、整理するとおおむね次表の3つに分類されます。

▼ライフスタイル分析の種類

1	時系列的に、社会全体の動向や風潮を見て、社会傾向を分析するもの
2	社会全体を、似たライフスタイルを示すグループに分類するもの
3	特定のものや事象に熱中する生活者のプロフィールを把握しようとするもの

4

マーケティング

　生活者の行動を分析する場合、定量的に分析することもできますが、**ライフスタイルを分析する場合、質的な分析に重点が置かれています**。最近ではマーケティングサイエンスの進歩により、ITシステムを活用して多変量解析などを行い、質的要因が複合的に分析されるようになってきています。

　E.D.マックゲリーは、「科学的なマーケティングの方法には4つの段階がある」と主張しています。

▼マックゲリーのマーケティングの4段階

1	事実の選択
2	事実の記録
3	事実をある実行可能な形に整理し直し、無秩序を秩序立ったものにする
4	公式または結論を見いだす

4 リテールマーケティング 戦略の体系

重要度：★★★　リテールマーケティング戦略は、単にマーケティングを実施する部門に限定された戦略ではなく、自社の目的を達成するための戦略です。

●小売業にとっての基本理念、経営理念、事業ドメインといった戦略の体系におけるキーワードの意味を理解することが重要です。

●リテールマーケティング戦略の体系と、各段階におけるプロセスにおいて何が検討されているかをしっかりと理解しておきましょう。

1 リテールマーケティング戦略の体系

　リテールマーケティング戦略は、マーケティング部門に限定されるものではなく、**自社、自店舗の目的を達成するための中核的な戦略**として実施されるべきものです。リテールマーケティング戦略を体系化すると次図のようになります。

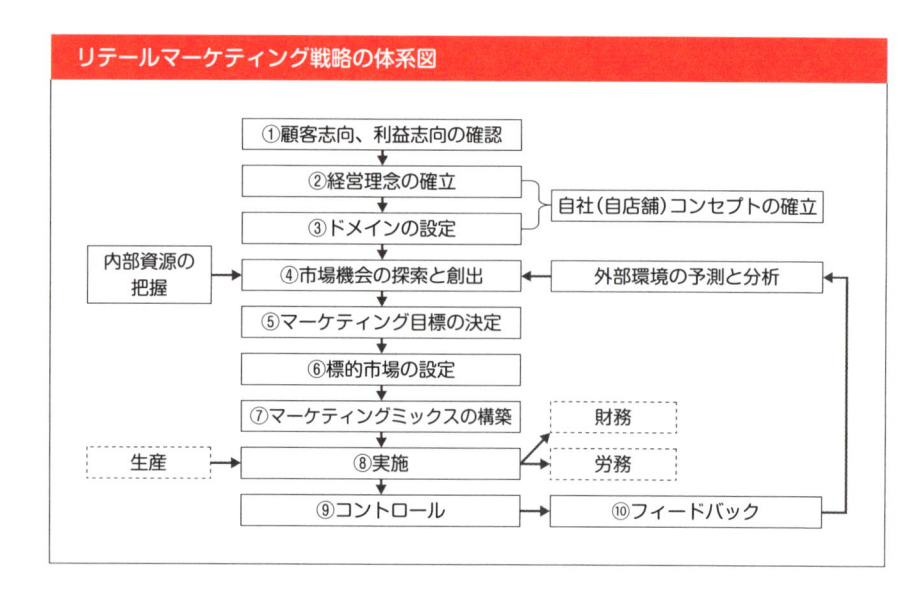

リテールマーケティング戦略の体系図

①顧客志向、利益志向の確認

　小売業は、顧客志向と利益志向という2つの基本理念をもとにして、マーケティング戦略を計画、立案、実行すべきです。

1) **顧客志向**

　来店する**顧客の期待やニーズを明らかにし、それを充足させることを目的**としてリテールマーケティングを位置づけるべきです。

2) **利益志向**

　経営安定化のためにも、**利益を必須条件**として位置づけるべきです。

②経営理念の確立

　一般的に、経営理念は漠然としており、建前と受け止められていますが、トップをはじめとする意思決定のガイドラインであり、従業員の組織への求心力を高め、一体的経営を実現するうえで不可欠なものです。

③ドメインの設定

　ドメイン（**事業領域**）**とは、顧客志向の視点から自社の存在領域を明確にし、将来の進化の方向を明示すること**です。例えば、コンビニエンスストアの場合、「便利さ」を基本的なコンセプトとして、日常生活に必要なものがそろい、距離的に近いという「便利な生活提案業」がドメインとなります。

④市場機会の探索と創出

1) **外部環境**

　外部環境には、**社会・経済的環境**（競争構造、流通構造、関連法規、行政、景気、国際関係、文化など）と、**生態的環境**（資源、自然、気候など）があり、マーケティングは環境の影響を強く受け、それにより不確実性のインパクトが大きいといえます。したがって、不確実性を極小化するためには、環境を的確に予測し、成長の機会であるのか、脅威なのかを判断していかなければなりません。

2) **内部資源**

内部環境には、**資金力、技術力、情報力、物的資源**（人的資源、土地、設備・施設など）、**企業イメージや企業風土、市場地位、流通網**などがあります。成長するためには、これら自社の内部資源を環境に合わせて強みが発揮できるような機会（企業機会）を捉えていかなければなりません。

⑤**マーケティング目標の決定**

目標はマーケティング活動のゴールであり、実施過程における計画のチェック・アンド・バランスのための基準であり、計画終了時の**業績評価と差異分析の基準**となる指標です。目標は実現可能であり、かつ、組織の動機づけとなることが必要であり、数値化された定量的な目標を示すことが求められます。

⑥**標的市場の設定**～⑦**マーケティングミックスの構築**

A.R.オクセンフェルトは、市場戦略の構成要素である「**標的市場**」は以下の2つの部分から構成される、と述べています。

1) 標的市場の確定：企業からの愛顧を求めようとする顧客タイプの選定
2) マーケティングミックスの構成：採用すべきプロモーション方策の組合せの選択

⑧**実施**～⑨**コントロール**

標的市場にマーケティングミックスをもってアプローチしていく実施過程において、財務や労務その他さまざまな部門との連携が必要です。そのため、この実施過程では不確定要素が多く、継続的な業績の把握と統制が必要となります。P.コトラーは、このマーケティングコントロールを次表に示した4つのタイプに分類しています。

▼マーケティングコントロールの４つのタイプ

#	タイプ	内容
1	**年間計画コントロール**	年間を通じて、各事業活動の業績が計画どおりであるかをチェックする。計画との乖離など必要がある場合は修正を実施する。
2	**収益性コントロール**	個々の店舗、販売地域、個々の商品（オーダー、サイズ、色別など）、顧客層、流通チャネル別などの収益性を定期的に分析・評価する。（前提として、マーケティングおよびその他の費用が各マーケティング活動に配賦される必要がある。）
3	**効率性コントロール**	収益性分析により、ある店舗や地域、個々商品における利益動向が思わしくないことが示されたとき、広告、販売促進活動、流通などをより効率的にする方法はないかといった課題を、効率的にコントロールすることが求められる。
4	**戦略コントロール**	市場環境と市場機会に、全体としてうまく適応しているか否かをシステマティックに検討、評価する。効率性評価やマーケティング監査などからなる。

● 顧客志向・利益志向という基本理念をもとにして、企業活動を行い、ドメインの設定、そのドメインにおける市場機会の探索、標的市場の設定とマーケティングミックスの構築、そして実施とコントロールという、戦略の全体の流れを理解することが重要です。

5 標的市場の設定

マーケティング要素を組み合わせたものに、マーケティングミックスがあります。

重要度：★★★

●標的市場の設定にあたっての市場細分化、その細分化基準の内容を理解することが重要です。

●マッカーシーのマーケティングミックスの4P理論は頻出事項です。その概念をしっかりと理解しておきましょう。

1 市場細分化戦略

①対象市場の明確化

　小売業は、どのような顧客に、どのようなニーズやウォンツがあり、それらの中から、どこを対象とするかを明確にしなければなりません。これが標的市場の設定であり、**標的市場が明確化されて初めて、それらに向けたマーケティングミックス**（**商品、価格、立地、販売促進の組合せ**）**の構築と標的市場に向けた効果的なアプローチが可能となります。**

②市場細分化戦略

　市場をマーケティング戦略上、同質の顧客の集まりと想定される集団（**セグメント**）**に分け、標的とする顧客にアプローチすることを、マーケットセグメンテーションといいます**。標的市場が不明確な場合、目的が明確でない販売促進活動を行うと無駄なコストが発生することになりますが、標的市場を明確化することで、利益志向という点からも効果的な販売促進活動ができるようになります。

　市場細分化には次のようなパターンがあります。

1) 所得階層によって市場を細分化するパターン
2) 年齢によって市場を細分化するパターン
3) 所得階層と年齢の両方によって市場を細分化するパターン

　このように、さまざまな基準で市場を細分化することにより、それぞれの市場のニーズやウォンツが明確化し、それぞれに適した商品やサービスの開発、プロモーションなどを実施することが可能となります。

③市場細分化の前提条件と基準

　P.コトラーは、効果的な市場細分化を実現するためには、標的市場は次表のような**市場細分化の前提条件**を備えていることが望ましいと主張しています。

▼市場細分化の前提条件

前提条件	内容
測定可能性	セグメント化された市場の規模と購買力を容易に測定することができること 購買者の特徴に関する情報が存在し、それらを入手することができる可能性が高いこと
接近可能性 （**到達可能性**）	選択したセグメントに対してマーケティング活動ができる可能性が高いこと セグメント化された市場に対して、メディアや効果的なチャネルにより接近、到達できること
実質性 （**維持可能性**）	選択したセグメントが、独自のマーケティング活動をするだけの価値を有していること セグメント化された市場が、企業として十分な利益の回収を見込める規模を有していること
実行可能性	得られたセグメントを惹き付けられる、魅力的なプログラムが実行可能かどうか判断すること セグメント化された市場においてマーケティング活動を行った結果、その市場ごとに独自のレスポンスが示されること

　また、P.コトラーは、**市場細分化を測る基準**（**変数**）として、次表に示す4つの基準をあげています。

基準	変数	例
地理的変数	地域、都市の規模、人口密度など	西海岸、東海岸、都市、郊外、1000人未満など
サイコグラフィック変数	社会階層	下流、中流、上流など
	ライフスタイル	流行先端者など
	パーソナリティなど	社交的、野心的など
行動変数	購買状況	通常、特別など
	使用率など	少量、適量、大量など
人口統計的変数	年齢	20歳未満、60歳以上など
	性別	男性、女性
	世帯規模	1〜2人、4人以上など
	所得	2,500ドル未満、5,000ドル以上など
	職業	技術職、販売職、事務職など
	教育	高卒、大卒など
	人種	白人、黒人、東洋人など
	国籍	米国、日本、英国など

2 マーケティングミックスの構築

　マーケティングミックスとは、標的市場における顧客のニーズやウォンツに最も効果的なマーケティング手段を組み合わせ、シナジー効果を図ることです。

　E.J.マッカーシーは「4P理論」において、Product（製品）、Price（価格）、Promotion（販売促進）、Place（場所）を適切に組み合わせたアプローチを提唱しています。次ページの図は、マーケティングミックスの概念のイメージを示したものです。

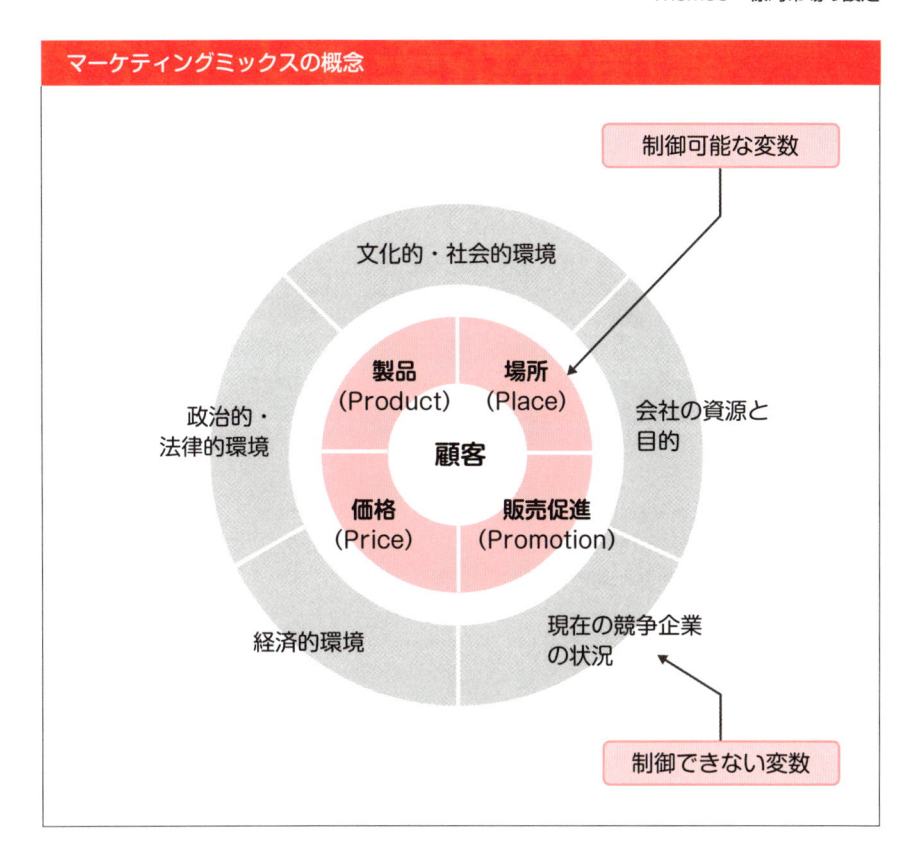

マーケティングミックスの概念

制御可能な変数

文化的・社会的環境

製品
(Product)　場所
(Place)

政治的・
法律的環境

顧客

会社の資源と
目的

価格
(Price)　販売促進
(Promotion)

経済的環境

現在の競争企業
の状況

制御できない変数

B.ローゼンブルームは、小売業の立場から4Pを分類しています。

▼小売業にとっての4P構成要素

Product	Place	Promotion	Price
品ぞろえの深さと幅 品質、サービス ブランド	店舗立地 輸配送 流通センター 商品の取扱い	広告宣伝 人的販売 店舗の雰囲気 店舗レイアウト	価格ライン 価格のポイント 価格の魅力度 クレジット

環境分析手法としての SWOT 分析

自社を取り巻く社内外の環境分析手法として、SWOT分析があります。

●自社の強みと弱み、経営環境の機会と脅威の分析と、それらを組み合わせたSWOTのマトリックスがあります。

●SWOT分析は極めてオーソドックスな分析手法です。その具体的分析方法や手順をしっかりと理解しておきましょう。

1 市場細分化戦略

①対象市場の明確化

　小売業が、その経営環境に適応し、競争環境を生き残るためには、自社を取り巻く社内外の環境を分析し、チャンスやリスクを見極める必要があります。この環境分析にあたっての手法の1つとして、**SWOT分析**があります。

　SWOT分析とは、自社の資産、ブランド力、技術力、品質などの内部環境と、競争企業、市場トレンド、法律など自社を取り巻く外部環境を、それぞれプラス面とマイナス面に分けて分析し、経営戦略の策定やマーケティングの意思決定に活用するためのフレームワークです。

**　企業には、与件として自社の資源、能力と、競争環境との関係から、強み(Strength)と弱み(Weakness)があります。また企業を取り巻く状況(変化)と競争状況から、機会(Opportunity)と脅威(Threat)があります**。

1)**強み**：競争企業に対して競争上の優位性をつくり、優れた企業成果の源泉となる経営資源

2)**弱み**：戦略を実行する際に、企業にマイナスの影響を与え、強みの発揮において阻害する要因となる経営資源

3) **機会**：現行の経営戦略や将来の企業の成果にプラスの影響を与える環境要因。**魅力度と成功確率という次元で判断することができる**。

4) **脅威**：現行の経営戦略や将来の企業の成果にマイナスの影響を与える環境要因。**深刻度と発生確率という次元で判断することができる**。

　これらのうち「強み」「機会」は企業経営にとってプラス要素として作用し、「弱み」「脅威」はマイナス要素として作用します。これら4要素を徹底的に分析し、その中から仮説を立て、さらに、これらを統合する戦略的思考を行う中で経営戦略が策定され、そのうえで市場機会の探索と創出が実行されます。

　SWOT分析のマトリックスを次図に示します。

▼**SWOT分析のマトリックス**

	内部環境	外部環境
好影響	強み (Strength)	機会 (Opportunity)
悪影響	弱み (Weakness)	脅威 (Threat)

　次図は、小売業におけるSWOT分析のプロセスを図示したものです。

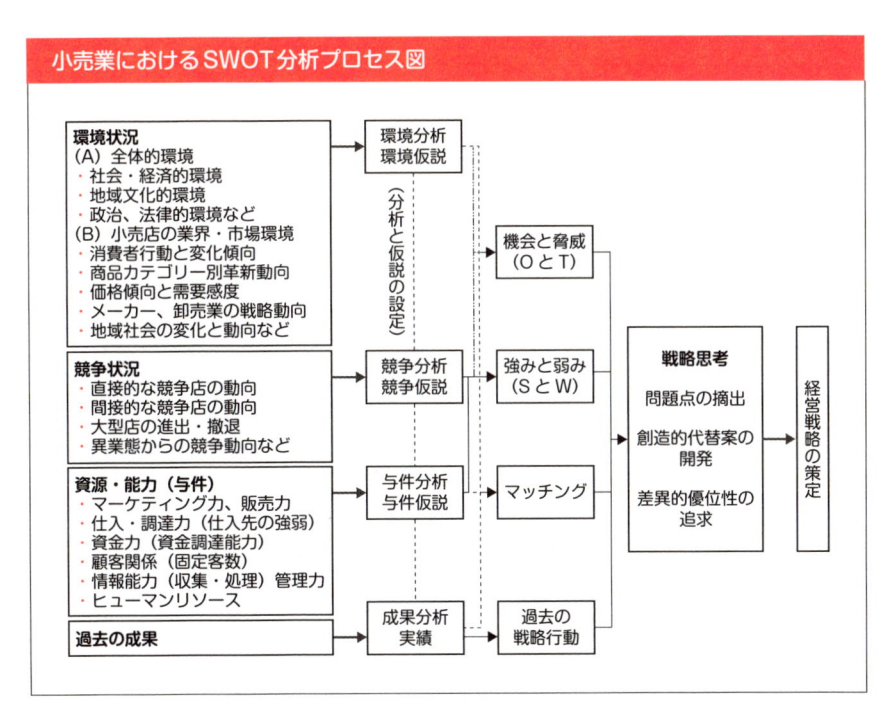

小売業におけるSWOT分析プロセス図

7 リテールマーケティングの課題（STP）

リテールマーケティングの実行にあたり、その課題を分析するフレームワークがあります。

● 市場をいくつかの固まり（セグメント）に分け、自店舗が優位に立てる顧客（ターゲット）を決め、明確な価値を発揮できる位置づけ（ポジショニング）を確立することの意味を理解することが重要です。

● STP分析は、店舗運営にあたり最も基本的な分析手法です。分析方法についてしっかりと理解しておきましょう。

1 STP

リテールマーケティングのみならず、店舗の経営には明確にしておくべき3つの課題があります。

①**セグメンテーション**（Segmentation）
②**ターゲティング**（Targeting）
③**ポジショニング**（Positioning）

これら3つの課題を分析する手法を、頭文字をとって**STP分析**といい、市場における優位性や独自性を獲得するための、戦略フレームワークとして活用されています。

2 セグメンテーション

同じようなニーズや特質といった集まりごとに市場を細分化することを**セグメンテーション**といいます。顧客のニーズが多様化、個性化した今日では、さまざまな嗜好が存在しており、従来のような市場をひとまとまりの固まりと捉える**マスマーケティング**に代わり、一人ひとりの顧客にフォーカスした**パーソナルマーケティング**が重要となってきています。

小売業が実行するパーソナルマーケティングには、以下の３つがあります。

①セグメントマーケティング

　市場をひと固まりではなく、同じようなニーズ、嗜好、購買力などの区分により複数のセグメントに分け、それぞれのセグメントに向けて異なるマーケティングを行うことをいいます。

②ニッチマーケティング

　市場において、特徴を有するニーズや興味を持つ比較的小さなグループをニッチといいます。有機栽培された商品だけを売るスーパーなど、ニッチマーケティングはセグメントマーケティングに比べ特定の顧客のニーズを的確に捉えていることから、強い支持を得られやすく、プレミアム価格などを設定することも可能となり、より利益を獲得しやすいという特徴があります。

③カスタマイズドマーケティング

　ニッチよりさらに細分化し、個の単位で顧客をねらうマイクロマーケティングをカスタマイズドマーケティングといいます。IT技術などを利用し、個別のニーズに応じた販売やサービスを行うことが注目されています。

3　ターゲティング

　市場をセグメンテーション化した後、細分化された市場から標的となる市場を設定することを**ターゲティング**といいます。

　標的とした市場に対するマーケティングには、以下の３つがあります。

①無差別型マーケティング

　市場のセグメントは無視して、共通の商品やサービスを提供する考え方で、セグメント間の相違点ではなく、共通点に注目するマーケティングです。

　ただし、すべての顧客に受け入れられる商品やサービスを提供できる小売業は少なく、今日に市場において実現することは難しいといえます。

②差別化型マーケティング

個々の市場セグメントごとに異なる商品やサービスを提供する考え方で、各セグメントの顧客ニーズに合わせることで、顧客満足度を高めることができます。ただし、経営資源を各セグメントに振り分ける必要があるため、効率の面では比較劣位になることも考えられます。

③集中型マーケティング

1つもしくは少数の市場セグメントに集中して、商品やサービスを提供するという考え方で、限られた市場で効率よくマーケティングを行おうとするものです。ただし、特定の市場に集中しているため、その市場が不振になると経営も不振になるというおそれがあるほか、同じ市場に強力な競合企業（店舗）が参入してくることも考えられます。

4 ポジショニング

ターゲティングにより選択した市場の顧客に対して、明確な価値を発揮できる位置づけを確立することを**ポジショニング**といいます。見込客に対して、提供する商品やサービス、店舗をどう位置づけてもらえるかが、マーケティングを行ううえで非常に重要な課題となります。ポジショニングの検討にあたっては、以下の2点に注目し、検討することが求められます。

①ポジショニングの切り口の明確化

小売店舗は、顧客が競争店舗との比較のうえで位置づけるものであり、相対的なものであるといえます。この意味において、ポジショニングとは、商品やサービス、店舗に対して行われる活動というよりも、顧客に働きかける活動であるといえます。また、商品構成やサービス内容、店舗などを設計した後にポジショニングを設定すると、販売活動の自由度が失われる危険があります。したがって、**ポジショニングは、商品やサービスを検討する前に確定されるべきもの**です。

②ポジショニングの展開にあたっての留意点

ポジショニングの確立にあたっては、以下の3点に留意する必要があります。

1)**アンダーポジショニング**

採用したポジショニングの切り口が不明確、不適切な場合、顧客から見て特徴の ない商品構成やサービス内容、店舗イメージとなり、顧客にとって魅力のない店舗 となってしまうことが考えられます。

2)**オーバーポジショニング**

顧客から見た店舗やストアブランドのポジションがあまりにも狭い場合、顧客が 店舗を敬遠するということも考えられます。高級すぎたり、安物すぎるイメージは、 **ストアロイヤルティ**を阻害するおそれがあります。

例えば、NB商品よりもPB商品を拡充することで、顧客が購入しやすい値ごろ感 を意識して価格設定を行う「価格コンシャス」戦略を採用する企業もあります。

3)**混乱したポジショニング**

キャンペーンのテーマがバラバラだったり、価格戦略に一貫性がない場合など、 顧客側から見てストアブランドのポジションが固定されず、イメージが一様でない 場合、顧客を混乱する状況に導く可能性があります。

4

マーケティング

マーケットセグメンテーションへのライフスタイルアプローチ

今日の小売業界では、消費者のニーズや嗜好をきめ細かく把握し、分析することが求められています。

学習アドバイス

●ニーズや嗜好を分析するにあたっては、マーケットセグメンテーション（市場細分化）の概念と基準を理解することが重要です。

出題者の目線

●マーケットセグメンテーションは頻繁に出題されるテーマです。分類基準や枠組みをしっかりと理解しておきましょう。

1　マーケットセグメンテーション

①マーケットセグメンテーションの概念

　生活者の集まりである市場は、一様なニーズや嗜好を持った個人や世帯の集まりではなく、また、多様で個々ばらばらなニーズや嗜好を持った人々の集まりでもありません。**相互に類似したニーズや嗜好、特徴を持った固まりからなる多数のセグメントが存在**します。したがって、多様なセグメントそれぞれの特性に合った方法でマーケティング活動を行うことが有効な方法であるといえます。

　マーケティングセグメンテーションの実施にあたっては、以下の3つのステップに分けて段階的に実施します。

1) 小売業の目的に合わせ、各分類基準にもとづいて、**市場をいくつかのセグメントに区分する。**
2) 区分した**セグメントの特性**（各セグメント特有のニーズや嗜好、期待の構造）**を明確化する。**
3) 標的とするマーケットセグメントを選択し、その**セグメントに合ったマイクロマーケティングを実行する。**

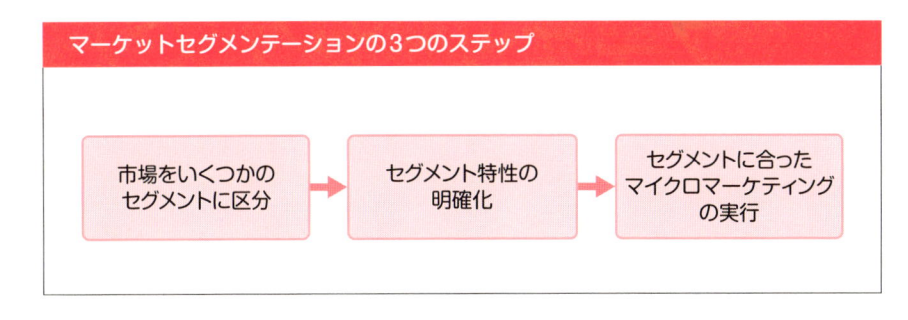

マーケットセグメンテーションの3つのステップ

市場をいくつかの
セグメントに区分　→　セグメント特性の
明確化　→　セグメントに合った
マイクロマーケティング
の実行

②マーケットセグメンテーションの分類基準

　マーケットセグメンテーションにはさまざまな分類基準があり、諸基準を次表の図のように整理できます。

▼マーケットセグメンテーション基準の分類の枠組み

		顧客特性	
		一般的	特定状況関連的
測定指標	客観的	【Ⅰ】 人口学的要因 （年齢、ライフサイクルステージ、 性別、居住地など） 社会経済的地位要因	【Ⅲ】 使用量、使用頻度 購入銘柄、購入店舗 購入状況要因
	推測的	【Ⅱ】 パーソナリティ特性 ライフスタイル	【Ⅳ】 商品・ブランドに対する態度 知覚と選好

1）顧客特性と測定指標を基準にした分類軸

　上記の表の分類では、横軸は、**一般的**対**特定状況関連的**に分類しています。

　特定の商品やブランド、店舗に関連なく広範囲に適用できる基準（一般的）と、特定の商品やブランド、店舗に直接的に関連する基準（特定状況関連的）に区分しています。

　縦軸は、**客観的**対**推測的**に分類しています。直接的に観察可能、または、測定可能な基準（客観的）と、心理学的特性など何らかの測定技法を用いて間接的に測定しなければならない基準（推測的）に区分しています。

2) ライフスタイルに注目

　前ページの表の分類を組み合わせると、マーケットセグメンテーションの基準が4つの領域に分類されます。

【Ⅰ】一般的 - 客観的
【Ⅱ】一般的 - 推測的
【Ⅲ】特定状況関連的 - 客観的
【Ⅳ】特定状況関連的 - 推測的

　上記4つの分類のうち、【Ⅱ】の領域に位置づけられるのがライフスタイルです。ライフスタイル概念は、もともと社会学者が明確な定義づけのないまま社会的・文化的差異を表すために用いられてきましたが、1960年代ごろからマーケティングおよび広告関係者の間で関心が高まり、1970年代ごろから経験的調査にもとづくライフスタイルセグメンテーションの研究として推進されてきました。

③ライフスタイルによるマーケットセグメンテーションが注目されてきた理由

　マーケットセグメンテーションにおいて、ライフスタイルによるセグメント化が注目されている理由としては、以下の3点があげられます。

1) **人口統計的要因**や**社会心理学的要因**の有用性に対する疑問と関連していること

　昨今は、ライフスタイルの多様化が進行し、同じような人口統計学的特徴を有する人々の間でも、異なるライフスタイルが形成されるようになってきています。つまり、**人口統計的要因と購買行動の関連性が低下してきている**ため、ライフスタイルセグメンテーションが注目されてきています。

2) 消費者の分類基準として、**心理学的要因**が果たして有効なのか？　という疑問と関連していること

　気質や性格レベルにおける個人差が、購買行動の差異に直接的に影響するだろうという考え方は、期待されたほどの効果を得られなかったため、最近では心理学的要因に代わり、ライフスタイルのレベルでの生活設計や生活習慣などの要因を重視する傾向が強まっています。

3) 単一基準から**複数基準へ移行**していること

　人口統計的要因や社会心理学的要因によるセグメンテーションの効果が低下する中、今日ではさまざまな基準の組合せ、複数基準へ移行しています。

2　行動ライフスタイルアプローチ

①行動ライフスタイルアプローチの特徴

　行動ライフスタイルアプローチの主な特徴としては、以下の2点があげられます。

1) 消費者のライフスタイルを商品やサービスの使用パターンとして把握し、顕在化したライフスタイルを、**行動ライフスタイル**（**Behavioral Lifestyle**）と呼んでいる。

2) **商品の性格づけ**（**Product Positioning**）のためにライフスタイル分析を活用している。

　はじめに消費者のライフスタイルを分析し、次にライフスタイルとの関連において、特定の商品やサービス、特定のブランドの性格を明確化することが行動ライフスタイルアプローチの特徴であり、次の2つのステップで進められます。

1) 第1ステップ

　さまざまな商品に関するサンプルの使用量を因子分析し、幾とおりかの商品使用パターンを抽出し、抽出された商品使用パターンを行動ライフスタイルとして認識する。

2) 第2ステップ

　特定の商品やサービス、特定のブランドをクローズアップし、その愛用者層がどのような行動ライフスタイル特性を持っているか分析する。

　このようなステップで分析された結果をさらに検討することで、特定の商品やサービス、特定のブランドが、個人の生活習慣や行動パターン、価値観、興味、嗜好などを総合的に捉えたライフスタイルコンテクストにおいて明らかになっていきます。

②行動ライフスタイルアプローチに対する評価

行動ライフスタイルアプローチに関して、評価すべき点は以下の2つです。

1) ライフスタイルアソートメント

このアプローチの観点は、消費者を単一商品の使用者ないし購買者として認識するのではなく、複数の異なる商品やアイテムを相互に関連したひとまとまりの集合として捉え、それらを1つのライフスタイルを形成する主体として把握しようとするものです。

2) ライフスタイルコンテクスト

このアプローチの観点は、特定の商品またはサービス、特定のブランドの性格づけを行うにあたり、その商品またはサービス、ブランドだけを個別に孤立したものとして取り上げるのではなく、「ライフスタイルの中で、他のさまざまな商品と強い関連性があるのか」という観点から総合的に検討しようとするものです。

● 消費者のニーズや嗜好が多様化する中、マーケットセグメンテーションの重要性はますます増大しています。また、分析にあたって、伝統的なアプローチからライフスタイルにフォーカスしたアプローチへと変化しています。

ライフスタイル セグメンテーション のプロセスと分析

マーケットセグメンテーションを行うにあたり、ライフスタイルセグメンテーションは極めて有効な分析方法です。

1　ライフスタイルセグメンテーションのプロセス

　ライフサイクルセグメンテーションの一般的なプロセスは、次図に示すステップで実施されます。

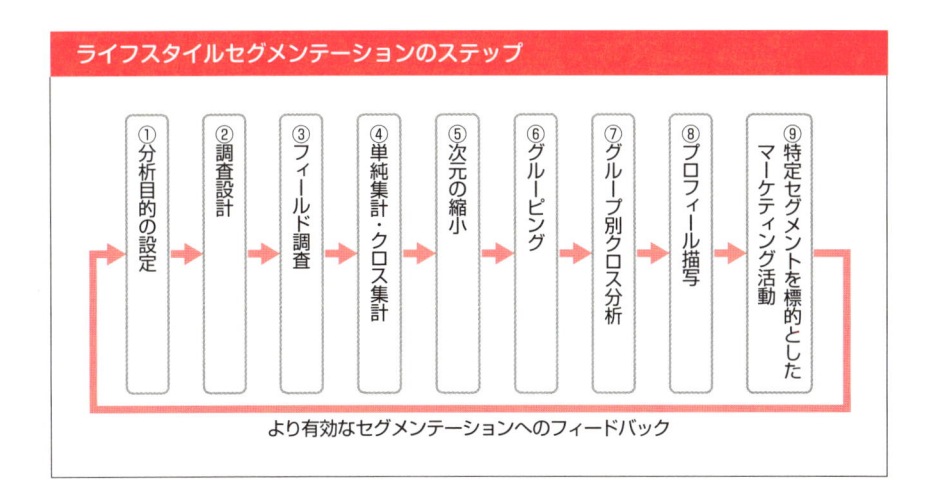

ライフスタイルセグメンテーションのステップ

①分析目的の設定
②調査設計
③フィールド調査
④単純集計・クロス集計
⑤次元の縮小
⑥グルーピング
⑦グループ別クロス分析
⑧プロフィール描写
⑨特定セグメントを標的としたマーケティング活動

より有効なセグメンテーションへのフィードバック

①第1ステップ：**分析目的の設定**

　ライフスタイルセグメンテーション分析の目的の設定・明確化を行います。ライフスタイルセグメンテーションは、異なる視点から幾とおりもの分析が可能であり、分析目的によって有効なセグメンテーションの方法が異なります。

　小売業のマーケティング活動のためにライフスタイルセグメンテーションを行う場合、以下の3点に留意する必要があります。

1) どのような商品・サービスまたは商品・サービス群のマーケティング活動との関連でセグメンテーションを行うのか
2) その商品・サービスのマーケティング活動のどの段階で利用するのか
3) ライフスタイル要因により、どのようなレベルの行動を説明するのか

②第2ステップ：**調査設計**

　分析目的に合わせて、分析枠組み設定、変数リスト作成、戦略変数設定、質問紙作成、標本設計、サンプリング、データ収集・解析技法選定などの一連の作業を実施します。

　ライフスタイル変数リストを作成するには、消費者生活に関する数多くの文献、雑誌、資料などを収集し、ブレーンストーミングなどの手法を活用します。また、戦略変数の設定においては、有効な変数を選定するために既存の論理的経験的研究などを検討し、併せてグループインタビューなどを実施することが求められます。

③第3ステップ：**フィールド調査**

　作成した質問紙を使って、抽出された対象からデータを収集（調査）します。

④第4ステップ：**単純集計・クロス集計**

　収集したデータについて単純集計とクロス集計を行い、サンプル全体の度数分布を明らかにし、特定2変数間の関係を調べます。

⑤第5ステップ：**次元の縮小**

　諸変数をいくつかの基本軸（合成変数）にまとめ、各基本軸に関するサンプル得点を次のステップの分析のインプットデータとして用いるために、次元の縮小を行います。

⑥**第6ステップ：グルーピング**

　サンプル得点のデータをクラスター分析または因子分析にかけ、サンプル全体を
いくつかのセグメントに分割します。

⑦**第7ステップ：グループ別クロス分析**

　グループ別分類と（A）ライフスタイル変数、（B）人口統計的変数および社会心理
学的変数、（C）商品の購買行動・使用行動変数とのクロス集計を行います。
　具体的には以下の3つのステップで行います。

1）各グループのライフスタイル特性の把握
2）グループ別分類と人口統計的要因および社会心理学的要因との関連を調査
3）商品の購買・使用パターンのグループ間差異の明確化

⑧**第8ステップ：プロフィール描写**

　クロス分析により明確化された各グループの平均値的または最頻値的な諸特性と
グループ間差異にもとづき、各グループのプロフィールを要約・叙述することで各
グループの典型的イメージを描き出し、その特徴を表す名称を付与します。

⑨**第9ステップ：特定セグメントを標的としたマーケティング活動**

　明確化されたライフスタイルセグメントの中から標的とする特定セグメントを選
択し、そのセグメントの期待とニーズ、価値観、生活習慣などに合致したマーケティ
ングを実行します。

2　クラスター分析

①クラスター分析の考え方

　クラスター分析とは、**相互に近似性の高い「もの」同士は、できるだけ同一グルー
プに、相互に近似性の低い「もの」同士は、できるだけ異なるグループに所属する**
ように、n個の「もの」をm個（m<n）のクラスター（グループ）に分割します。

　「クラスター分析」には多数の方法があり、特定の方式ではなく、一群の方式をい
います。これらの方式は大別すると、クラスター化される「もの」が対象（Objects）
または個体（Individuals）の場合は「**o分析**」と呼び、変数（Variables）の場合は「**v
分析**」と呼びます。

②クラスター分析の算法

　クラスター分析の算法を分類枠組み的に大別すると、以下の2つの方法があります。

1) 階層的分類法 (Hierarchical Classification)
　すべてのデータ間相互の類似度または非類似度を計算し、ある「距離測定法」を用いて似た「もの」同士をクラスターに併合していく方法です。この方法をさらに大別すると、次の2つの系列に分類されます。

　　Ⅰ) 分離法
　　　すべての個体が1個のクラスターに所属している状態から始め、クラスターの分割を反復していく手法
　　Ⅱ) 凝集法
　　　すべてのクラスターが、それぞれ1個ずつの個体により形成されている状態から始め、クラスターの融合を繰り返していく手法

2) 非階層的分類法
　階層的な構造を持たず、分析者側であらかじめクラスターの数を決めておき、決めた数の固まりにサンプルを分割する方法です。サンプル数が大量にあるビッグデータの分析に向いています。

③クラスター分析が有効な場合

　クラスター分析は以下の2つの場合に有効な分析手法となります。

1) 標準化された分類体系が確立していない場合
　クラスター分析では、事前に分類体系を確立し、それによってサンプルをグループ分けするのではなく、サンプル相互間の類似性と差異にもとづきグループ分けを行うため、分類体系が確立していない場合に有効です。分類体系を決定するには次の要件が必要とされています。

Ⅰ) 概念的な分類カテゴリーが明確化されること
Ⅱ) 対象を各カテゴリーに分類する際の、操作的手続きが確立されていること

2) 多次元的複合的差異にもとづき分類しなければならない場合

　従来からあるセグメンテーション基準である「年齢」「性別」「学歴」「所得水準」などによる分類は、それぞれが単一の基準による分離であったり、単一尺度上でのグループ分けですが、多変量についてのデータを解析し、サンプルを分割するライフスタイル分析には、クラスター分析が向いているといえます。

4

マーケティング

- ●ライフスタイルセグメンテーションにおける調査設計の、戦略変数の選定においては、既存の理論的経験的諸研究の検討や、グループインタビューの実施が必要ですが、このステップでは研究者と実務家の経験と勘も求められます。

- ●クラスター分析とは、ある集団を何らかの基準で複数に分類し、類似度の高いもの同士をグルーピングするための統計方法です。
- ●因子分析とは、多数の量的変数から少数の潜在的な因子を抽出する分析方法をいいます。

ライフスタイルアソートメントとは、ライフスタイルのさまざまなシーンに合わせて商品を取りそろえ、売場づくりや購買促進活動を行うことです。

● 小売業では、ゼネラルマーチャンダイジングから、スペシフィックマーチャンダイジングへと変化していることを理解することが重要です。

● ライフスタイルアソートメントとライフスタイルセグメント、カテゴリーマネジメントの違いや目的、プロセスをしっかりと理解しておきましょう。

1 ライフスタイルアソートメントの定義

①ライフスタイルアソートメントとは

　ライフスタイルアソートメントとは、**商品を品種（クラス）単位に取りそろえるのではなく、顧客のさまざまな生活シーンをイメージし、それに必要な商品をさまざまな品種から選別して取りそろえるものです。** そして、それらを購買促進上のテーマ設定に合わせて組み合わせ、ひとつの売場として提案するトータルな需要創造活動です。また、対象となる**顧客のライフスタイルの幅（暮らし方の種類）を広げる提案活動**であるともいえます。

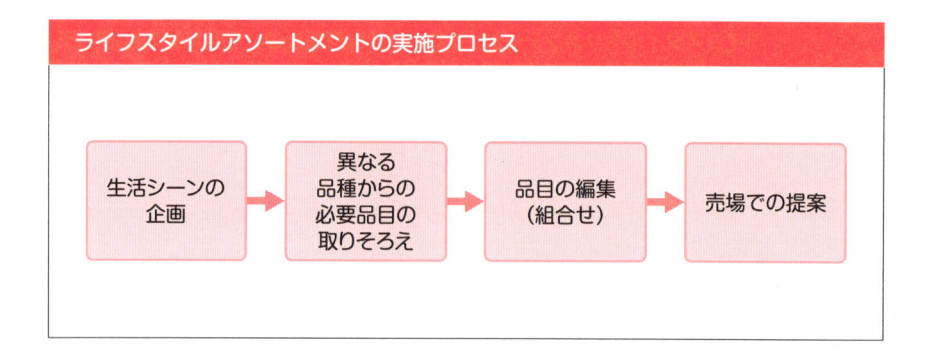

ライフスタイルアソートメントの実施プロセス

生活シーンの企画 → 異なる品種からの必要品目の取りそろえ → 品目の編集（組合せ） → 売場での提案

②ライフスタイルセグメントとの違い

　ライフスタイルセグメントは市場の細分化であり、特定のセグメントを標的としてその特性に合致したマーケティング活動を行うものですが、ライフサイクルアソートメントは**多様な生活の幅を広げるような売場づくりによって、埋もれている潜在的ニーズを掘り起こし、顕在化させる活動です。**

2　ライフスタイルアソートメントの実務

①ゼネラルマーチャンダイジングからスペシフィックマーチャンダイジングへ

　小売業では一般的に化粧品、日用雑貨、衣料品といった生産体系別の商品カテゴリーごとに、有力ブランドの量販やPB商品の開発などが行われる、**総合型マーチャンダイジング**が主流となっています。しかし、生産体系別の商品カテゴリーを基軸にしたマーチャンダイジングを行うと、生活シーンを基軸にした「需要」カテゴリーが欠落し、付加価値提供型の売場をつくることが難しくなります。

　昨今の小売業は、高い付加価値を提案・提供できる**スペシフィック（専門型）マーチャンダイジング**が求められています。

②スペース生産性の向上策

1) 品種構成による売場づくりからの脱却

　売れ筋品目を中心とした品種構成を行うゼネラルマーチャンダイジングではなく、顧客のライフスタイルを表す購買目的に合わせた売場づくりが求められています。

2) スペースマネジメントへの取組み

　カテゴリーマネジメントを実践していない場合、商品カテゴリーの中に多くの品目（SKU）が陳列されていたり、商品回転率が低い商品にスペースをとり、かえって顧客が購買回避する原因になっている場合もあります。

3) スペース生産性の向上

　ライフスタイルアソートメントの実施においては、主商品に対する従属商品として組み合わせるカテゴリーに位置づけ、用途を明確にして、品目を絞り込むことで、スペース生産性を高めることが求められます。

4

マーケティング

小売業が収益を上げるための**アイデンティティ**（**個性化**）**戦略**の手段として、ライフスタイルアソートメント志向型小売業のカテゴリーマネジメントを実践するには、一定の売場（スペース）を基軸とした生活シーン（ライフスタイル）という「需要」をカテゴリーの単位とし、そのシーンの対象となる主品種と主品目ならびに従属品種と従属品目を編集し、生活提案を行うことが求められます。

ライフスタイルにもとづくカテゴリーマネジメント展開の土台となるのは、独自の需要（生活シーン）カテゴリーを創造することであり、この創造と実践こそ、ライフスタイルアソートメントの基本であるといえます。

需要カテゴリーを基軸としたライフスタイルアソートメントの展開ステップは、次図のようになります。

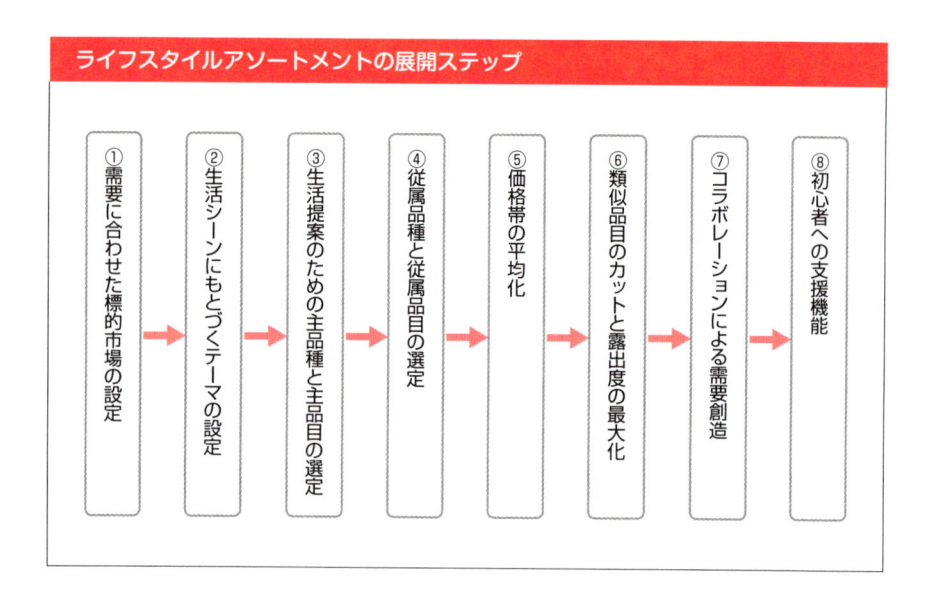

ライフスタイルアソートメントの展開ステップ

① 需要に合わせた標的市場の設定 → ② 生活シーンにもとづくテーマの設定 → ③ 生活提案のための主品種と主品目の選定 → ④ 従属品種と従属品目の選定 → ⑤ 価格帯の平均化 → ⑥ 類似品目のカットと露出度の最大化 → ⑦ コラボレーションによる需要創造 → ⑧ 初心者への支援機能

①需要に合わせた**標的市場の設定**

標的市場は、単に「誰」という人物設定ではなく、「誰の、どのような悩みやニーズ」という潜在需要を含む市場性に着目する必要があります。

②生活シーンにもとづく**テーマの設定**

どのようにして主要顧客層の悩みやニーズに対応すべきなのか、いかにして需要（生活シーン）の幅を拡大させるか、購買促進上のテーマ設定を行います。

③生活提案のための**主品種と主品目の選定**

　設定したテーマに合った重点商品群と主商品を厳選し、売場の基礎的商品構成を確立します。そして、推奨商品をマスブランド商品と組み合わせて編集します。

④**従属品種と従属品目の選定**

　主品種と主品目を挟み込み、引き立てるようなディスプレイ構成をねらいとして、従属品種と従属品目を取りそろえます。こうして提案スペースを創り出すことが、カテゴリーマネジメントでは重要となります。

⑤**価格帯の平均化**

　それぞれの品種構成の価格帯を、需要（生活シーン）カテゴリーに適合するよう、一定にそろえます。その際、主品種よりも従属品種の価格帯を低く設定することが基本です。また、価格帯はローワープライス（低価格）である必要はなく、ミドルポピュラープライス（中間的普及価格）までは問題ありません。

⑥**類似品目のカットと露出度の最大化**

　品種内の品目を絞り、1用途（1品種）につき3品目を上限としてブランドを厳選し、迫力感のある売場づくりを実現します。従属品種内の品目の絞り方は、使用頻度や消耗頻度が同じような「**コモディティ**」の品目構成にすることが重要です。これにより価格帯はおのずと絞られ、**同時購買**（**買いやすさ**）の確率を高めることができます。ライフスタイルアソートメントにおけるカテゴリーマネジメントは、**品目の量販（品ぞろえ）ではなく、あくまでも需要（生活シーン）の種類を広げるカテゴリー展開された「用途ぞろえ」が求められます**。

⑦コラボレーションによる需要創造

　需要（生活シーン）カテゴリーの創造には、発注リードタイムの短縮、欠品のない補充体制、低回転品目の改廃など、恒常的オペレーションが不可欠であるため、有力なサプライヤーとのコラボレーション（協働）によって実現することが望ましいです。

⑧初心者への支援機能

　需要（生活シーン）カテゴリーを展開することは、初めて訪れる顧客にとって、小売店を買い回る必要がなく、複数品目の同時購入を促進することになります。

①サブカテゴリーの役割

　サブカテゴリーとは、例えば、「一般医薬品」という部門の中に「風邪薬」や「胃腸薬」といった品種があり、さらに顧客の「喉の痛み」や「発熱」などの症状によって細分化された品目があります。**商品分類としての品種と品目の間に潜在する顧客の悩みやニーズを顕在化する役割**を担っているのが、需要面から捉えたサブカテゴリーであり、このサブカテゴリーが売場において明示されていなければ、ライフスタイルアソートメントは機能しません。

②用途を提案するグルーピング

　ライフスタイルアソートメント志向型小売業においては、定番商品ではなく、生活シーンを提案する売場づくりが重要となります。例えば、「オーラルケア」というカテゴリーにおける「歯周病対策」のようなサブカテゴリーを明確化し、そのカテゴリーにふさわしく、厳選された商品を組み合わせ、**用途別のグルーピングによりひとつの売場として統合・編集することが求められます。**

●ライフスタイルアソートメントは、スーパーなどでみられる、「定番商品と同時に購入される確率の高い商品を定番商品近くに陳列し、組合せ購入により客単価を向上させる」目的のクロスマーチャンダイジングとは異なります。

11 小売業における CRMの実践

CRMとは、小売業が情報技術を活用して、組織的に顧客をサポートしたり、顧客との関係を構築・維持することで、コストを削減するとともに、収益の増大を実現する総合的顧客戦略です。

●顧客維持の重要性およびCRMのねらいや目的を理解することが重要です。

●CRMは毎回出題される頻出テーマです。CRMのねらいや本質、分析方法の違いなどをしっかりと理解しておきましょう。

1 CRMとは

①CRMが注目される背景

CRM（**Customer Relationship Management**）とは、顧客一人ひとりの情報の活用により、顧客の利便性と満足度を高め、長期にわたり関係を維持することで、**顧客生涯価値**（**LTV：Life Time Value**）**を最大化する取組み**です。

CRMが注目される背景としては、**情報インフラの整備**があげられます。インターネットの普及により、小売業と顧客のコンタクトチャネル（接点）が、従来の店舗・店員、DMから、ホームページやスマートフォンアプリへと拡大し、CRMを維持しやすい環境が整っているのです。

②顧客維持の重要性とCRMのねらい

1) 顧客維持の重要性

顧客維持の重要性は、次のⅠ〜Ⅳからも明らかです。

Ⅰ) **新規顧客の獲得は、既存顧客の維持に比べ高コストである。**

Ⅱ) **一度離れた顧客を再び取り戻すには、離反しないように満足させることに比べ高コストである。**

Ⅲ) **新規顧客に販売するより、既存顧客に販売するほうが低コストである。**

Ⅳ) **すべての顧客が一様に利益をもたらすのではなく、一部の顧客がほかの顧客より高収益であったり、その逆もあったりする。**

2) CRMのねらい

　小売業において、既存顧客を優良顧客化し、競合他店に乗り換えられないように良好な関係を維持するほうが得策です。

　CRMのねらいとしては次の3点があげられます。

Ⅰ) **将来優良顧客となりそうな予備軍を発見し、獲得すること**

Ⅱ) **顧客1人当たりの売上高を向上させること**

Ⅲ) **顧客の離反を阻止すること**

　CRMを実践するにあたり、将来、優良顧客となりそうな予備軍を予測し、ターゲットを絞ってアプローチすることが求められます。そのためには**データマイニングにより既存優良顧客を分析**し、既存セグメントと共通の属性を持つ新規のセグメントを優良顧客の候補として選定します。

③顧客維持のための取組み

　収益を上げるためには、顧客1人当たりの買上げ金額を向上させることが必要であり、そのためには購買点数と購買頻度のどちらか、もしくは両方を向上させることが求められます。

　これまで小売業界では、**インストアマーチャンダイジング**や**データマイニングを活用したバスケット分析**により、併売傾向の強い商品を組み合わせて提案してきました。また、会員カードやポイントカードの保有者に対し、購買金額に応じた得点を付与する**FSP（Frequent Shoppers Program）** を行ってきましたが、ストアロイヤルティの観点からすれば、他社（他店）が同じことをすれば、その効果には疑問がつきます。

　これらのことから、小売業が顧客を維持する効果的な方法は、**維持したい顧客を特定し、その顧客が望む商品やサービスを提供するということ**になります。

④ CRMの本質

CRMとは、**蓄積した顧客データをもとに、基本属性や過去の購買実績から顧客を識別（セグメンテーション）し、顧客と商品・情報の最適化を行う概念です**。

マーケティングの投資対効果を高めるには、各顧客に「何を」「いつ」「どのように」訴求していくかを追求するべく、マーケティングにかかわる投資を最適化し、コストを削減しながら収益を増大させる総合的顧客戦略（＝CRM）が必要なのです。

⑤ ターゲットの絞込み

CRMを成功させるためには、顧客情報のデモグラフィック分析や、購買履歴のRFM分析などを用い、ターゲットを絞り込むことが必要となります。

1) デモグラフィック分析とRFM分析

デモグラフィック分析は、顧客の年齢、性別、居住地、職業、所得、学歴などの個人的プロファイルデータから属性による傾向を分析するものです。ただし、この分析方法は、ステレオタイプの一般的な特性しか把握できず、「顧客が何を欲しているか」という点までは捉えることができません。したがって、従来の常識にとらわれていると、どの顧客からも支持されない最大公約数的な施策を採用してしまう可能性があります。

RFM分析は、最新購買日、購買頻度、累計購買金額の3つの観点から顧客をいくつかの層（ランク）に分類し、各顧客層に対するマーケティングを行うための分析方法です。自店に利益をもたらす「得意客」の発見や、顧客と自店との関係の変化を捉えることができます。ただし、その顧客がどのような人物像を持つのかといった面までは捉えることができません。

2) 従来型CRMの限界

従来型のCRMは、顧客情報を容易に取得できるというメリットがあり、それなりの成果をもたらしてきました。しかし、既存データの活用は進んだものの、顧客の何を把握し、次の一手に何をするのかといった、本来なされるべき議論まで実行に移されていないという課題がありました。

⑥サイコグラフィック分析

1) サイコグラフィック分析とは

サイコグラフィック分析は、顧客のライフスタイル、消費性向、嗜好、購買動機といった個人の志向により規定される心理学的特性の分析方法です。購買時において、大きな影響を及ぼす顧客個人の「その人らしさ」と、その要因である「なぜ」を把握するには、サイコグラフィック分析が有用です。ただし、サイコグラフィックデータは収集しにくく、収集できてもサンプリング調査で獲得できるものに限られるという課題があります。

2) 商品のサイコグラフィック分析

商品のサイコグラフィック特性には、用途やシーン、効能、感性価値(イメージ)があり、商品のサイコグラフィック特性で売場を表現すれば、顧客のニーズに対応した需要を喚起しやすいといえます。

3) サイコグラフィックデータの収集方法

サイコグラフィックデータの収集方法としては次表に示す4点があげられます。

▼サイコグラフィックデータの収集方法

アンケート方式	顧客全員にアンケート調査を実施する。
購買履歴からの推論方式	購買履歴とサンプリング調査を組み合わせて推論する。
診断サービス方式	対話型サービスのやり取りから取得する。
感性インデックス方式	商品にあらかじめ感性を表すインデックスを付与しておく。

12 CRM導入における留意点

CRMの中核となる考え方は、コストを削減しながら収益を増大させ、顧客との関係を強化するという総合的顧客戦略です。

● CRMの導入にはコストがかかるため、導入効果測定することが必要です。

● CRMを成功させるための具体的な対応を理解しておきましょう。

1 CRM導入における留意点

① CRM導入に失敗する理由

CRM導入に失敗するケースの大きな理由として、以下の3つがあげられます。

1) 顧客データベース構築や管理の目的が抽象的なレベルに設定されている

抽象的なレベルとは、例えば「顧客ロイヤルティを高める」というレベルで考えられているという意味です。

CRMは、各顧客とのコミュニケーションについて、どれだけのコストが発生し、その結果、どれだけの売上高と利益が上がったのか、といった数値データを継続的に収集し、蓄積していかなければなりません。

ところが、上記のようにロイヤルティという抽象的概念でCRMを捉えていると、顧客に提供するサービスも抽象的な内容となり、そのサービスの提供にかかるコストを考慮しなくなる傾向に陥ります。その結果、長年の顧客で購入頻度も高く、顧客ロイヤルティが高いはずの顧客から利益が出ていない、という事態になりかねません。

また、CRM活動を、「顧客データベースを活用し、各顧客に対し個別に対応すること」と捉えてしまうと、顧客データベースが構築されればそれでCRMが完結したと考えてしまいがちです。

CRMの中核となる考え方は、コストを削減しながら収益を増大させ、顧客との関係を強化するという総合的顧客戦略だということを認識しなければなりません。

2) 顧客生涯価値を計算せずにCRMを導入する

CRMは、顧客一人ひとりの情報の活用により、顧客の利便性と満足度を高め、長期にわたり関係を維持することで、顧客生涯価値を最大化する取組みです。したがって、CRM導入にあたっては、ロイヤルティといった抽象的なレベルではなく、定量的な数値として捉えることができる顧客生涯価値の最大化を目標としなければなりません。

例えば、「自店舗の顧客は、平均5年間の顧客生涯で、5年間の利益は10万円だが、これを30％アップした13万円まで引き上げる」といった、**具体的かつ定量的な数値目標を立てなければなりません**。

3) CRMを導入しやすい業種、業態があることを認識していない

例えば、クレジットカードや保険といった金融サービス、電話料金等のキャリアサービスなどを利用する顧客は、一度その顧客になれば、契約先企業を変更する場合にスイッチングコストがかかるため、容易にはほかの企業へ移るということはありません。

このような、小売業側も顧客側も長期にわたる関係継続を前提としている業界・業態は、CRMの導入に適しているといえます。

② CRM導入を成功させるための具体的対応

一般に、平均的顧客の場合、おおむね購買単価は低く、売上高も伸びてません。

顧客生涯価値を考える場合、小売業は、そうした平均的顧客との関係を強化するために販促コストをかけられないのが実情です。

そこで、CRMに適した顧客を継続性と利益率でマトリックス分析してみると、次の図のように整理できます。

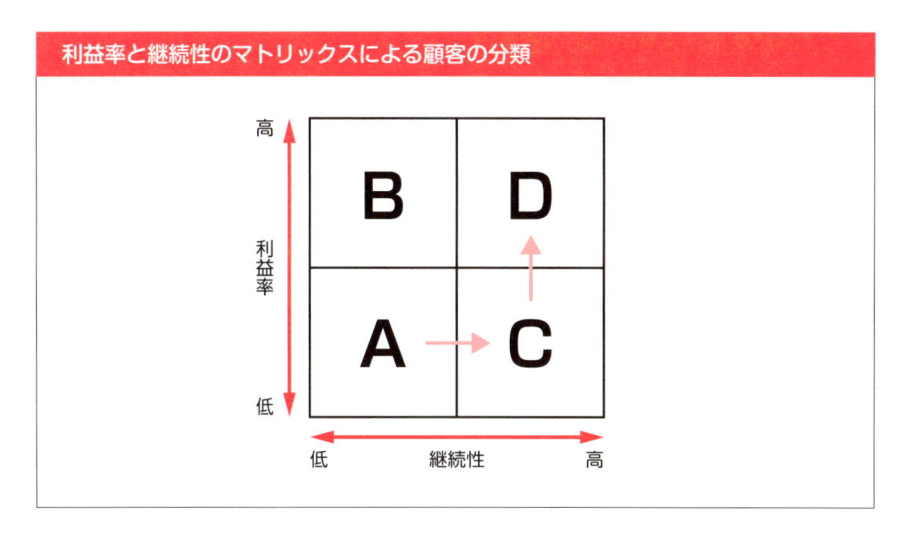

利益率と継続性のマトリックスによる顧客の分類

　この図を分析すると、CRMに適した顧客分類は、CとDのセグメントの比率が高いことがわかります。そしてCRMの導入により、セグメントDの顧客を維持し、セグメントCの顧客をDにシフトさせることが求められるのだとわかります。

　そして、それを実現するためには、以下の3つの方法が考えられます。

1) **特定の顧客グループだけに集中する**

　自店舗に来店するすべての顧客を対象にするのではなく、継続性が高く、購買単価も高い顧客や、特定の商品のみを購入する顧客などに絞り込んで顧客データベースを構築し、CRMを実行することが推奨されます。

2) **特定の媒体やチャネルだけに集中する**

　DM、CM、インターネットなど、さまざまな媒体に対してただ漠然と広告を掲載するのではなく、特定の媒体に販促コストを集中することが推奨されます。

3) **顧客の行動を自店が望むような方向に変えられる販促活動だけに集中する**

　例えば、しばらく来店していない顧客に対して来店を促す特典付きのDMを発送したり、新規顧客への特典付き礼状により来店を促す策を実施した際には、販促効果を測定し、利益が確実に出ているかどうか確認することが求められます。

③ CRM を成功させるための留意点

1) 全社的な意識徹底

CRMは現場の実践が重要だということを、従業員に周知徹底する。

2) 業績評価との連動

購買金額や買上点数のほかに、来店頻度などを従業員の業績評価基準に加える。

3) 優良顧客の積極的優遇

CRMの実践では、一人ひとりの顧客を識別し、優良顧客を優遇することが基本であり、一般の顧客と同様に扱うのは不平等だと認識する。

4) わかりやすさ

ポイント体系などはシンプルにし、ときおり、期間限定のポイントアップなどの特典施策を行う。

5) 柔軟性

初期の決定事項に効果がないことが判明した場合には、すぐに対応して決定事項を修正する、といった柔軟性を維持する。

6) 本来の情報活用を忘れない

ポイント付与などが目的ではなく、購買履歴などの顧客情報分析の実施が重要である。

- CRMを導入しようとすると、データベースの構築や管理などかなりの投資が必要になります。そのため、CRMの導入後は効果測定をすることが重要事項となります。

主要なリテールマーケティングのタイプ①

データベース
マーケティング

顧客重視型マーケティングにおける1つの手法として、データベースマーケティングがあります。

●顧客はみな均等に重要なのではなく、独自の基準により差をつけて評価することが求められます。

●見込客よりもすでに自社商品、サービスの購入経験のある顧客のほうが大切である、ということを理解しておきましょう。

1 データベースマーケティング

①データベースマーケティングの概念

　今日の小売業には、顧客との対話を通じて顧客のニーズや嗜好、不満に対し積極的に耳を傾け、二人三脚で販売を進める**顧客重視型マーケティング**が求められています。その手段の1つとして**データベースマーケティング**があります。

　データベースマーケティングとは、**データベース化した顧客情報を加工して、何らかの有効な仮説を導き出し、それをもとにして新たなマーケティング施策を創造し、顧客にフィードバックするというものです。**

　具体的には、個々の顧客の属性や購買履歴を蓄積し、それら蓄積されたデータを分析することで、個々の顧客に合わせたマーケティングを実施するものです。

　データベースマーケティングにおける目標は、見込客の発見、トライアル客のリピート購入の促進、リピーターのロイヤルカスタマー化などが設定されます。

②資産としての顧客の対応

データベースマーケティングの基本的考え方としては、次の5点があげられます。

1) 企業にとって最も重要な資産は顧客である（顧客は、見込客や疑似客よりもはるかに重要な存在である）。
2) すべての顧客を均等に扱うことが重要なのではなく、ある顧客はほかの顧客よりも一層重要な存在として評価されるべきである。
3) 顧客たちはみな共通の特性を持っている。
4) 見込客の中には、顧客と類似していそうな人もいる。
5) 顧客の将来行動は、顧客属性よりも顧客の過去の行動から推測するほうが、推測の的中率が高まる。

一般的にいうところの顧客を、「**疑似客**」「**見込客**」「**購入客**」に分け、さらに購入客を「**超優良客**」「**優良客**」「**普通客**」に分ける方法があります。

1) **疑似客**：購入するのかどうかまったくわからない人
2) **見込客**：購入意欲を示した人（そのうち最も有望な人をリードと呼ぶ）
3) **購入客**：1回だけ購入した人、複数回購入した人、すでに固定客になっている人やなりかけの人、反対に、もう離れようかと思っている人

③優良顧客の識別

基本にあるのは**顧客の差異化**であり、見込客よりも既存顧客であり、さらにその回数が多い顧客のほうが重要であるということです。こうした優良顧客を識別するためには顧客データベースが必要であり、その顧客データベースが**顧客識別機能**を有することが、効率的かつ効果的なマーケティングを実現します。

④個客管理の手法

小売業にPOSシステムが導入されたことにより、商品の動きをきめ細かく捉えられるようになり、商品や在庫、売場の管理などが効率化されました。しかし、商品の動きは顧客の購買行動があってこそ生じた情報であり、POSデータはその意味で「結果」情報ということになります。

顧客データベースは、「個客」管理のための手法であり、「顧客」ではなく「個客」にフォーカスしています。POSシステムは単品管理の手法であり、単品の動きからは個客の顔や行動は見えてきません。

　小売業にとってまず把握しなければならないのは「原因」情報であり、「顧客がどのように動いたから、商品がこう動いた」という因果関係が重要になります。そして「**原因**」と「**結果**」**の両方を捉えることによって、将来へ向けた戦略的意思決定ができるようになります**。

⑤データベースによる仮説検証

　今日主流となっているデータベースマーケティングは、従来からある**購入履歴データベース**に加え、顧客の**プロファイルデータ**（職業、年収、家族構成、趣味など）や**消費マインドデータ**を加えた2つのデータベースでできています。

　顧客の購買行動の仮説を設定し、2つのデータベースから仮説に合ったターゲットを絞り込み、それらに販売促進施策（DMなど）の結果を加味して優良顧客を見つけ出し検証します。仮説検証を繰り返すことで、顧客データベースはより精緻なものに成長していきます。

●データベースマーケティングは、データベース化した顧客情報を加工して何らかの有効な仮説を導き出し、それをもとに新たなマーケティング刺激を創造し、顧客にフィードバックしていく点に特徴があります。

主要なリテールマーケティングのタイプ②

ロイヤルティ
マーケティング

小売業は、顧客一人ひとりにその価値に応じた対応が求められます。

● ロイヤルティマーケティングの意義や、顧客をすべて平等に扱うことの課題、顧客識別マーケティングとの関係性、そしてロイヤルティマーケティングの特徴である顧客育成の重要性を理解することが重要です。

● 顧客の識別は出題されやすいテーマです。顧客を識別し、階層別に分類し、購入金額（小売業にとっての価値）に応じて、異なるベネフィットを提供する意味をしっかりと理解しておきましょう。

1　ロイヤルティマーケティング

①ロイヤルティマーケティングとは

ロイヤルティマーケティングとは、**来店客を一人ひとり識別し、それらを階層別に分類（ランク分け）し、購入金額に応じて異なるベネフィットを提供することを通して優良顧客をつくり出す諸活動です**。

小売業にとって最重要資産である顧客と、「個対個」の関係を構築するにあたり、認識しなければならないのは、顧客がみな均等に重要なのではなく、独自の基準により識別し、ランクづけする必要があるということです。

顧客とのパートナーシップを構築するというと、全員と平等な相互関係を維持していくと感じられますが、顧客には多様なタイプがおり、それゆえ、小売業は**それぞれの顧客一人ひとりの価値に応じた対応**をしていく必要があります。

顧客一人ひとりの価値に応じて提供する、異なるベネフィットとは、景品や値引、クーポンなどの金銭的還元のほか、ショッピングアドバイスやイベントへの招待など**さまざまな特典、特権を与えることです**。

このようなロイヤルティマーケティングを実践するには、顧客ごとに異なるベネフィットを提供するロイヤルティプログラムの構築が必要となります。

ロイヤルティプログラムとは、リピート購買またはその促進に向け、有形・無形の便益を顧客に提供するプログラムのことです。

4

マーケティング

②平等の錯誤

多数の顧客の中から「個客」を比較すると、**小売業にとって大きく貢献してくれる個客もいれば、負担になっている個客も存在します**。

また、貢献のレベルや負担のレベルも千差万別です。したがって、これら**すべての個客を平等に扱うということは、正しいように考えられる反面、極めて不合理であり、小売業側と顧客側の双方から見て不平等だといえます**。

本質的には、貢献度の高い個客には手厚い対応を、それほど貢献してもらえない個客にはある程度の対応を、負担になっている個客には切り捨てるなどの対応も検討しなければなりません。

B.P.ウルフは、「すべての顧客は平等ではなく、顧客の多様性を認め、最大の利益を上げるために顧客を識別し、それに応じた販売条件を適用しなければならない」と述べています。そして「**顧客識別マーケティング**」を提唱しています。この顧客識別マーケティングの基本にあるものは、ワン・トゥ・ワンの発想であり、個々の顧客の顔を見て、個客識別を行い、顧客の間に「違い」をつくっていくものです。

2 ピラミッド階層による顧客の識別

①ロイヤルティマーケティングの目標

ロイヤルティマーケティングにおける目標としては、次の3点があげられます。

1) **最も重要な（利益をもたらす）顧客を離脱から引き止めること**
2) **下のランクの顧客については、より上位の顧客に育ってもらうこと**
3) **ワースト顧客については、コストが発生しないように注意しつつ、他店に去ってもらうこと**

つまり、個客を識別（区分）し、ランキング化（階層化）し、それぞれのランクに応じたアプローチを行うことがロイヤルティマーケティングなのです。

ポイントとなるのは、前記2) より、**上位の顧客に育ってもらう**ということです。**顧客が上位ランクに育つよう、個客に「差」をつけて育成していくということです。**最初から超優良顧客とワースト顧客に二分してしまうのではなく、その中間にいくつかのランクを設け、中間のランクに位置づけられた個客を徐々により上位のランクへと誘導（育成）していくところに、ロイヤルティマーケティングの特徴があります。

②ピラミッド型顧客体系の確立

ロイヤルティマーケティングの展開においては、顧客ピラミッドにもとづく次図のような取組みが必要です。

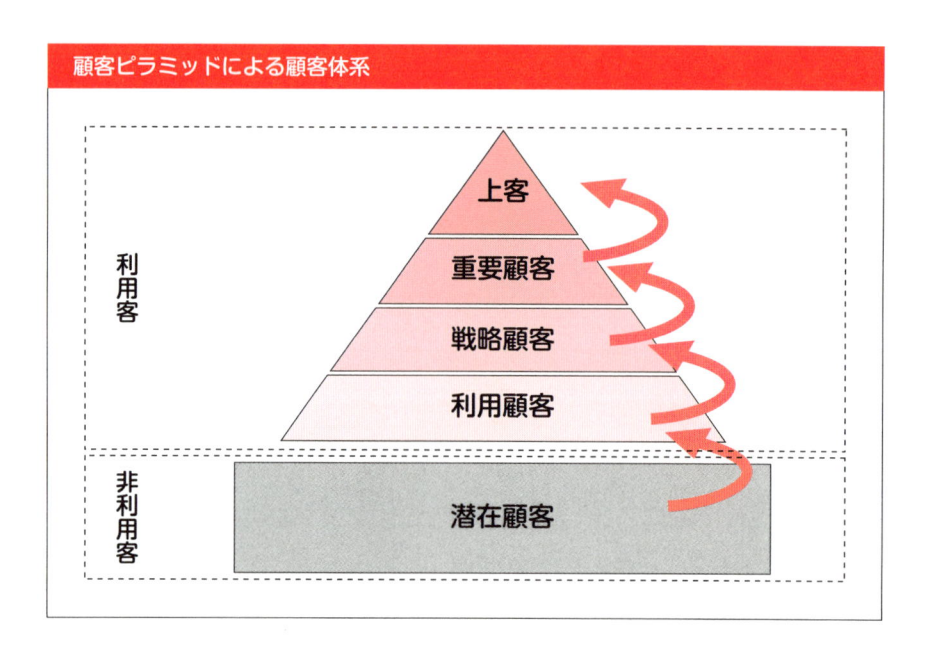

ピラミッドの頂点が「上客」であり、ピラミッドの枠内が利用客です。その枠外には、大多数の非利用客である潜在顧客が存在しています。

これまで述べてきたように、これら**ランクに区分された顧客に対しては、それぞれのランクに合わせて異なるアプローチをとることが原則です。**つまり、潜在顧客を利用顧客にするためのアプローチと、一度購入した利用顧客をリピーターにするアプローチはその手法が異なります。

ロイヤルティマーケティングのポイントは、この顧客ピラミッドでの階層別アプローチだといえます。利用顧客を戦略顧客へ、戦略顧客を重要顧客へ、それぞれのランクをアップさせるにはすべて異なるアプローチが求められます。

　このことからいえるロイヤルティマーケティングの特徴は、新規顧客を創造したり、競合他社・競争店舗の顧客を奪ったりすることにより、自社が競争優位のポジションを獲得するというものではありません。ロイヤルティマーケティングが対象とするのは、自社・自店舗の既存顧客であり、それら顧客とのパートナーシップをできる限り長期に、できる限り良好な関係にしようとするものです。

　つまり、**自社・自店舗の商品やサービスに対する**「**顧客ロイヤルティ**」**を向上させることが、ロイヤルティマーケティングの目的だということです**。

　●ロイヤルティマーケティングにより、「顧客ロイヤルティ」が生まれることで、その顧客が自店舗から他店へ移ることを防ぎ、結果的に自社・自店舗に安定した収益をもたらします。

コンビニエンスストアに見る革新的マーケティングシステム

コンビニエンスストア（CVS）は、製配販三層統合型マーケティングチャネルシステムにより、利便性提供型店舗としてその強みを発揮しています。

● CVSは、一般的には、身近、多品種少量在庫による店舗運営、年中無休といった面に注目されがちですが、店舗側にとっての革新性、利用する顧客にとっての利便性など両面で特徴があり、それを支えているのがCVSのマーケティングシステムです。

● CVSの特徴的オペレーションである、多品種少量在庫や多頻度少量配送の特徴や利点について、しっかりと理解しましょう。

1 流通面でのベネフィット

　CVSは、アクセサビリティのよい近隣型店舗という点と、個客に対するさまざまなベネフィットを提供するという目的で開発され、旧来型の「**業種別縦割型流通システム**」から「**製配販三層統合型マーケティングチャネルシステム**」へと小売業主導で開発された個客への「**利便性提供型店舗**」と表現できます。

①流通面でのベネフィット

　個客の購買目的や動機などの面からCVSが提供する商品を見ると、その機能はほかの店舗形態の同じ商品の機能とは明らかに異なる特徴を有しています。

　例えば、ファストフードとしての弁当であれば、CVSの場合、身近な店舗でいつでもすばやく購入して食べられるという便益があります。また、ビールなどのドリンクであれば、冷えた缶ビールをすぐに飲めるといった便益があります。

　ビールの例では、酒のディスカウントショップなら多量の箱売りにより、安くは買えるものの、自宅まで箱を持ち帰り、いったん冷やしてからでないと飲めず、時間と手間といった買物コストがかかります。それに対し、CVSなら欲しいときに必要なだけ購入でき、かつ、すぐに冷えたビールが飲めるという、ライフスタイルシーン（簡便志向）に合致した便益を享受することができます。

　小売業側から見ても、CVSは価格に左右されにくいライフスタイル面での価値提供により、価格勝負を回避しています。

　このような差を分析してみると、ディスカウントショップは、一括大量仕入による低コスト仕入、小頻度多量配送による輸送コストの低減、箱入（荷姿）のままの販売による作業コスト低減により獲得したコスト削減分を低価格に反映しているといえます。対する**CVSは、商品の企画・開発、計画的小ロット生産、低物流コストでの多頻度少量配送、単品管理にもとづく補充発注システムなど革新的な生産・流通システムが、その強みを生んでいるといえます。**

　このように、CVSは独自開発した商品開発、商品供給、店舗運営などからなる「CVSマーケティングシステム」により成長を実現した店舗形態といえます。

　CVSのマーケティングシステムは、次図のような体系で成立しています。

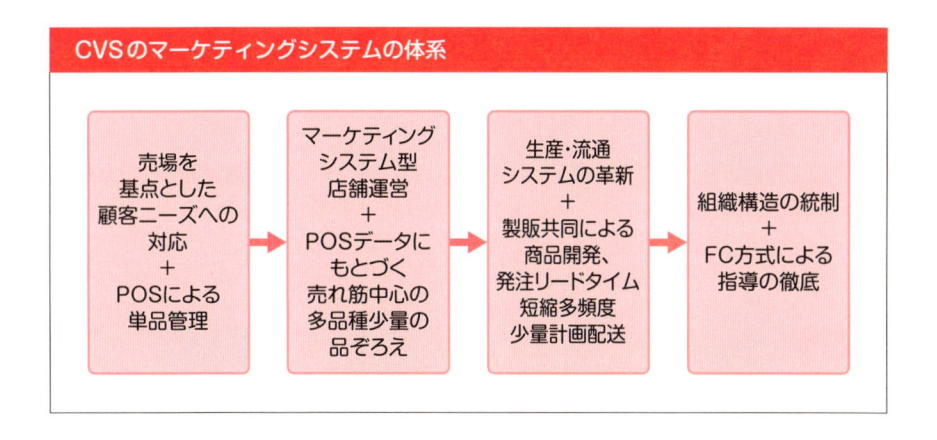

CVSのマーケティングシステムの体系

売場を基点とした顧客ニーズへの対応＋POSによる単品管理

→

マーケティングシステム型店舗運営＋POSデータにもとづく売れ筋中心の多品種少量の品ぞろえ

→

生産・流通システムの革新＋製販共同による商品開発、発注リードタイム短縮多頻度少量計画配送

→

組織構造の統制＋FC方式による指導の徹底

2 システム型ストアオペレーション

①多品種少量在庫による運営

多品種少量在庫とは、顧客の求める利便性ある商品の種類（品種数）をできる限り増やすと同時に、同一品種（カテゴリー）内の品目数は絞り込み、併せて1品目当たりの在庫量を削減し、できる限り多くの商品の回転率（販売効率）を高めるものです。

一般的には、品種を多くすると個客にとってのワンストップショッピングの利便性が向上する反面、CVSでは売れ筋商品の把握が難しくなり、荷受やディスプレイなど作業コストが増加します。

このような課題の解決を実現したのが**CVSのトータルマネジメントシステム**です。多様なサプライヤーを1つの仕入機構に集約・統合し、さまざまな商品を店舗別、カテゴリー別に一括仕分けして多品種商品の受入体制を整え、1回当たりの品目ごとの発注数量を抑えつつ、多頻度による発注を行うことで、1品目当たりの在庫数量を削減しています。

②多頻度少量配送の実現

多頻度少量配送とは、売れ筋商品の欠品防止をねらいとして、CVSの**売場在庫を常に適正な水準に保つためのデリバリーシステムです**。物流コストを削減するために、CVSとベンダー両者の取組みによる共同配送システムの構築などにより、実現しています。

従来は、卸売業や小売業は取引単位として、メーカーの**出荷単位（ロット）**にもとづき商品を仕入れていましたが、取引単位がCVSの最適発注量を大きく超える状態であったため、そこに流通革新をもたらしたということです。

3 革新的流通システムの実現に伴うベネフィットの要素

①商品面でのベネフィット

CVS業界の大手が生み出した商品は、**POSシステムを通して売場から得られる販売データをもとに、コンピュータネットワークを駆使して開発された商品が多数を占めます**。商品開発に有益な情報を川下から吸い上げ、緻密な分析により、現実の生活ニーズに合った商品開発が行われてきました。

②時間面でのベネフィット

　CVSは、比較的小規模な店舗に、日常生活において必要とされる多くの商品が、バランスよくコンパクトに陳列されています。これにより個客が入店してから目的の商品を見つけ出すまでのアクセスのよさを実現し、買物所要時間の短縮化により、大きなベネフィットを提供しています。

③場所面でのベネフィット

　多店舗展開により、「近くにCVSがある」というアクセサビリティのベネフィットを提供しています。

④品ぞろえ面でのベネフィット

　一般的なCVSは、おおむね100㎡程度の売場面積に対し、約3,000品目の商品を販売しています。この「多品種少量品目の少数在庫」という品ぞろえが、CVSの強みとなっています。また、約3,000品目のうち、約3分の2の商品を、1年間に新商品へ入れ替えながら、顧客を飽きさせない品ぞろえを実現している点も、CVSの強みの1つといえます。

● CVSの強みは、単に近くにあり便利だということではなく、その革新的なマーケティングシステムにあるといえます。

16 小売業の商圏開発

小売業にとって商圏や立地の選択は極めて重要な決定事項です。

重要度：★★★

●店舗立地の基準や立地選定の原則、商圏の定義、経営戦略との関係性を理解することが重要です。

●小売業にとって店舗立地や商圏は極めて重要であり、頻出問題です。しっかりと理解しておきましょう。

1 店舗立地の条件

①店舗立地の基準

　小売業経営にとって、**立地選定**は極めて重要な決定事項です。いったん出店すると、相応の投下資本が発生し、容易には変更できません。また、新設時だけでなく、店舗立地の環境条件は絶えず変化しており、小売業としては日常的な立地評価が求められます。

　小売業の立地条件は、商業立地と店舗立地に分けて考えるのが一般的です。

▼商業立地の構成要素

要素	内容
都市の性格	産業構造やその変化など
都市計画	土地利用計画、都市施設整備計画、市街地開発計画など
人口動態	人口増減、自然増減、人口密度、社会増減など
交通条件	交通機関、駅、停留所、道路
商圏・購買力	時間距離、購買頻度、1/2/3次商圏とその消費購買力
商店街	商店街(近隣型、地域型、広域型、超広域型)など
大型店	百貨店、ショッピングセンターなど
地価	商業地公示価格、路線価など

（次ページに続く）

要素	内容
生活様式・習慣	ライフスタイル、レジャー傾向など
競争関係	地域間競争と地域内競争

▼店舗立地の構成要素

要素	内容
近隣条件	隣接店、道路状況、通行速度
敷地の物理的条件	敷地の形状、方位、角地
法令規制	用途制限、建ぺい率、容積率、防火規程

人口や所得の変化、交通ネットワーク、都市計画、競争関係は、立地条件を大きく変動させる要因であり、個々の小売業にとっては立地因子（収入因子と費用因子）を変動させる極めて重要な要素です。

②ネルソンの立地選定の原則

R.L.ネルソンは、立地選定において守るべき8原則をあげています。

1) 現在の商圏の潜在力の妥当性

ある立地を前提とし、自店の商品に対する商圏内の消費支出の総額と、自店が獲得できる割合を検討する。

2) 商圏への接近可能性

商圏内の潜在力をどれだけ自店に惹き付けられるかは、顧客が近くを通過する可能性に依存する。それには小売形態を3つに分けて検討する。ただし、大部分の小売店は混在しているため、すべてを検討する。

Ⅰ) 顧客創出型小売店：広告宣伝、商品の独自性の評価、その他販売促進手段によって独自の顧客を惹き付けるタイプの小売店。百貨店、総合品ぞろえスーパー、専門店などが該当。

Ⅱ) 近隣店顧客依存型小売店：近隣の店舗に引き寄せられた顧客がついでに購入していくタイプの小売店。

Ⅲ) 通行量依存型小売店：買物目的ではない通勤者や交通機関利用者などが、ついでに購入するタイプの小売店。

3) 成長可能性
人口増加と所得水準の上昇などが期待できる商圏かどうか検討する。

4) 中間阻止性
居住地または勤務先と、従来の購入先小売店などの中間に立地すると、顧客を途中で阻止することができる。

5) 累積的吸引力
同種の商品を扱う一定数の小売店は、散在しているより集積して立地しているほうが、販売額を増加させる可能性が高い。したがって、中間阻止の立地にするか、累積性を利用するかの選択が求められる。

6) 両立性
補完関係にある商品を扱う2店舗は、近接している場合に両店舗をともに利用する顧客の発生率に正比例し、より大規模な小売店の販売額の、より小なる店舗の販売額に対する比率に逆比例する。そして、それぞれの販売額に占める意図的購入額の比率の和に正比例して販売額を増加させる。

7) 競争回避
競争店の立地、性格、規模、形態を考慮して立地選択し、売上高を予測する。さらに将来において競争店が立地する余地も考慮する。競争回避には、競争店ができる限り少ない立地を選ぶ。

8) 立地の経済性
立地コストを生産性と関連させて分析する。

2　商圏の設定

①商圏の定義

　商圏とは、小売店から見て、来店客が存在しうる地理（距離）的、時間的範囲のことです。

②商圏の段階区分

　商圏は、市の境界線のように考えるものではなく、段階的に区分するものです。

1) 小売業の売上高を基準に区分する場合の例
　1次商圏：店舗売上高の60〜65％を占める顧客の居住範囲
　2次商圏：店舗売上高の30％前後を占める顧客の居住範囲
　3次商圏：1〜2次商圏の世帯数の5〜10％を占める顧客の居住範囲

2) 消費者の流出傾向を基準に区分する場合
　1次商圏：当該地域の消費需要の30％以上を吸引していると目される地域
　2次商圏：当該地域の消費需要の10％以上を吸引していると目される地域
　3次商圏：当該地域の消費需要の5％以上を吸引していると目される地域

3　業種・店舗形態と商圏

①商品特性別に見る商圏の広がり

1) 最寄品：購買頻度が高く、買物コストをかけたくない商品。最も購買距離が短く、近隣の便利な場所で購入しようとする。
2) 買回品：購買頻度は最寄品に比べ低く、買物コストをいとわず遠方まで出かけて購入しようとする。
3) 専門品：他の商品では代替できない特別の好意を抱いている商品であり、かなりの買物コストをいとわず購入しようとし、密度は低いが広域商圏を持つ。

②業種・店舗形態の違いによる商圏の広がり

　同一業種であっても、店舗の規模や品ぞろえにより、狭い商圏の小売店から広域の商圏を持つ小売店まで多様な商圏形態があります。

　百貨店や総合品ぞろえスーパーなどの大規模小売店は、広域な商圏を持ちます。

4 経営戦略と商圏

①小売店の商圏を決定する要因

　小売店の商圏は、立地や品ぞろえ、売場面積など、その店舗の経営戦略と環境条件の組合せによって決定されます。

②環境要因の変化と商圏

　環境要因の条件が好転した場合、それを利用した経営戦略の変革によって、効果のある商圏の量的・質的拡大を達成することができます。

③商圏の拡大の限界

　商圏の拡大は、以下のような理由からその限界が生じる可能性があります。

1) 自然的、物理的条件による限界

　自然条件、道路条件、交通条件などにより、物理的に商圏を拡大できない場合があります。また、徒歩の顧客を前提とする場合などは、歩行距離の限界が影響する可能性もあります。

2) 経営戦略の変革に伴う買物費用の増加による限界

　品ぞろえや品質、価格などの経営戦略の変革による吸引力の増大というプラスに働く要因と、買物距離の拡大による買物コストの増大というマイナスに働く要因のバランスが、商圏拡大の問題となります。

3) 競争店の動向による限界

　商圏が重なっている競争店や他の商業集積の動向にも影響を受けます。自店舗の努力により経営規模を拡大しても、近接する商店街などにより強い吸引力が生まれると、自店の戦略効果は限定されたり、商圏の縮小を防止するだけになる可能性があります。

●店舗立地や商圏は、小売業にとって経営戦略に影響を及ぼす極めて重要なテーマです。販売する商品の特性や競合など、地理的条件以外にもさまざまな検討対象項目があります。

17 商圏モデル

商圏分析モデルには、小売引力の法則や小売引力の法則・第2公式、ハフモデルなどさまざまなものがあります。

重要度：★★★

● どの公式が正しいかではなく、それぞれの法則・公式の意味する内容や特徴を理解することが重要です。

● 商圏モデルに関する問題は頻出です。代表的な公式が導き出そうとする目的と特徴をしっかりと理解しておきましょう。

1 商圏モデル

①ライリーの小売引力の法則とその展開

1) 小売引力の法則・第1公式

　W.J.ライリーは、アメリカの諸都市の商圏調査後、次のような法則を発表しました。

　「通常の状態のもとにあっては、2都市はそれらの中間にある小都市から、人口の持っているある力に正比例し、中間都市から、これらの2都市までの距離の持っているある力に反比例して、小売取引を吸引する」

　この法則は、**小売取引はある一定の法則に従ってより小さい町からより大きな都市へ吸収される、というものです**。

$$\left(\frac{B_a}{B_b}\right) = \left(\frac{P_a}{P_b}\right)^N \times \left(\frac{D_b}{D_a}\right)^n$$

B_a ：A市が中間の町Tから吸引する小売販売額
B_b ：B市が中間の町Tから吸引する小売販売額
P_a ：A市の人口
P_b ：B市の人口
D_a ：A市とT市の距離
D_b ：B市とT市の距離
$N \fallingdotseq 1$
$n = 1.5 \sim 2.5$（通常は2）

2) 小売引力の法則・第2公式

　P.D.コンバースは、1)の法則において、N=1、n=2とした場合、Ba = Bbの地点、つまりA市とB市の吸引力が等しくなる地点を求める式として、次の公式を示しました。

P.D. コンバースの法則式（1）

$$DB = \frac{D_{ab}}{1 + \sqrt{\dfrac{P_a}{P_b}}}$$

DB ：B市から$B_a / B_b = 1$の地点（小売商圏分岐点）までの距離
D_{ab} ：A市とB市の間の距離、すなわち$D_a + D_b$

　この公式は、**A市とB市という2つの都市の中間の町から、小売販売額がすべて同じ割合でAとBの両都市に吸収されると仮定した場合、中間の町を両都市の小売商圏分岐点であるとみなせる、というものです**。

3) 新・小売引力の法則

　P.D.コンバースは、消費者が小売店で支出する金額のうち、買回品に関し、消費者の居住する都市に残留する部分と競争都市に吸収される部分を調査にもとづき次のように公式化しました。

P.D.コンバースの法則式（2）

$$\left(\frac{B_a}{B_b}\right) = \left(\frac{P_a}{H_b}\right) \times \left(\frac{4}{d}\right)^2$$

B_a：消費者の居住するB市から外部のA市に吸引される部分
B_b：地元のB市に残留する部分
P_a：A市の人口
P_b：B市の人口
　d：A市とB市の距離
　4：慣性因子

※慣性因子の4はP.D.コンバースの調査した地区の平均であるにすぎず、常に同じ値だとはいえません。

　この公式は、**商業中心地である都市とその商圏内または商圏近くにある都市は、ほぼ両者の人口に比例し、慣性因子の2乗に反比例して、消費者の居住する都市の小売販売額を分け合う、というものです**。

②小売商圏に影響する諸要因（ライリー）

　ライリーやコンバースの法則は、人口と距離という2要因からなり、実際の調査と比較して当てはまるか否かの議論がなされてきました。ライリー自身は、多数の要因が複雑に絡み合った相互依存関係であると指摘し、以下の要因をリストアップしています。

1) 輸送経路
2) コミュニケーション経路
3) 市場中心地周辺の消費者の階層
4) 市場中心地周辺の人口密度
5) より大きい都市の市場中心地への近接性
6) 都市の小売業の吸引力
7) 都市の文化、娯楽的吸引力
8) 周辺の小都市の競争力
9) 都市の人口
10) 潜在顧客の市場中心地への到達距離についての心理的感覚
11) 都市と周辺地域の地勢、気候
12) 都市の財界、実業界のリーダーシップ

③ハフの確率モデルとその拡張

1) ハフの確率モデル

　商圏を予測する場合、消費者の購入場所を確率論的に考えるという、D.L. ハフの確率モデルがあります。そのモデルは、次の経験的規則にもとづいています。

　Ⅰ）所与の小売店舗を愛顧する消費者の割合は、各小売店舗からの距離によって異なる。
　Ⅱ）所与の小売店舗を愛顧する消費者の割合は、各小売店舗によって提供される商品構成の幅と奥行によって異なる。
　Ⅲ）消費者がさまざまな小売店舗へ行くまでの距離は、購買される商品のタイプによって異なる。
　Ⅳ）所与の小売店舗の吸引力は、競争する小売店舗の近接性に影響される。

　この公式は、多くの利用可能な商業集積がある場合に、そのうちどの商業集積を利用するかという確率は、その商業集積が、ある地区の住民に対して与える効用に比例する、というものです。
　商業集積の規模につては売場面積を用い、商品数が反映されると考え、また、距離には時間距離を利用します。
　ハフのモデルを数式で表すと、次のような公式になります。

ハフの確率モデル

$$P_{ij} = \frac{U_{ij}}{\displaystyle\sum_{j=1}^{n} U_{ij}} = \frac{\dfrac{S_j}{T_{ij}^{\lambda}}}{\displaystyle\sum_{j=1}^{n} \dfrac{S_j}{T_{ij}^{\lambda}}}$$

　P_{ij}は、i地区に住む消費者が商業集積jを選択する確率であり、n個だけ存在する利用可能な商業集積のうち1つであるjの持つ吸引力U_{ij}に比例すると考えるものです。

$\displaystyle\sum_{j=1}^{n}$ は、jについて1番目のものからn番目のものまでを加えるということで、

ui1 + ui2 + ui3 +・・・+ uin

ということになります。

　その吸引力は、商業施設jの規模（売場面積）Sjとiからjまでの時間距離Tijにより決定されます。Tijがどのくらい買物を制約するかは、商品の種類によって異なります。

　パラメータλ（ラムダ）は標本を選び、実際の購入場所を調査して計算されなければなりません。λは「距離抵抗係数」のことで、消費者が遠方へ買物に行くことを嫌がる度合いを意味します（心理的に強く嫌う場合、距離抵抗係数を大きく設定します）。

　Pijが決定されると、i地区の消費者数Ciのうちから商業集積jに買物に行く消費者数の期待値（予想値）Eijは次のような公式になります。

Eij = Pij × Ci

　したがって、商業集積jでi地区の消費者に、ある品目kを販売する金額の期待値E（Aij）は、品目別の支出額をBikとすると、次のような公式になります。

E（Aij） = Pij × Ci × Bik

2) 修正ハフモデル

　ハフモデルは、売場面積と時間距離だけを用いているので、この数式で計算したものが現実の消費者行動と一致しなければ、小売店の販売力や競争力などの魅力が影響しているものと推測されます。日本では1980年に、大規模小売店舗法にもとづいた出店審査の基準として売場面積と時間距離のほかに営業時間やブランド力などの要素を計算に取り入れた「修正ハフモデル」を採用しています。

18 商圏形成の実際

「商圏」には厳密な定義はありません。まずは「小売店の営業エリア」と認識しましょう。

重要度：★★★

学習アドバイス

●商圏の法則性や、戦略商圏の種類、考え方とそれをどう売上につなげるかを理解することが重要です。

出題者の目線

●商圏は小売業が戦略的に捉え、主体的に設定し、経営戦略に活かす必要があることを理解しておきましょう。

1 消費者行動が商圏を決める

①商圏とは小売業の営業エリア

日本では「商圏」という言葉が乱用されていますが、欧米においても厳密な定義は見当たりません。一般には小売店の販売政策（影響力）が及ぶ地理的範囲であり、言い換えれば「小売店の営業エリア」といえます。

②商圏の法則性

小売にとっての商圏は、社会法則の2つの面にもとづいているといえます。

1) 商圏には距離的な限界があり、その限界距離は販売する商品カテゴリーのタイプによって異なる。
2) 商圏は、立地条件によって異なり、商業集積の大きい立地にあるほとその範囲は大きくなる。

③ハフの確率モデル

ハフモデルは、商圏居住者の一人ひとりに当てはめれば、商業集積（ショッピングセンターなど）の売上可能額が理論的には積算できます。ただし、モデルに用いるパラメータの決定には不十分なものがあります。

　商圏は、一定の法則にもとづく消費者の行動により形成されます。このことを理解して販売政策の指針にすることが商圏開発戦略の基本となります。

2　戦略商圏とは何か

①自然商圏

　商圏とは、顧客の地理的な来店範囲であり、その範囲は消費者行動のあり方で決まるため、小売店としてはコントロールできない環境要素です。この意味において、作為的に決定されていないという点で、「自然商圏」と呼ばれています。

②戦略商圏

　顧客がいるからといって無制限に商圏を拡大することはできません。販促効果や営業効率を考えて最も効果的な範囲に限定することが求められる点で、「戦略商圏」と呼ばれています。

③戦略商圏の考え方

　小売店の影響力が距離とともにどう変わるかをモデルにしたものが次図になります。

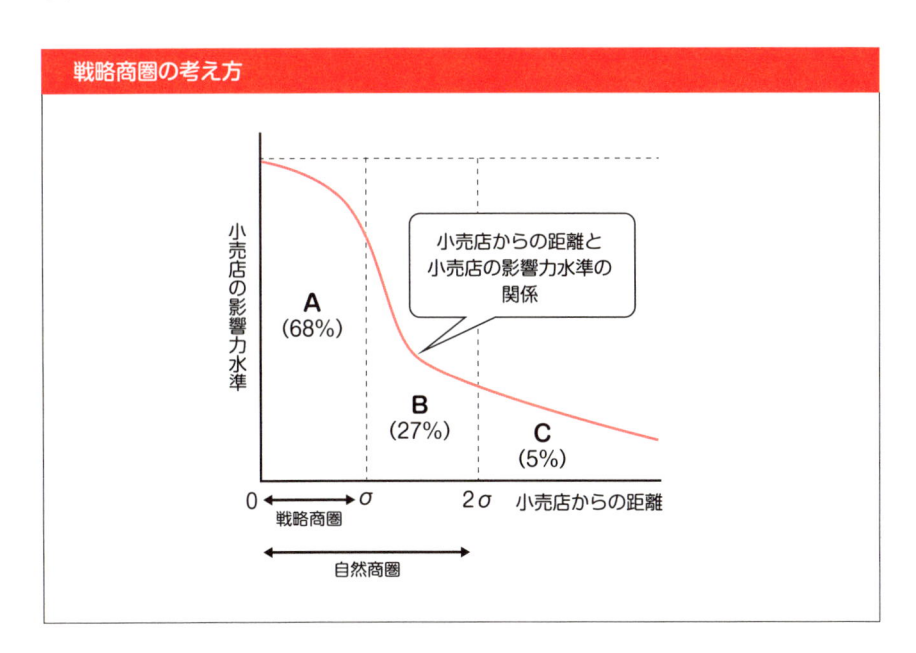

戦略商圏の考え方

図はあくまでも概念的なもので、実際は、具体的な環境条件などを考慮し、商圏を戦略的に捉えて検討することが小売業には求められます。

3　売上高を維持する要素

　一般に、小売店の売上高に影響を与える要因は、「天気」「景気」「やる気」の「3気」だといわれていますが、現実的には「顧客の存在」「競争店の存在」「小売店の努力」の3点のほうが重要です。

　小売店の売上高は、客観的な環境条件に負う部分が大きく、その市場環境は顧客のライフスタイルと競争店の存在という2つの要素から成り立っています。これらの要素には極めて大きな地域差があるため、「自店舗の商圏にはどのような客層が存在し、競争店がどのような活動をしているか」を常に考慮しながら、戦略性のある活動をしていかなければなりません。

●商圏は、小売業にとって宿命的に与えられたものではありません。それを戦略的に捉えることによって、主体的に変革していくことが求められます。これは、商圏を小売店の自由意思で決めるということではなく、顧客の行動を分析し、その可能性の範囲を冷静につかんでいくことが求められるということです。

競争と商圏シェア

小売業おける競争において、商圏シェアが極めて重要な要素となります。

●小売業において、商圏におけるシェアには段階があり、その特徴を理解することが重要です。

●市場シェアと販促効果の水準の関係、商圏シェア計算の考え方をしっかりと理解しておきましょう。

1 競争とは何か

小売業における競争とは、**2店舗以上の小売店が同時に、同じ商品を、同じ顧客に販売しようとするときに発生します。**

かつては**同一商品、同一顧客、同一時点の3要素**を含んだ他店舗が同一商圏に存在している状況が競争の実態でしたが、昨今は、異業種においても同じ商品を同じ顧客に販売するという消費環境の構造変化により、**異業種間競争**という状況になっています。小売業としては、常に「どの程度の競争が、どの商品、どの顧客において発生しているのか、それらがどのように変化しているのか」に注意しておかなければなりません。

2 商圏シェアの意味

マーケットシェアは、競争の程度を数値的に示す尺度であり、一般に総需要に対する売上高の割合で求められます。ただし、小売店の場合、総需要は商圏という枠内に限定されているため、一般的にいわれるマーケットシェアとは違い、「商圏シェア」と呼ばれています。

商圏シェアと店舗売上高の関係は、次の式のようになります。

1) 店舗売上高 = 商圏需要 × 商圏シェア
2) 店舗売上高 = 商品Aの商圏需要 × 商圏Aの商圏シェア + 商品Bの商圏需要× 商圏Bの商圏シェア + 商品Cの商圏需要 × 商圏Cの商圏シェア …
3) 店舗売上高 = 顧客Mの支出総額 × 顧客Mにおけるシェア + 顧客Nの支出総額 × 顧客Nにおけるシェア + 顧客Pの支出総額 × 顧客Pにおけるシェア …

3 商圏シェアの3段階

①生存シェア
あらゆる面で競争が激しく、商圏シェアが低位で店舗経営がなんとか成り立つレベル。販促効果はほとんどない。

②成長シェア
販促効果が効き始める段階であり、商圏シェアが中位で店舗経営が堅調になるレベル。競争に打ち勝つ力を持ち始める。

③支配シェア
商圏内でのリーダーシップを有し、商圏シェアは高位で収益性が極めて高くなるレベル。地域の一番店となる段階。

商圏シェアの拡大に伴い、小売店は徐々に競争力を獲得していきます。これは商圏シェアと小売店の販促効果の間に密接な関係が存在するためで、この関係を成長曲線で表すと、次図のようになります。

この図に示したとおり、商圏シェアが成長シェアの段階を超えると、販促効果が飛躍的高まり、支配シェアになるとその効果は極めて高くなります。この段階になると、競争相手よりも少ない販促費で効率的に売上高の向上を実現できるようになります。

このことから、まずは成長シェアを確保し、さらに支配シェアの獲得を目指すことが小売店にとっての目標となります。広い商圏が小売店の力を示すのではなく、高い商圏シェアが競争力の源泉であるといえます。

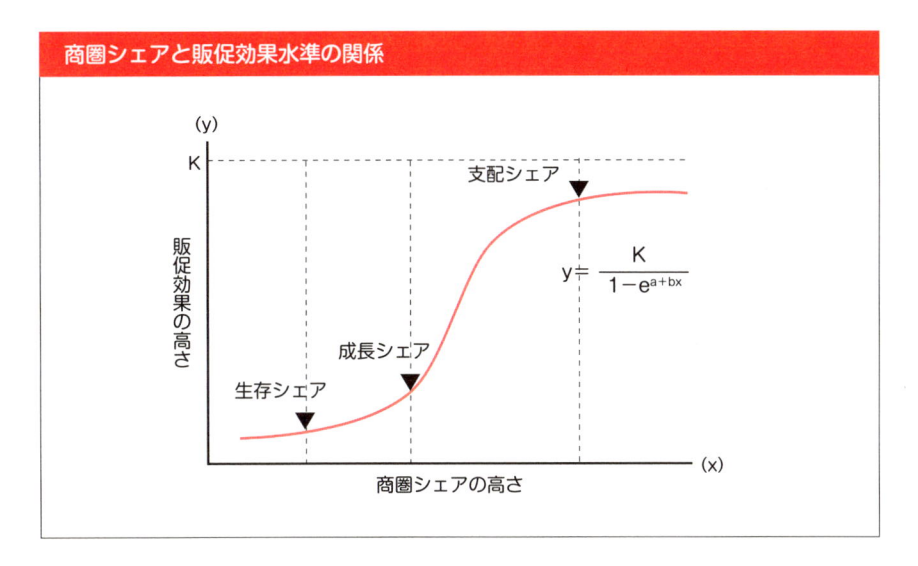

商圏シェアと販促効果水準の関係

$$y = \frac{K}{1-e^{a+bx}}$$

4 マーケティング

4　商圏シェアの計算

　商圏シェアの計算は、先に述べた「店舗売上高＝商圏需要×商圏シェア」を用い
て計算されますが、商圏を自然商圏とするか戦略商圏とするかは、明確にしておく
必要があります。戦略商圏と店舗売上高の関係は次図のとおりです。

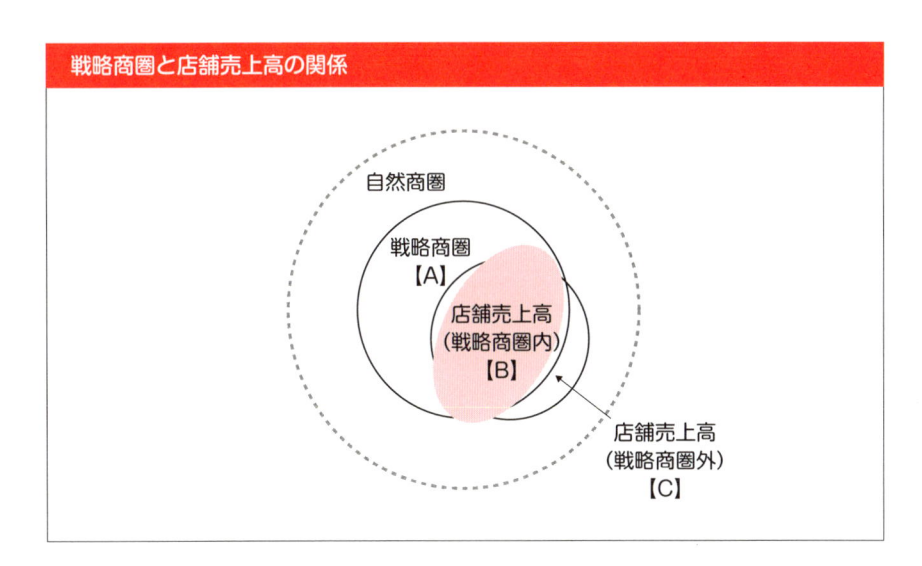

戦略商圏と店舗売上高の関係

自然商圏は、顧客の来店範囲を表しており、店舗の営業範囲といえます。しかし、この全域を店舗の戦略対象とすると、販促効率を悪化させる危険性があります。一般的に、商圏を広く設定すれば、需要は大きくなりますが、競争店も大幅に増加することとなり、商圏シェアは低下傾向となります。

　このような点を考慮して、店舗売上高の70％程度をカバーするエリアに限定して設定されるのが戦略商圏です。

　商圏シェアは次のように計算されます。

商圏シェア ＝ 店舗売上高のうち戦略商圏内売上高 ÷（戦略商圏内世帯数 ×
　　　　　　　平均支出額）× 100

　戦略商圏の需要は、総務省統計局が発行する「家計調査年報」やその他の基礎データを用いて、商品ごとに推定します。

● 自店の店舗売上高を算出することは容易ですが、戦略商圏内売上高をどう算出するかは課題であり、地区エリア別の顧客分布などを分析する必要があります。

20 販売促進策としてのインストアプロモーション（Push戦略）の実際

店舗を中心として実施されるものがリージョナルプロモーションです。

●リージョナルプロモーションには、目的別にいくつかのプロモーションがあります。それらの特徴や目的を理解することが重要です。

●各プロモーションの具体的内容をしっかりと理解しておきましょう。

1　リージョナルプロモーション

　小売業に、マーケティングの4P理論の1つである「プロモーション」を当てはめると、店舗を拠点とした商圏を形成するため、一定の地域を対象とした、「リージョナルプロモーション」という位置づけとなります。

　リージョナルプロモーションの体系は、次ページの図のとおりです。

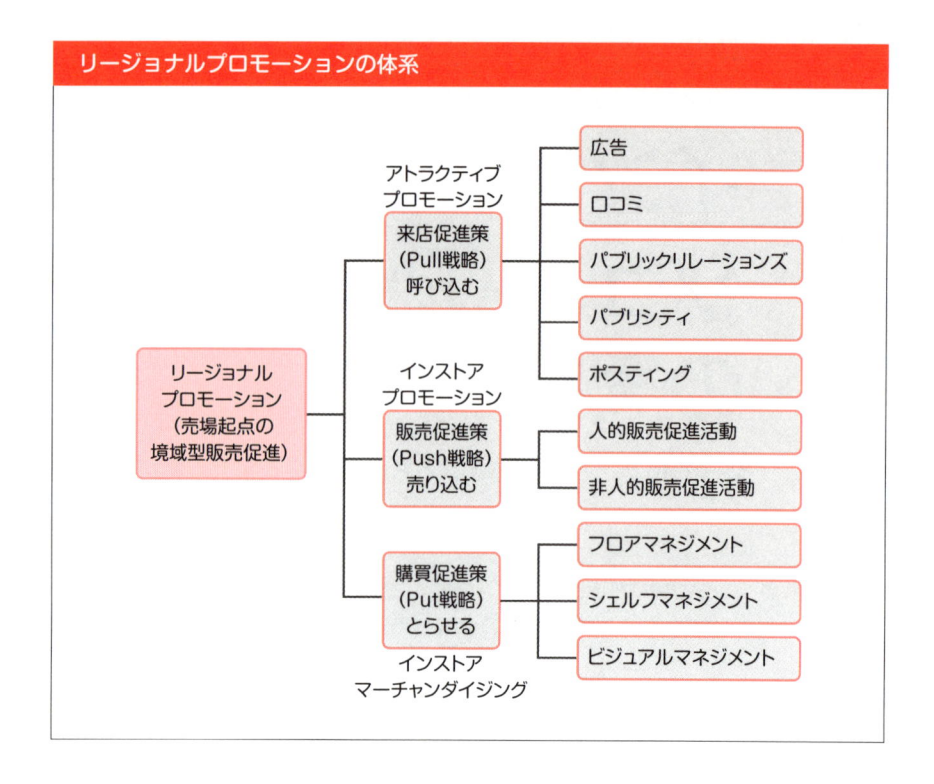

リージョナルプロモーションの体系

- リージョナルプロモーション（売場起点の境域型販売促進）
  - 来店促進策（Pull戦略）呼び込む　アトラクティブプロモーション
    - 広告
    - 口コミ
    - パブリックリレーションズ
    - パブリシティ
    - ポスティング
  - 販売促進策（Push戦略）売り込む　インストアプロモーション
    - 人的販売促進活動
    - 非人的販売促進活動
  - 購買促進策（Put戦略）とらせる　インストアマーチャンダイジング
    - フロアマネジメント
    - シェルフマネジメント
    - ビジュアルマネジメント

2　インストアプロモーションの重要性

　インストアプロモーション（**ISP**）は、**店舗内**において実演販売や特売などを通して顧客の関心を惹きよせる**プッシュ戦略**としての販売促進活動です。

3　インストアプロモーションの体系

　インストアプロモーションは、人的販売促進活動と非人的販売促進活動に大別されます。インストアプロモーションの体系は次図のとおりです。

　人的販売促進は、販売促進活動にあたって、専門員が直接説明・対話するもので、デモンストレーション販売やカウンセリング販売、実演販売などがあります。
　非人的販売促進は、販売促進活動にあたって、専門員や販売員が顧客に直接対応しないもので、サンプリング配布や特売、値引・値下販売などがあります。

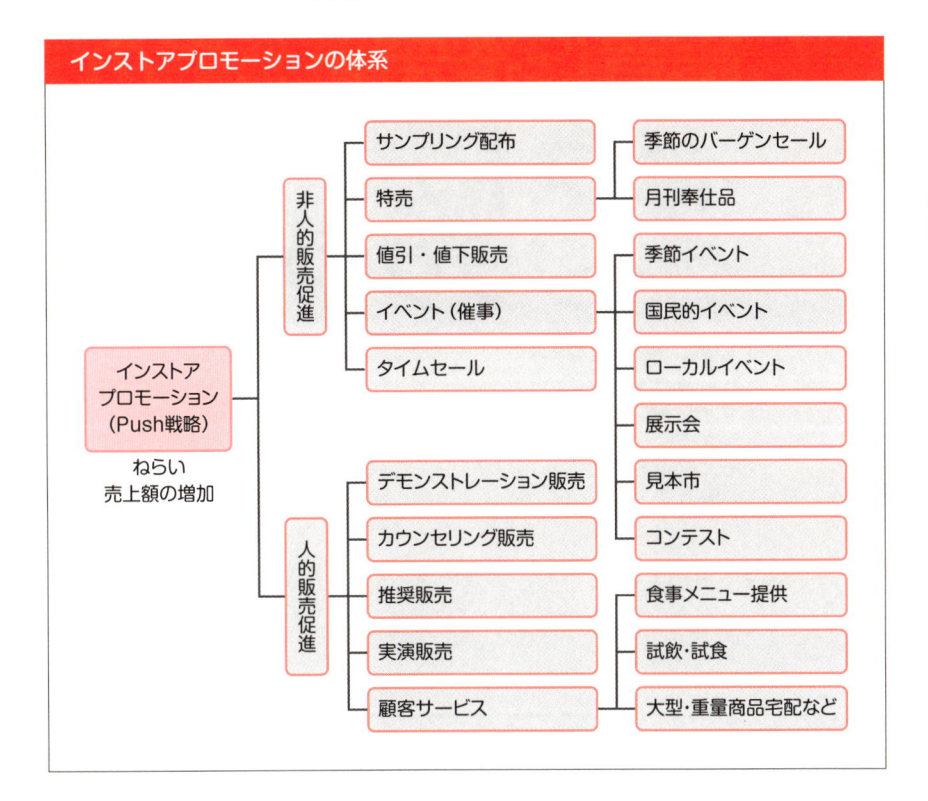

4　インストアプロモーションの主な手法

①売場サンプリング（非人的販売促進策として実施される割合が高い）

　顧客に、実際の商品のよさを理解してもらうための方法として活用される手法で、次の方法があります。

1) メディアサンプリング（広告やキャンペーンで募集を募る方法）
2) 個別配布（エリアを決めて直接、家庭に配布する方法）
3) ダイレクトメール
4) クロスサンプリング（既存製品に添付する方法）
5) 店内配布

②デモンストレーション販売（人的販売促進策として実施される割合が高い）

　教育を受けたデモンストレータが実際に行う実演販売です。プロのデモンストレータは、人件費が高くなる分、売上高への貢献度が高いので、目標売上高が高い場合には、有効な人材といえます。

購買促進策としての インストアマーチャン ダイジング（Put戦略） の実際

売上高を規定する「客数および客単価」は、品ぞろえの方法の影響を受けます。

●品ぞろえの方法と、距離、商品単価の関係、品ぞろえの広さと、来店客数、買上個数の関係を理解することが重要です。

●品ぞろえの深さ、広さと単価や客数の関係は頻出です。売上高を規定する要因についてしっかりと理解しておきましょう。

1 ISMの実行手段としてのスペースマネジメント

　ネット販売をはじめとするダイレクトマーケティングが進展している状況ですが、消費者の基本的な購買行動はそれほど変化していません。特に生活必需品は、実際に店舗に行ってから決める「**非計画的購買**」の確率が高いといわれています。

　そのため、**売場での商品購買力を強化するインストアマーチャンダイジング**が重要となり、そのマーチャンダイジングの中心的なテーマは次の3点です。

1) 定番商品の**売場生産性**（**販売効率**）を向上させる、棚割の企画・検討
2) エンドスペースやプロモーションスペースの売場生産性を高めるような企画テーマ設定やディスプレイ
3) 店内各売場への立寄率の向上によるフロアマネジメントの推進

①店舗形態と売上規程要因の関係

　品ぞろえ方法などは、店舗形態規定要素の1つであり、店舗政策と極めて密接に関係するものです。店舗形態を品ぞろえの観点から考えてみると、基本的な品ぞろえの方法には、「深さ（奥行）」と「広さ（幅）」の2つがあります。

1) **品ぞろえの深さ**：特定の商品カテゴリー（品種）内での**アイテム（品目）数の多さを意味します**。
2) **品ぞろえの広さ**：**商品カテゴリー（品種）数の多さを意味します**。次図は、品ぞろえと店舗形態の関連を概念的に示したものです。

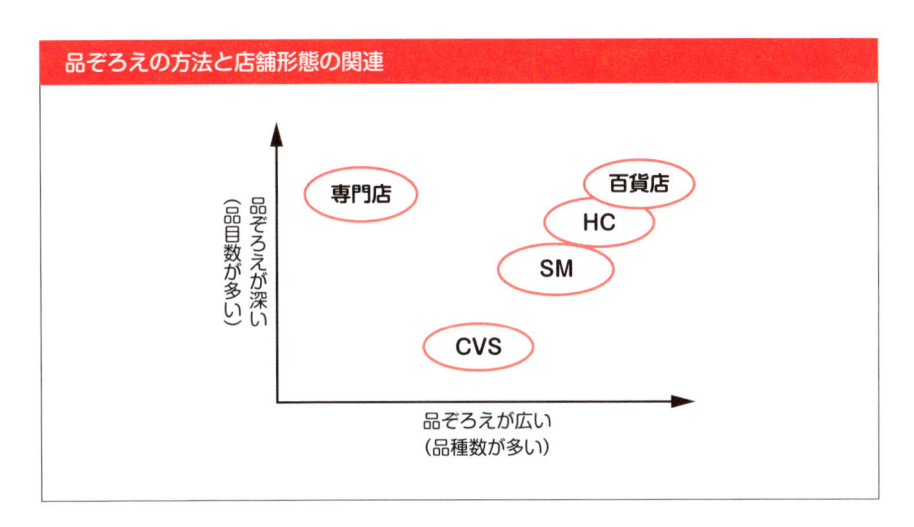

品ぞろえの方法と店舗形態の関連

　図のように、店舗形態を品ぞろえの面から考えると、その売上高の向上に向けた方法が異なることがわかります。小売業の売上高は**来店客数**と**客単価**の積、来店客数は①**利用客数**と②**来店頻度**の積、客単価は③**商品単価**と④**買上個数**の積で表されます。

　したがって、売上高を向上させるためには、これら①〜④の4つの変数のうちの1つ、もしくは複数を増加させればよいということになります。そして、4つの変数のうちどれをコントロールして売上を向上させるべきかは、店舗形態により異なります。

1) 来店客数のコントロール

　利用客数と来店頻度と、品ぞろえの方法の関係は、一般的には**品ぞろえが深い（品目数が多い）ほど商圏が広く（利用客数が多く）、品ぞろえが広いほど来店客数が多いとされています**。これらの関係を次の2つの図に示します。

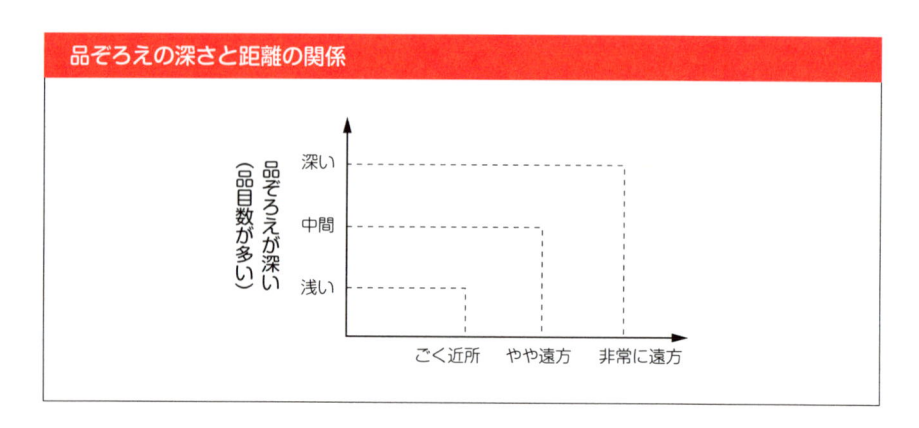

2) 客単価のコントロール

　客単価とは、1人当たりの平均購買単価であり、顧客が来店し、1回当たりに買い上げる金額の平均値です。**商品単価は品ぞろえの深さ（品目数が多い）に影響を受け、買上個数は品ぞろえの広さ（品種数が多い）に関係しています**。これらの関係を次の2つの図に示します。

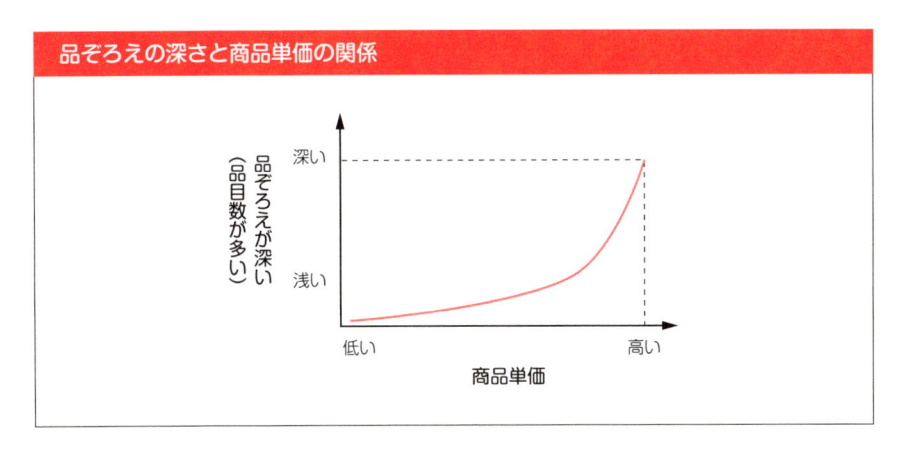

品ぞろえの深さと商品単価の関係

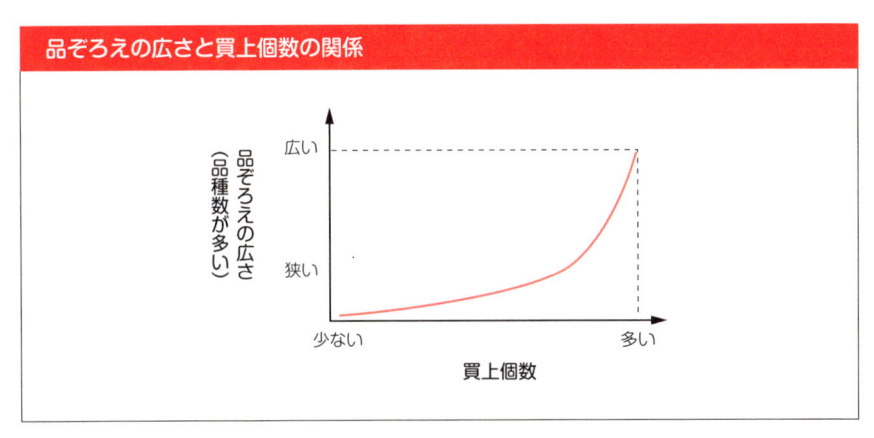

品ぞろえの広さと買上個数の関係

4

マーケティング

　一般的に、**商品単価の低い商品中心の店舗は品ぞろえが浅く、商品単価の高い商品中心の店舗は品ぞろえが深い傾向にあります。**また、**品ぞろえが広いほど商品の買上個数が多くなります**。

　このように、**品ぞろえの深さは利用客数、商品単価（客単価）に影響し、品ぞろえの広さは来店頻度、買上個数に影響します。**これらの関係を次の図に示します。

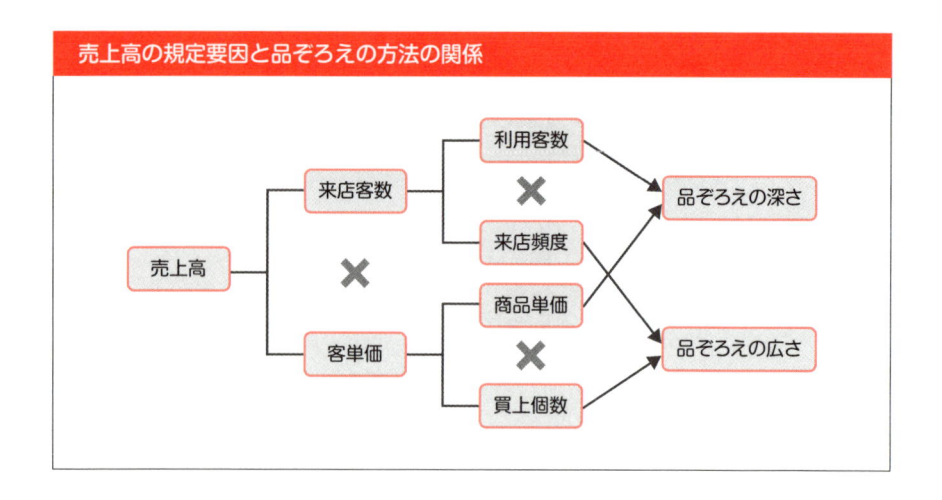

売上高の規定要因と品ぞろえの方法の関係

②店舗形態による売上向上戦略の違い

　専門店のように、品ぞろえの深さを追求する店舗形態では、商圏の拡大による利用客数の増加を図り、商品単価を引き上げ、客単価の増大をねらうことが主たる戦略となります。一方、スーパーマーケットのような品ぞろえの広さを追求する店舗形態では、来店頻度を向上させることで客数増加を図り、買上個数の増加により客単価を上げることが主たる戦略となります。

③スーパーマーケットにおけるスペースマネジメント

　品ぞろえの広さを訴求するスーパーマーケットでは、ワンストップショッピングの実現により、来店1回当たりの買上個数の増加を図りつつ、来店頻度の上昇につなげるというのが販売戦略となります。

　そのためには、スペースマネジメントを考慮したうえで、商品間の関連性、影響性を検討しなければなりません。

　ROI（**投下資本利益率**）最大化のためには、商品カテゴリー（商品アイテム）ごとの**限界生産性**を等しくすることが求められます。また、ある商品の売上が他の商品の購入を創出するという影響力も考慮すべきであり、それらを係数化（**波及効果係数**という）したうえで、限界生産性を求めることが必要です。

　商品カテゴリーごとのROI、スペース弾性値、波及効果係数、売場ごとの販売力指数などをデータベース化し、**DSS**（**デシジョンサポートシステム**）という形で実用化されることが求められます。

スペースマネジメントにおけるROIの算定方法

投下した資本の合理性判断のための1つの指標としてROIがあります。

● ROIの意味と、その改善策の関係について理解することが重要です。

● ROIは非常に重要な経営指標です。それらを改善する方策としてのフロアレイアウトなどの手法との関係性をしっかりと理解しておきましょう。

1 スペースマネジメントにおけるROIの算定方法

これまで、「**どの程度の資本を投下したときに、どの程度のリターンが得られるのか?**」といった経営視点を持つ小売業は多くありませんでした。しかし、今日、蓄積した資本効率を管理することが求められており、その経営指標の1つに**ROI（投下資本利益率）**があります。今後、店舗経営の業績を測るうえで、有効な指標となると考えられます。

① ROIの算定方法

ROIとは、投下した資本の量に対する純利益の量の割合を示しています。

$$ROI = \frac{純利益}{投下資本} \quad ……式①$$

この式を、会社レベルから各店舗レベルに当てはめると、次の式となります。

$$ROI = \frac{店舗営業利益率}{売場スペース \times 単位スペース当たりの資産価値} \quad \cdots\cdots 式②$$

これにより、店舗がどれくらいの資産を有し、それがどれだけの価値を生み出しているか、という店舗業績の評価指標と位置づけることができます。

②ROI向上のための方策

店舗レベルでのROIを定義した場合、ROIを向上させる手段を検討するにあたり、式①をさらにブレークダウンすると、次の式となります。

$$ROI = \frac{売上高 \times (売上高総利益率 - 売上高総費用率)}{売場資産価値} \quad \cdots\cdots 式③$$

式③をもとに、ROIを向上させるためには、以下の4つの変数をコントロールし、運用改善を図ることの必要性がわかります。

1) 売上高総利益率の改善　⇒　マーチャンダイジングの改善
2) 売上高総費用率の低減　⇒　ストアオペレーションの改善
3) 売上高の増大　　　　　⇒　インストアプロモーションの改善
4) 売場資産価値の低減　　⇒　店舗規模の見直し

2 商品カテゴリー別・アイテム別ROIの測定

①スペースマネジメントの意味

スペースマネジメントの原則は、ROIを最大化できるよう、売場の再配分・再配置を実行することです。具体的には、「より多くのお客様に受け入れられている商品を、より見つけやすい位置に、より見つけやすい配分で陳列する」ということになります。つまり、「店舗の主たる経営資源である売場の再配分によって、より多くの顧客満足の最大化を果たそうとする行為体系」ということになります。

②スペースマネジメントの視点

スペースマネジメントは、大別すると、「**フロアレイアウト**」と「**スケマティックプラノグラム**」になります。

フロアレイアウトとは、構成した各商品カテゴリーをどの売場にどれくらい配分するかという、「**品種の分配方法**」です。

スケマティックプラノグラムとは、スペース（カテゴリー）単位で、必要とする商品アイテムの売場配置を予測・決定・修正する技術で、一定のスペースを単位とした「**品目の分配手法**」です。

③売場の価値基準の役割

店舗全体のROIを高めようとした場合、商品カテゴリーまたは商品アイテムごとの限界生産性が等しくなるよう、売場配分を行わなければなりません。

そのためには、商品カテゴリーまたは商品アイテムごとにROIを求める必要がありますが、同じ店舗内でも場所により通過客数が違うなど、その資産価値に差が発生します。したがって、同じ店内でもフロアロケーション（売場の場所）によって異なり、売場ごとに資産価値を割り出さなければなりません。そのため、店舗全体のROIを検討する際には、店舗平均スペース当たり売場資産価値を把握しておくことが必要になります。

3　売場別販売力の把握によるフロアレイアウトの最適化

売場の販売力は、その売場の通過客もしくは立寄客の数という「量」の面と、どのような心理過程の客が通るかという「質」の面の両面から把握する必要があります。

①量の問題

店舗内では、通過客や立寄客が多い売場もあれば、少ない売場もあります。その場合、「通過客や立寄客が多いから販売力の高い売場」とは一概にはいえません。客数は、売場の位置や広さなどの物理的条件だけではなく、売場にある商品の吸引力によっても増減します。

②質の問題

店内にいる買物客は、全員の買物意欲が旺盛というわけではなく、売場の前にどのような心理過程の顧客が通るかという「客質」も、売場販売力を規定する大きな要因となります。

4

マーケティング

量と質の両面から売場の販売力を把握できれば、売場ごとの資産価値を把握することが可能となります。このように、商品カテゴリー別ROIを求めようとすると、次の式となります。

$$\text{ROI} = \frac{純利益}{売場スペース × 店平均スペース当たり売場資産価値 × 売場販売力指数} \quad \cdots\cdots 式④$$

商品カテゴリー別ROI：

　式④から、各商品カテゴリーの限界生産性が等しくなるよう、スペースマネジメント（売場資源の再配分）を行うことで、フロアレイアウトの最適化が図られ、店舗レベルでのROIの最大化が実現されるといえます。

4　スケマティックプラノグラムのISMへの戦略的活用法

　スケマティックプラノグラム（プラノグラム）とは、スペースマネジメントの一環として行われる、**ゴンドラ（カテゴリー）ごとの単品ディスプレイ手法です**。

①概念と役割
　概念的には、商品の陳列位置を戦略的に決定することで、各商品カテゴリーにおける単品の売上高を予測し、売上高と利益を最大化するための需要予測棚割システムといえます。また、**役割としては、商品配置を企画して売場を活性化するというものです**。

②効果
　プラノグラムにより、顧客に買いやすい売場をつくることで利便性を感じさせるとともに、店舗従業員にとっても商品管理がしやすい職場をつくり出せる効果があります。

③開発のポイント
　販売効率を高めるために、一定のスペースにおける商品と商品の組合せがわかりやすくなるよう「くくり」で工夫し、商品回転率に応じて単品スペースの配分や棚の位置を決めることが、プラノグラムの開発のポイントとなります。

④店舗における役割

　店舗は、プラノグラムの改廃に際し必要となるPOSデータを裏づける根拠を売場で観察・収集し、情報を本部へフィードバックすることが求められます。

5　スケマティックプラノグラムの実務

①品ぞろえ基準

　基本的には、ABC分析により、Cクラス品をカットし、Aクラス品を増加させるなど、スペースアロケーション（売場面積の割付）の結果にもとづき、売場面積と位置が決定した品種（商品カテゴリー）の品ぞろえを行います。

②陳列形態

　顧客にとって見やすく、選びやすく、買いやすい売場をつくるため、生活シーンや調理法、用途などによってグルーピングされた商品群が1つの売場にまとまっていることが重要です。

③グルーピング

　小売業の構成する商品分類に合わせ、用途別、形態別、ブランド別など、ある基準によって1つのまとまりにすることが重要です。

④ゴンドラゾーニング

　ゴンドラごとの大まかな商品配置としての基本原則は、以下の8点です。

1) 売上高の高い商品を顧客の目線または手線（腰線）に配置する。
2) 成長性の高い商品を中央に配置する。
3) 関連性の高い単品を隣接させる。
4) パッケージの類似した商品は、違いを認識させるため分離する。
5) 需要予想にもとづき、商品の構成比とスペースを一致させる。
6) 成熟度の低い商品、競争店との差異化商品は目立つスペースを確保する。
7) シリーズものなど同一グループに入る商品は、基本的に水平に配置する。
8) 容量の違う同一ブランド商品は、上下に配置する。

ビジュアルプレゼンテーションは、顧客に購入を訴求する重要な方法です。

● ビジュアルプレゼンテーションの目的、顧客と小売店の双方にとってのメリットを理解することが重要です。

● ビジュアルプレゼンテーションの実施フローから、各段階で何をしなければならないかをしっかりと理解しておきましょう。

1 ビジュアルプレゼンテーション（VP）の定義

ビジュアルプレゼンテーション（**Visual Presentation＝VP**）とは、**商品の特性、品質、デザインなどあらゆる要素を、顧客の視覚に訴求する演出技法のことです。**小売業においては、選定した重点商品の売り方や見せ方を工夫し、顧客に訴えかけ、感動をもたらし、購買してもらうための1つの手法です。

　具体的には、**どの商品（何）を、どのような客（誰）に、いつ、どこで、どのように表現するかが重要な要素となります。**

2　VPの目的

　VPの目的は、小売店が選定した重点商品を、各売場において最適な方法で演出し、商品の持つあらゆる要素を視覚に強く訴求することにより、**衝動買い**をさせることです。

3　VPのメリット

①顧客に与えるメリット

　顧客は、欲しいと思っている商品を、欲しいときに、見つけやすい場所で、適切な価格で、豊富な陳列量の中から、適切な演出のもとで提示されると、購買上の**利便性や安心感**を得られ、購入に至ります。

②小売店のメリット

　商品の売場が見やすく、選びやすく演出されていれば、売場が活性化され、顧客に必要買いだけではなく、衝動買いの機会も与え、売上増加に貢献します。また、視覚に訴求する華麗な演出が、顧客の**ストアロイヤルティの向上につながります**。

4　VPの意義と概要

①意義

1) 季節感や流行性を演出・表現し、華麗に商品を飾り、商品をアピールする。
2) 売場の演出力を高め、顧客のストアロイヤルティを向上させる。

②概要

1) 対象顧客　　：小売店舗のメインターゲットとする特定層の顧客
2) 重点テーマ　：年間販促計画にもとづく時々の具体的テーマ
3) 対象商品　　：時々の具体的テーマにもとづき重点商品を選択する
4) 在庫量　　　：豊富な数量を確保し、顧客の視覚に訴求する
5) 陳列方法　　：陳列パターンを変形させた商品中心の立体ディスプレイ

4　マーケティング

5　VP実施上のフロー

ビジュアルプレゼンテーションの実施フローを次図に示します。

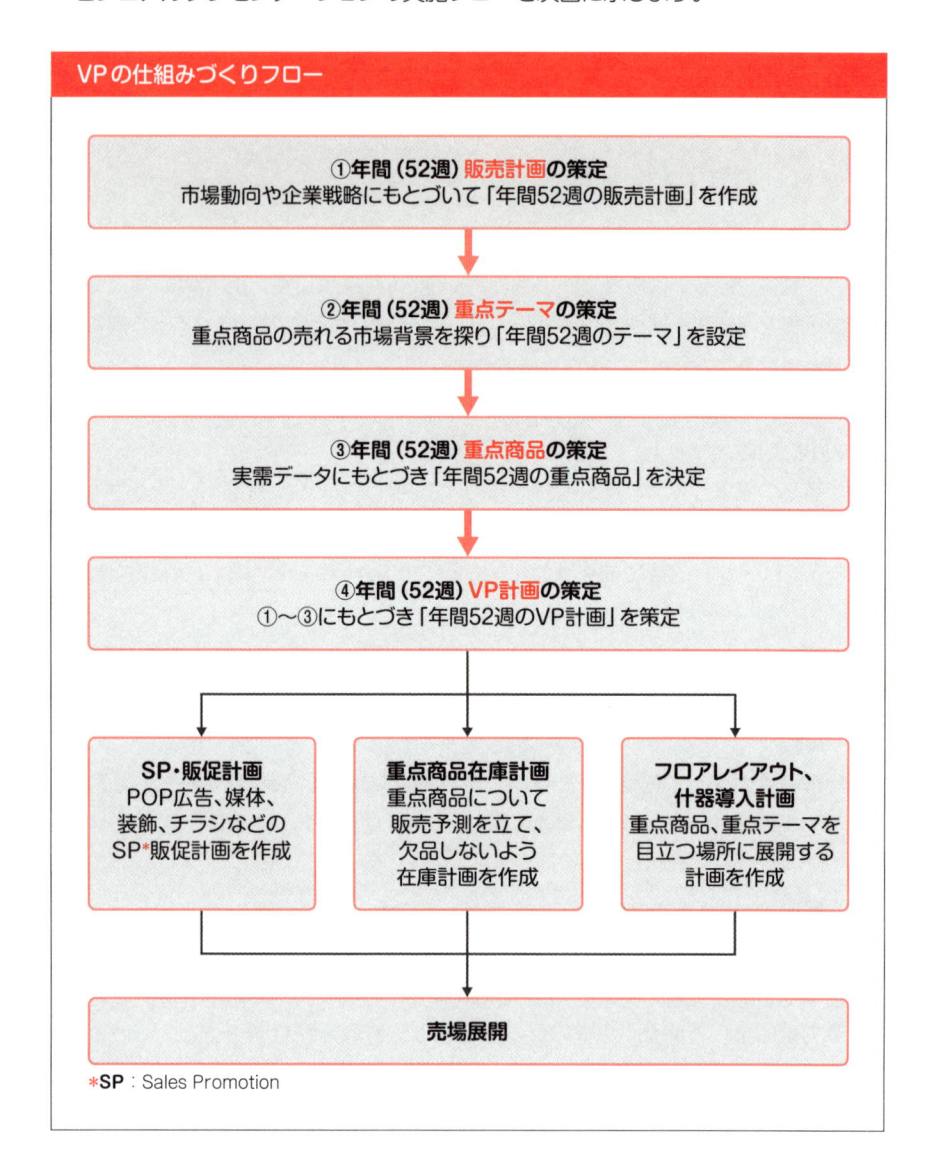

VPの仕組みづくりフロー

①年間（52週）販売計画の策定
市場動向や企業戦略にもとづいて「年間52週の販売計画」を作成

②年間（52週）重点テーマの策定
重点商品の売れる市場背景を探り「年間52週のテーマ」を設定

③年間（52週）重点商品の策定
実需データにもとづき「年間52週の重点商品」を決定

④年間（52週）VP計画の策定
①〜③にもとづき「年間52週のVP計画」を策定

SP・販促計画
POP広告、媒体、
装飾、チラシなどの
SP*販促計画を作成

重点商品在庫計画
重点商品について
販売予測を立て、
欠品しないよう
在庫計画を作成

**フロアレイアウト、
什器導入計画**
重点商品、重点テーマを
目立つ場所に展開する
計画を作成

売場展開

＊**SP**：Sales Promotion

24 ビジュアルプレゼンテーション（VP）の実施ポイント

重要度：★★☆

ビジュアルプレゼンテーションを行うにあたっては、商品のライフサイクルや売場の役割など、さまざまな検討要素があります。

● 対象となる重点商品のライフサイクルステージに合わせたプレゼンテーションの特徴を理解することが重要です。

● ビジュアルプレゼンテーションの実施にあたっての検討項目を、理解しておきましょう。

1 商品ライフサイクル別VPの実施ポイント

商品のライフサイクルは年々短くなっており、かつ、昨今は季節推移の乱れから商品展開が実際の季節より早まる傾向にあります。季節の変化を先取りしつつ、**商品のライフサイクルに応じて販売方法を変えることが求められます**。

①導入期

重点商品を、成長期に差しかかった流行商品や小売店の推奨品などから選択し、ディスプレイします。顧客の購買心理を刺激する時期であり、**当該時期は価格でアピールせず、質・味・機能などをPRし、価値の高さを訴求します**。

②成長期

重点商品を質・量ともに充実させ、売場体制を確立して積極販売します。ただし、近年は購買需要期間が短期化しており、発注や販売期間に注意が必要です。

③衰退期

　重点商品の衰退期におけるVPは、サイズ・色切れ、品痛みが目立つ時期になりますが、**無差別に叩き売りするようなことをすれば、定価で購入した顧客の不信感を生みます。また、必要以上に値引けば、重点商品を売る本来の目的である利益を失うことになります。したがって、基本的に重点商品を売場から排除することを目的に販売します**。

　VP実施するにあたっての概要を次表に示します。

▼VP実施の概要

	導入期	成長期	衰退期
VP実施上の方針	商品機能のPR。重点商品の魅力を感じさせるVPの実施	量販するための体制づくり。量を売るための在庫とスペース確保	商品を処分するためのVPの実施
フロアレイアウトの特徴	入り口側、通路側に面した設営	中側、できるだけ多くのスペースを確保	出口側、1か所にまとめて売り尽くす
什器の種類	ステージ、テーブル、斜めハンガーなど	プロパー什器、ハンガー、積上げ台など	平台、ワゴン、リングハンガーなど
在庫状況	少量在庫	最大在庫量	ゼロにする
実施上のポイント	カラーコーディネート、トータルコーディネート、チラシ広告など	売場の分類を明確にする。欠品を防止する。触りやすい、選びやすいディスプレイ	価格を少し下げて買い得感を強調する。スポット販売を強化する

2　VPのディスプレイ

①斜めのディスプレイ

　VPでは、通常のディスプレイとは異なり、変化をつけるため、例外とされる傾斜やピラミッドなどの変形ディスプレイ（変形陳列法）がポイントとなります。

②高低を意識したディスプレイ

　売場では、顧客の目線より低位置にある商品よりも、目線の高さにある商品のほうを高価値商品と認識します。したがって利益率の高い商品を、顧客の足を止める位置から手が届くくらいの近さで、目線の高さにディスプレイします。

③シンプルな演出

売場スペース全体のディスプレイはシンプルにし、展開するシーン1つに集中し、記憶に残るようにします。

④主役は商品

什器や装飾にコストをかけすぎると、肝心の商品が霞んでしまいます。主役は売場の商品であり、装飾などが商品より目立たないようにします。

⑤主役に合わせた脇役

VPでは、使用する什器は**フレキシブル**（**可動式**）なものを原則とします。靴や玩具のような箱売りのものは**サンプル陳列**、衣料品などは**フェイスアウト陳列**が有効です。

3　VPのシステム化

ビジュアルプレゼンテーションは、「**物言わぬセールスパーソン**（**販売員**）」といわれており、小売店の時期的商品演出の意思を商品に託して顧客に伝える重要な手段です。

効果的なプレゼンテーションを実施するためには、売場を次表のような役割によって分割することが求められます。

▼VPシステムの種類

	VP（ビジュアルプレゼンテーション）スペース	KP（カインズプレゼンテーション）スペース	IP（アイテムプレゼンテーション）スペース
意味	売場の代表テーマや重点商品を表現するスペース	売場の分類上の品種を代表するテーマや重点商品を表現するスペース	売場の一つひとつの商品を見せるスペース（色別、サイズ別など）
目的	代表テーマと重点商品によって売場全体のイメージをビジュアルに魅せる	品種としての重点商品をビジュアルに魅せる	それぞれの商品を見やすく、触れやすく、選びやすく表現する
表現方法	重点商品を中心に、関連商品を加えてコーディネート陳列する	重点商品だけで、単品もしくは複数の商品で陳列する	それぞれの商品を区別し、プレイスカードをつける
場所	ステージ、テーブルなど	エンド、柱、壁面など	ショーケース、ラックなど

4

マーケティング

4 VPの実施フロー

①誰に（訴求の対象者）

売場スペースは限られており、あらゆる商品を対象にはできません。特定多数の顧客にターゲットを絞り、重点商品をVPの対象とします。

②何を（商品および商品特性）

目的（いま、なぜこの商品を売るのか）を明確にし、テーマにもとづき視覚に訴求する、その時々の重点商品を選定します。

③いつ（展開時期）

商品のライフサイクルや顧客の興味を見極め、いつディスプレイするか決めます。

④どこで（フロアレイアウト）

商品をどこでディスプレイ・演出するかを決めます。また、同時に入口から売場まで顧客がスムーズに回遊できるよう、顧客導線を計画します。

⑤どのように（表現方法）

商品をどのように表現すれば、効果的な購買促進が実現するかを決めます。また、表現構成については、次の3点を考慮します。

1) 単品表現：定番で販売量が見込めるもの、コーディネートの必要のないものは単品で訴求する
2) 比較表現：個性の強い商品や特定の商品を強調したいとき、同一品種で多品目の商品と隣接陳列して訴求する
3) 複数表現：色や柄の多い商品について、バラエティ性を醸し出すことをねらい、同一品種の複数品目を集合させて訴求する

⑥何を使って（道具）

重点商品や表現方法が決まれば、何を使ってテーマや重点商品を表現するかを決めます。

●ビジュアルプレゼンテーションは、商品のライフサイクルによってその目的が違っていたり、売場の役割も異なります。

25 購買促進策としてのクロスマーチャンダイジングとPOP広告の実際

重要度：★★★

クロスマーチャンダイジングはコーディネート陳列とは異なります。

●購買促進としてのPOP広告の活用の仕方を理解することが重要です。

●クロスマーチャンダイジングの同時購買と、コーディネート陳列（関連陳列）の特徴をしっかりと理解しておきましょう。

1 クロスマーチャンダイジング

①クロスマーチャンダイジングの概要

クロスマーチャンダイジングとは、**同時購買**を促すために、定番商品に対して、使用目的や用途などが直接関連する異なる品種の中から最適な組合せを選択し、同時に陳列する**陳列技法**で、その際に活用されるツールが**POP広告**です。クロスマーチャンダイジングを実施するうえで重要となるポイントは、次のとおりです。

1) 提案するテーマの設定

単に関連する商品というのではなく、顧客が重点商品と同時に併用することで、より豊かで快適な生活が実現されるテーマでなければなりません。例えば、サラダ野菜の売場に数種類のドレッシングを置いただけではクロスマーチャンダイジングとはいえず、「低カロリー健康食」など具体的なテーマを設定し、POPなどを使ってノンオイルドレッシングを推奨するなど、健康を気遣う顧客に同時購入を推奨し、購買確率を上げるといった施策となります。

2) 使用頻度、消耗頻度、購買頻度が同じような商品同士の組合せ

主体となる定番商品と同時購入する際、**使用頻度や消耗頻度、購買頻度が同じような商品**を組み合わせなければなりません。

例えば、定番商品としてのバーベキュー用の肉と、**補完的商品**であるバーベキューソースを併売し、「夏のバーベキュー」といった特定のテーマを訴求します。

②クロスマーチャンダイジングの具体的事例

従来の商品分類にこだわらず、消費者のライフスタイルや食事メニューに合わせて陳列演出することが求められます。

例えば、ワイン売場で、「ボジョレーヌーボーの季節」として入荷したてのボジョレーヌーボーと、補完的商品の中から選別されたチーズや生ハムを陳列し、「今年のボジョレーヌーボーには、このハムとチーズの組合せが贅沢さを味わえます！」などのPOP広告を使い、購買促進を行うといった施策となります。

③関連陳列との違い

関連陳列とは、登山やキャンプ、バスタイムといった、大きなテーマにもとづいて、それらの重点商品と関連商品を、ブランドや色などを組み合わせて提案・陳列する手法です。

関連陳列は、商品を使用頻度や消耗頻度に関係なく、トータルにそろえることを基本としている点が、クロスマーチャンダイジングとは異なります。

関連陳列は、同時購買となる「**まとめ買い**」や「**ついで買い**」を促すために、関連した商品を多数組み合わせて演出するディスプレイ手法です。

主に非食品分野において、衣料品や家庭用品に活用される手法で、「**コーディネート陳列**」とも呼ばれるものです。

2 POP広告

① 「悩み解決型」の情報発信

POP広告は、販売現場において、商品の認知率を高め、1回当たりの買上点数を増加させる購買促進策です。

顧客と商品が直接コミュニケート (PR) するために、POPの大きさを工夫し、**顧客の**「**見る行動**」「**選ぶ行動**」「**買う行動**」**の効果を高めるPOP内容にすることが求められます**。

例えば、「お肌のお手入れ用品」といった POP 広告の訴求内容は、**顧客の悩みを解消する情報発信力を強化するキャッチコピーが求められます**。また、年齢や効能、機能について明確に訴求することで、**多様化・細分化するニーズに訴求する効果も求められます**。

顧客の購買行動と POP 広告の役割を次図に示します。

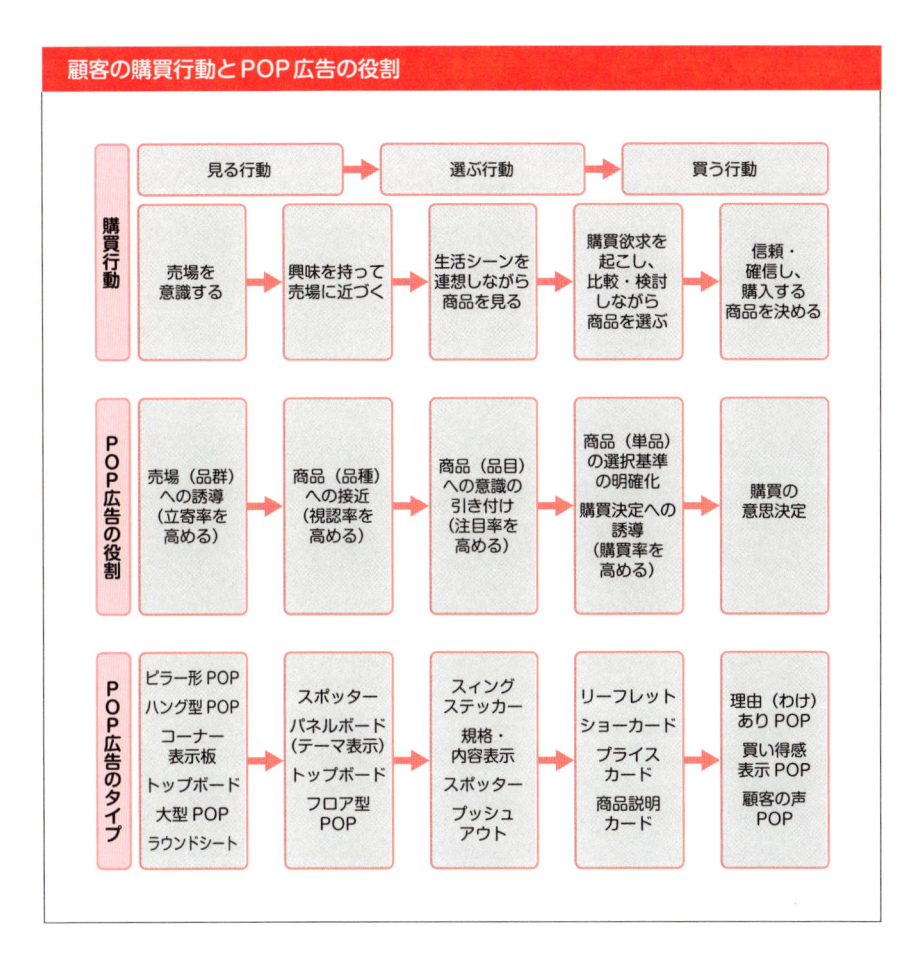

②使った感想（生の声）は効果が高い

例えば夏場に、「お肌のお手入れ用品」といったキーワードで、関連商品のクロスマーチャンダイジングをする場合、ゴンドラエンドやスキンケア用品売場で「強い日差しの写真パネル」などを売場の頭上に設置するなどして、売場への導入を促します。また、UV カット、日焼け止めなどの効果のある商品には、スィングステッカーやスポッターを設置して、商品への接近を促します。

特に、顧客が敏感となっている言葉をキーワードとして、キャッチコピーに含めて表示したり、上手な使い方のPOP広告での表示や、リーフレットの設置により訴求します。

　こうした商品は、高機能であれば多少高額でも購入される傾向があります。ショーカードやプライスカードには、ひと目でわかる商品ごとの提案や情報をPOP広告に掲載することで商品の魅力を訴求し、「この商品を使ってみたい」という動機を高め、購買の意思決定に結び付けることが重要です。

　また、近年のPOP広告では、POP広告が持つ販売PR効果に加えて、顧客とのコミュニケーション効果の重要性が高まっています。顧客や販売員が自ら使用した感想や生の声を「ひと言コメント」として書き加えたり、使用シーンの写真を掲載したりすることにより、来店客の好奇心や関心を刺激することで、共感性の高いPOP広告にすることも重要なポイントとなります。

●POP広告は、さまざまなタイプがあり、同時購買や非計画購買を誘発する非常に効果的なツールです。

26 インバウンドに対する プロモーションの実践

重要度：★★★　インバウンド需要は、日本経済にとって極めて広範囲な経済波及効果と雇用誘発効果を有しています。

●インバウンドの効果は、地域の「稼ぐ力」を引き出す、地方活性化にとっても非常に重要な要素となっています。

●インバウンドは、小売業にとって大きく注目されている領域です。その対策としてのSNS活用方法をはじめ、訪日観光客誘致に向けたマーケティング手法をしっかりと理解しておきましょう。

1 観光がもたらす経済効果

　現在の日本では、少子高齢化などの影響により、国内マーケットの縮小が懸念されています。このような状況において、近年、訪日外国人観光客数やその消費額は急増しており、日本経済における存在感が高まっています。観光関連産業は広範な**経済波及効果**や**雇用誘発効果**があり、その動向に期待が高まっています。

　観光庁が公表する経済波及効果では、2018（平成30）年の旅行消費額は27.4兆円、雇用誘発効果は239万人（波及効果を含めた雇用誘発効果は441万人）、付加価値誘発効果は28.2兆円となっており、日本経済にとって極めて貢献度の高い産業であるといえます。

　政府も**インバウンド**（**訪日外国人客**）の増加に向けた取組みを強化し、**観光先進国**を目標に掲げています。

　しかし、2020年1月以降、新型コロナウイルス感染症の世界的な流行により、観光需要は大きく落ち込み、特に地域経済には多大な影響が生じ、観光が地域経済にとって非常に重要な産業であることを改めて示した形となりました。

2 SDGsとインバウンド観光

①SDGsと観光

2015年に国連で採択されたSDGsは、発展途上国や先進国自ら取り組むユニバーサルなものとしての位置づけとなり、特に、経済成長と雇用に関する「目標8」、消費と生産に関する「目標12」、海洋資源に関する「目標14」の3つの目標には、観光の役割が明記されています。

国連世界観光機関（UNWTO）は、すべての目標に対し、観光は重要な役割を担っていると宣言しています。

②持続可能な観光の定義

UNWTOは、持続可能な観光を、「**訪問客、産業、環境、受入地域の需要に適合しつつ、現在と未来の経済、社会、環境への影響に十分配慮した観光**」と、定義しています。

③小売業に求められる持続可能な観光の視点

小売業として、観光客に向けた受入環境の整備、感染症対策や災害危機管理、地域の自然環境や文化遺産の保護、観光を地域経済や社会発展につなげ、地域住民も観光による恩恵を実感できる取組みが求められます。

④観光振興による地域経済活性化

「**観光は地域の装置産業**」といわれており、地域活性化にとって非常に重要な産業です。その活性化のためには、自治体、事業者、住民が一体となり、地域ならではの取組みが求められます。以下に、求められる活性化策の例を示します。

1) 訪日リピーターの取込み

リピーターは、地方への訪問傾向が高く、リピーターを増やすことが地域活性化に直結する可能性が高いと考えられます。

2) 新たな訪日需要の掘り起こし

訪日外国人の地方への誘致に向け、主目的地となりうる観光コンテンツを磨き上げて認知度を高め、長期滞在してもらえるよう、観光資源の掘り起こしが求められます。

3) DMOによる観光振興とまちづくり

　最近では観光振興を担う主体の1つとして、「観光地域づくり法人（DMO）」が注目されています。DMOは、地域の「稼ぐ力」を引き出すと同時に、地域への誇りと愛着を醸成する「観光地経営」の舵取り役として、多様な関係者と協働しながら観光地戦略を推進するための調整機能を備えた法人です。

　また、DMOの目的は、観光地として地域が稼げる仕組みづくりや、オーバーツーリズム対策を含めた、観光客の受入環境の整備を通して、地域経済を成長・活性化させることです。

4
マーケティング

3　SNS時代におけるプロモーション戦略

　今日のインバウンドの多様化により、**訪日外国人観光客のカスタマージャーニーを、訪日旅行前（旅マエ）、訪日旅行中（旅ナカ）、訪日旅行後（旅アト）の3つのフェーズに分け、各フェーズごとに適切なアプローチをとるマーケティング手法が求められています**。

　各フェーズのプロモーション施策の例を次図に示します。

旅マエ、旅ナカ、旅アトにおけるプロモーション施策の例

	旅マエ	旅ナカ	旅アト
ポイント	**情報発信・ファンの増加**	**アクション・満足度UP**	**体験のシェア・リピート**
	ターゲットを細かく設定、ユーザーに響く情報を発信	丁寧な案内、フランクなコミュニケーションで満足度UP	体験シェアや帰国後に日本のよかったものが購入できる仕組み
	・定期的な情報発信 ・問い合わせの多言語対応 ・丁寧な対応	・支払いや注文などでも、迷わず、わかりやすい旅行を楽しめる仕組みづくり	・帰国後シェアされるような仕組みづくり ・ECなどで事後購入サービス

施策例

- 調査（データ・外国人お試し）
- 各種広告（Web・海外マス広告・インフルエンサー）
- SNS・コンテンツ企画（取材・撮影など）
- 外国人コミュニケーション対応（翻訳・チャット・電話など）
- クーポン・割引・キャンペーンなど
- 決済サービス（電子決済など）
- EC

4 環境衛生への取組み

　新型コロナウイルス感染症の世界的な流行で、従来はなかったような新しい生活様式が生まれました。特に小売業にとっては、ライフラインとしての役割を期待され、これまで以上に徹底した環境衛生が求められています。

①店舗における感染予防対策

　店舗には不特定多数の顧客が来店するため、店舗の規模や立地環境、地域における感染状況などに応じた効果的対策を実施することが求められます。

②従業員の感染予防・健康管理

　店舗の事業継続を確保しつつ、店舗における感染拡大を防止するには、従業員の感染予防と健康管理の実施が求められます。

③買物エチケットに係る顧客への協力依頼・情報発信

　店舗・売場での安全・安心の確保には、従業員の対応だけではなく、顧客の理解と協力が不可欠です。接客サービスの内容変化に対する理解促進などを進めるために、協力依頼とわかりやすい情報発信が求められます。

問1 次の文中の〔　〕の部分に、下記に示すア～オのそれぞれの語群から最適なものを選びなさい。

市場細分化の前提条件と基準について、P. コトラーは、効果的な市場細分化を実現するためには、〔　ア　〕は市場細分化の前提条件として、①〔　イ　〕、②〔　ウ　〕（到達可能性）、③実質性（維持可能性）、④実行可能性、の4つを備えていることが望ましいと主張している。

また、P. コトラーは、市場細分化を測る基準（変数）として、①地理的変数、②〔　エ　〕、③行動変数、④〔　オ　〕、の4つの基準をあげている。

【語群】

ア　1. 顧客　2. 標的市場　3. マーケット　4. 取引先

イ　1. 実施可能性　　　　　2. 収益可能性
　　3. 市場拡大可能性　　　4. 測定可能性

ウ　1. 接近可能性　　　　　2. 市場成長性
　　3. 収益拡大可能性　　　4. 市場将来性

エ　1. サイコロジック変数　2. サイコグラフィック変数
　　3. ジオメトリック変数　4. デモグラフィック変数

オ　1. ジオメトリック変数　2. サイコグラフィック変数
　　3. サイコロジック変数　4.　人口統計的変数

問2 次の文中の〔　〕の部分に、下記に示すア〜カのそれぞれの語群から最適なものを選びなさい。

生活者の集まりである市場は、一様なニーズや嗜好を持った個人や世帯の集まりではなく、また、多様で個々ばらばらなニーズや嗜好を持った人々の集まりでもない。相互に〔　ア　〕ニーズや嗜好、特徴を持った固まりからなる多数のセグメントが存在し、セグメント間で比較すれば、相互に〔　イ　〕特徴を示す。

したがって、市場全体を対象として、〔　ウ　〕なマーケティング活動を展開するよりも、多様なセグメントそれぞれの特性に合った方法でマーケティング活動を行うことのほうが有効な方法であるといえる。

マーケティングセグメンテーションの実施にあたっては、以下の3つのステップに分けて段階的に実施する。

1) 小売業の目的に合わせ、各分類基準にもとづいて、市場をいくつかのセグメントに区分する。
2) 区分したセグメントの〔　エ　〕を明確化する。
3) 標的とするマーケットセグメントを選択し、そのセグメントに合った〔　オ　〕を実行する。

【語群】
ア　1. 異質な　　　2. 類似した　3. 異なる　4. 離れた
イ　1. 異なった　　2. 似た　　　3. 近い　　4. 類似した
ウ　1. バラバラな　2. 一斉に　　3. 一様な　4. 単発な
エ　1. 年齢層　　　2. 利益性　　3. 大きさ　4. 特性
オ　1. マスマーケティング　　　　2. マイクロマーケティング
　　3. 集中型マーケティング　　　4. 無差別型マーケティング

問3 次のア～オについて、正しいものには1を、誤っているものには2を記入しなさい。

    ア　CRMとは、顧客一人ひとりの情報の活用により、顧客の利便性と満足度を高め、短期的に関係を維持することで、顧客から得る利益を最大化する取組みである。

    イ　RFM分析は、最新購買日、購買頻度、累計購買金額の3つの観点から顧客をいくつかの層（ランク）に分類し、すべての顧客に向けてマーケティングを行うための分析方法である。

    ウ　CRM導入に失敗するケースの大きな理由の1つとして、顧客データベース構築や管理の目的が具体的なレベルに設定されている点が考えられる。

    エ　今日主流となっているデータベースマーケティングは、従来からある購入履歴データベースに加え、顧客のプロファイルデータや消費マインドデータを加えた2つのデータベースでできています。

    オ　コンビニエンスストアは、アクセサビリティのよい近隣型店舗という点と、個客に対するさまざまなベネフィットを提供するという目的で開発され、旧来型の「業種別縦割型流通システム」から「製配販三層統合型マーケティングチャネルシステム」へと小売業主導で開発された、個客への「利便性提供型店舗」と表現できる。

問4 次のア～オについて、正しいものには1を、誤っているものには2を記入しなさい。

    ア　R.L.ネルソンの立地選定において守るべき8原則の1つ、商圏への接近可能性は、商圏内の潜在力をどれだけ自店に惹き付けられるかは、顧客が近くに居住する可能性に依存する、というものある。

    イ　商圏の拡大は、次のような理由からその限界が生じる可能性がある。①自然的、物理的条件による限界、②経営戦略の変革に伴う買物費用の増加による限界、③競争店の動向による限界など。

ウ　ハフモデルは、店舗売上高と時間距離だけを用いているので、ハフモデルの数式で計算したものが現実の消費者行動と一致しなければ、小売店の販売力や競争力などの魅力が影響しているものと推測される。

エ　ハフモデルは、商圏居住者の一人ひとりに当てはめれば、商業集積（ショッピングセンターなど）の売上可能額が理論的には積算できる。

オ　小売業における競争とは、2店舗以上の小売店が同時に、同じ商品を、同じ顧客に販売しようとするときに発生する。かつては同一商品、同一顧客、同一時点の3要素を含んだ他店舗が同一商圏に存在している状況が競争の実態だったが、昨今は、異業態においても同じ商品を同じ顧客に販売するという消費環境の構造変化により、異業態間競争という状況になっている。

問5　次のア～オについて、正しいものには1を、誤っているものには2を記入しなさい。

ア　インストアプロモーションの主な手法の1つに、デモンストレーション販売がある。教育を受けたデモンストレータが実際に行う実演販売で、売上高への貢献度が高い分、人件費などのコストが高いので、販売品目が高額品の場合に活用する。

イ　客単価とは、1人当たりの平均購買単価である。顧客が来店し、1回当たりに買い上げる金額の平均値である。商品単価は品ぞろえの深さに影響を受け、買上個数は品ぞろえの広さに関係している。

ウ　今日、蓄積した資本効率を管理することが求められており、その経営指標の1つにROA（総資産利益率）がある。今後、店舗経営の業績を測るうえで、有効な指標となると考えられ、その計算式は、「ROA ＝ 純利益 ÷ 投下資本」となる。

エ　スケマティックプラノグラム（プラノグラム）とは、スペースマネジメントの一環として行われる、ゴンドラ（カテゴリー）ごとの単品ディスプレイ手法である。

オ　近年、訪日外国人観光客数やその消費額は急増しており、観光関連産業は広範な経済波及効果や雇用誘発効果があり、日本経済にとって極めて貢献度の高い産業であるといえ、その動向に期待が高まっています。

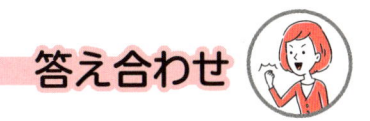

Answer　答え合わせ

問1　正解：アー2　イー4　ウー1　エー2　オー4

解説

　市場細分化の前提条件と基準について、P. コトラーは、効果的な市場細分化を実現するためには、標的市場は市場細分化の前提条件として、①測定可能性、②接近可能性（到達可能性）、③実質性（維持可能性）、④実行可能性、の4つを備えていることが望ましいと主張しています。

　また、P. コトラーは、市場細分化を測る基準（変数）として、①地理的変数、②サイコグラフィック変数、③行動変数、④人口統計的変数、の4つの基準をあげています。

問2　正解：アー2　イー1　ウー3　エー4　オー2

解説

　生活者の集まりである市場は、一様なニーズや嗜好を持った個人や世帯の集まりではなく、また、多様で個々ばらばらなニーズや嗜好を持った人々の集まりでもありません。相互に類似したニーズや嗜好、特徴を持った固まりからなる多数のセグメントが存在し、セグメント間で比較すれば、相互に異なった特徴を示します。

　したがって、市場全体を対象として、一様なマーケティング活動を展開するよりも、多様なセグメントそれぞれの特性に合った方法でマーケティング活動を行うことのほうが有効な方法であるといえます。

マーケティングセグメンテーションの実施にあたっては、以下の3つのステップに分けて段階的に実施します。

1）小売業の目的に合わせ、各分類基準にもとづいて、市場をいくつかのセグメントに区分する。
2）区分したセグメントの特性（各セグメント特有のニーズや嗜好、期待の構造）を明確化する。
3）標的とするマーケットセグメントを選択し、そのセグメントに合ったマイクロマーケティングを実行する。

問3　正解：アー2　　イー2　　ウー2　　エー1　　オー1

解説

ア　CRM（Customer Relationship Management）とは、顧客一人ひとりの情報の活用により、顧客の利便性と満足度を高め、長期にわたり関係を維持することで、顧客生涯価値（LTV：Life Time Vale）を最大化する取組みです。

イ　RFM分析は、最新購買日、購買頻度、累計購買金額の3つの観点から顧客をいくつかの層（ランク）に分類し、各顧客層に対するマーケティングを行うための分析方法です。
　　自店に利益をもたらす「得意客」の発見や、顧客と自店との関係の変化を捉えることができます。ただし、その顧客がどのような人物像を持つのかといった面までは捉えることができません。

ウ　CRM導入に失敗するケースの大きな理由の1つとして、顧客データベース構築や管理の目的が抽象的なレベルに設定されている点が考えられます。
　　抽象的なレベルとは、例えば「顧客ロイヤルティを高める」というレベルで考えられているという意味です。
　　CRMは、各顧客とのコミュニケーションについて、どれだけのコスト発生し、その結果、どれだけの売上高と利益が上がったのかといった数値データを継続的に収集し、蓄積していかなければなりません。

エ　今日主流となっているデータベースマーケティングは、従来からある購入履歴データベースに加え、顧客のプロファイルデータ（職業、年収、家族構成、趣味など）や消費マインドデータを加えた2つのデータベースでできています。
　　顧客の購買行動の仮説を設定し、2つのデータベースから仮説に合ったターゲットを絞り込み、それらに販売促進施策（DMなど）の結果を加味して優良顧客を見つけ出し検証します。仮説検証を繰り返すことで、顧客データベースはより精緻なものに成長していきます。

オ　コンビニエンスストアは、アクセサビリティのよい近隣型店舗という点と、個客に対するさまざまなベネフィットを提供するという目的で開発され、旧来型の「業種別縦割型流通システム」から「製配販三層統合型マーケティングチャネルシステム」へと小売業主導で開発された、個客への「利便性提供型店舗」と表現できます。

問4　正解：アー2　　イー1　　ウー2　　エー1　　オー1

解説

ア　R.L. ネルソンの立地選定において守るべき8原則の1つ、商圏への接近可能性は、商圏内の潜在力をどれだけ自店に惹き付けられるかは、顧客が近くを通過する可能性に依存する、というもので、それには小売形態を3つに分けて検討します。

　①顧客創出型小売店：広告宣伝、商品の独自性の評価、その他販売促進手段によって独自の顧客を惹き付けるタイプの小売店。

　②近隣店顧客依存型小売店：近隣の店舗に引き寄せられた顧客がついでに購入していくタイプの小売店。

　③通行量依存型小売店：買物目的ではない通勤者や交通機関利用者などが、ついでに購入するタイプの小売店。

イ　商圏の拡大は、次のような理由からその限界が生じる可能性があります。①自然的、物理的条件による限界、②経営戦略の変革に伴う買物費用の増加による限界、③競争店の動向による限界など。

ウ　ハフモデルは、売場面積と時間距離だけを用いているので、ハフモデルの数式で計算したものが現実の消費者行動と一致しなければ、小売店の販売力や競争力などの魅力が影響しているものと推測されます。

エ　ハフモデルは、商圏居住者の一人ひとりに当てはめれば、商業集積（ショッピングセンターなど）の売上可能額が理論的には積算できます。

　商圏は、一定の法則にもとづく消費者の行動により形成されるため、このことを理解して販売政策の指針にすることが商圏開発戦略の基本となります。ただし、モデルに用いるパラメータの決定には不十分なものがあります。

オ　小売業における競争とは、2店舗以上の小売店が同時に、同じ商品を、同じ顧客に販売しようとするときに発生します。かつては同一商品、同一顧客、同一時点の3要素を含んだ他店舗が同一商圏に存在している状況が競争の実態でしたが、昨今は、異業態においても同じ商品を同じ顧客に販売するという消費環境の構造変化により、異業態間競争という状況になっています。小売業としては、常に「どの程度の競争が、どの商品、どの顧客において発生しているのか、それらがどのように変化しているのか」に注意しておかなければなりません。

解説

ア　インストアプロモーションの主な手法の1つに、デモンストレーション販売があります。教育を受けたデモンストレータが実際に行う実演販売です。売上高への貢献度が高い分、人件費などのコストが高いので、目標売上高が見込まれる場合に活用します。

イ　客単価とは、1人当たりの平均購買単価であり、顧客が来店し、1回当たりに買い上げる金額の平均値です。商品単価は品ぞろえの深さ（品目数が多い）に影響を受け、買上個数は品ぞろえの広さ（品種数が多い）に関係しています。

ウ　今日、蓄積した資本効率を管理することが求められており、その経営指標の1つにROI（投下資本利益率）があります。今後、店舗経営の業績を測るうえで、有効な指標となると考えられます。その計算式は「ROI＝純利益 ÷ 投下資本」となります。なお、店舗レベルのROIは「ROI ＝ 店舗営業利益 ÷（売場スペース × 単位スペース当たりの資産価値）」です。

エ　スケマティックプラノグラム（プラノグラム）とは、スペースマネジメントの一環として行われる、ゴンドラ（カテゴリー）ごとの単品ディスプレイ手法です。概念的には、商品の陳列位置を戦略的に決定することで、各商品カテゴリーにおける単品の売上高を予測し、売上高と利益を最大化するための需要予測棚割システムといえます。また、役割としては、商品配置を企画して売場を活性化するというものです。

オ　近年、訪日外国人観光客数やその消費額は急増しており、観光関連産業は広範な経済波及効果や雇用誘発効果があり、日本経済にとって極めて貢献度の高い産業であるといえ、その動向に期待が高まっています。

第**5**章

販売・経営管理

従業員管理の実務

どのような職場でも、業務を推進していためには、管理者が自分の役割が何であるかを理解することが重要です。

重要度：★★☆

●管理者の役割、組織運営、従業員の能力開発について理解しましょう。

●管理職能の実行プロセスの順序を問う問題が出題されたことがあります。

1 業務推進と従業員管理

　業務を推進していくうえで、従業員管理の方法は、職場ごと、従業員ごとに異なります。管理者は、業務の種類や内容、従業員の能力や欲求などを把握して、自己の職場に合った従業員管理を行う必要があります。

①労働環境の平均化と管理者の役割

　賃金が多少よくても、労働時間が長く、職場環境が悪いと従業員の勤労意欲は低下し、退職者が増えます。従業員を確保するためには、労働環境を総合的に判断して地域の平均レベルを下回らないよう留意することが重要です。

　職場環境を快適にするためには、管理者が自分の役割を十分に理解することが必要です。管理者の地位にある者に期待される役割のことを管理職能といいます。

　管理者が従業員管理を推進するための注意点は、次のとおりです。

1) 組織運営の目的を従業員へ周知徹底する
2) 従業員教育を充実させる
3) 従業員の協力体制を構築する
4) 業務を公正に評価する

②従業員管理の実行プロセス

　フランスの鉱山経営者ファヨールが提唱した、管理職能の実行プロセスは、管理の過程から見て、**①計画**、**②組織化**、**③動機づけ**、**④指令**、**⑤調整**、**⑥統制**の順となります。

1) 計画段階

　目標を達成するためのねらいや方法などを体系的にまとめます。従業員の意識を高めたり、理解を深めたりするためには、この計画段階で、従業員の参画を求めることが効果的です。

2) 組織化段階

　目標達成をスムーズに実現させるためには、どのような組織をつくるか、誰にどの仕事をやらせるかを決めます。この組織化段階で重要なのは、能力に見合う仕事を各従業員に与えることです。

3) 動機づけ段階

　目標達成のために、従業員が意欲的に働くよう、職場環境を整えます。この動機づけ段階では、従業員に責任と権限を与えることが重要です。

4) 指令段階

　業務を遂行するための方法などについて指令を出します。この指令段階では、どのような形で指令を出すかがポイントとなります。管理者は、従業員が理解できるよう指令を出すことと、その指令の必要性を理解させることが重要です。

5) 調整段階

　業務の進捗状況と計画のズレを調べて、業務の推進を図ったり、計画の見直しを行います。調整のポイントは、各自の業績評価を公正に行い、よい点は褒め、悪い点は是正するよう指導することです。

6) 統制段階

　職場秩序を守らせたり、業務の標準化を図ります。統制のポイントは、職場への帰属意識を高めることと、仕事のうえでは一定の手続きを全員がとるように指導することなどです。

5

販売・経営管理

2 小集団活動

①小集団活動の目的

ボトムアップ方式と集団主義は日本の組織運営の特質といえますが、こうしたことを基盤として企業組織内で発達してきたのが小集団活動です。

小集団活動の目的はさまざまですが、組織全体の目標達成に向けた重要な手段となることがあります。小集団活動を通して、現場の知恵や経験が組織全体に共有されることで、大きな成果を生むことが期待されます。**小集団の目的**には、次のようなものがあります。

1) **組織の問題を解決**することを目的とした活動
2) **業務の質的、量的レベルの向上**を目的とした活動
3) **自己の能力開発や健康増進**を目的とした活動

②小集団活動の効用

小集団を構成するメンバーは、活動期間中に共通の目的を持ち、協力して活動する中で、相互啓発が行われ、組織全体として、次のような効果が期待できます。

1) 組織内のコミュニケーションが円滑になり、**人間関係がよくなる**
2) 従業員の勤労意欲が高まり、**組織が活性化される**
3) 従業員の**能力開発が啓発される**
4) 従業員の**創造的な活動が促進される**

③効果的な小集団活動の進め方

メンバーが自発的に小集団活動を進めていくうえで、次のようなことに留意する必要があります。

1) **適正規模の集団編成**

人数が多すぎても少なすぎても小集団活動を推進するのは難しく、5人以上10人以下くらいが適正規模です。メンバーは活動の目的に関係を持つ者で構成するのが望ましい。

2) リーダーの選出

　小集団活動の成否はリーダーに左右されます。リーダーの選出は、メンバー同士で自発的に選ぶのがよく、職制からの指名は避けた方が望ましいです。小集団活動のリーダーの役割は、集団の目標を達成するための計画を立てたり、メンバーの役割分担を決めたり、メンバー間の調整などです。

3) 活動目的、活動目標の徹底

　リーダーは、小集団活動の目的をメンバーに理解させることと、目的達成のための具体的な目標を定めて、メンバーに徹底することが重要。目標は、業務上の重要性の高いものから優先的に取り上げます。

　また、半年くらいの期間で、ある程度の成果が期待できるものがよく、期間があまり長くなると、小集団活動が次第に低調になる可能性があります。

4) スケジュール作成

　小集団活動は、正規の業務時間以外で行われることが多く、自主性が尊重されます。計画的かつ綿密なスケジュール作成が重要です。

5) 全員参画

　一部のメンバーだけで活動するのでは、大きな効果は望めません。

　リーダーは、メンバー全員が何らかの活動に参画できるよう、配慮する必要があります。

6) 管理者の理解と支援

　小集団活動が積極的に行われるためには、管理者の十分な理解と支援が不可欠です。

7) 問題点の把握と解決

　解決すべき問題を明確にして、原因を正確に把握し、その対策を講じて問題を解決することが重要です。

8) 活動報告と評価

　経営者は、小集団活動で得られた問題解決策を評価して、優れた提案を採用したり、表彰したりして、活動が活発化するよう支援することが重要です。

④小集団活動の事例

　小集団活動の代表的な事例として、**ZD**と**QC**があります。

▼ZDとQC

ZD (Zero Defects)	無欠点運動のこと。仕事の誤りの原因を取り除き、正しく仕事をするように動機づける全社的な運動。
QC (Quality Control)	品質管理のこと。商品の信頼性を高めるための活動であり、商品の大量供給が進む中で、重要となった。

3　従業員の帰属意識

　従業員に自主的、意欲的に働いてもらうためには、勤労意欲を持たせることと組織への**帰属意識**を抱かせることが必要です。**帰属意識**が高まる条件を分類すると次のようになります。

1) 自分の欲求が満たされる可能性が高い
2) 組織の活動や社会的評価に魅力を感じている
3) 組織活動に自分が必要な存在であることを意識している
4) 組織内に温かい人間関係が存在する
5) 組織内の地位が高いか、高くなる可能性がある

　これらの条件のうち、満たされるものが多ければ多いほど、組織への**帰属意識**は高まります。

従業員の能力把握と人事考課

管理者が行う人事評価の手法と、人事考課で発生しやすいエラーおよびその対策について理解しましょう。

●従業員の能力を開発するための教育手法と内容について理解しましょう。

●人事考課の絶対評価法、相対的評価法および人事考課における心理的誤差傾向に関する名称と内容を一致させる問題が多く出題されています。

1 従業員の能力把握

　経営者や管理者は、従業員の協力を得ながら業務を遂行していくために、従業員の能力を正しく把握することが重要です。仕事を効率よく進めていくための組織化、業績向上、従業員育成のためにも従業員の能力の把握は不可欠です。

　能力には大きく分けて次の4種類があります。

1) **知的能力**　：知識、記憶力、判断力、理解力、創造力など
2) **技術的能力**：機械を操作する能力、手先の器用さなど
3) **身体的能力**：筋力、視力、聴力、病気からの回復能力など
4) **精神的能力**：注意力、忍耐力、協調性、外向性、感受性など

　これらの能力は、ある程度まで客観的に把握できますが、それぞれが分解された能力であって、総合的な能力ではありません。現場で業務を進めていくために必要な能力の大部分は、総合的な能力です。例えば、販売業務を進めるためには、商品知識をはじめ、顧客への接客を通して顧客の嗜好を把握する能力、顧客を説得する論理構成力、商品包装の技術力、顧客に好感を抱かせる社交性などの能力が総合的に発揮されないと、業務遂行の成果を期待できません。

2 人事考課

①人事考課の目的

　人事考課は、従業員の業務遂行などの勤務内容について、その実績と能力などを一定の方法で査定することです。

　人事考課の目的は、個々の従業員の勤務状態、業務実績などを通して能力や適性を正しく把握し、従業員の能力を活用することで、業務の効率を向上させることです。人事考課は、人事配置や能力開発に用いるのが本筋で、昇給や賞与に用いるのは副次的なものと考えるべきです。

②人事考課における**評価者・評価項目・評価期間**

　人事考課は、従業員の業務を通して能力を総合的に把握する方法です。従業員の能力を正しく評価するためには、評価項目・評価基準を定めて、誰が評価者になるかを決める必要があります。

1) **評価者**

　評価者は、被評価者（従業員）の勤務態度や業務実績の実態を観察できる能力を持ち、従業員の具体的な業務内容を熟知していて、業務遂行に必要な能力に精通していることが必要です。従業員の直属の上司が最も適しています。

　ただし、1人の評価者だけでは、個人的な偏見が入ったり、評価者間での不均衡が発生したりすることがあるため、直属の上司を第1次評価者とし、その上司を第2次評価者とする、といった複数評価者制度を活用することが必要です。

2) **評価項目**

　評価項目は、人事考課の主目的により異なります。人事配置や能力開発の参考資料とする場合は、能力そのものに重点を置く必要があります。賞与配分の参考資料とする場合は、勤務態度や業務実績に重点を置く必要があります。

　それぞれの職務を遂行するうえで必要な能力を調べて、その中で重要な能力が各評価要素で重複しないよう評価項目を設定します。

評価項目には、次のようなものがあります。

a.**業績考課**：職務の達成度、仕事の量（速さ）、仕事の質（正確さ）
b.**能力考課**：専門知識、判断力、交渉力、創意力、指導力、技術力
c.**態度考課**：規律性、勤勉性、積極性、協調性、責任感

　個別の評価項目だけでは、すべてを統合した評価はできません。そこで、総合評価という評価項目を設けて、総合的な評価をするのが一般的です。

3) 評価期間

　人事考課をどのように利用するかで、評価期間は違ってきます。賞与の参考資料を主目的とするならば、年2回（例えば、6月から11月末までと12月から5月末まで）という場合が多いですが、年1回とする場合もあります。

　人事考課においては、評価期間が重要であり、その期間内の状況だけで評価することを厳守しなければなりません。

③人事考課の評価方法

　人事考課の評価方法は、**記録法**、**絶対評価法**、**相対評価法**の3つに大別できます。それぞれにメリット・デメリットがあるので、評価目的や評価対象に合わせて適切に利用する必要があります。

1) 記録法

　勤務実績の状況を示す資料により客観的に記録し評価する方法です。絶対評価法や相対評価法を行う場合の前提として、事実情報を記録するために利用されることが多いです。係長クラスが行う第1次段階の人事考課に適しています。

2) 絶対評価法

　業務上必要な基準をあらかじめ作成し、その基準と比較して高いとか低いとか、あるいはその基準に該当するか否かを、評価する方法です。基準を明確に作成できれば、客観的な評価ができるので、評価結果を教育や配置に利用するには便利です。基準の作成が難しく、従業員間の序列をつける場合には適しません。

　課長クラスが行う第2次段階の人事考課には、段階択一式や図式尺度法が適しています。

5

販売・経営管理

絶対評価法には、次のような具体的な手法があります。

▼絶対評価の手法

名称	内容
減点法	最初に一定の得点を与え、ミスや不備があると減点して評価する方式
執務基準法	基準以上をプラス、基準以下をマイナスとして符号をチェックして、総合的に評価する方式
成績評語法 人物評語法	成績または人物を評価する評語を多数用意し、これらの評語を用いて評価する方式
プロブスト法	成績、態度、能力、性格に関する具体的な短文を多数用意し、該当するものを選ぶ方式
強制択一法	評語群を合わせたセットを多数用意して、その中から必ず特定のセットを選ぶ方式
図式尺度法	要素ごとに段階の程度を示す目盛りを持った直線的尺度を用意して、該当箇所をチェックする方式
段階択一法	直線的尺度の代わりに段階的能力基準を示す短文を用意して選ぶ方式
評語評価方式	短文の代わりに「S・A・B・C」や「優・良・可・不可」などの符号を選ぶ方式

3) 相対評価法

　絶対的な基準を定めるのではなく、評価対象者間の優劣を評価して序列をつけていく方法です。絶対的な基準を定める必要がないため、比較的簡便にできますが、主観的になりやすく、人数が多いと序列がつけにくくなる傾向があります。

　労働条件の質が異なる場合は、評価対象者間の比較が難しくなります。

　従業員間の序列をつける場合には便利ですが、能力の育成に利用する場合には適しません。

　部長クラスが行う第3次段階の人事考課には、総合評価法や多項目総合評価法が適しています。

　相対評価法には、次表のような具体的な手法があります。

▼相対評価の手法

名称	内容
相対比較法	評価対象者を2人（または数人）ずつに組分けして、組ごとに誰が優れているかを比較することを順次繰り返して、全体の能力の順位を定める方式
人物比較法	要素ごとに標準的人物を選定しておき、その人物を標準として各人を評価する方式
分布制限法	集団ごとに、Aは全体の5％、Bは20％、Cは50％、Dは20％、Eは5％と評価分布を限定しておく方式
成績順位法	要素ごとに成績に従って評価対象者全員を序列化して順位を決める方式
総合評価法	総合的・全体的に共通的な評価項目により順位を決める方式
多項目総合評価法	総合評価をより正確にするため、多数の項目ごとに全体評価を行う方式

④公正な評価のための留意点

　人事考課においては、公正な評価が絶対的な条件です。公正な評価を行うための留意点は、次のとおりです。

1) **明確な基準**にもとづいて評価する
2) **事実**にもとづいて評価する
3) 結果だけで評価せず、その**原因や経過**を調べて評価する
4) **評価期間の期間内に限る**ことと、当該期間の全期間にわたること
　必ず評価期間の期間中の事実に限って評価します。評価期間は一般的に6か月間か1年間です。直近の1〜2か月で評価しがちです。そうではなく、全期間にわたり評価しなければなりません。
5) 私生活上のことは評価に入れない
6) **先入観や偏見**をなくす
7) **心理的誤差傾向**に気をつける
　人事考課を行うときに公正な評価が絶対条件ですが、**心理的誤差傾向**と呼ぶエラーが発生しやすいので注意する必要があります。

5
販売・経営管理

▼人事考課における心理的誤差傾向

名称	内容
ハロー効果	何か1つよいことがあると何もかもよく評価してしまう、というように、部分的印象で全体評価を行うエラーのこと
寛大化傾向	評価が甘くなりがちな、上位にシフトするエラーのこと
中心化傾向	優劣をつけず評価が中央に集中するエラーのこと
対比誤差	評価者自身の価値基準で評価し、客観的な基準と誤差が生じるエラーのこと
近接誤差	評価要素が近くに配列されていたり、時間的に近かったりしていると、各評価要素の評定結果が類似してしまうエラーのこと

8）評価者間の意思統一

9）評価者訓練の実施

　人事考課の仕組み、評価ルールの確認、評価要素の理解、人事考課を行う際に犯しやすいミス、評価基準の統一、などの評価者訓練が必要です。

⑤能力評価・業績評価・勤務態度評価

　人事考課の最大の目的は、従業員の能力を活用することです。人事配置、教育、昇給、賞与配分などの参考資料として利用しますが、利用目的に沿うように評価内容を大別すると、能力・業務・勤務態度になります。能力・業務・勤務態度をそれぞれ独立して評価しますが、それぞれの留意点は次のとおりです。

1）**能力評価**の留意点

　職務遂行に関連した能力を評価します。例えば、昇進などを目的にする場合、管理者の代行をさせてみてうまくこなせるか、難しい業務を独力で遂行できるか、などをよく観察して評価します。

2）**業績評価**の留意点

　評価期間中の業績を量と質で評価します。賞与や昇給の参考資料として利用する場合、個々の従業員の賃金水準や経験年数に沿って評価基準を設定すれば公正な評価ができますが、評価基準を設定するのに困難を伴います。

　業績評価で、業務への取組み姿勢まで評価しているケースがありますが、勤務態度で評価する項目です。

3) **勤務態度評価**の留意点

職務遂行に関する態度を評価します。業績や職場環境に影響を及ぼす態度に限って評価します。私生活上の態度や評価期間以前の勤務態度は評価の対象外です。

勤務態度評価で多い過ちは、業績の高い者は勤務態度に積極性があるなどと、業績と態度に対応関係があるように評価してしまうことです。これを論理的誤差といいます。**論理的誤差**は、評価者が論理的に考えるあまり、独立している評価項目を、同一評価あるいは類似評価してしまう傾向のことです。

⑥評価結果の調整

評価基準が定められていても、評価の甘辛により、ある程度の不均衡が発生します。不均衡を是正するために、評価結果の調整を行います。

1) 会議式調整法

各評価者と調整者が集まり、評価結果を討議しながら調整していきます。

2) 統計的調整法

あらかじめ平均点を設定しておく、「上位何％、中位何％」などとランクごとの配分を設定する、といった統計的な調整方法です。

⑦自己申告制度とヒューマンアセスメント

人事考課は、評価者が他人を評価するため、一定の限界があります。被評価者が自らを評価する自己申告制度を設け、人事考課の補完的な役割を持たせることがあります。自己申告制度により、上司と従業員が話し合う機会を提供でき、従業員のモラール向上に役立つとともに、上司は従業員の能力、適性、希望などを把握でき、教育や適正配置の参考資料を得ることができます。

ヒューマンアセスメントは、スパイ選抜のために生まれたプログラムで、第二次世界大戦後のアメリカで、管理者選抜や能力開発の手法として普及しました。

ヒューマンアセスメントとは、組織が求める経営方針に沿って、経営者や管理者としての能力、資質、適性などを心理学理論にもとづいて客観的に診断する方法のことです。

得点アップ講義

● 人事考課を適切に遂行することで、従業員の勤労意欲は高まり、組織が活性化します。公正な評価を行うためには評価者の訓練が必要です。

右側縦書き：**5**　販売・経営管理

職場の教育訓練

従業員の能力開発を効率的に遂行していくためには、教育の必要性を強く意識させる職場環境づくりが必要です。

重要度：★★★

 ●教育訓練の名称と特徴、効果を理解しましょう。

 ●組織の一員として勤務することから態度（価値観）の教育、管理者に要求される問題解決や創造性の教育に関する具体的な手法の名称と内容を問う分野から、多く出題されています。

　消費者ニーズの多様化、サステナビリティへの意識向上、ECの台頭など、小売業を取り巻く環境は著しく変化しています。小売業に必要な知識や技術もどんどん変化しています。常に新しい知識と能力を身につけることが重要です。

　小売業における能力開発の重要性は年々増していますが、企業側から能力開発のすべてを教育・訓練することには限界があります。そのため、企業が教育・訓練の充実を図るとともに、従業員の自己啓発を奨励するという、**総合的な能力開発**を進める必要があります。

1 能力開発の方法

① OJT（職場内教育訓練）

　通常業務の中で、上司が部下に対して、計画的に業務知識、ノウハウや勤務態度などについて実施する教育訓練のことです。

　教育ニーズの必要性は、業務遂行のうえで最も強いといわれています。**OJT**による教育訓練は、知識・ノウハウの習得に即効性があり効果も大きいことから、小売業にとって重要な教育訓練手法です。

▼OJTのメリット・デメリット

メリット	・仕事に密着した指導育成ができる ・個々のレベルに合わせた育成ができる ・コミュニケーションの強化が図れる
デメリット	・上司の能力により成果が左右される ・場当たり的な指導や無計画になりやすい ・計画的・体系的な教育が難しい

② Off-JT（職場外教育訓練）

職場を離れて社外に集合し、外部講師などにより、知識や技能を総合的に学ぶための教育訓練のことです。

OJTと**Off-JT**は対立する概念ではなく、相互補完的な概念です。

▼Off-JTのメリット・デメリット

メリット	・他者と自分を相対的・客観的に比較できる ・理論的・体系的な知識・技能を習得できる ・多人数を一度に教育訓練できる
デメリット	・研修効果の確認が難しい ・一般的・抽象的になりやすい ・時間とコストがかかる

③ OJD（職場内能力開発）

OJDはOJTから派生した概念で、長期間にわたり上司の支援を受けながら、主体性を持った社員を育成することを目的としています。

OJTは現状の実務を習得することを目的としていますが、OJDは、現状だけでなく将来を見据えた知識・技能を習得させることを目的としています。

▼OJDのメリット・デメリット

メリット	・将来の経営幹部を育成することができる ・知識・技能だけでなくマネジメントを習得できる
デメリット	・指導者の能力に対象者の能力開発度合いが左右される ・多くの業務時間が教育に費やされる

能力開発の方法は、階層別教育（新入社員、中堅社員、管理者、経営幹部）が一般的ですが、教育内容別（態度、技能、知識など）に分類することもあります。

①**態度**に関する教育

組織の一員として勤務する以上、好ましい態度（価値観）がとれるよう教育することが重要です。人間関係論や行動科学の研究では、態度（価値観）の変容には周りの集団とコミュニケーションを図ることが有効とされています。

態度（価値観）の教育は、知識と感情の両面を重視する必要があります。態度（価値感）の教育は、人格の形成と深い関連があり、人格は他人とのふれあいにより形成されることが多いため、集団技法が有効とされています。

集団技法は、集団討議法と**集団決定法**の2つに大別されます。

▼集団討議法の手法

名称	内容
自由討議法	固定的なルールを設けず自由に話し合う
パネル討議法	あるテーマについて、複数のパネリストが意見を述べた後に、一般参加者を交えて討論を進めていく

▼集団決定法の手法

名称	内容
ロールプレーイング (Role Playing) 役割演技法	現実に起こりうるテーマを設定して、複数の人がそれぞれの役割を演じる疑似体験を通して、ある事象が発生したときに適切な対応ができるようにする学習方法
ST (Sensitivity Training) 感受性訓練	訓練内容や日程を何も知らされていない人を集め、参加者同士が話し合い、対人的共感性を体験することで、自他の感情を客観的に理解して人間関係の洞察力を深める学習方法
マネジリアルグリッド (Managerial Grid)	R.R.ブレークとJ.S.ムートンが提唱したリーダーシップ行動論。「人間に対する関心」と「業績に対する関心」の2つの要素について管理者がどの程度関心を持っているかを評価し、管理者のタイプを5類型に分類する理論
PM理論 (PM Theory)	三隅二不二（みすみ じゅうじ）が提唱したリーダーシップ行動論。「P機能（Performance function：目標達成機能）」と「M機能（Maintenance function：集団維持機能）」の2つの能力要素でリーダーシップが構成され、能力要素の強弱により4類型に分類する理論

②問題解決に関する教育

小売業の現場では「売上高を確保するためにはどのような対策を立てるべきか」などの解決すべき問題がたくさんあります。能力開発といえば、問題解決能力の開発といってもよいでしょう。

問題解決能力を高める教育方法には、問題解決のプロセス理解、情報発見の仕方、問題の把握の方法、解決すべき目標の設定の仕方などがあります。

1) 問題解決のプロセス

問題解決のプロセスは、①問題を見つける、②問題の発生した原因を究明する、③問題の解決手段を考える、という3段階になります。

このプロセスを十分に活用するためには、「その問題を取り巻く状況全体を正しく把握するためにはどのような情報が必要か」また「その情報をどのように集めるか」の教育が必要です。情報を集め、全体の状況を把握できたら、これを分析して「真に解決すべき問題は何か」を明確にできるように教育していくことも必要です。

2) 問題解決のための教育方法

問題解決のための教育方法には、次表のようなものがあります。

▼問題解決のための教育方法

名称	内容
事例研究法 (ケーススタディメソッド)	具体的な事例 (ケース) を与えて、解決策を集団で討議する学習方法
課題法 (プロジェクト法)	日常業務に密着した課題を与えて、問題解決までの行動訓練をする学習方法
インバスケット法 (イントレイ法)	意思決定が必要な大量の案件を一定時間内に的確に処理させる訓練技法 インバスケットとは未決裁書類の入った箱の意味
ビジネスゲーム (マネジメントゲーム)	経営モデルを使った意思決定を行い、成績を競い合わせる学習方式

③創造性に関する教育

問題解決的能力を身につけるためには、創造性や感性と呼ばれる能力が不可欠です。環境変化の激しい現代には、創造性を育成する教育が重要になります。

創造性を育成する教育には、次表のようなものがあります。

▼創造性を育成する教育方法

名称	内容
ブレーンストーミング	特定のテーマについて、数名で自由に話し合い具体的なアイデアを生み出すための手法
等価変換的思考法	異なる2つのものの間に等価的なもの（共通点や類似点）を見つけ出し、思考の流れを変換することで飛躍的なアイデアを求めようとする手法
KJ法	断片的なアイデアをカードに記述し、情報を整理することで問題解決のヒントや糸口を導き出す手法

3　中・長期的人材育成

①中・長期目標に合わせ能力開発

　小売業は、日常業務を通して、顧客満足度を向上させることで業績を高めていきます。顧客満足度の向上には、従業員に企業の中・長期計画を理解させ、従業員がこれからどのような仕事をしたいか、どのような地位に就きたいかなどの、個人の中・長期的な目標に合わせて能力開発を進めていくことが重要です。

② CDP（経歴開発計画）

　従業員の中・長期目標に合わせて能力開発を推進する方法を経歴開発計画（CDP：キャリア・ディベロップメント・プログラム）といいます。

　CDP は、個々の従業員の希望と企業の人材ニーズを突き合わせて、長期的なキャリア育成プランにもとづき昇進、人事異動、教育訓練を行う仕組みです。

　CDP は、次のような基本的要素から成り立っています。

1) キャリアレベルの設定

職能域別に、初級・中級・上級・エグゼクティブの4段階に分けてキャリアを設定します。

2) キャリアパスの設定

　職能域別に、ある職務からどの職務に異動昇進できるかの経路（パス）を明確にします。

3) **評価・面談制度**

　業績を評価し、これまでの職務が本人に適していたか、計画どおりの能力開発ができたか、などについて本人と上司の間でカウンセリングを行います。

4) **異動と訓練計画**

　初級からエグゼクティブレベルまでの個人別配置異動計画と訓練計画を作成して、実施します。

　CDPを進めるうえでの留意点は、次のとおりです。

1) 各種の目標に到達するためのさまざまな経路（パス）を作成して、従業員がその中から自由に選択できるようにしておきます。経路（パス）の中には、職務異動（ローテーション）や「どの職位でどのような教育・訓練を受けるか」も定めておきます。
2) 従業員が選択した目標や経路（パス）が、従業員の適性から見て難しい場合は、管理者が説得・指導して、より適正なものを選択させます。
3) 従業員が選択した経路（パス）を変更する機会を定期的に与えます。
4) 適当な時期を捉えて、従業員を配置転換させながら、従業員が希望し企業としても必要とする能力を習得させます。
5) 従業員一人ひとりが、配置された職場で特に開発するべき能力を明確に意識して行動するように指導します。

4　**管理者によるカウンセリング**

　管理者は、職場で働く従業員が抱える次のような問題などに、親身になって対応していく必要があります。

1) 職場環境の変化や担当業務の変化にうまく適応できるよう支援する
2) 従業員の保有する潜在能力に気づかせ、最大限に発揮できるよう支援する
3) 不安・不満などを解消できるよう助言する

　管理者と従業員の話し合いには、カウンセリングが効果的といわれています。

①**管理者の行うカウンセリングの目的**

　管理者の行うカウンセリングは、心理学者やカウンセラーが行うような心理療法を目的としたものではなく、従業員への適切な助言を目的としています。

5

販売・経営管理

1) 従業員が仕事に自信を失っている場合、自信を取り戻すよう励ます
2) 職場環境の変化に対応できず戸惑っている場合、職場に適応できるようにリードしていく
3) 仕事に不安を感じている場合、不安が何かを明確にして、必要な情報を提供する

　カウンセリングを行う場合、最終的にどう行動するか、どう解決するかは従業員が決定できるよう助言していきます。管理者によるカウンセリングは、一種の自立教育といえます。

②カウンセリングの進め方
　カウンセリングは、**非指示的方法**と**指示的方法**の2つに大別できます。

1) 非指示的方法
　カウンセリングを受ける者をクライアント（患者）と呼び、クライアントを中心に行うカウンセリングの技法が非指示的方法です。
　カウンセリングを行う管理者は、クライアントに自身の感情的な態度を自由に表現させ、それを通してクライアントが自分自身で「今後どのように行動するか」を決められるよう導いていきます。
　職場における管理者と従業員の関係が上下関係であり、管理者のほうが権力を持っているため、従業員はなかなか本音を明かすことなく、感情的な態度を現さないため、非指示的方法でカウンセリングを行うのは困難なことです。

2) 指示的方法
　指示的方法は、カウンセラーを中心とする技法です。医師が問診をしながら、病気を診断していくような手順で行います。
　指示的方法では、人間の複雑な気持ちを正しく理解できないため、カウンセリングの効果には限界があるといわれます。

③管理者に向くカウンセリング方法
　非指示的方法にしても、指示的方法にしても、管理者が行うカウンセリングは困難なものです。2つの基本的な方法を組み合わせ、それぞれの短所を取り除き長所を活用した、協力的方法と呼ばれる技法があります。

　クライアント中心にカウンセリングを行い、管理者はクライアントが自主的に解決法を見つけるのを支援するという役割を担います。

　協力的方法でカウンセリングを行ううえでの留意点は、次のとおりです。

1) 秘密を守る

　秘密を守るのは当然のことです。管理者の立場と矛盾する場合が発生することもありますが、秘密を守ることを優先させる必要があります。

2) クライアントの解決法を阻止しない

　クライアントである従業員が選択した解決法が、管理者にとって望ましくない場合であっても、それを阻止するような指示は避けなければなりません。

　「社内カウンセリングは従業員のために行う」ということが第一の理由です。

　第二の理由は、管理者が別の指示を出して、従業員がそれに従い結果が悪かった場合は、管理者が全責任を負わなければならないからです。

5　インターンシップ

①インターンシップとは

　インターンシップの目的は、学生が企業の現場体験学習を通じて、業務内容や企業への理解を深めることです。

　学生は、座学で学んだ内容を、実践的に理解し、体験することができます。自分の能力が発揮できない、自分に合わない職場である、などの理由で早期退職してしまう雇用のミスマッチを抑止する効果もあります。学生と企業の双方にメリットのある制度といえます。

②インターンシップを成功させるために

　企業は本来、教育機関ではないため、インターンシップの学生を受け入れることで、さまざまな負担がかかってきます。学生と企業の双方にとって意味のあるインターンシップにするためには、学校と企業の綿密な打合せが必要です。

　事前準備だけでなく、中間での軌道修正、終了後の反省、次回への改善といった、きめ細かな打合せを行っていくことが重要です。

　企業にとってインターンシップは、自社に必要な人材の発掘の場であるとともに、どのような指導・育成をしていくかのシミュレーションの場といえます。

インターンシップによる負担より、インターンシップから生み出される成果を最大限に活用できる取組みを展開していくことが重要です。

③インターンシップの実施プロセス

　インターンシップを実施していくためには、企画段階から研修後のフォローまで、次のようなプロセスがあります。

1) **社内コンセンサス**：企画書を作成し経営者を含め全社的な理解を得る
2) **受入部署の確定**：受入部署を募集して確定する。受入部署へインターンシップ導入の目的や実施要領を説明する
3) **受入準備**：受入人数、時期、期間、学生に求める条件、研修内容の概要を受入部署と人事担当部署で検討する
4) **学生募集と選考**：学生の募集を行い、書類選考や面接を行う
5) **マッチング**：学生の希望と企業の希望を考慮したマッチングを行う
6) **研修プログラムとスケジュールの決定**：マッチングで得た情報および受入部署の業務状況を確認してから、学生に与える課題や業務を決定して通知する
7) **研修実施**：研修開始時にオリエンテーションを開催し、研修の全体像を把握させる
8) **研修後のフォロー**：参加した学生への評価、実習プログラムの評価、学生の自社に対する評価をそれぞれ行う

▼インターンシップ実習プログラム（例）

日程	実習内容
1日目	オリエンテーション（会社概要、業務説明、店舗見学）
2日目	研修スケジュール説明、接客トレーニング、商品知識
3日目	現場実習（接客業務）
4日目	現場実習（接客業務）
5日目	現場実習（接客業務）
6日目	現場実習（棚卸業務）
7日目	現場実習（仕入業務）
8日目	現場実習（売上管理業務）
9日目	現場実習（接客業務）
10日目	集団討議、感想文

Theme 4 キャッシュフローと キャッシュフロー経営

重要度：★★☆   企業価値の最大化を目指す経営手法がキャッシュフロー経営です。

● フリーキャッシュフローの定義を理解しましょう。

● キャッシュフローを改善するためには何をすべきかを答える問題が多く出題されています。

1 財務諸表（損益計算書・貸借対照表）による計数管理の限界

企業の経営状況の把握は、損益計算書と貸借対照表を中心に行われてきましたが、1990年代初めのバブル崩壊以降、会計上の利益と現金収支の乖離が顕在化してきました。損益計算書上で多額の利益が出ても、現金を回収できなければ、企業は倒産する危険性があります。

従来の財務諸表（損益計算書・貸借対照表）による計数管理では限界が見えてきました。そのため、売掛金や受取手形をキャッシュで回収する視点の経営にシフトしてきています。

現金の増減の流れを示すキャッシュフローを経営指標として、キャッシュフローの最大化を目指す経営手法が**キャッシュフロー経営**です。

2 キャッシュフロー経営の視点

キャッシュフローは**営業キャッシュフロー、投資キャッシュフロー、財務キャッシュフロー**の3つに分類できます。最も重要なのは、本業でどれだけキャッシュを獲得したかを示す**営業キャッシュフロー**です。

以下、それぞれのキャッシュフローの改善について述べます。

① 営業キャッシュフローの改善

「仕入⇒在庫⇒販売」の営業活動に関する現金の増減を示すのが営業キャッシュフローです。

(改善方法) 仕入：買掛金や支払手形の支払期間の延長
　　　　　　在庫：受発注システムの導入で余剰在庫の減少
　　　　　　販売：売掛金や受取手形の早期回収

② 投資キャッシュフローの改善

資産の売却や設備投資などの現金の増減を示すのが投資キャッシュフローです。設備投資は将来のキャッシュフローを生み出す源泉となります。

(改善方法) 遊休固定資産や不要な投資有価証券を売却し現金を増やす

③ 財務キャッシュフローの改善

金融機関からの借入や株式・社債発行の資金調達による現金の増減を示すのが財務キャッシュフローです。

(改善方法) 金利の高い借入金を減らし、株式や社債での調達を増やすことで資金調達コストを低下させる

3　フリーキャッシュフローの定義

一般的に、営業キャッシュフローから投資キャッシュフローを差し引いた残額、すなわち企業が自由に使える現金を**フリーキャッシュフロー**といいます。

> フリーキャッシュフロー ＝ 営業キャッシュフロー － 投資キャッシュフロー

4　フリーキャッシュフローの改善策

①売上債権の減少

売上債権が増加すると、資金が拘束されキャッシュインが減少します。

売上債権の回収期間を短縮させるとともに現金販売を増やすことで、売上債権を減らすことができます。

②仕入債務の増加

仕入債務の支払猶予が短いとキャッシュアウトが増えます。仕入債務の支払期間を長期化することでキャッシュアウトは減ります。

③棚卸資産の減少

商品 (棚卸資産) が増えるとは、商品が売れず現金化できないことです。仕入や販売の方法を見直し、適正な在庫管理を行うことが必要です。

④投資水準の抑制

投資水準を営業キャッシュフロー以下の一定の範囲内に抑えます。

●貸借対照表の左側にある 「資産の部」 の勘定科目の金額が増えると現金は減ります。右側にある「負債・純資産の部」の勘定科目の金額が増えると現金は増えます。

5

販売・経営管理

重要度：★★☆ キャッシュフローの観点からデータを把握した経営戦略が重要です。

●どのような施策を実施すればキャッシュが増えるかを理解しましょう。

●Theme4に関連して、事業とキャッシュフローとの関係をキャッシュフロー
計算書とともに学習しましょう。

1 収益力向上策とキャッシュフロー

　小売業の経営者は、自社の事業や商品がどのくらい営業キャッシュフローを稼ぎ
出しているか把握することで、収益力向上につながる施策を打てます。
　具体的には、客数または客単価を上げて売上高を増加させる、仕入価格の引下げ
により売上原価を下げる、**ローコストオペレーション**により販売管理費を下げる、な
どの施策があります。

2 在庫管理とキャッシュフロー

　「仕入数量を増やし売上高が増える」のであれば、仕入の増加は正しい施策となり
ます。
　しかし、売上高が変わらなかったり減少するとき、仕入が増加すると、在庫が増
えて、仕入代金が増加した分のキャッシュが減少します。**適正な在庫管理**が必要と
なります。

3　運転資金管理とキャッシュフロー

　損益計算書上の利益は確保できていても、期中の運転資金確保に苦労している小売業が多数あります。売上が計上されても、売掛金が多いとキャッシュを回収するまでに時間を要します。販売代金の回収までに仕入代金や販売管理費の支払いが発生します。運転資金の安定化には**支払・回収条件の改善**が必要です。

4　キャッシュフロー計算書のポイント

①営業活動によるキャッシュフロー

　本業でどのくらい稼いでいるかで経営の健全度を把握できます。

　営業活動によるキャッシュフローがプラスであれば、本業によってキャッシュフローを稼いでいます 。同業他社より水準が高ければ、強い競争力があることになります。

②投資活動によるキャッシュフロー

　何に投資しているかを分析することで成長性や安定性を予測できます。

③財務活動によるキャッシュフロー

　キャッシュの過不足の状況や財務政策を大まかに把握できます。

- 損益計算上は黒字でも、売掛金が回収されず、運転資金が確保できないと黒字倒産のリスクがあります。
- 買掛金の支払期間の延長、売掛金の回収期間の短縮、金融機関の取引先を増やす、売掛債権の流動化、社債・増資などの直接金融などを活用して、資金調達の安定化を図ることが必要です。
- 売上債権の流動化とは、企業が保有する売掛債権を、決済期日の到来前に、金融機関などの第三者に譲渡して現金化したり、担保物件として融資を受けることにより、資金調達をすることです。

6 キャッシュフロー・ベースの経営指標

重要度：★★★ キャッシュフロー計算書から得られる経営指標を理解しましょう。

●キャッシュフロー・ベースの経営指標の名称と計算式を理解しましょう。

●キャッシュフロー・ベースの経営指標の計算式に関する出題は、最も出題頻度が高い分野です。

1 キャッシュフローマージン【収益性】

キャッシュフローマージンは、営業キャッシュフローの観点から**収益性**を評価するための経営指標です。**キャッシュフローマージン**は、売上高に対する営業キャッシュフローの比率です。

売上高のうち、キャッシュをどのくらい効率的に稼ぎ出しているかを示す指標です。この比率が高いほど、効率的な資金化が実現されています。

$$
\text{キャッシュフローマージン} = \frac{\text{営業キャッシュフロー}}{\text{売上高}} \times 100\,(\%)
$$

2 営業キャッシュフロー対流動負債比率【支払能力分析】

営業キャッシュフロー対流動負債比率は、キャッシュフローの観点から**安全性**を評価するための経営指標です。**営業キャッシュフロー対流動負債比率**は、流動負債に対する営業キャッシュフローの比率です。

キャッシュでどのくらい流動負債を賄えるかを示す指標です。この比率が高いほど、支払能力が高いことを示します。

$$\text{営業キャッシュフロー対流動負債比率} = \frac{\text{営業キャッシュフロー}}{\text{流動負債}} \times 100\,(\%)$$

3　キャッシュフロー版インタレスト・カバレッジ・レシオ【支払能力分析】

インタレスト・カバレッジ・レシオは、金融費用の何倍の事業利益を上げているかを示す指標です。 この倍率が高いほど、支払利息を支払う余裕があり、**安全性**が高いことを示します。

事業利益を用いる**インタレスト・カバレッジ・レシオ**は、キャッシュを回収できていない売掛金や受取手形の売上高が含まれています。支払能力を見る観点からは、**キャッシュフロー版インタレスト・カバレッジ・レシオ**のほうが適しているといえます。

キャッシュフロー版インタレスト・カバレッジ・レシオは、営業キャッシュフローの観点から**安全性**を評価するための経営指標です。**キャッシュフロー版インタレスト・カバレッジ・レシオ**は、営業キャッシュフローに支払利息額と税金を加えた合計額を支払利息額で割って求めます。

$$\text{キャッシュフロー版インタレスト・カバレッジ・レシオ} = \frac{\text{営業キャッシュフロー + 支払利息額 + 税金}}{\text{支払利息額}}\,(\text{倍})$$

4　営業キャッシュフロー対設備投資比率【投資分析】

営業キャッシュフロー対設備投資比率は、設備投資を営業キャッシュフローでどの程度負担できるかを示す経営指標です。**営業キャッシュフロー対設備投資比率**は、設備投資に対する営業キャッシュフローの比率です。

この比率が100％以上であれば、営業キャッシュフローで設備投資が賄われています。一方、比率が100％未満であれば、営業キャッシュフローで設備投資が賄われないことになります。比率が高いほど、**安全性**が高いことを示します。

設備投資が営業キャッシュフローで賄われない場合は、金融機関からの借入や株式・社債発行などの資金調達が必要となります。設備投資が成功すれば将来のキャッシュフローの源泉となりますが、失敗すれば多額のキャッシュが減少するリスクも兼ね備えています。

$$営業キャッシュフロー対設備投資比率 = \frac{営業キャッシュフロー}{設備投資} \times 100 \, (\%)$$

5　1株当たり営業キャッシュフロー【株主・投資家の評価】

　EPS（Earnings Per Share）は、1株当たりの当期純利益を示す指標です。 EPSは、株式の投資を判断する情報として用いられます。

　当期純利益を用いた**EPS**は、キャッシュを回収できていない売掛金や受取手形の売上高が含まれています。

　企業の**収益性**を分析する観点から、営業キャッシュフローを用いた**1株当たり営業キャッシュフロー**のほうが適しているといえます。**1株当たり営業キャッシュフロー**は、営業キャッシュフローを発行済株式数で割って求めます。

　1株当たり営業キャッシュフローで用いるキャッシュフローは、簡便的に当期純利益＋減価償却費をキャッシュフローとして用いるのが一般的です。

$$1株当たり営業キャッシュフロー = \frac{営業キャッシュフロー}{発行済株式数} \, (円)$$

6　株価キャッシュフロー倍率（PCFR）【株主・投資家の評価】

PER（Price Earnings Ratio）は、株価がEPS（1株当たりの当期純利益）の何倍になっているかを示す指標です。株価を**EPS**で割ると**PER**（**株価収益率**）を計算することができます。

PERにキャッシュフローを応用した経営指標が、**株価キャッシュフロー倍率**（**Price Cash Flow Ratio：PCFR**）です。**PCFR**は、株価を1株当たりキャッシュフローで割って求めます。**PCFR**は、株式の投資を判断する情報として用いられます。

PCFRで使用するキャッシュフローは、簡便的に「当期純利益 ＋ 減価償却費」や「当期純利益 －（配当金＋役員賞与）＋ 減価償却費」を用いるのが一般的です。

$$株価キャッシュフロー倍率 ＝ \frac{株価}{1株当たりキャッシュフロー}（倍）$$

- キャッシュフロー・ベースの経営指標の定義に関する出題が大半です。6つの経営指標の名称と計算式を知っていれば解答できる出題です。キャッシュフローは、簡便的に「当期利益＋減価償却費」が用いられています。
- キャッシュフローをベースとした経営指標が、収益性、安全性、投資家の評価のいずれかに用いられるか、経営指標の数値の高低と経営状況の好不調の関係を理解しましょう。

●住宅環境を良好に保ち、土地を有効に活用し、経済活動が活性化するよう、都市計画法では用途地域を定めています。

●用途地域内では、それぞれの用途地域の目的に応じた規制により、快適な都市空間の構築を目指しています。

●用途地域の種類と内容に関する問題は毎回出題されています。リテールマーケティングの対象が流通・小売業のため、住居系の用途地域で建築できる店舗の規模を問う問題が多く出題されています。

1 都市計画法

都市計画法は、都市の計画的な整備や発展のために必要な事項を定めた法律です。快適な都市空間を構築するために、用途地域を定めて、建物の大きさや高さなどさまざまな規制を設けています。

都市計画法にもとづく都市計画は、「街づくりの基本計画」といえます。

①**都市計画法**の目的

都市計画法第1条で「この法律は、都市計画の内容及びその決定手続、都市計画制限、都市計画事業その他都市計画に関し必要な事項を定めることにより、都市の健全な発展と秩序ある整備を図り、もって国土の均衡ある発展と公共の福祉の増進に寄与することを目的とする。」と定めています。

②**都市計画区域**

都市計画区域とは、中心の市街地を核として、一体の都市として総合的に整備、開発、保全をする必要のある区域のことです。

　都市計画区域の指定や基本的な事項については、都道府県 (複数の都道府県にまたがる場合は国土交通大臣) が、その他の事項は市町村が定めます。

　都市計画区域は、通常、**市街化区域**と**市街化調整区域**に分けられます。まだ、どちらにも区分されていない区域は非線引き区域といいます。

　準都市計画区域とは、都市計画区域外の区域で、市街化が進行すると見込まれる場合に、土地利用を規制するために、都道府県が指定する区域のことです。

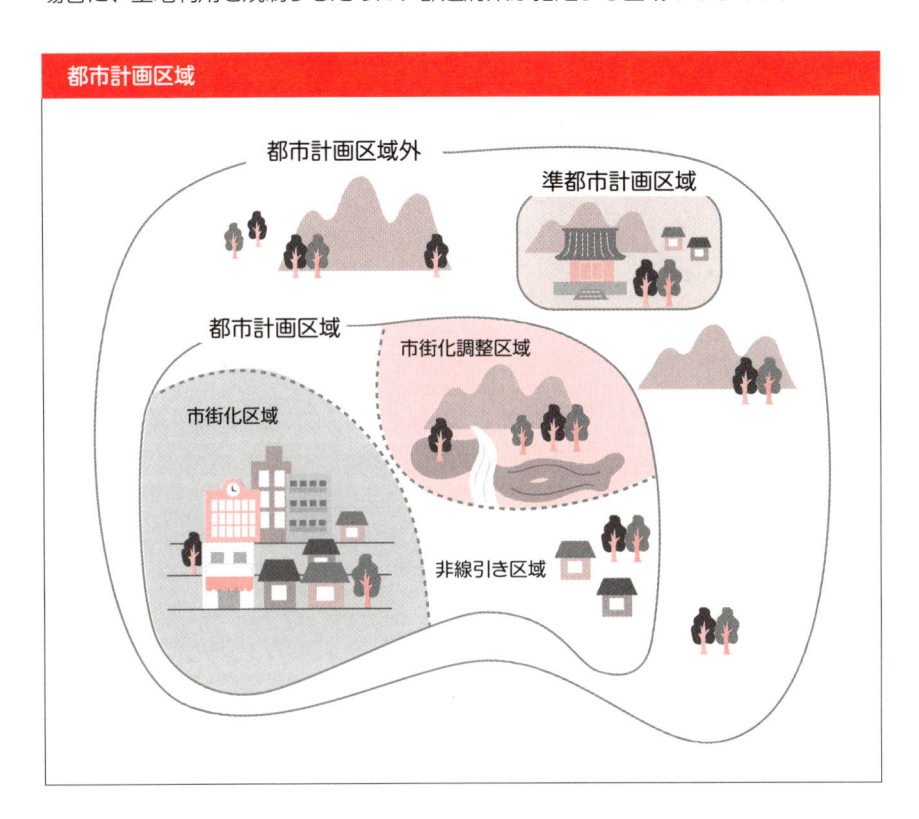

都市計画区域

都市計画区域外

準都市計画区域

都市計画区域

市街化調整区域

市街化区域

非線引き区域

　市街化区域は、すでに市街化されている区域やおおむね10年以内に優先的・計画的に市街化を図るべき区域のことです。

　市街化調整区域は、環境保護あるいは無秩序な開発の防止のため、市街化を抑制すべき区域のことです。

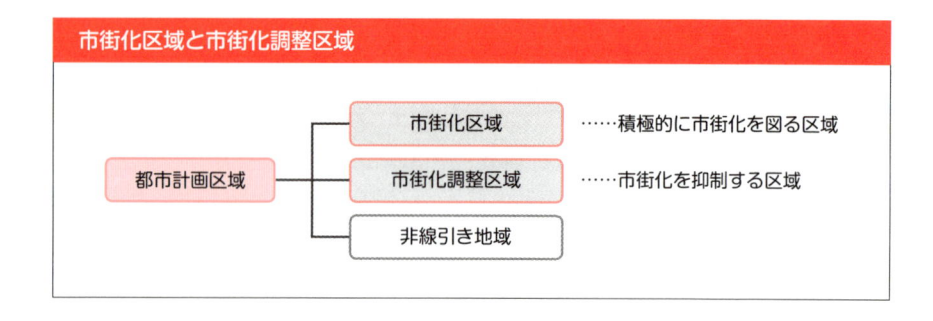

市街化区域と市街化調整区域

都市計画区域 ──┬── 市街化区域 ……積極的に市街化を図る区域

├── 市街化調整区域 ……市街化を抑制する区域

└── 非線引き地域

③用途地域

　計画的な市街地を形成するため、**市街化区域**に指定された区域に**用途地域**が定められます。大きく分けて、住居系・商業系・工業系の3つに分けられます。

▼**用途地域の種類**

	種類	内容
住居系	第一種低層住居専用地域	低層住宅の良好な住居環境を保護するための地域 店舗との兼用住宅で、店舗などの部分が**50㎡以下**で、建築物の延床面積の2分の1未満の店舗は建築できる
	第二種低層住居専用地域	主として低層住宅の良好な住居環境を保護するための地域 床面積の合計が**150㎡以下**の一定の店舗は建築できる
	田園住居地域	農地や農業関連施設などと調和した低層住宅の良好な住環境を守るための地域 農産物直売所などの店舗は建築できる
	第一種中高層住居専用地域	中高層住宅の良好な住居環境を保護するための地域 床面積の合計が**500㎡以下**の一定の店舗は建築できる
	第二種中高層住居専用地域	主として中高層住宅の良好な住居環境を保護するための地域 用途に使用される部分が2階以下、かつ、**1,500㎡以下**の一定の店舗は建築できる
	第一種住居地域	住居の環境を保護しつつ、一定の商業施設やサービス施設の立地を認める地域 途に使用される部分が**3,000㎡以下**の一定の店舗などは建築できる
	第二種住居地域	住居の環境を保護しつつ、より広範な商業施設やサービス施設の立地を認める地域 床面積が**10,000㎡超**の店舗などは建築できない
	準住居地域	住居の環境を保護しつつ、自動車関連施設や小規模な工場の立地を認める地域 床面積**10,000㎡超**の店舗などは建築できない

（次ページに続く）

	種類	内容
商業系	近隣商業地域	近隣住民のための商業施設やサービス施設の立地を認める地域
	商業地域	主として商業その他の業務の利便を図るための地域
工業系	準工業地域	環境を保護しつつ、軽工業やサービス業の立地を認める地域
	工業地域	工業の利便を図るための地域 店舗や住宅は建築できる
	工業専用地域	工業専用の地域

④防火地域の指定

　都市計画法では、用途地域とは別に、市街地における火災の危険を防除するため、防火地域と準防火地域を定めています。

1) **防火地域**

　火災の危険が極めて高い地域で、建物の密集度が高い市街地中心部や主要な幹線道路沿いに指定されることが多く、建築物に厳しい防火基準を設けることで都市の防災機能を高めることを目的としています。

　防火地域内の建築物は、防火上の性能の高い耐火建築物か準耐火建築物にしなければなりません。

2) **準防火地域**

　防火地域の周囲に指定されることが多く、火災の危険はあるものの、建築物への防火基準は防火地域よりは緩和されています。

3) 屋根不燃区域

　都市計画で定められた防火地域と準防火地域以外の市街地でも、建築基準法により屋根不燃区域が指定されます。木造集落が密集する地域などで、周辺の火災による延焼を防ぐため、屋根や外壁などの防火上の規制が義務づけられます。

5

販売・経営管理

2　借地借家法

①借地権の存続期間

借地借家法は民法の特別法で、建物の所有を目的とする土地の賃借権や地上権、建物の賃貸借契約などに関しては、民法に優先して適用されます。

1992年の借地借家法改正で**借地権の存続期間**が改正されました。**借地権の存続期間**は旧法では堅固建物で30年以上、非堅固建物で20年以上でしたが、**新法**では建物構造（堅固・非堅固）によらず30年、これより長い期間を定めた場合はその期間となりました。

▼借地借家法1992年改正

	建物構造	存続期間	更新後
旧法	堅固	30年以上	30年以上
	非堅固	20年以上	20年以上
新法	建物構造の区分無	一律30年以上	最初の更新：20年以上 2回目以降 ：10年以上

②定期借地権

1992年の借地借家法改正で**定期借地権**が新設されました。**定期借地権**は、従来の借地権と異なり、契約期間が終了すると土地を返還し、契約の更新がない借地権です。**定期借地権**には**一般定期借地権**、**事業用定期借地権**、**建物譲渡特約付借地権**の3種類があります。

1) 一般定期借地権

契約期間を**50年以上**とすることで、契約が更新されず、契約終了後に土地は更地で貸主へ返還されます。

一般定期借地権は、①契約の更新をしない、②借地上の建物再築による期間延長をしない、③期間満了時の建物買取請求権を行使しない、という3つの特約を公正証書などの書面で契約を締結することで成立します。

2) 事業用定期借地権

契約期間が**10年以上50年未満**で、事業用の建物の所有を目的に、必ず公正証書で締結します。一般借地権と同様に、契約の更新、建物再築による期間延長、期間満了時の建物買取請求権を適用しない借地権です。

　借地借家法2008年改正で、**事業用定期借地権**の存続期間は、従来の「10年以上20年以下」から「10年以上50年未満」に延長されました。事業用建物の所有を目的とする場合は、土地の利用期間により、10年以上50年未満は**事業用定期借地権**、50年以上は**一般定期借地権**と使い分けることができます。

　存続期間が**30年以上**の場合は、建物譲渡特約付借地権を設定できるので、建物収去を前提としない**事業用定期借地権**の設定が可能となります。

3) 建物譲渡特約付借地権

　借地権設定後30年以上経過した日に、借地権設定者が借地人から借地上の建物を買い取ることを約束した借地権のことです。借地権設定者が借地人から建物を買い取ることで借地権は終了します。

　建物譲渡特約付借地権は、口頭で契約は成立しますが、将来の紛争を防止するためには、書面で契約を締結することが望ましいです。

▼**定期借地権の存続期間**

種別	存続期間
一般定期借地権	50年以上
事業用定期借地権	10年以上50年未満
建物譲渡特約付借地権	30年以上

5

販売・経営管理

Theme 8 建物の建築に関する法令

重要度：★★★

建築物を新築、増築、改築するときは、都市計画法による土地の利用に関する規制のほか、建築基準法や都道府県条例の規制を受けます。

●建築物の安全や市街地環境の保護を確保するために、建築物に適用される基準について理解しましょう。

●建ぺい率と容積率の定義に関する問題が多く出題されています。

1 建築基準法

　建築基準法は、建築物の敷地・構造・設備・用途に関する必要最低限の基準を定めた法律です。建築物の安全を確保することにより、国民の生命、健康、財産を守り、公共の福祉を増進させることを目的としています。

①建築基準法の目的

　建築基準法第1条で「この法律は、建築物の敷地、構造、設備及び用途に関する最低の基準を定めて、国民の生命、健康及び財産の保護を図り、もって公共の福祉の増進に資することを目的とする。」と定めています。

　建築基準法では、建築物を建築する際の最低限の基準として、「単体規定」と「集団規定」を定めています。

　単体規定は、建築物の安全性や衛生の確保を目的としており、すべての建築物に適用されます。

　集団規定は、良好な市街地環境の確保を目的としており、都市計画区域および準都市計画区域の建築物に適用されます。

▼**単体規定と集団規定**

単体規定：建築物の安全・衛生を確保するための基準
・地震、台風、積雪などに対する建築物の安全性の基準 ・火災による延焼・倒壊の防止、避難施設の設置など火災時の安全性の基準 ・居室の採光・換気、給排水設備、衛生設備などの環境衛生の基準
集団規定：市街地の安全・環境を確保するための基準
・敷地が一定の幅員以上の道路に接することを求める基準 ・都市計画区域内の用途地域ごとに建築することができる建築物の基準 ・建築物の容積率・建ぺい率の制限、高さ制限、日影制限などの基準

5

販売・経営管理

②**建ぺい率**と**容積率**

1) **建ぺい率**

　建ぺい率とは、敷地面積に対する建築面積（建物を真上から水平投影した面積）の割合のことです。

> 建ぺい率 ＝ 建築面積 ÷ 敷地面積

（例）建築面積50㎡、敷地面積100㎡の建ぺい率：
　　　50÷100＝50％

　建ぺい率は、建物の敷地内に一定割合以上の空間を設けることで建物間の距離を確保して災害時の被害拡大を防ぎ、日照や通風を確保して快適な住空間を維持することを目的にしています。

2) **容積率**

　容積率とは、敷地面積に対する延床面積の割合のことです。延床面積は建物の各階の床面積の合計のことです。

> 容積率 ＝ 延床面積 ÷ 敷地面積

（例）1階床面積50㎡、2階床面積30㎡、敷地面積100㎡の容積率：
　　　（50＋30）÷ 100 ＝ 80％

容積率は、建物の密度に制限を設けることで、市街地の過密化を抑制し、市街地環境の総合的な環境を維持することを目的にしています。

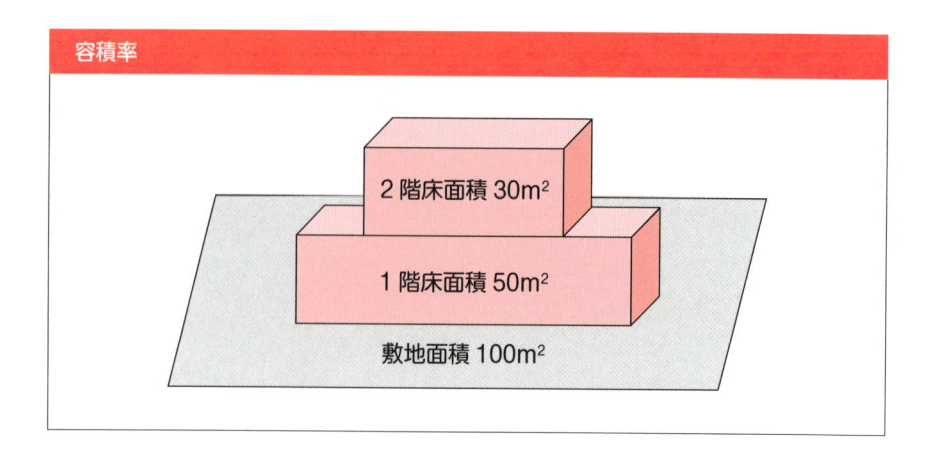

　　建築基準法では、良好な市街地環境を確保するため、用途地域別に**建ぺい率**と**容積率**の制限が定められています。

　　例えば、建ぺい率60％、容積率200％の制限がある地域で、100㎡の敷地に建物を建てる場合は、建築面積60㎡、延床面積200㎡までの広さの建物を建てることができます。

　　用途地域別の建ぺい率と容積率の制限は次のとおりです。

▼**建ぺい率と容積率の制限**

用途地域	建ぺい率	容積率
第一種低層住居専用地域	30,40,50,60％	50,60,80,100,150,200％
第二種低層住居専用地域	30,40,50,60％	50,60,80,100,150,200％
田園住居地域	30,40,50,60％	50,60,80,100,150,200％
第一種中高層住居専用地域	30,40,50,60％	100,150,200,300,400,500％
第二種中高層住居専用地域	30,40,50,60％	100,150,200,300,400,500％
第一種住居地域	50,60,80％	100,150,200,300,400,500％
第二種住居地域	50,60,80％	100,150,200,300,400,500％
準住居地域	50,60,80％	100,150,200,300,400,500％
近隣商業地域	60,80％	100,150,200,300,400,500％

（次ページに続く）

商業地域	80%	200,300,400,500,600,700,800,900,1000,1100,1200,1300%
準工業地域	50,60,80%	100,150,200,300,400,500%
工業地域	50,60%	100,150,200,300,400%
工業専用地域	30,40,50,60%	100,150,200,300,400%

5

販売・経営管理

③敷地と道路

　建築基準法では、原則として**幅員4m以上**ある道路法上の道路などを「道路」と定めています。幅員4m未満でも、都市計画区域などの指定時に、すでに存在して建物が並んでいる道路は、特定行政庁の指定により道路とみなす場合があります。建築基準法第42条2項に定められているため、2項道路と呼ばれます。

　都市計画区域および準都市計画区域では、原則として**幅員4m以上**の道路に**間口2m以上**接していなければ建築物を建てることができません。この道路と敷地に関する規制を**接道義務**といいます。

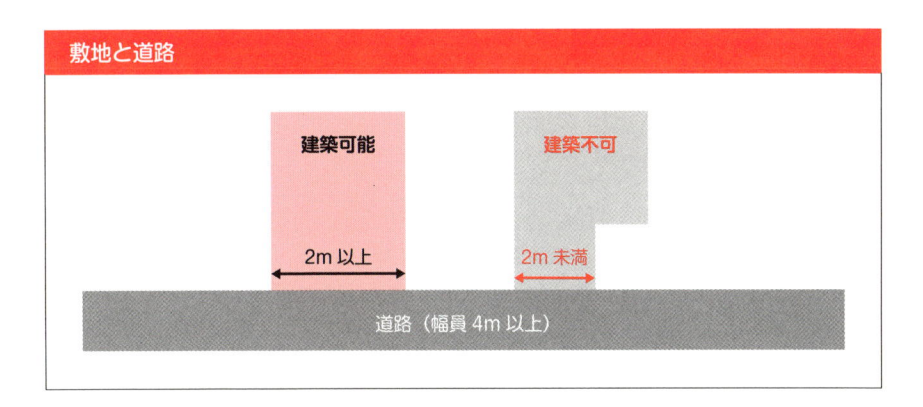

④用途制限

　用途地域は住居系、商業系、工業系の3つに大別できますが、それぞれの地域に適した用途の建築物を集中させ、不適切な用途の建築物を規制することで、地域の環境保護と利便性が向上、計画的な街づくりが促進されます。

▼建築物の用途制限（抜粋）

○建築できる用途　　□建築できない用途

建築物 ＼ 用途地域	第一種低層住居専用地域	第二種低層住居専用地域	田園住居地域	第一種中高層住居専用地域	第二種中高層住居専用地域	第一種住居地域	第二種住居地域	準住居地域	近隣商業地域	商業地域	準工業地域	工業地域	工業専用地域
兼用住宅で兼用店舗等の床面積が一定規模以下	○	○	○	○	○	○	○	○	○	○	○	○	
店舗等の床面積が150㎡以下		①	①	②	③	○	○	○	○	○	○	○	④
店舗等の床面積が150㎡超500㎡以下			⑤	②	③	○	○	○	○	○	○	○	④
店舗等の床面積が500㎡超1,500㎡以下					③	○	○	○	○	○	○	○	④
店舗等の床面積が1,500㎡超3,000㎡以下						○	○	○	○	○	○	○	④
店舗等の床面積が3,000㎡超10,000㎡以下									○	○	○	○	④
店舗等の床面積が10,000㎡超									○	○	○		

① 日用品販売店、食堂、喫茶店、サービス業用店などで2階以下

② ①に加え、物品販売店、飲食店、損保代理店、銀行支店などで2階以下

③ 2階以下

④ 物品販売店と飲食店を除く

⑤ 農産物直売所、農家レストランなど、2階以下

⑤高さ制限

　高さのある建築物が建築されると、彩光や通風が阻害され、周囲の環境を悪化させるおそれがあります。建築基準法では、良好な市街地環境を確保するため、前面道路の幅員や隣地との境界線などから建築物の高さに制限を設けています。

1) **絶対高さ制限**

　第1種低層住居専用地域・第2種低層住居専用地域・田園住居地域では、良好な住環境を保護するため、原則として、建築物の高さが**10mまたは12m以下**の何れかに制限されています。

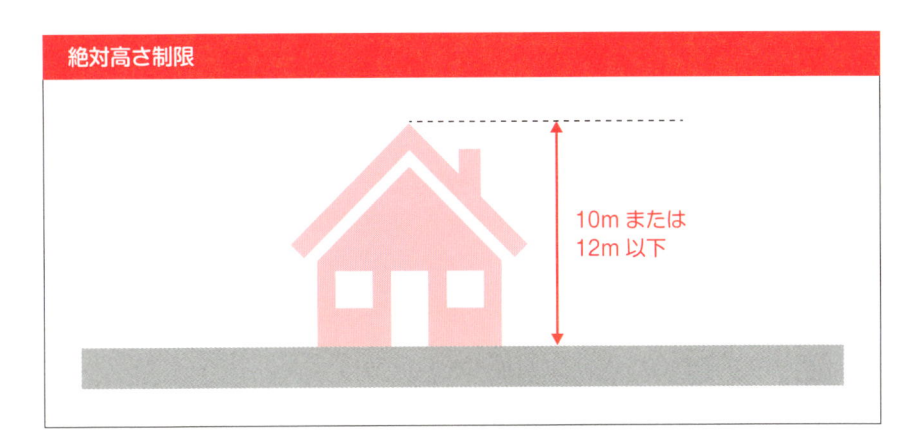

絶対高さ制限

10m または
12m 以下

2) **道路斜線制限**

　道路に面している建築物の高さと形態を制限して、周辺の環境を確保することを目的にしています。道路の明るさや環境を確保するため、道路から一定範囲内の建築物の高さを制限します。**道路斜線制限**は、都市計画地域および準都市計画区域のすべての用途地域で適用されます。

　建築物の各部分の高さが、前面道路の反対側の境界線から一定の勾配で引いた線（道路斜線）の範囲内に収めなければなりません。斜線勾配は、住居系の用途地域では1.25、商業系・工業系の用途地域では1.5と規定されています。

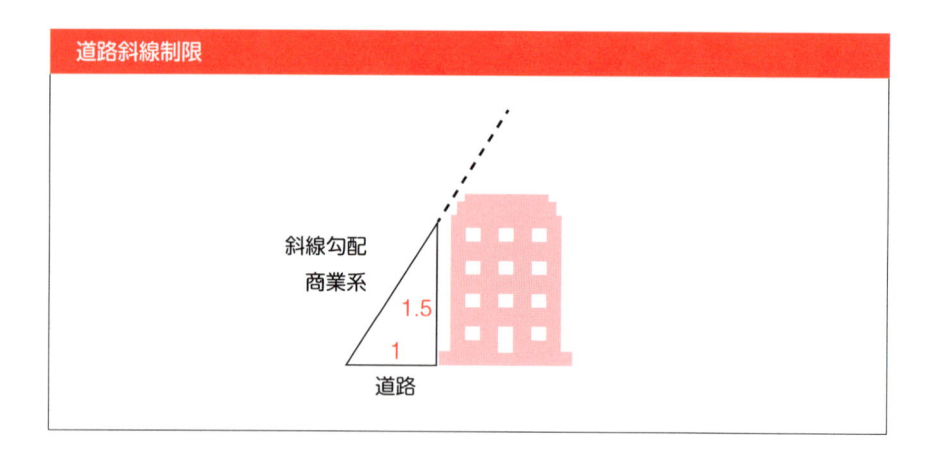

3) 隣地斜線制限

　隣接地の日照や通風を確保するため、隣地境界線から一定の高さを超えないように建築物の高さを制限します。**隣地斜線制限**は、絶対高さ制限のある第1種低層住居専用地域・第2種低層住居専用地域・田園住居地域を除く用途地域で適用されます。

　隣地斜線制限は、建築物の各部分の高さが隣地境界線から一定の高さと、その一定の高さからの一定の勾配（斜線勾配）の範囲内に収めなければなりません。一定の高さは、住居系の用途地域では20m、商業系・工業系の用途地域では31mと規定されています。斜線勾配は、住居系の用途地域では1.25、商業系・工業系の用途地域では2.5と規定されています。

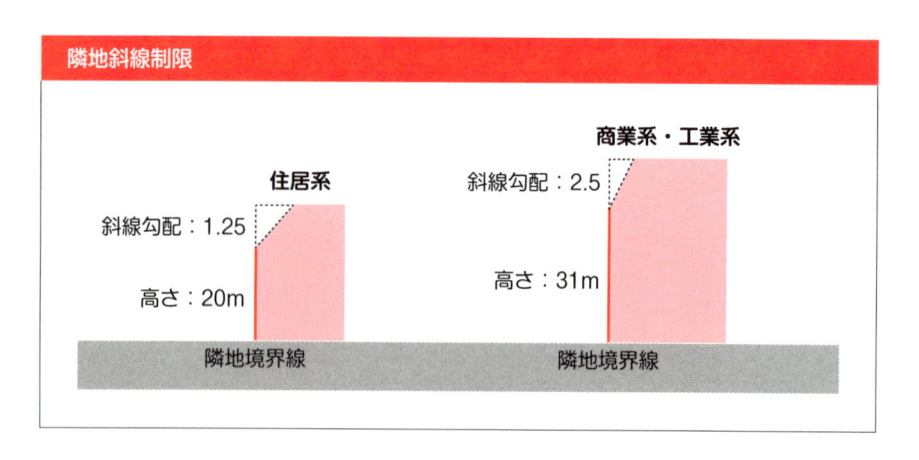

4)北側斜線制限

北側にある隣接地の日照や採光を確保するため、真北方向の隣地境界線あるいは真北方向の前面道路の反対側の境界線から一定の高さと、その一定の高さからの一定の勾配（斜線勾配）の範囲内に収めなければなりません。**北側斜線制限**は、第1種低層住居専用地域・第2種低層住居専用地域・田

園住居地域・第1種中高層住居専用地域・第2種中高層住居専用地域で適用されます。

一定の高さは、第1種低層住居専用地域・第2種低層住居専用地域・田園住居地域では5m、第1種中高層住居専用地域・第2種中高層住居専用地域では10mと規定されています。斜線勾配は1.25と規定されています。

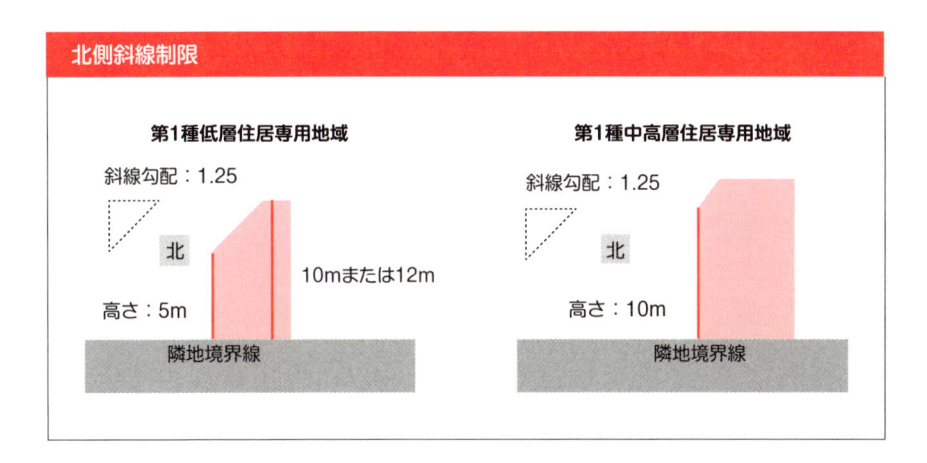

⑥広告塔・広告板・アーチその他の工作物

高さ4m超の独立した広告塔・広告板・アーチその他の工作物は建築基準法の規定が準用されます。

道路に広告塔・広告板・アーチその他の工作物を設置する場合には、道路使用に関する道路交通法や道路法の規制があります。

⑦建築確認申請

都市計画区域または準都市計画区域に建築物を建築する場合は、原則として建築物の規模にかかわらず、工事着手前にあらかじめ都道府県・市町村の建築主事か指定確認検査機関へ**建築確認申請**の手続きを行い、建築物が建築基準法や関連する条例に適合するかどうかの審査を受けなければなりません。

2 防火管理

　不特定多数の人が集まる商業施設は、火災・地震・豪雨などへの対策として、人的・物理的な防火・防災管理体制を確立する必要があります。

　都市計画法では、火災の発生や延焼を防止するために、防火地域・準防火地域を指定して、建築物の高さや用途、建築物の間隔などを規制しています。

　建築基準法では、建築物の構造、避難経路の確保、消火設備の設置などが定められています。

①防火に関する建築物の主な規制

1) 建築物の構造規制

　建築物の安全性を確保するために、建築物の構造に関する技術的基準が、建築基準法に定められています。

　次のような建築物は、構造計算により安全性を確認しなければなりません。

・高さ60m超の建築物
・高さ13m超または軒下9m超の木造建築物
・鉄骨造で地階を除く4階以上の建築物
・鉄筋コンクリート造または鉄筋鉄骨コンクリート造で高さ20m超の建築物

2) **防火地域**と**準防火地域**の建築制限

　防火地域は、市街地における火災の危険を防除するための地域として指定されます。建築物の防火上の規制が最も厳しい地域です。**防火地域**は、駅前繁華街や主要幹線道路沿いなどに指定されます。

　防火地域より規制は緩やかですが、**防火地域**の周辺に**準防火地域**が指定されます。

　防火地域および**準防火地域**では、火災から生命や財産を守るために、地域内の建築物には建築制限の基準が設けられています。

　防火地域内の**3階建以上**（**地階を含む**）**あるいは延床面積100㎡超**の建築物は、**耐火建築物**か延焼防止建築物にしなければなりません。**耐火建築物**とは、通常の火災時の火熱に対して、主要構造部が損傷しにくく、建物の倒壊と近隣への延焼を防止することができる性能の建築物です。それ以外の2階建以下（地階を含む）かつ延床面積100㎡以下の建築物は、**耐火建築物**・延焼防止建築物・**準耐火建築物**・準延焼防止建築物などにしなければなりません。

　準防火地域内の**4階建以上（地階を含む）あるいは延床面積1,500㎡超**の建築物は、**耐火建築物**・延焼防止建築物にしなければなりません。3階建（地階を含む）かつ延床面積500㎡以下、2階建以上（地階を含む）かつ延床面積500㎡超1,500㎡以下の建築物は、**耐火建築物**・延焼防止建築物・**準耐火建築物**・準延焼防止建築物などにしなければなりません。

▼防火地域・準防火地域内の建築制限

面積 / 階数	防火地域		準防火地域		
	100㎡以下	100㎡超	500㎡以下	500㎡超 1,500㎡以下	1,500㎡超
4階以上	耐火建築物相当		耐火建築物相当		
3階			準耐火建築物相当		
2階以下	準耐火建築物相当		防火構造等の建築物相当		

3）防火地域内の看板・広告塔

　防火地域内にある看板・広告塔などは、建築物の屋上に設置する場合や高さが3mを超える場合は、その主要部分を**不燃材料**としなければなりません。

4）建築物内部の防火区画

　火災が発生した場合、炎や煙を一定の範囲内にとどめることで、被害を最小限に収めるため、大規模な建築物には、建築物の内部に**防火区画**を設置することが義務づけられています。

5）大規模店舗の避難施設

　床面積の合計が1,500㎡を超える物品販売業の店舗では、建築基準法に定める避難施設の規制が通常の建築物より厳しくなっています。

・各階の売場から、避難階段または地上へ通じる直通階段を2つ以上設置しなければなりません。
・3階以上の階に売場を設ける場合は、各階の売場および屋上広場へ通じる直通階段を2つ以上設置しなければなりません。その直通階段は、避難階段または特別

避難階段としなければなりません。

・5階以上に売場を設ける場合は、直通階段の1つ以上を、15階以上に売場を設ける場合は直通階段のすべてを、特別避難階段としなければなりません。

・5階以上に売場を設ける場合は、避難用に利用できる屋上広場を設置しなければなりません。

6) 避難階段の設置

5階以上の階や地下2階以下の階に通じる直通階段は、建築基準法に定める避難階段または特別避難階段でなければなりません。

15階以上の階や地下3階以下の階に通じる直通階段は、建築基準法に定める特別避難階段でなければなりません。

7) 排煙設備の設置

火災が発生した場合、煙や有毒ガスを適切に屋外に排出する必要があります。不特定多数が利用する大規模な特殊建築物、階数が3以上で延床面積が500m²を超える建築物などには、排煙設備の設置が義務づけられています。

8) 建築設備

建築基準法では、建築物を規定するだけでなく、建築物と一体となった電気設備、ガス設備、給排水設備、空調設備、換気設備、消火設備、排煙設備、昇降設備、避雷設備などの建築設備についても規定しています。

利用者の安全を確保し、事故や故障を未然に防ぐために、エレベーターやエスカレーターなどの昇降設備の設置には確認申請を要します。

高さが20mを超える建築物には、雷撃による電流を建築物に被害なく安全に地中に流すため、避雷設備の設置が義務づけられています。

② **消防用設備等**

防火対象物とは、消防法における火災予防の対象となる建築物等のことです。

防火対象物は、建築物の用途や規模、収容人員に応じて**消防用設備等**の設置基準が定められられています。

不特定多数の人が出入りする百貨店や地下街は、特定防火対象物に指定され、**消防用設備等**の設置基準が厳しくなっています。

消防法では、消防用設備（**消火設備**・**警報設備**・**避難設備**）、消防用水、消火活動上必要な施設を**消防用設備等**と定めています。

▼消防用設備等

消防用設備	消火設備	消火器、簡易消火用具（水バケツ、水槽など） 屋内消火栓設備、スプリンクラー、泡消火設備
	警報設備	自動火災報知設備、ガス漏れ火災警報設備 非常警報設備（非常ベル、自動式サイレンなど）
	避難設備	避難器具（滑り台、避難はしごなど） 誘導灯、誘導標識
消防用水		防火水槽 貯水池
消火活動上 必要な施設		排煙設備、連結散水設備、連結送水管 非常コンセント設備、無線通信補助設備

③防火管理者

　百貨店や総合品ぞろえスーパーなど不特定多数の人が集まる用途（特定用途）の防火対象物を「特定用途の防火対象物」といいます。「特定用途の防火対象物」で防火対象物全体の収容人員が30人以上の場合は、有資格者の中から管理権原者が**防火管理者**を選任しなければなりません。

　管理権原者（消防法上の管理について権原を有する者）とは、防火対象物について正当な管理権を有し、当該防火対象物の管理行為を法律、契約または慣習上当然行うべき者をいいます。管理権原者は防火管理の最終責任者です。

　防火管理者は、防火管理業務の推進責任者として、防火管理に関する知識を持ち、管理的または監督的な地位にある者でなければなりません。**防火管理者**には、次のような役割と責務があります。

▼防火管理者の役割と責務

1) 消防計画の作成
2) 消防計画にもとづく消火・通報・避難の訓練の実施
3) 消防用設備等の点検・整備
4) 火気の使用または取扱いに関する監督
5) 避難または防火上必要な構造および設備の維持管理
6) 収容人員の管理
7) その他防火管理上必要な業務

5

販売・経営管理

④消防計画の作成

　防火管理者の行う業務のうち、特に重要なものは、防火管理に係る**消防計画**の作成・届出です。

　防火管理に係る**消防計画**とは、それぞれの防火対象物において、火災が発生しないように、また、万一火災が発生した場合に被害を最小限にするため、実態に合った計画をあらかじめ定め、職場内の全員に守らせて、実行させるものです。

　防火管理に係る消防計画に定める事項は、おおむね次のとおりです。

▼消防計画に定める事項

1）消防計画の適用範囲
2）管理権原者および防火管理者の業務と権限
3）管理権原の及ぶ範囲
4）収容人員の適正管理
5）防火・防災教育
6）火気の使用または取扱いの監督
7）火災予防上の自主検査・点検

3　バリアフリー法

　バリアフリー法の正式名称は「高齢者、障害者等の移動等の円滑化の促進に関する法律」です。**ハートビル法と交通バリアフリー法を統合・拡充**して2006年に**バリアフリー法**が制定されました。

　バリアフリー法では、多数の人が利用する建築物を**特定建築物**（例：劇場、ホテル、デパート、学校など）と定めています。不特定多数の人または主に高齢者・障害者が利用する特定建築物を**特別特定建築物**と定めています。

　床面積の合計が**2,000㎡以上**の**特別特定建築物**を建築（新築・増築・改築）、用途変更する場合には、建築物移動等円滑化基準（義務基準）に適合することが義務づけられています。

　車椅子利用者等がすれ違うのに十分な幅員を確保した廊下の設置、高齢者・障がい者などの利用に配慮したエレベーターやトイレの設置などを行う場合、建築物移動等円滑化基準（誘導基準）を満たす特定建築物は、建築（新築・増築・改築）、修繕、模様替にあたり、所管行政庁から**認定特定建築物**の認定を受けることができます。

　認定特定建築物は、シンボルマークを表示できるほか、容積率の緩和、税法上の特例措置、低金利融資、補助金などの支援が受けられます。

　2018年の**バリアフリー法**改正では、この法律にもとづく措置が「共生社会の実現」「社会的障壁の除去」に資することを旨として行われなければならないことが基本理念として明記され、すべての人が安全かつ快適に利用できる環境を整備することを目的としています。

5

販売・経営管理

- 都市計画法に定める用途地域のうち、住居系の地域は周辺環境を保全するため、店舗の建築が規制されています。住居系のそれぞれの用途地域の特徴と建築可能な店舗の床面積を理解しましょう。
- 都市計画法と消防法に関連する内容は、Theme7（土地）とTheme 8（建物）の2つのThemeで記載しているので、関連づけて学習してください。

商業設備などの法知識

店舗設備の取得法として、買取、リース、レンタルが利用されています。

●リース契約が成立する過程における、リース会社、メーカー、ユーザーの役割を理解しましょう。

●リースとレンタルの相違を問う問題が多く出題されています。

1　リース契約の特徴

①リースとレンタルの相違

1) リースは特定ユーザーとの長期的・専属的な使用契約ですが、レンタルは不特定多数のユーザーとの短期的・単発的な使用契約です。

2) リース契約は原則として中途解約が認められませんが、レンタル契約は原則として中途契約が認められます。

3) リース会社はリース物件を在庫として所有しませんが、レンタル会社はレンタル物件を在庫として所有しています。

4) リース物件の保守・修繕の費用はユーザーが通常負担しますが、レンタル物件の保守・修繕の費用はレンタル会社が負担します。

5) リース契約のユーザーは契約期間満了時に、物件の返却、再リース契約、物件の買取を選択することができます。

▼リースとレンタルの比較

	リース	レンタル
対象物件	ユーザーの希望する物件をリース会社が購入して賃借	レンタル会社の在庫から賃借
物件の所有権	**リース会社**	**レンタル会社**
契約期間	中長期間　2年〜10年	短期間　時間単位〜1年
中途解約	**原則不可**	**可能**
保守・修繕	**ユーザー**	**レンタル会社**
月額料金	レンタルより割安	リースより割高
契約期間満了後の物件の取扱い	リース会社へ返却 再リース ユーザーが買取	レンタル会社へ返却

5

販売・経営管理

②リース契約のメリットとデメリット

　POSレジ、什器・備品、OA機器の取得にリース契約が利用されていますが、「元金と利息の合計を分割してリース料で返済する」という金融取引に近い性格があるので、メリット・デメリットを検討して利用することが重要です。

▼リース契約のメリット・デメリット

メリット	・購入に比べ初期費用が少ない ・費用が平準化される ・リース料は損金計上できる ・最新の設備を利用できる
デメリット	・原則として中途解約ができない。中途解約の場合はリース料残額の支払義務がある ・リース料には金利等が含まれるため、購入に比べ支払総額が割高となる

2 リース契約の取引内容

①リース契約の種類

　リース契約には、大きく分けて**ファイナンスリース取引**と**オペレーティングリース取引**の2つがあります。

　ファイナンスリース取引は、**①中途解約不能**（ノンキャンセラブル）、**②リース物件の経済的利益と付随費用はユーザー負担**（フルペイアウト）の2つの条件を満たします。

2つの条件を満たさない場合はオペレーティングリース取引となります。レンタル契約はオペレーティングリース取引に含まれます。

　ファイナンスリース取引は、リース資産の所有権がユーザーに移転するかどうかで、所有権移転ファイナンスリース取引と所有権移転外ファイナンスリース取引に分類されます。

　ファイナンスリース取引は、実質的には分割払いで資産を購入することと同様になります。貸借対照表にリース資産を有形固定資産として計上して減価償却を行うとともに、リース料の総額を負債として計上します。

　ファイナンスリース取引では、通常、物件の保守・修繕はユーザーが負担しますが、保守・修繕の費用がリース料に含まれるメンテナンスリースという取引があります。メンテナンスリースは、リース料は高いものの、保守・修繕の業務が削減できます。

　税金を含めた付帯費用をユーザーが負担するネットリースという取引があります。ネットリースのリース料は通常より安くなります。

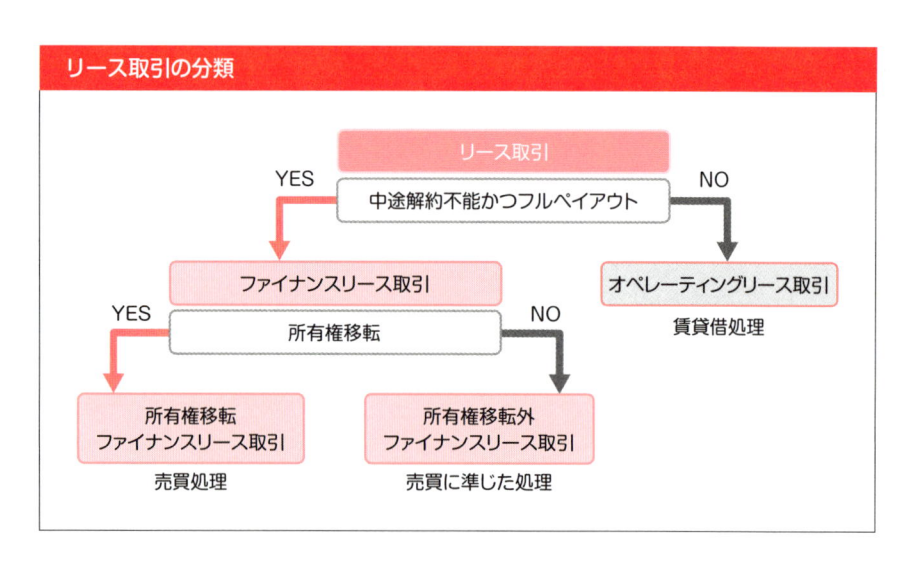

②リース契約の成立過程

リース契約の成立過程は次の順序になります。

1) ユーザーとメーカーで、リース対象物件を選定し、価格・納期を決定
2) ユーザーからリース会社へ、対象物件のリース申込
3) ユーザーとリース会社で、リース契約締結
4) リース会社とメーカーで、売買契約締結
5) メーカーがユーザーへ、対象物件を納入
6) ユーザーが対象物件を検収し、リース開始
7) リース会社からメーカーへ、代金支払

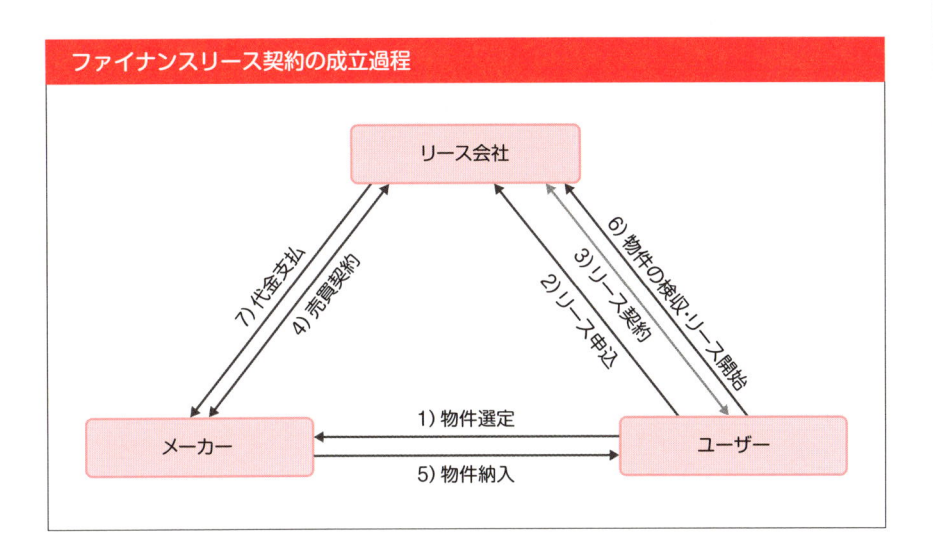

ファイナンスリース契約の成立過程

③リース契約上の注意点

　ユーザーが物件の借受証をリース会社に交付することは、メーカーから物件の引渡しを受けて検収が終了したことになり、リース料の支払債務が発生します。ユーザーは、物件の借受証を交付する前に、物件の品質・機能などを十分に確認する必要があります。

　物件に契約内容の不適合がある場合は、メーカーとリース会社へ通知しなければなりません。リース会社が契約不適合責任を負わない特約がある場合でも、メーカーには契約不適合の責任を追及できます。

かつて、コンピュータのソフトウェアはハードウェアの価格に含まれて供給されていましたが、最近では、ソフトウェアとハードウェアが別々のメーカーから供給されることが多くなっています。

ソフトウェアを利用するには、ソフトウェアのメーカー（使用権設定者）と使用許諾契約を締結して、使用権を得る方法があります。

ソフトウェアリース取引は、リース会社がメーカー（著作権者または販売会社など）とソフトウェア使用権設定契約を締結することでソフトウェアの使用権を取得し、その使用権をソフトウェアリース契約にもとづいてユーザーに再許諾する賃貸借取引です。

ソフトウェアリースのメリットは、ソフトウェア単体でリース契約を締結する場合、一般的に5年以上が適正リース期間となるので、一括での資金負担を避けることができます。自己資金や借入金を、ほかの経営資源へ投資することで、計画的・有効的に活用することが可能となります。

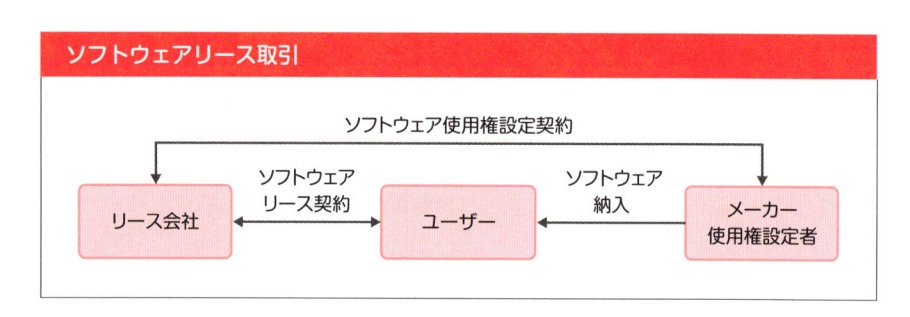

ソフトウェアリース取引

ソフトウェア使用権設定契約

リース会社 ← ソフトウェア リース契約 → ユーザー ← ソフトウェア 納入 ← メーカー 使用権設定者

重要度：★★☆　企業が存続していくためにはリスクマネジメントが必要です。

●小売業経営の目的である利益の確保は、損害発生リスクを排除すること、発生時にリスクを最小化することにより実現します。

●小売業の現場で発生リスクの高い損害への備え（個人情報保護対策、防犯対策など）について、組織としてどのように対応するかという出題が予想されます。

1 リスクマネジメント

①経営リスク

　経営リスクとは、企業がその業務を遂行する過程で直面する可能性のある不確実性や危険のことです。

　しかし、リスクを冒さなければ、リターンを得ることはできません。リスクとリターンの関係は、一般的にトレードオフの関係にあります。通常、リスクが高いほど期待されるリターンも高くなるという関係を示しています。企業経営においては、リスクを最小限に抑えて、適切なリターンを確保することが必要となります。

　経営リスクは、企業の業績や存続に悪影響を与える可能性があり、さまざまな形態で存在します。企業経営におけるリスクには、次表のようなものがあります。

▼企業経営におけるリスク

分類	内容
ヒトのリスク	労働災害、人材流出、メンタルヘルスなど
モノのリスク	原材料高騰、在庫管理、物流障害など
カネのリスク	資金繰り、為替変動、粉飾決算など
情報のリスク	情報漏洩、サイバー攻撃など
環境のリスク	自然災害、気候変動、住民運動など
法律のリスク	法令違反、訴訟リスク、知的財産権など

　企業があらゆる経営リスクを予測して、対策を講じていくことは非常に難しいことです。しかし、対策を講じていた場合と講じていない場合とでは、リスクが発生した場合の対応と復旧の早さは著しく異なります。

　ひとたび企業経営のリスクが発生すれば、企業の存続に重大な影響を与える危険があります。緊急事態が発生した場合に損害を最小限にとどめるため、あらかじめ**事業継続計画（BCP：Business Continuity Plan）**を定めておく必要があります。

　BCPとは、企業が自然災害、火災、感染症などの緊急事態に際して、事業の損害を最小限に抑え、中核事業の継続あるいは早期復旧を可能とするための具体的な手順と対策を事前に定めた計画のことです。

②リスクマネジメント

　リスクマネジメントとは、企業経営における潜在的なリスクを把握し、特定したリスクの影響を評価して、リスク評価にもとづき、リスクの影響を事前に回避したり、リスクが発生した際の影響を最小限に抑える、などの対策を講じる管理プロセスのことです。

　小売業は、商品と現金を取り扱い、顧客と接する商売である以上、ヒトやモノを安全に守るためリスクマネジメントは重要な課題です。

1）リスクマネジメント登場の背景

　リスクマネジメントが注目され始めたのは、企業トラブルが続発したことが発端となっています。

　実例をあげれば、BSE問題から発生した牛肉の不正表示事件、自動車メーカーのリコール隠し事件、不適切なクレーム対応……などにより、企業ブランドが失墜し業績が悪化した企業が多数あります。

2) リスクマネジメントの基本

　リスクマネジメントの基本は、経営トップがリスクマネジメントを理解することです。経営の目的であるリターンの確保は、リスク発生の危険性を最小限に抑えることにより実現されます。

　小売業経営におけるリスクマネジメントとして、個人情報保護、防犯対策、クレーム処理、万引対策などを講じる必要があります。

2　個人情報保護対策

　個人情報保護法の目的は、「個人情報の有用性に配慮しつつ、個人の権利利益を保護すること」（個人情報保護法第1条）です。

　個人情報を取得し取り扱う事業者に対して、さまざまな義務と対応が求められています。小売業者は、個人情報保護委員会や業界団体が策定するガイドラインを熟知して、個人情報を利用する必要があります。

①個人情報

　個人情報とは、生存する個人に関する情報で、特定の個人を識別できる情報のことです。個人情報の取扱いについては、個人情報保護法にもとづく規制や義務が課され、適切な管理を行わなければなりません。

　個人の人種、信条、社会的身分、病歴、犯罪歴などの情報で、不当な差別や不利益が生じないよう取扱いに特に配慮が必要な情報を**要配慮個人情報**といい、厳格な情報管理が必要となります。

②個人情報取扱事業者

　個人情報をデータベース化して事業活動に利用している者を**個人情報取扱事業者**といいます。**個人情報取扱事業者**は、法人に限定されず、営利・非営利を問わないため、個人事業主、NPO、自治会等も含まれます。

　個人情報取扱事業者が講じる個人情報保護法への主な対策は次の3つです。

1) 利用目的の公表

　個人情報を取得した場合、あらかじめ利用目的を公表している場合を除いて、速やかに本人に通知するか、公表することが義務化されています。

5

販売・経営管理

2) 開示要求への対応

　本人からの開示要求や苦情に対し、適切に対応しなければなりません。

3) 委託会社の監督

　ダイレクトメールの発送など、自社の保有する個人情報を第三者に委託する場合は、委託会社への監督責任が生じます。

③小売店における個人情報保護対策

　顧客名簿だけでなく、注文伝票の顧客の氏名・住所・電話番号の情報、各種申込書の控え、従業員緊急連絡網なども個人情報に該当します。

　個人情報が記載された帳票類は第三者の目に触れない場所に保管する、営業終了後には施錠された一定箇所に保管する、パソコンで管理する場合はアクセス制限を設ける、などの予防策を講じることが必要です。

▼個人情報保護対策チェックリスト(例)

	項目	チェック
①	個人情報一覧表を作成している	
②	個人情報保護対策の勉強会を実施している	
③	個人情報保護対策のマニュアルを作成している	
④	個人情報取扱責任者を設定している	
⑤	顧客台帳は施錠できる場所に保管している	
⑥	本人の請求に応じて、個人情報の開示、訂正、消去を行っている	
⑦	申込書などに個人情報の利用目的を具体的に明示している	
⑧	個人情報が漏洩した場合の対策を講じている	

3　防犯対策

　深夜早朝帯には、人通りが少なく、強盗などの被害が発生する可能性が高い。コンビニエンス業界では、ATMが設置され、被害を受ける危険性が高まっています。防犯カメラの増強、オンラインによる遠隔監視、警備会社への通報設備の設定など、防犯設備を強化しています。

　防犯設備を充実させるほか、万引対策、現金管理、情報セキュリティなどの対策を講じる必要があります。

開店直後や閉店間際は、従業員が、商品の補充、ディスプレイの準備などで忙しく、不審者に気づきにくく、現金がレジ周りに置かれた状態となっており、現金や商品が盗まれる危険性の高い時間帯となっています。現金を放置しないことや、店内の死角をなくすなどの防犯対策が必要です。

▼防犯対策チェックリスト（例）

	項目	チェック
①	店内ミーティングを定例的に行っている	
②	開店時、閉店時は複数名で対応している	
③	お客様へ声掛けしながら店内巡回を励行している	
④	レジ周りから店舗の出入り口を見渡せる	
⑤	店内の死角に防犯カメラ、防犯ミラーを設置している	
⑥	閉店時のチェックリストを作成している	
⑦	レジや店舗入口の鍵を所定箇所に保管している	
⑧	緊急連絡体制表を整備している	

5 販売・経営管理

4 クレームマネジメント

顧客が購入した商品・サービスが期待どおりでなかった場合にクレームは発生します。クレームが発生すると、従業員の時間的・精神的な負担が増加するだけでなく、顧客の流出にもつながり、経営に大きなダメージを与えます。

クレームの原因は、顧客の商品・サービスへの不満なので、クレーム情報を商品・サービスの向上に活用することで、顧客の信頼を獲得することができます。

顧客のクレームを、商品・サービスの改善に活用していくためには、クレーム対応のマネジメント体制を構築する必要があります。

①クレームの質の変化

顧客が、商品やサービスを選択するときの重要な判断基準として、安全・安心があります。小売業にとって、顧客へ安全・安心の商品・サービスを提供することが不可欠です。

従来のクレームは商品の品質に関するものが多くありましたが、今日では商品説明やアフターサービスなど人的サービスに関するクレームが増えています。

	従来	今日
ヒト (接客)	挨拶ができる	敬意をもって接客
モノ (商品)	品質のよさ	安全・安心
カネ (価格)	正確な売価表示	価値に見合う適正な売価
ハコ (店舗)	ワンストップショッピング	ショートタイムショッピング

②クレーム対応マネジメント

　小売業は、多数のクレーム事例を、自店の経営にどのように活用するかを検討することが重要です。クレーム対応のマネジメント体制を確立させるためには、「クレーム対応は顧客戦略の一環」という考え方を社内に浸透させ、日常のクレーム情報を収集・集約して、経営責任者に正確・迅速に伝達する社内システムを構築する必要があります。

　経営責任者がクレーム情報を把握することで、企業としてリスクマネジメントの対応が可能となります。

　クレーム対応のマネジメントは、次表のように「**収集・集約・活用**」の一連のプロセスにより取り組みます。

▼クレーム対応マネジメントのプロセス

第1段階	クレーム情報をどのように収集するか
第2段階	クレーム情報を誰に集約するか
第3段階	クレーム情報をどのように自店の経営に活用するか

　各店舗から収集・集約されたさまざまなクレーム情報を活用していくためには、本部と店舗が一体となったマネジメント体制を構築する必要があります。経営責任者にクレーム情報が集約できる体制を確立することが肝心です。

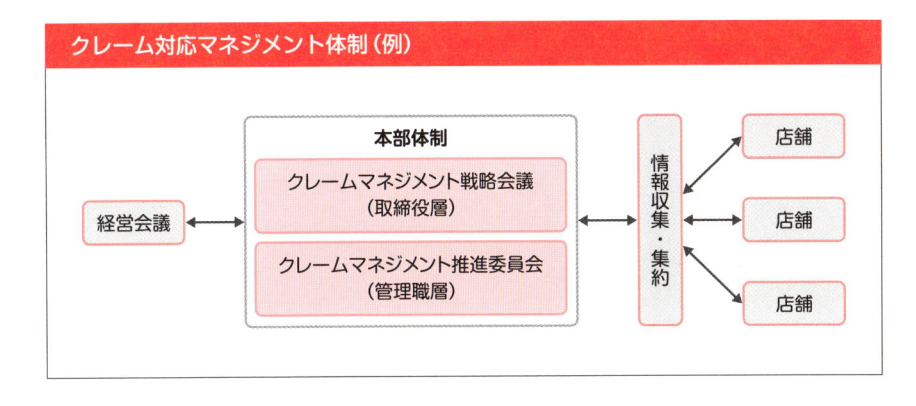

クレーム対応マネジメント体制（例）

③カスタマーハラスメント対策

　カスタマーハラスメントという言葉を耳にしますが、顧客と従業員の関係を利用した度を越した悪質のクレームが**カスタマーハラスメント**です。悪質なクレームは従業員に過度な精神的ストレスを与え、通常業務に支障を及ぼし、企業経営の大きなリスクとなります。顧客と対面する小売業は、悪質クレームに対して企業組織として毅然とした態度で対応する必要があります。

　カスタマーハラスメント対策の事前の準備と、実際に発生した場合の基本的な対応手順を従業員に周知する必要があります。

▼カスタマーハラスメント対策の基本的な取組み

カスタマーハラスメントを想定した事前の準備
①事業主の基本方針・基本姿勢の明確化、従業員への周知・啓発 ②従業員（被害者）のための相談窓口体制の整備 ③社内対応ルールの策定 ④従業員への社内対応ルールの教育・研修
カスタマーハラスメント発生時の対応
①事実関係の正確な確認 ②従業員（被害者）の安全確保と精神面への配慮 ③事案への対応 ④原因究明と再発防止の取組み

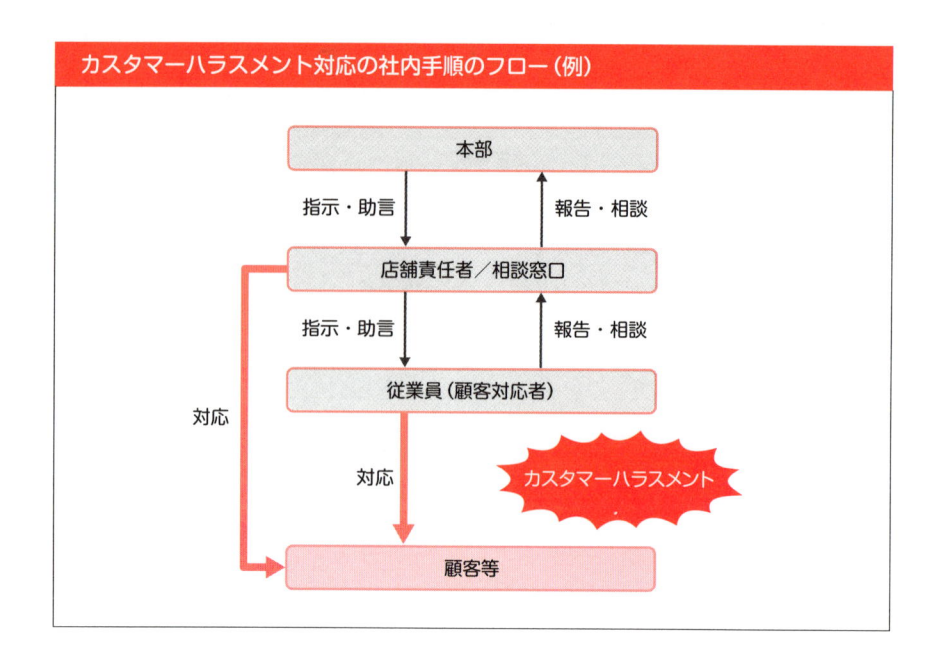

●**在庫管理を徹底することが万引対策の第一歩です。**

● 安価で即効性のある万引防止策がポイントです。

　警察白書によると、全国の警察が2023年に認知した窃盗事件は483,695件で、2003年以降減少傾向にありますが、刑法犯罪総数に対して7割近くを占めています。窃盗の被害は、被害に遭っても警察に届出していなかったり、被害に遭っていることに気がついていないケースが多く、実際の発生件数は、認知された件数の10倍以上にのぼるといわれています。

　万引や窃盗による商品ロスは、小売業の経営に与える影響が大きく、万引対策は経営上の重大な課題となっています。

　あまり費用をかけず、容易にできる万引防止対策として、接客方法の見直し、店内の死角をなくす、ディスプレイの見直し、防犯カメラの設置、などが考えられます。万引できない店づくりを行うことが重要です。

①万引ロスの被害額

　万引による商品の損失額を売上高で確保するためには、損失額の4倍以上の売上高が必要といわれています。

　医薬品や化粧品のような高額で小さな商品で、換金性の高いものは万引の被害に遭う確率が高いです。

　自店の棚卸減耗費「{1個当たり原価 ×（帳簿棚卸数量 － 実地棚卸数量）}」を正確に把握して、自店の万引に対する現状を認識することから万引対策を始めます。

　定期的に棚卸を実施して、商品の減耗を正しく把握することが重要です。

②人的アプローチ

挨拶は接客の基本ですが、相手の顔を見て丁寧な言葉遣いで挨拶することは、万引を抑止する効果があります。

従業員が店内を巡回することは万引犯への牽制[けんせい]になります。不審者を発見したときは、従業員間であらかじめ決めておいた合図や符丁を使って連携をとることが重要です。

警備員や保安員による巡回も万引防止への効果があります。

③死角をなくす

死角とは、従業員から見えないまたは見えにくい場所のことで、万引が発生しやすい場所です。一般的に、レジカウンターから対角線上の奥の場所が最も死角になります。店内から死角を完全になくすのは難しいとしても、死角を減らすことが最も重要な万引対策となります。

1) コーナーミラーの設置

死角にコーナーミラーを設置することで、対角線上の見通しがよくなります。従業員がコーナーミラーを見て死角をチェックすることで、店内全体に目が届き、サービス向上にもつながります。

2) 死角を従業員動線にする

従業員が倉庫や休憩に向かう際は、主要通路ではなく、死角を通るように従業員動線を設定する。商品の位置や数量を確認することができます。

④商品ディスプレイの見直し

棚や平台に商品が乱雑に放置されていると、商品ロスが発見できません。商品の整理整頓、クリンネスの励行、明るい照明なども万引対策への効果があります。

「高額の小型商品はレジ周りで従業員が監視できる位置に陳列する」「売れ筋商品はサンプル陳列にしてレジカウンター内に保管する」など、万引されにくいディスプレイにすることも必要です。

⑤防犯機器の導入

防犯カメラ、防犯ミラー、防犯ゲートや防犯センサーといった防犯設備があります。防犯カメラは比較的安価で設置でき、万引防止に効果を発揮します。「防犯カメラ監視中」と掲示することで万引の抑止力になります。

　防犯カメラは、次のような位置に取り付けると、抑止力が高まります。

高額小型商品：常駐監視中の牽制機能が働く

死角付近　　：万引が発生しそうな場所の手元が見えるように設置

出入口　　　：万引犯の姿を映す

レジ周り　　：強盗や社内不正防止

⑥その他の防犯対策

　「万引は犯罪です」「万引は警察に通報します」「警備員巡回中」「防犯カメラ監視中」などのポスターを店内に掲示して、万引対策を厳しく行っていることをアピールすることも、万引対策として効果があります。

● 万引を防止するためには、従業員の声掛けや店内巡回、従業員同士のコミュニケーション強化による人的アプローチと、防犯カメラ、防犯センサーなどの防犯設備を組み合わせることで、効果がより強化されます。

トレーサビリティ システムと電子タグ

商品の生産・流通のプロセスを管理するため電子タグが導入されて います。

●トレーサビリティは生産者から消費者まで、多くの人に有益な仕組みです。

●RFIDタグに関する問題は毎回出題されています。

1　トレーサビリティ

　集団食中毒、食品表示偽装、BSE発生など、食品の安全に関する問題が多発して いることから、消費者は「食の安全」に非常に敏感になっています。

　小売業やメーカーは、食品の生産から流通・販売までの履歴情報を収集し開示す ることで、消費者からの信頼を回復することが必要です。

　トレーサビリティとは、食品の生産および流通過程の履歴を追跡し管理すること です。農林水産省のガイドラインでは「生産・処理・加工・流通・販売のフードチェー ンの各段階で、食品とその情報を追跡し、遡及できること」と定義されています。

　トレーサビリティは、商品がいつ、どこで、誰によって作られたかを明らかにし、 原材料の調達から生産、販売、消費、廃棄までを追跡可能な状態にします。

　商品の品質向上だけでなく、安全意識の高まりから、**トレーサビリティ**の重要性 は増しています。

　トレーサビリティには、商品の流通履歴を時系列的にさかのぼって記録をたどっ ていくトレースバックと、時間経過に沿って記録をたどっていくトレースフォワード があります。対象商品に興味を持った消費者が生産履歴を調べるには、トレースバッ クを用います。対象商品に問題が発見されたときに、対象商品を購入した顧客から ピンポイントで商品を回収するためには、トレースフォワードを用います。

2　トレーサビリティの有効性

①流通業界での活用

　トレーサビリティを食品流通に導入すれば、すべての食品の原材料を追跡できるようになります。例えば、ベビーフードには多数の原材料が使われていますが、「どんな原材料を、どのように使用し、どこの工場で製造されたか」を消費者や小売業者などが把握するのは困難なことです。**トレーサビリティ**が確立できれば、原材料一つひとつの履歴が追跡できます。消費者に安心感を与えるだけでなく、アレルギーを持つ人の食品選択の利便性も高まります。

　トレーサビリティは消費者だけでなく、生産者や小売業者にもメリットがあります。輸入ほうれん草の農薬残留問題で、国内産のほうれん草が売れなくなった風評被害があります。**トレーサビリティ**が確立されれば、産地が特定でき生産者が受ける影響も軽減されるので、生産者を守る側面もあります。消費期限・賞味期限を管理する小売業者は、業務効率が向上します。消費者は、食の安全・安心の情報を、自分の必要なときに容易に取得できるようになります。

②コンビニエンスストアでの活用

　コンビニエンスストアは、売上不振店の閉店と新規出店の激しい業界です。

　新規出店のコストを抑えるため、閉店した店舗の冷蔵庫、陳列棚、ショーケースなどの什器、備品、設備をプロダクトライフサイクル管理にもとづいて有効に活用しています。すべての什器、備品、設備に電子タグを取り付けて、耐用年数、リース期間やプロダクトライフサイクルにもとづいて履歴情報を追跡・管理しています。閉店や新規出店の際に、新規に調達することなく、既存の什器、備品、設備を有効活用することで、経費の削減と廃棄物減少に努めています。

　経済産業省は、コンビニエンスストアチェーン大手5社と協力して、2025年までに大手5社のすべての取扱商品（推計1,000億個/年）に電子タグを取り付ける「コンビニ電子タグ1,000億枚宣言」を2017年4月に策定しました。

　バーコードのように、ほぼすべての商品に電子タグを取り付けることができれば、電子タグの情報を読み取ることで、「どの商品が、いつ、どこで、誰によって、どのくらい流通しているか」を容易に把握できるようになります。

　電子タグを活用することで、コンビニエンスストア業界は、受発注、検品、棚卸の高速化、万引防止対策、消費期限管理の効率化による食品ロス削減など、さまざまな効果が期待できます。

3 RFIDタグ

トレーサビリティを実現するための手段として、電子タグがさまざまな業種で導入されるようになりました。食品をはじめ、医薬品や自動車などの幅広い業種で導入されています。食品に取り付けた場合は、生産段階から消費段階までの履歴を追跡することができます。例えば、農作物の場合には、生産者の名前、衛生管理、輸送経路、店舗納品日などの履歴を追跡できます。

RFIDタグは、電波を利用して、電子媒体に内蔵されたデータを、非接触で読み書きできる電子タグのことです。カード型、シール型、コイン型などのさまざまな形状があります。**RFIDタグ**は、非接触性で方向性を持たないため、一括で複数のタグの情報を読み取ることができ、作業の効率化が図れます。バーコードやQRコードに比べ大量のデータの読み書きが可能です。**RFIDタグ**の利用により、倉庫や店舗での在庫管理の迅速化、商品の流通履歴の追跡の簡便化、防犯ゲート設置による万引防止、消費期限管理の効率化による食品ロス削減、無人レジや無人店舗の導入による省人化……など多くの業務が効率化できます。

バーコードと比較した**RFIDタグ**の特徴は次のとおりです。

▼RFIDタグとバーコードの比較

RFID	バーコード
・数mから数十mの長距離通信が可能 ・複数の電子タグの一括読み取りが可能 ・遮蔽物等で電子タグが見えなくても読み取りが可能 ・IDを書き込むことで商品を1単位ずつ識別することが可能 ・種類により電子データの書き換えが可能	・近距離に近づいての読み取りが必要 ・一つひとつ読み込むことが必要 ・バーコードが隠れたり汚れたりすると読み取れない ・同じ商品を1単位ずつ識別することは困難 ・バーコード書き換えは再度印刷が必要

4 トレーサビリティ普及の取組み

トレーサビリティは、業務の効率化だけでなく、新たな付加価値を創造することが可能です。**トレーサビリティ**の普及を促進していくためには、次のような取組みが必要となります。

①システム間の相互接続・相互運用を実現化するための標準化
②情報セキュリティ管理の強化、信頼性の確保
③大量データ処理の対応能力とコスト削減

● DXは単なるデジタル化でなく、デジタル技術を活用してビジネスを変革していく取組みのことです。

● DXに関する出題は、本Themeに限らず他のThemeからも出題されています。

1 DXの定義

　経済産業省は、デジタルトランスフォーメーション（DX）をDX推進ガイドラインにおいて「企業がビジネス環境の激しい変化に対応し、データとデジタル技術を活用して、顧客や社会のニーズをもとに、製品やサービス、ビジネスモデルを変革するとともに、業務そのものや、組織、プロセス、企業文化・風土を変革し、競争上の優位を確立すること」と定義しています。

　DXの目的は、デジタル技術を活用して、単に技術を導入するだけでなく、企業の全体的な**ビジネスモデルや組織文化を変革**することです。

　経済産業省が2018年9月に発表したDXレポートによると、「IT人材の不足」と「古い基幹システム」の2つが障害となり、2025年から2030年の間で、年間最大で12兆円の経済損失が発生する可能性があると予測しています。一方、DXが推進できれば、2030年の実質GDPは130兆円の増加が期待できると予測しています。

2　DX推進の取組み

　企業がDX導入に取り組む主なメリットは、次のとおりです。

1) 業務効率の向上
2) 顧客サービスの向上
3) 新規ビジネスの創出
4) コスト削減の推進
5) 働き方改革の推進

　DX化を本格的に推進していくうえで、既存の基幹システムが老朽化・複雑化・ブラックボックス化していては、ビッグデータを活用できず、新しいデジタル技術を導入しても、データの活用・連携が限定的になるため、その効果も限定的になってしまいます。

　DXを推進するためには、「新たなデジタル技術を導入して、どのようにビジネスを変革していくのか」という経営戦略が不可欠です。明確な経営ビジョンがないまま、経営層から「AIを活用して何かできないか?」などの曖昧な指示のもと、デジタルの導入だけで終わっているケースが多いのです。

　DXを実現するためには、ビジネスをどのように変革していくかという経営戦略、経営者の強いコミットメント、企業組織内のDX体制構築などが必要です。

3　小売業のDX推進

　小売業の強みは、リアル店舗で顧客との接点があることです。その一方、少子高齢化で商圏は縮小されています。

　デジタルを活用することで、商圏の物理的制約を解消することができます。ネット商圏を拡大することで、リアル店舗に来店しない顧客に対して商品・サービスの提供が可能となります。オンラインとオフラインを融合することで、顧客の付加価値を高めるビジネスモデルを創出することができます。

　顧客の立場では、セルフレジの導入やキャッシュレス決済などの利便性の高いサービスが提供されています。

　従業員の立場では、DX化により、情報収集、受発注や在庫管理の業務が軽減され、現場第一線の働き方改革が推進されます。

　DX推進は経営戦略の一環であることから、今日の経営者は、最新のIT技術情報を収集し、IT技術を活用していくITリテラシーが重要です。現場任せにせず、経営者自らが常に最新のデジタル技術情報に積極的に触れていくことが大切です。デジタル技術の進化に取り残されると、ビジネス成長の機会を失いかねません。

　DXを実現するためには、経営者が経営戦略を明確にすることが重要です。

5

販売・経営管理

- 商品開発、販売管理、在庫管理、発注業務、接客、教育研修、労務管理など、小売業のあらゆる局面でDX化が進んでいます。
- 小売業のDX化が進むと、業務が効率化されるだけではなく、顧客満足度が向上することで、企業の経営基盤の安定化にもつながります。

問題を解いてみよう

問1 次の文中の〔　〕の部分に、下記に示すア～オのそれぞれの語群から最適なものを選びなさい。

人事考課の評価方法のうち、絶対評価および相対評価の手法には次のようなものがある。

・成績、態度、能力、性格に関して具体的な多くの評語（短文）を任意に並べ、該当するものを選ぶ方式を〔　ア　〕という。
・評語群を合わせたセットを多数用意して、その中から必ず特定のセットを選ぶ方式を〔　イ　〕という。
・要素ごとに成績に従って評価対象者全員を序列化して、順位を決める方式を〔　ウ　〕という。
・評価対象者を2人（または数人）ずつに組分けして、組ごとに誰が優れているかを比較していき、これを順次繰り返して全体の能力順位を決める方式を〔　エ　〕という。
・要素ごとに標準的人物を選定しておき、この人物を標準にして各人の評価を行う方式を〔　オ　〕という。

【語群】
ア　1．プロブスト法　　2．強制択一法
　　3．評語評価法　　　4．段階択一法
イ　1．プロブスト法　　2．強制択一法
　　3．評語評価法　　　4．段階択一法
ウ　1．相対比較法　　　2．人物比較法
　　3．分布制限法　　　4．成績順位法
エ　1．相対比較法　　　2．人物比較法
　　3．分布制限法　　　4．成績順位法
オ　1．相対比較法　　　2．人物比較法
　　3．分布制限法　　　4．成績順位法

問2　次の文中の〔　　〕の部分に、下記に示すア～オのそれぞれの語群から最適なものを選びなさい。

・フリーキャッシュフローは、一般に営業キャッシュフローから、現状の事業を維持するための現金支出および〔　ア　〕を差し引いた残額を意味する。

・キャッシュフロー版インタレスト・カバレッジ・レシオは、営業キャッシュフローに支払利息額と〔　イ　〕を加えたものを支払利息額で割って算出する。

・1株当たり営業キャッシュフローは、営業キャッシュフローを〔　ウ　〕で割って算出する。

・株価キャッシュフロー倍率は、〔　エ　〕を1株当たりキャッシュフローで割って算出する。ここでのキャッシュフローは、便宜的に当期純利益に〔　オ　〕を加算した値などが使われることが一般的である。

【語群】

ア　1. 配当金支払額　2. 税金　3. 減価償却費　4. 支払利息
イ　1. 配当金支払額　2. 税金　3. 減価償却費　4. 支払利息
ウ　1. キャッシュインフロー　　2. 株価
　　3. 発行済株式数　　　　　　4. キャッシュアウトフロー
エ　1. キャッシュインフロー　　2. 株価
　　3. 発行済株式数　　　　　　4. キャッシュアウトフロー
オ　1. 配当金支払額　2. 税金　3. 減価償却費　4. 支払利息

5

販売・経営管理

問3　次のア～オについて、正しいものには1、誤っているものには2を記入しなさい。

ア　都市計画区域における市街化調整区域とは、市街化を促進する地域である。

イ　第二種低層住居専用地域は、低層住宅の良好な住環境保護のための地域で、床面積の合計が150㎡以内の一定の店舗は建築できる。

ウ　建ぺい率は建築面積を敷地面積で割って算出し、容積率は延床面積を敷地面積で割って算出する。

エ　高さが 20m を超える建築物には、原則として避雷設備を設置しなければならない。

オ　バリアフリー法にもとづく認定特定建築物に認定されると、シンボルマークを表示できるほか、容積率の特例、税制上の特例措置、低金利融資、補助制度の支援措置が受けられる。

問 4　次のア～オについて、正しいものには 1、誤っているものには 2 を記入しなさい。

ア　リースは、特定のユーザーとの長期的かつ専属的な使用契約である。レンタルは、不特定多数の使用者との短期的かつ単発的な使用契約である。

イ　レンタル契約は、通常、中途解約が認められないが、リース契約は、通常、中途解約が認められる。

ウ　リース会社は、リース物件を在庫として所有しないが、レンタル会社はレンタル物件の在庫を所有している。

エ　リース物件もレンタル物件も、保守・修理などの費用は、通常、ユーザー負担となる。

オ　リース契約のユーザーは、契約期間満了時に、低率のリース料で再リース契約を締結したり、リース物件を低額で買い取ることができる。

問5　次のア～オについて、正しいものには 1、誤っているものには 2 を記入しなさい。

　ア　RFID タグは、非接触で情報の読み取りが可能であり、段ボール箱やケースに商品が格納されていても読み取ることができる。

　イ　複数の RFID タグに同時にアクセスして、タグの情報を一括して読み取ることができる。

　ウ　小売店が自店で、商品に RFID タグを取り付けることを、ソースタギングという。

　エ　アクティブタブは、リーダのアンテナから電波を受信することで電力が供給され、電波を発信する。

　オ　RFID タグには、情報の書き込みが可能なので、トレーサビリティに応用できる技術である。

5

販売・経営管理

Answer　答え合わせ

問1　正解：アー1　　イー2　　ウー4　　エー1　　オー2

解説

・人事考課の絶対評価手法で、成績、態度、能力、性格に関して具体的な多くの評語（短文）を任意に並べ、該当するものを選ぶ方式はプロブスト法です。

・人事考課の絶対評価手法で、評語群を合わせたセットを多数用意して、その中から必ず特定のセットを選ぶ方式は、強制択一法です。

・人事考課の相対評価手法で、要素ごとに成績に従って評価対象者全員を序列化して、順位を決める方式は成績順位法です。

・人事考課の相対評価手法で、評価対象者を 2 人（または数人）ずつに組分けして、組ごとに誰が優れているかを比較していき、これを順次繰り返して全体の能力順位を決める方式は、相対比較法です。

・人事考課の相対評価手法で、要素ごとに標準的人物を選定しておき、この人物を標準にして各人の評価を行う方式は、人物比較法です。

解説

・フリーキャッシュフローは、一般に営業キャッシュフローから、現状の事業を維持するための現金支出および配当金支払額を差し引いた残額を意味します。

・キャッシュフロー版インタレスト・カバレッジ・レシオは、営業キャッシュフローに支払利息額と税金を加えたものを支払利息額で割って算出します。

・1株当たり営業キャッシュフローは、営業キャッシュフローを発行済株式数で割って算出します。

・株価キャッシュフロー倍率は、株価を1株当たりキャッシュフローで割って算出します。ここでのキャッシュフローは、便宜的に当期純利益に減価償却費を加算した値などが使われることが一般的です。

解説

ア 都市計画区域における市街化調整区域とは、市街化を抑制する地域です。

イ 第二種低層住居専用地域は、床面積の合計が150㎡以内の一定の店舗を建築できます。

ウ 建ぺい率は建築面積を敷地面積で割って算出し、容積率は延床面積を敷地面積で割って算出します。

エ 高さが20mを超える建築物には、原則として避雷設備を設置しなければなりません。

オ バリアフリー法にもとづく認定特定建築物に認定されると、シンボルマークを表示できるほか、容積率の特例、税制上の特例措置、低金利融資、補助制度の支援措置が受けられます。

解説

ア リースは、特定のユーザーとの長期的かつ専属的な使用契約です。レンタルは、不特定多数の使用者との短期的かつ単発的な使用契約です。

イ リース契約は、通常、中途解約が認められませんが、レンタル契約は、通常、中途解約が認められます。

ウ リース会社は、リース物件を在庫として所有しませんが、レンタル会社はレンタル物件の在庫を所有しています。

エ　リース物件の保守・修理などの費用は、通常、ユーザー負担となりますが、レンタル物件の保守・修理などの費用は、通常、レンタル会社の負担となります。

オ　リース契約のユーザーは、契約期間満了時に、低率のリース料で再リース契約を締結したり、リース物件を低額で買い取ることができます。

問5　正解：アー1　　イー1　　ウー2　　エー2　　オー1

5
販売・経営管理

解説

ア　RFID タグは、非接触で情報の読み取りが可能で、段ボール箱やケースに商品が格納されていても読み取ることができます。

イ　複数の RFID タグに同時にアクセスして、タグの情報を一括して読み取ることができます。

ウ　メーカーなどが商品の製造や梱包または物流段階で、商品に RFID タグを取り付けることを、ソースタギングといいます。

エ　パッシングタブは、リーダのアンテナから電波を受信することで電力が供給され、電波を発信します。アクティブタグは電源を内蔵しています。

オ　RFID タグは、情報の書き込みが可能なので、トレーサビリティに応用できる技術です。

MEMO

模擬問題・1回目

（制限時間 90 分）

全100問
合格点及び問題に対する配点
(1) 配点は1問、1点で、合格は70点以上です。
(2) 四肢択一問題が50問、正誤問題が50問になります。

問題を解いてみよう

①小売業の類型

1. 次の各問の【　】の部分にあてはまる答えとして、最も適当なものを選択肢から選びなさい。

問1 中心市街地活性化法が2006年8月に改正され、街づくり全体を総合的・一体的に推進するため中心市街地ごとに【　】を組織することとなった。

1. TMO
2. まちづくり会社
3. 中心市街地活性化協議会
4. 中心市街地整備推進機構

問2 日本の小売業の国際化が進展したプル（海外）要因には、人口増加、経済成長の拡大、インフラ整備の進展、【　】、優遇税制などがある。

1. 小売市場の成熟化
2. 出店規制の強化
3. 競争の激化
4. 関税・資本の自由化

問3 フランチャイズ事業は、それぞれの事業者が独立して運営を行うが、本部と加盟店との【　】でもある。

1. 社会共同体
2. 経営理念共同体
3. 共同出資体
4. 協同組合

問4 専門店業界で追求する【　】は、顧客1人当たりの粗利益額から、1人当たりの販売諸経費を引き、それに生涯の来店回数を掛けて算出する。

1. CRM
2. LTV
3. SKU
4. SPC

問5 ペリシャブルとは、スーパーマーケットの【　】部門の商品を意味する用語である。

1. 生鮮食品　　2. 惣菜　　3. 非食品　　4. 特売品

Q

模擬問題

問6 近隣型市場の便利志向型ドラッグストアでは、【　】販売に適したアソートメントが必要である。

1. 少品種少量　　2. 多品種少量　　3. 多品種大量　　4. 少品種大量

問7 CVSシステムが創出する、購買リードタイムと使用リードタイムの短縮を目的に、商品を品ぞろえしておき、顧客が必要とする商品をすぐに購入できることは【　】の効用である。

1. 時間　　2. 場所　　3. 品ぞろえ　　4. 消費即時性

問8 チェーンストアでは、【　】組織を採用していることが多い。店長が商品カテゴリーを単位として店舗ごとに損益を管理し、本部のバイヤーは部門ごとに損益を管理する。

1. 機能別　　2. 事業部制　　3. カンパニー型　　4. マトリックス型

問9 平成28年商店街インバウンド実態調査によると、商店街のインバウンド事業への具体的な取組みで最も多いのは【　】の設置である。

1. Wi-Fi　　2. 免税カウンター　　3. 外貨両替機　　4. 観光案内所

問10 ショッピングセンター（SC）の一般的なリニューアル手順では、SCのポジショニングと【　】を見直してから、テナントミックス計画や店舗運営計画を策定する。

1. コンセプト　　2. デザイン　　3. リーシング　　4. レイアウト

2. 次の各問の【　　】の部分にあてはまる答えとして、最も適当な語句・短文を記入しなさい。

問1 改正都市計画法では、延床面積【　　】㎡超の大規模集客施設を立地できる用途地域を、原則として商業地域・近隣商業地域・準工業地域に限定した。

問2 中心の市街地を核として、一体の都市として総合的に整備、開発、保全をする必要のある区域を【　　】という。

問3 容器包装リサイクル法では、消費者は分別排出、市町村は分別収集、事業者は【　　】を行うことがそれぞれの役割となっている。

問4 フランチャイズ業界のロイヤリティ算出方法のうち【　　】方式は、フランチャイジーの最低限の利益を保証しようという考え方で、コンビニエンスストア業界の大手チェーンが採用している。

問5 百貨店業界の抱える構造的な高コスト・低収益の主な要因は、業界特有の【　　】制度や派遣社員制度に依存した取引制度にあるといえる。

問6 スーパーストアは、スーパーマーケットの売場面積を拡大して、そこへ日常生活に必要な【　　】をプラスして、同時購買させようとする大型の店舗形態である。

問7 ホームセンターにおける住居関連需要で、生活全般にかかわる家具や住居設備などをトータルコーディネートして取り付けることを【　　】という。

問8 チェーンストア理論は、「店舗の画一化」「品ぞろえの統一化」「オペレーションの【　　】」の原則に従い、多数の店舗を連鎖化して、本部が一元管理することで効率的な運営を実践するための理論である。

問 9 令和 3 年度商店街実態調査報告書によると、商店街が抱える最も大きな問題は、経営者の高齢化による【　　】問題である。

問 10 2025 年 1 月 1 日改定の日本ショッピングセンター協会「SC 取扱い基準」によると、SC における小売業の店舗面積は、【　　】㎡ 以上となった。

②マーチャンダイジング

1. 次の各問の【　　】の部分にあてはまる答えとして、最も適当なものを選択肢から選びなさい。

問 1 カテゴリーマネジメントとは、顧客ニーズに合わせた特定のカテゴリーを【　　】として、カテゴリー単位で統合するビジネスプロセスである。

1. SKU　　2. SBU　　3. EDI　　4. EOS

問 2 商品構成の手順は、【　　】をブレークダウンして商品を体系化⇒分類した商品を品目や単品レベルに落とし込み、商品マスターを作成⇒棚割表の作成、となる。

1. ブランドイメージ　　2. ストアコンセプト
3. アソートメント　　　4. 企業戦略

問 3 売上高は、総商圏人口に商圏カバー率を掛けた【　　】、集客率（来店率）、購買率、顧客 1 人当たりの平均購買単価、1 点当たり平均販売単価から計算される。

1. 購買客数　　2. 来店客数　　3. 見込客数　　4. 店舗商圏客数

問 4 季節指数の求め方について、実績値の中から、最も標準とみられる年度を選んで季節指数を求める方法を【 　 】という。

1. 特定年基準法　　2. 月別平均法
3. 連環比率法　　4. 単純平均法

問 5 一定期間に達成すべき目標利益は、売上高利益率と資本回転率の積である【 　 】を設定基準とすることが望ましい。

1. 資本利益率　　2. 固定比率
3. 資本回転期間　4. 損益分岐点比率

問 6 粗利益貢献度は、商品別に求めた【 　 】に、全体の商品の純売上高に占めるその商品の構成比を掛けて求める。

1. 粗利利益　　2. 粗利益率　　3. 原価　　4. 原価率

問 7 百分率変異法は、「各月の月初在庫高と年間平均在庫高の変動率は、各月の売上高予算と月平均売上高の変動率の【 　 】である」ということを前提として求める方法である。

1. 25%　　2. 50%　　3. 等倍　　4. 1.5 倍

問 8 ROI をコントロールする目的は、【 　 】と売上高純利益率の両方を高めることにある。

1. 棚卸資産回転率　　2. 投下資本回転率
3. 当座比率　　4. 貢献利益

問9 商品カテゴリー別の売上高が低迷している場合は、当該カテゴリーにおける【　】の見直し、どの品目や単品が落ち込んでいるかなどの原因を、単品管理によって把握し、対策を講じる。

1. プライスライン　　2. プライスポイント
3. 値引幅　　　　　　4. 値入率

問10 総合品ぞろえスーパーや百貨店などが自前で配送センターを建設し、商品が納入される店舗を起点に、必要な商品を取りまとめて、一括して運ぶ仕組みを【　】という。

1. 一括統合物流　　　2. 窓口問屋制
3. 納品代行システム　4. 共同配送システム

2. 次の各問の【　】の部分にあてはまる答えとして、最も適当な語句・短文を記入しなさい。

問1 デスティネーションカテゴリーのことであり、小売業のイメージを定義する役割を持ち、目的来店性の強い個性的カテゴリーを【　】という。

問2 流行商品は、ファッション性や季節性が特に高いので、同一品目の長期の連続生産は避けられ、【　】や一気通貫方式などが適用される。

問3 【　】は、商品が入荷して以降、顧客の手に渡るまでの在庫期間に発生する費用であり、発注数量が増えるに従い増加する変動費のことである。

問4 売上総利益の増加要素には、平均販売単価の計画的引上げ、【　】、売上値引・売上戻りの抑制、仕入値引・仕入戻しの合理的増加、売上原価の計画的引下げ、在庫高の合理的抑制、がある。

問 5 商品予算は、部門または商品カテゴリーごとに算定され、そのうえで、小売業全体として管理運営を行うために、【　　】への統合を図る。

問 6 予算管理のプロセスは、以下の手順で行われる。
①目標利益の設定と利益計画の樹立
②【　　】
③部門予算の作成と総合予算への調整・統合
④実行予算の各部門への示達
⑤実行された結果の測定と予算との比較
⑥予算差異分析と管理者への報告

問 7 正味運転資本は「（固定負債＋【　　】）－ 固定資産」で求める。

問 8 原価法による棚卸資産の評価法において、棚卸商品の種類、品質、型が異なるごとに区分し、仕入の古い順に販売されたものと仮定し、期末棚卸商品は、期末に最も近いときに取得した商品から構成されているとみなして評価する方法を【　　】という。

問 9 以下の資料をもとに GMROI を求めなさい。

（資料）
売上高　　　：160,000 千円
平均在庫高　：20,000 千円
粗利益率　　：30%
値入率（売価）：40%

問 10 商品在庫を持ち、店舗からの発注を受けるごとにオーダーピッキングによって出荷する、在庫集約拠点としての物流センターを【　　】という。

③ストアオペレーション

1. 次の各問の【 】の部分にあてはまる答えとして、最も適当なものを選択肢から選びなさい。

問1 【 】の本質は、計画的に売上が伸びない状況の中にあっても、収益性を獲得しやすい企業体質の構築にある。

1. ストアオペレーション　　2. マンアワーコントロール
3. ローコストオペレーション　　4. エブリディローブライス

問2 小売店舗で取り扱う品目のうち、年間を通じて長期に取り扱う商品を【 】という。

1. 集荷特売　　2. 長期定番　　3. 季節定番　　4. 特価特売

問3 LSPはデータにもとづいた効率的な人員配置と作業の【 】により、人件費を増加させずに利益確保や顧客サービスの向上を可能とする理論である。

1. 標準化　　2. 削減　　3. 多能工化　　4. 短期化

問4 定期発注法による発注数量の計算は、「発注数量＝（【 】＋発注リードタイム）× 日販予測数量 － 発注時点在庫数量 － 発注済未入荷残数 ＋ 安全在庫数量」から求める。

1. 納品リードタイム　　2. 販売サイクル
3. 生産リードタイム　　4. 発注サイクル

問5 発注数量を左右させる「商品の特性情報」には、ライフサイクル、【 】、鮮度などがある。

1. 社会行事　　2. 温度　　3. 食べ方　　4. 天候

問6 従業員のすべての労働時間を合計したものが総人時で、【　】を総人時で割ったものを人時生産性という。

1. 売上総利益　　2. 営業利益　　3. 経常利益　　4. 純利益

問7 ロスが発生する第1の原因は発注数量の【　】にある。

1. 漏れ　　2. 過少　　3. 過多　　4. 適量

問8 一時的な特売セールを繰り返すのではなく、恒常的な低価格販売を実現させる政策を【　】という。

1. スキミングプライス　　　　2. エブリディロープライス
3. ペネトレーションプライス　　4. プレステージプライス

問9 店舗の生産性を示す指標として、従業員1人当たりの【　】がある。

1. 担当売場面積　　2. 商品数　　3. 宣伝量　　4. 集客数

問10 店舗で取り扱う品目は、長期（年間）定番、季節定番、集荷特売、特価特売に分類することができ、長期（年間）定番と季節定番の品目は、【　】を適用する。

1. 定期発注方式　　2. 定量発注方式
3. 発注点発注方式　　4. 統計的基準在庫管理方式

2. 次の各問の【　　】の部分にあてはまる答えとして、最も適当な語句・短文を記入しなさい。

問 1　チェーンストアの店長のマネジメントにおける普遍的な目標は、①顧客の支持、②【　　】、③資源の管理、④生産性の向上、⑤環境への責任、⑥利益、の6項目である。

Q
模擬問題

問 2　LSP 導入における作業標準化の一般的ステップは下記①～④のとおりである。
①業務項目の洗い出し、②【　　】/ 業務手順の標準化 / 業務の分類・整理、③必要時間の測定（変動作業 / 固定作業）、④マスター登録と妥当性の検証

問 3　小売業のローコストオペレーションは、売上高販売管理費比率と【　　】を低く抑えた経営構造である。

問 4　売場面積1坪当たりの粗利益を一定水準で維持するために最低限必要な人時は、【　　】の和である。

問 5　効果的な発注数量を決める商品の売り方情報には、売価、陳列位置、フェイシング、チラシ広告、クーポン券、関連販売、試食、売切り、【　　】などがある。

問 6　LSP の戦略的展開において、業務と業務量を明確に把握し、過不足なく従業員を割り当てるための第2ステップは、日割予算に合わせた日割人時枠の設定である。それには日割予算額を【　　】で割って算出する。

問 7　チェーンストアの店長のマネジメントにおける目標の1つである「顧客の支持」の指標には、顧客支持率、【　　】、市場占有率がある。

問 8 売場作業改善のため、店舗内データの作業分析レポートにおける変動作業の基準チェックでは、【　】などの変動作業が基準どおりに行われているかをチェックする。

問 9 EDLP は、販促費の削減や作業の平準化による作業コストの削減により、売価を引き下げることによって【　】につながるメリットがある。

問 10 OJT の効果的な実施ステップは、第 1 段階：教える準備をする、第 2 段階：実際にやってみせる、第 3 段階：【　】、第 4 段階：教えた後を見る、の 4 つの段階となる。

④マーケティング

1. 次の各問の 【　】 の部分にあてはまる答えとして、最も適当なものを選択肢から選びなさい。

問 1 【　】とは、市場を同じようなニーズ、嗜好、購買力などの区分により複数のセグメントに分けて、それぞれのセグメントに向けて異なるマーケティングを行うことをいう。

1. ニッチマーケティング　　　　2. セグメントマーケティング
3. カスタマイズドマーケティング　4. ダイレクトマーケティング

問 2 P. コトラーが市場細分化の前提条件の 1 つにあげている 【　】 は、選択したセグメントに対してマーケティング活動ができる可能性が高いこと、セグメント化された市場に対して、メディアや効果的なチャネルにより接近、到達できることである。

1. 測定可能性　　2. 実質性　　3. 接近可能性　　4. 実行可能性

問3 スペースマネジメントは、【　】の向上を目的として売場の再配分、再配置を行い、商品のディスプレイ技法を高度化する手法である。

　　1. ROI　　2. 労働分配率　　3. 人時生産性　　4. ROA

問4 CRMとは、顧客一人ひとりの情報の活用によって、長期間にわたって顧客との関係を維持することであり、小売業にとっての【　】を最大化する経営戦略である。

　　1. 市場シェア　　2. 年間取引　　3. 使用価値　　4. 顧客生涯価値

問5 RFM分析とは、最新購買日、購買頻度、【　】の3つの視点から顧客をランクづけする、CRMにおける分析手法の1つである。

　　1. 顧客満足度　　　2. 顧客生涯価値
　　3. 累計購買金額　　4. 購買品目

問6 ハフの確率モデルの経験的規則性の1つに、所与の小売施設を愛顧する消費者の割合は、小売施設からの【　】によって異なるというものがある。

　　1. 距離　　2. 商品構成　　3. パラメータ　　4. 広告宣伝

問7 インストアマーチャンダイジングでは、【　】の一場面をテーマに設定し、そのテーマに合わせた品種間の商品を組み合わせ、POP広告を展開するなどして、需要創造活動を行う。

　　1. ライフサイエンス　　2. ライフサイクル
　　3. ライフスタイル　　　4. ライフプラン

問 8 商圏予測に用いられるハフの確率モデルでは、商業集積の規模には売場面積を用い、距離には【　　】を利用する。

1. 駐車台数　　2. 移動距離　　3. 効用　　4. 時間距離

問 9 【　　】とは、クラウドなどに蓄積されている膨大な量のデータから小売業にとって有益となる事実や関係性を発掘する手法のことである。

1. サイコグラフィック　　2. データマイニング
3. PEST 分析　　　　　　4. 3C 分析

問 10 ビジュアルプレゼンテーション (VP) の VP スペースの場所は、ステージや【　　】などである。

1. ショーケース　　2. 壁面　　3. テーブル　　4. エンド

2. 次の各問の【　　】の部分にあてはまる答えとして、最も適当な語句・短文を記入しなさい。

問 1 リテールマーケティングのみならず、店舗の経営において明確にしておくべき課題とは、①セグメンテーション、②ターゲティング、③【　　】の 3 つである。

問 2 CRM とは、顧客にとっての利便性と満足度を高め、長期間にわたって顧客との関係を維持することであり、小売業にとっての【　　】を最大化する経営戦略といえる。

問 3 市場細分化を測る基準として、P. コトラーは、地理的変数、【　　】、行動変数、人工統計的変数をあげている。

問 4 マーケティングの指導原理の 1 つとして、価格以外の手段で、購買意欲を喚起しようとすることを【　　】の原理という。

問 5 クラスター分析の算法を大別すると、階層的分類法と非階層的分類法になり、階層的分類法は【　　】の 2 つの系列に整理される。

問 6 【　　】とは、スペースマネジメントの一環として行われる、ゴンドラ（カテゴリー）ごとの単品ディスプレイ手法である。

問 7 ROI は投下資本に対する純利益の大きさの割合を指し、店舗レベルでの ROI の計算式は次の式となる。
ROI ＝【　　】÷（売場スペース × 単位スペース当たり資産価値）

問 8 SWOT 分析において、企業を取り巻く環境状況と競争状況との関係から【　　】がある。

問 9 細分化された市場から標的とした市場に対するマーケティングには、無差別型マーケティング、【　　】、集中型マーケティングの 3 つがある。

問 10 マーケティングコントロール 4 つのタイプの 1 つ【　　】とは、個々の商品、販売地域、顧客層、流通チャネル、オーダー、サイズ別などの収益性を定期的に分析評価するものである。

⑤販売経営管理

1. 次の各問の【　】の部分にあてはまる答えとして、最も適当なものを選択肢から選びなさい。

問1　人事考課における絶対評価法の1つである【　】は、短文の代わりに「S・A・B・C・D」や「優・良・可・不可」などの符号（評語）を使う方式である。

　　1. 成績評語法　　2. 評語評価法　　3. 強制択一法　　4. 段階択一法

問2　人事考課における相対評価法の1つである【　】は、要素ごとに成績に従って評価対象者全員を序列化する方式である。

　　1. 分布制限法　　2. 成績評語法　　3. 総合評価法　　4. 成績順位法

問3　人事考課における心理的誤差傾向である【　】とは、評価要素が近くに配列されていたり、あるいは時間的に近かったりしていると、各評価要素の評定結果が類似してしまうエラーのことである。

　　1. 寛大化傾向　　2. 中心化傾向　　3. 対比誤差　　4. 近接誤差

問4　態度に関する教育方法の1つである【　】とは、テーマや訓練日程もなく、職業、年齢、地位などが異なるグループの中で、対人的共感性に気づかせたり、集団の機能についての洞察を行わせたりするなどの感受性訓練である。

　　1. ロールプレイング　　　　2. ST
　　3. マネジリアルグリッド　　4. PM理論

問5　キャッシュフロー版インタレスト・カバレッジ・レシオは、営業キャッシュフローに支払利息額と【　】を加えたものを支払利息額で割って求める。

　　1. 減価償却費　　2. 貸倒引当金　　3. 配当金　　4. 税金

問 6 借地借家法が 1992 年に改正され、借地権の存続期間は、建物構造（堅固・非堅固）に関係なく、最低【　　】年以上となった。

1. 20　　2. 30　　3. 50　　4. 60

問 7 商業地域は、店舗や事務所などの利便の増進を図る地域で、建ぺい率は【　　】% に制限されている。

1. 50　　2. 60　　3. 70　　4. 80

問 8 バリアフリー法は、【　　】と交通バリアフリー法を統合・拡充した法律である。

1. ハートビル法　　2. 消防法　　3. 建築基準法　　4. 道路交通法

問 9 リース物件の保守・修理などの費用は、通常、【　　】が負担する。

1. メーカー　　2. ユーザー　　3. リース会社　　4. レンタル会社

問 10 日本では、完全なトレーサビリティ実現の手段として、【　　】がさまざまな業種で導入されている。

1. バーコード　　2. QR コード　　3. 電子タグ　　4. SKU

2. 次の各問の 【　　】 の部分にあてはまる答えとして、最も適当な語句・短文を記入しなさい。

問 1 人事考課の評価項目のうち、仕事の達成度、仕事の量や質などは【　　】考課である。

問 2 人事考課における相対評価法の１つである【　】は、評価対象者を２人（または数人）ずつに組分けして、組ごとに誰が優れているかを比較していき、これを順次繰り返して全体の能力順位を決める方式である。

問 3 人事考課における心理的誤差傾向である【　】とは、何か１つよいと、何もかもよく評価してしまうように、部分的印象で全体評価を行うエラーのことである。

問 4 問題解決に関する教育方法の１つである【　】とは、多くの職場で起こりうるような案件を的確かつ迅速に精度高く処理することができるかどうかを測る、シミュレーション演習のことである。

問 5 キャッシュフローマージンは、営業キャッシュフローを【　】で割って求める。

問 6 都市計画法による【　】とは、市町村の中心の市街地を含み、一体の都市として総合的に整備、開発、保全する必要がある区域として定められた区域である。

問 7 建ぺい率は、【　】を敷地面積で割って算出する。

問 8 ファイナンスリース取引において、ユーザーとメーカーが決定した条件で、リース業者とメーカーは【　】契約を締結する。

問 9 個人情報を、紙媒体・電子媒体を問わず、データベース化してその事業活動に利用している者を【　】という。

問 10 DX は単なるデジタル化ではなく、データやデジタル技術の活用を軸に企業や社会を【　】する取組みといえる。

答え合わせ

①小売業の類型－1

問1　正解：3

解説

　中心市街地活性化法が2006年8月に改正され、街づくり全体を総合的・一体的に推進するため中心市街地ごとに中心市街地活性化協議会を組織することになりました。

問2　正解：4

解説

　日本の小売業の国際化が進展したプル（海外）要因には、人口増加、経済成長の拡大、インフラ整備の進展、関税・資本の自由化、優遇税制などがあります。

問3　正解：2

解説

　フランチャイズ事業は、それぞれの事業者が独立して運営を行いますが、本部と加盟店は経営理念共同体の関係にあります。

問4　正解：2

解説

　LTV（Life Time Value：顧客生涯価値）は、顧客1人当たりの粗利益額から、1人当たりの販売諸経費を引き、それに生涯の来店回数を掛けて算出します。

問5　正解：1

解説

　ペリシャブルとは、腐敗しやすいという意味で、スーパーマーケットの生鮮食品部門の商品を意味する用語です。

問6　正解：2

解説

　近隣型市場の便利志向型ドラッグストアでは、多品種少量販売に適したアソートメントが必要です。

問7　正解：4

解説

　CVSシステムが創出する、購買リードタイムと使用リードタイムの短縮を目的に、商品を品ぞろえしておき、顧客が必要とする商品をすぐに購入できることは消費即時性の効用です。

問8　正解：4

解説

　チェーンストアでは、マトリックス型組織を採用していることが多く、店長が商品カテゴリーを単位として店舗ごとに損益を管理し、本部のバイヤーは部門ごとに損益を管理しています。

問9　正解：1

解説

　平成28年商店街インバウンド実態調査によると、商店街のインバウンド事業への具体的な取組みで最も多いのはWi-Fiの設置です。

問10　正解：1

解説

　ショッピングセンター（SC）の一般的なリニューアル手順では、SCのポジショニングとコンセプトを見直してから、テナントミックス計画や店舗運営計画を策定します。

①小売業の類型－2

問1　正解：10,000

解説

　改正都市計画法で定める大規模集客施設は、延床面積 10,000㎡超の施設のことです。

問2　正解：市街化区域

解説

　都市計画区域のうち、中心の市街地を核として、一体の都市として総合的に整備、開発、保全をする必要のある区域を市街化区域といいます。

問3　正解：再商品化

解説

　容器包装リサイクル法における事業者の役割は、再商品化を行うことです。

問4　正解：粗利益分配

解説

　ロイヤリティ算出において、フランチャイジーの最低限の利益を保証するため、算出基準に売上総利益（粗利益）を置いているのは、粗利益分配方式です。

問5　正解：委託・返品

解説

　百貨店業界の抱える構造的な高コスト・低収益の主な要因の1つが、業界特有の委託・返品制度です。

問6　正解：非食品

解説

　スーパーストアは、スーパーマーケットの売場面積を拡大して、そこへ日常生活に必要な非食品をプラスして、同時購買させようとする大型の店舗形態です。

問7　正解：ホームファーニシング

解説

　生活全般にかかわる家具や住居設備などをトータルコーディネートして取り付けることを、ホームファーニシングといいます。

問8　正解：標準化

解説

　チェーンストア理論の原則は「店舗の画一化」「品ぞろえの統一化」「オペレーションの標準化」です。

問9　正解：後継者

解説

　商店街が抱える最も大きな問題は、経営者の高齢化による後継者問題です。

問10　正解：1,000

解説

　日本ショッピングセンター協会「SC 取扱い基準」の、SC における小売業の店舗面積は、1,000㎡ 以上に改定されました。

②マーチャンダイジング – 1

問1　正解：2

解説

　カテゴリーマネジメントとは、顧客ニーズに合わせた特定のカテゴリーを戦略的ビジネスユニット（SBU）として、カテゴリー単位で統合するビジネスプロセスです。

問2 正解：2

解説

　商品構成の手順は、ストアコンセプトをブレークダウンして商品を体系化⇒分類した商品を品目や単品レベルに落とし込み、商品マスターを作成⇒棚割表の作成、となります。

問3 正解：4

解説

　一定期間の売上高は、総商圏人口に商圏カバー率を掛けた店舗商圏客数、集客率（来店率）、購買率、顧客1人当たりの平均購買単価、1点当たり平均販売単価から計算され、これらの因子のいずれを増加させても売上高は増加します。

問4 正解：1

解説

　季節指数の求め方について、実績値の中から、最も標準とみられる年度を選んで季節指数を求める方法を、特定年基準法といいます。

問5 正解：1

解説

　一定期間に達成すべき目標利益は、売上高利益率と資本回転率の積である資本利益率を設定基準とすることが望ましいとされています。

問6 正解：2

解説

　粗利益貢献度は、商品別に求めた粗利益率に、全体の商品の純売上高に占めるその商品の構成比を掛けて求めます。

問7 正解：2

解説

百分率変異法は、「各月の月初在庫高と年間平均在庫高の変動率は、各月の売上高予算と月平均売上高の変動率の50%である」ということを前提として求める方法です。

問8 正解：2

解説

ROIをコントロールする目的は、投下資本回転率と売上高純利益率の両方を高めることにあります。

問9 正解：1

解説

商品カテゴリー別の売上高が低迷している場合は、当該カテゴリーにおけるプライスラインの見直し、どの品目や単品が落ち込んでいるかなどの原因を、単品管理によって把握し、対策を講じます。

問10 正解：1

解説

総合品ぞろえスーパーや百貨店などが自前で配送センターを建設し、商品が納入される店舗を起点に、必要な商品を取りまとめて、一括して運ぶ仕組みを一括統合物流といいます。

②マーチャンダイジング－2

問1 正解：計画的購買商品群

解説

デスティネーションカテゴリーのことであり、小売業のイメージを定義する役割を持ち、目的来店性の強い個性的カテゴリーを計画的購買商品群といいます。

問2　正解：ロット生産

解説

　流行商品は、ファッション性や季節性が特に高いので、同一品目の長期の連続生産は避けられ、ロット生産や一気通貫方式などが適用されます。

問3　正解：在庫費用

解説

　在庫費用は、商品が入荷して以降、顧客の手に渡るまでの在庫期間に発生する費用であり、発注数量が増えるに従い増加する変動費のことである。

問4　正解：販売数量の計画的増大化

解説

　売上総利益の増加要素には、平均販売単価の計画的引上げ、販売数量の計画的増大化、売上値引・売上戻りの抑制、仕入値引・仕入戻しの合理的増加、売上原価の計画的引下げ、在庫高の合理的抑制、があります。

問5　正解：マスタープラン

解説

　商品予算は、部門または商品カテゴリーごとに算定され、そのうえで、小売業全体として管理運営を行うために、マスタープラン（中・長期の目標を達成するための具体的な方法を記した実行プラン）への統合を図ります。

問6　正解：予算編成方針の設定と各部門への示達

解説

　予算管理のプロセスは、以下の手順で行われます。
　①目標利益の設定と利益計画の樹立
　②予算編成方針の設定と各部門への示達
　③部門予算の作成と総合予算への調整・統合
　④実行予算の各部門への示達
　⑤実行された結果の測定と予算との比較
　⑥予算差異分析と管理者への報告

問7　正解：自己資本

解説

正味運転資本は「（固定負債＋自己資本）－固定資産」で求めます。

問8　正解：先入先出法

解説

先入先出法は、仕入価格が持続的に高騰すると評価額が多額になり、下落すると評価額は少額になります。最後に仕入れたときの価格が相対的に多くに反映されるので、時価評価に近い評価ができます。

問9　正解：400％

解説

GMROI ＝ 粗利益 ÷ 平均在庫高（原価）× 100%
　　　　＝ 48,000 万円 ÷ 12,000 万円 × 100%
※粗利益 ＝ 売上高 × 粗利益率 ＝ 160,000 千円 × 30% ＝ 48,000 万円
※平均在庫高（原価）＝ 平均在庫高（売価）×（1－売価値入率）＝ 12,000 万円

問10　正解：ディストリビューションセンター

解説

商品在庫を持ち、店舗からの発注を受けるごとにオーダーピッキングによって出荷する、在庫集約拠点としての物流センターをディストリビューションセンターといいます。

③ストアオペレーション－1

問1　正解：3

解説

販売費及び一般管理費を下げ、運営コストを徹底的に削減し、生産性を高める仕組みを構築して収益性を獲得することを、ローコストオペレーションといいます。

問2　正解：2

解説

　小売店舗で取り扱う品目は、年間を通じて長期に取り扱う長期（年間）定番、四季に応じて取り扱う季節定番、物流センターや同一チェーンの店舗に分散している在庫を集めて実施する集荷特売、特価特売などに分類することができます。

問3　正解：1

解説

　LSP は、データにもとづいた効率的な人員配置と作業の標準化により、人件費を増加させずに利益確保や顧客サービスの向上を実現するという理論です。

問4　正解：4

解説

　定期発注法とは、発注間隔を一定にした発注方法で、発注数量は発注のたびに計算して決定します。その計算式は次のとおりです。

発注数量 ＝（発注サイクル ＋ 発注リードタイム）× 日販予測数量 － 発注時点在庫数量 － 発注済未入荷残数 ＋ 安全在庫数量

問5　正解：3

解説

　商品の特性情報には、①ライフサイクル（旬・季節商品、新商品・主力商品・衰退商品など）、②食べ方（料理材料、素材、スナック、おつまみなど）、③鮮度（家庭でストックする・しない）などがあります。

問6　正解：1

解説

　売上総利益を総人時（総労働時間）で割ったものを「人時生産性」といい、1 人時当たりいくらの売上総利益を稼いだかを表す生産性指標の 1 つです。

問7 正解：3

解説

　ロスが発生する第1の原因は、発注数量の過多にあり、これは、販売予測の誤りなどで商品を必要以上に仕入れてしまうことで発生します。

問8 正解：2

解説

　特売のような一定期間の低価格販売と異なり、コスト削減により恒常的な低価格販売を実現させる政策をエブリディロープライスといいます。

問9 正解：1

解説

　店舗の生産性を示す指標として、従業員1人当たりの担当売場面積があります。大手小売業の平均は10〜15坪であるため、1坪当たりの売上高が400万円以上なければ店舗運営は難しくなります。

問10 正解：4

解説

　長期（年間）定番と季節定番の品目は、統計的基準在庫管理方式を適用し、補充発注（売上予測数量だけ発注する方法）を行います。

③ストアオペレーション－2

問1 正解：店舗でのマーチャンダイジング業務の改善

解説

　顧客は、品ぞろえ、品質、価格、売場快適性、接客サービスなどを評価し、店舗を使い分けます。この評価要素を活かし、本部のマーチャンダイジング政策を支援していくことが求められます。

問2　正解：作業名称の統一

解説

　LSP 導入における作業標準化の一般的ステップは、①業務項目の洗い出し、②作業名称の統一 / 業務手順の標準化 / 業務の分類・整理、③必要時間の測定（変動作業 / 固定作業）、④マスター登録と妥当性の検証、という流れになります。

問3　正解：損益分岐点比率

解説

　小売業のローコストオペレーションは、売上高販売管理費比率を低く抑えることによって、損益分岐点比率を低く抑えた経営構造です。

問4　正解：固定人時と変動人時

解説

　売場面積1坪当たりの粗利益を一定水準で維持するために最低限必要な人時は、固定人時と変動人時の和です。

問5　正解：ディスプレイパターン

解説

　効果的な発注数量を決める商品の売り方情報には、売価、陳列位置、フェイシング、チラシ広告、クーポン券、関連販売、試食、売切り、ディスプレイパターンなどがあります。

問6　正解：人時売上高予算

解説

　予算に合わせた日割人時枠を設定するには、日割予算額を人時売上高予算で割って日割の人時枠を計算します。

問7　正解：顧客満足度

解説

　チェーンストアの店長のマネジメントにおける目標の1つである「顧客の支持」の指標には、顧客支持率、顧客満足度、市場占有率があります。

問8　正解：商品補充

解説

　売場作業改善のため、店舗内データの作業分析レポートにおける変動作業の基準チェックでは、商品補充などの変動作業が基準どおりに行われているかをチェックします。

問9　正解：顧客の固定化

解説

　EDLPは、販促費の削減だけでなく、作業を平準化することによって作業コストを削減し、それによって売価を引き下げることで、顧客の固定化につながるというメリットがあります。

問10　正解：実際にやらせてみる

解説

　管理者や店長がOJTを実施するにあたり、効果的な指導方法のステップには、第1段階：教える準備をする、第2段階：実際にやってみせる、第3段階：実際にやらせてみる（実習）、第4段階：教えた後を見る（評価）の、4つの段階があります。

④マーケティング－1

問1　正解：2

解説

　市場をひと固まりではなく、同じようなニーズ、嗜好、購買力などの区分により複数のセグメントに分けて、それぞれのセグメントに向けて異なるマーケティングを行うことをセグメントマーケティングといいます。

問2　正解：3

解説

P. コトラーは、効果的な市場細分化を実現するためには、標的市場は、①測定可能性、②接近可能性、③実質性、④実行可能性、の4つの市場細分化の前提条件を備えていることが望ましいと主張しています。

問3　正解：1

解説

スペースマネジメントは、商品の陳列位置や陳列量などを意図的にコントロールし、ROI の向上を目的として売場の再配分、再配置を行い、商品のディスプレイ技法を高度化する手法です。

問4　正解：4

解説

CRM（Customer Relationship Management）とは、顧客一人ひとりの情報の活用によって、来店する顧客の利便性と満足度を高め友好関係を築きながら、長期間にわたって顧客との関係を維持することであり、小売業にとっての顧客生涯価値を最大化する経営戦略です。

問5　正解：3

解説

RFM（Recency Frequency Monetary）分析とは、最新購買日、購買頻度、累計購買金額の3つの視点から顧客をいくつかのランクに分類し、各顧客ランクに対するマーケティングを行うための分析手法の1つです。

問6　正解：1

解説

商圏を予測する際に用いられるハフの確率モデルの経験的規則性の1つに、所与の小売施設を愛顧する消費者の割合は、小売施設からの距離によって異なるというものがあります。

問7　正解：3

解説

　インストアマーチャンダイジングでは、ライフスタイルの一場面をテーマに設定し、そのテーマに合わせた品種間の商品を組み合わせ、POP 広告を展開するなどして、需要創造活動を行います。

問8　正解：4

解説

　商圏予測に用いられるハフの確率モデルにおいて、商業集積の規模には売場面積を用い、商品数が反映されると考えます。また、距離には時間距離を利用します。

問9　正解：2

解説

　データマイニングとは、優良顧客を識別するためにクラウドなどに蓄積されている膨大な量のデータから小売業にとって有益となる事実や関係性を発掘する手法のことです。

問10　正解：3

解説

　ビジュアルプレゼンテーション（VP）の VP スペースの場所は、ステージやテーブルなどです。

④マーケティング－2

問1　正解：ポジショニング

解説

　店舗の経営において明確にしておくべき課題とは、①セグメンテーション、②ターゲティング、③ポジショニングの3つです。

問2　正解：顧客生涯価値

解説

　CRM（Customer Relationship Management）とは、顧客一人ひとりの情報の活用により、顧客の利便性と満足度を高め、友好関係を築きながら長期間にわたって顧客との関係を維持することであり、小売業にとっての顧客生涯価値を最大化する経営戦略といえます。

問3　正解：サイコグラフィック変数

解説

　市場細分化を測る基準として、P.コトラーは、地理的変数、サイコグラフィック変数、行動変数、人工統計的変数の4つをあげています。

問4　正解：非価格競争

解説

　価格以外の手段によって、商品の優位性のある特徴をアピールすることで、競争条件を有利にし、購買意欲を喚起することを非価格競争の原理といいます。

問5　正解：分離法と凝集法

解説

　階層的分類法には、すべての個体が1個のクラスターに所属している状態から始め、クラスターの分割を反復していく分離法と、すべてのクラスターがそれぞれ1個ずつの個体により形成されている状態から始め、クラスターの融合を繰り返していく凝集法があります。

問6　正解：スケマティックプラノグラム

解説

　スケマティックプラノグラムとは、スペースマネジメントの一環として行われる、ゴンドラごとの単品ディスプレイ手法で、顧客に買いやすい売場をつくることで利便性を感じさせるとともに、店舗従業員にとっても商品管理がしやすい職場をつくり出せる効果があります。

問7　正解：店舗営業利益

解説

　ROI は投下資本に対する純利益の大きさの割合（= ROI = 純利益 ÷ 投下資本）を指し、店舗レベルでの ROI の計算式は「ROI = 店舗営業利益 ÷ （売場スペース × 単位スペース当たり資産価値)」となります。

問8　正解：機会と脅威

解説

　SWOT 分析において、企業には自社の資源・能力（与件）と競争状況との関係から、強みと弱みがあり、企業を取り巻く環境状況と競争状況との関係から、機会と脅威があります。

問9　正解：差別化型マーケティング

解説

　市場をセグメンテーション化した後、細分化された市場から標的とした市場に対するマーケティングには、無差別型マーケティング、差別化型マーケティング、集中型マーケティングの3つがあります。

問10　正解：収益性コントロール

解説

　収益性コントロールとは、個々の商品、販売地域、顧客層、流通チャネル、オーダー、サイズ別などの収益性を定期的に分析評価するものです。

⑤販売経営管理 − 1

問1　正解：2

解説

　人事考課における絶対評価法のうち評語評価法は、短文の代わりに「S・A・B・C・D」や「優・良・可・不可」などの符号（評語）を使う方式です。

問2　正解：4

解説

　人事考課における相対評価法のうち成績順位法は、要素ごとに成績に従って評価対象者全員を序列化する方式です。

問3　正解：4

解説

　人事考課における心理的誤差傾向である近接誤差とは、評価要素が近くに配列されていたり、あるいは時間的に近かったりしていると、各評価要素の評定結果が類似してしまうエラーのことです。

問4　正解：2

解説

　ST（Sensitivity Training）とは、テーマや訓練日程もなく、職業、年齢、地位などが異なるグループの中で、対人的共感性に気づかせたり、集団の機能についての洞察を行わせたりするなどの感受性訓練のことです。

問5　正解：4

解説

　キャッシュフロー版インタレスト・カバレッジ・レシオは、営業キャッシュフローに支払利息額と税金を加えてものを支払利息額で割って求めます。

問6　正解：2

解説

　借地権の存続期間は、建物構造（堅固・非堅固）に関係なく、最低30年以上となりました。

解説

　商業地域は、店舗や事務所などの利便の増進を図る地域で、建ぺい率は 80% に制限されています。

問8　正解：1

解説

　バリアフリー法は、ハートビル法と交通バリアフリー法を統合・拡充した法律です。

問9　正解：2

解説

　リース物件の保守・修理などの費用は、通常、ユーザーが負担します。

問10　正解：3

解説

　日本では、完全なトレーサビリティ実現の手段として、電子タグがさまざまな業種で導入されています。

⑤販売経営管理 − 2

問1　正解：業績

解説

　仕事の達成度、仕事の量や質など仕事の遂行状況を見るものとして、業績考課があります。人事考課の評価項目には、このほか能力考課、態度考課があり、総合評価を設けて統合的な評価をするのが一般的です。

問2　正解：相対比較法

解説

　人事考課における相対評価法のうち相対比較法は、評価対象者を2人（または数人）ずつに組分けして、組ごとに誰が優れているかを比較していき、これを順次繰り返して全体の能力順位を決める方式です。

問3　正解：ハロー効果

解説

　人事考課における心理的誤差傾向であるハロー効果とは、何か1つよいと、何もかもよく評価してしまうように、部分的印象で全体評価を行うエラーのことです。

問4　正解：インバスケット法

解説

　インバスケット法とは、多くの職場で起こりうるような案件を的確かつ迅速に精度高く処理することができるかどうかを測る、シミュレーション演習のことです。

問5　正解：売上高

解説

　キャッシュフローマージンは、営業キャッシュフローを売上高で割って求めます。

問6　正解：都市計画区域

解説

　都市計画法による都市計画区域とは、市町村の中心の市街地を含み、一体の都市として総合的に整備、開発、保全する必要がある区域として定められた区域のことです。

問7　正解：建築面積

解説

建ぺい率は、建築面積を敷地面積で割って算出します。

問8　正解：売買

解説

ファイナンスリース取引において、ユーザーとメーカーが決定した条件で、リース業者とメーカーは売買契約を締結します。

問9　正解：個人情報取扱事業者

解説

個人情報を、紙媒体・電子媒体を問わず、データベース化してその事業活動に利用している者を、個人情報取扱事業者といいます。

問10　正解：変革

解説

DXは単なるデジタル化ではなく、データやデジタル技術の活用を軸に企業や社会を変革する取組みといえます。

模擬問題・2回目

（制限時間 90 分）

全100問
合格点及び問題に対する配点
(1) 配点は1問、1点で、合格は70点以上です。
(2) 四肢択一問題が50問、正誤問題が50問になります。

①小売業の類型

1. 次の各問の【　】の部分にあてはまる答えとして、最も適当なものを選択肢から選びなさい。

問 1 1990 年代後半からまちづくり三法が制定された背景には、流通政策と【　】とを連動させる必要性に関する認識が高まったことがある。

　　1. 消費者政策　　2. 経済政策　　3. 都市政策　　4. 福祉政策

問 2 資源有効利用促進法により推進される 3R のうち、【　】とは、製品の省資源化・長寿命化などにより廃棄物の発生を抑制することである。

　　1. リデュース　　　　　　2. リユース
　　3. マテリアルリサイクル　　4. サーマルリサイクル

問 3 フランチャイズシステムは、フランチャイザー（本部）が戦略立案機能を担当し、フランチャイジー（加盟店）は実施機能を担当するという【　】の原則を遵守して運営することが重要である。

　　1. 統一性　　2. 機能分担　　3. 独立経営　　4. 相互発展

問 4 アメリカのデパートメントストアは、主要顧客層を絞り込み、その顧客層のウォンツやニーズに合わせた品ぞろえやサービスにより、顧客層の囲い込みをねらう【　】マーケティングを展開している。

　　1. ターゲット　　2. マス　　3. マルチ　　4. フルライン

問5 スーパーストア経営に必要な基本的要素は、ローコストオペレーションシステムの確立で、これにより、スーパーストア本来の強みである【　　】がより強く発揮されます。

1. マスマーチャンダイジング　　2. タイムセービング
3. EDLP　　　　　　　　　　　4. ISM

問6 ドラッグストアが成長するために強化する専門性のうち、「業態コンセプトの明確化によるH&BCオペレーターとしてのポジショニング設定」は【　　】の専門性である。

1. 店舗政策　　2. 品ぞろえ政策　　3. 購買促進政策　　4. 売場演出

問7 アメリカのスーパーセンターの店舗形態の特徴の1つは、【　　】立地に平屋ワンフロア構造で10,000㎡超の売場面積を持つことである。

1. ルーラル　　2. サバーブ　　3. アーバン　　4. ダウンタウン

問8 チェーンストア経営では、商品の仕入はチェーン本部で一括して行うことで【　　】の経済性を追求している。

1. 範囲　　2. 規模　　3. 密度　　4. 集積

問9 商店街の3つの類型のうち【　　】とは、商業機能と地域コミュニティ支援機能を複合的に備え、地域住民をはじめとする来街者のニーズに応える商店街である。

1. 単独型　　2. 複合型　　3. 転換型　　4. 継続型

問10 主に土地・建物などの不動産に関する資産（固定資産）の効率的維持管理を行う業務を【　　】という。
1. AM　　2. PM　　3. SPC　　4. REIT

Q
模擬問題

2. 次の各問の【　】の部分にあてはまる答えとして、最も適当な語句・短文を記入しなさい。

問1 持続可能なまちづくりの有効な戦略の1つとして、都市のさまざまな機能を都市の中心部に集積させるまちづくりの考え方を【　】という。

問2 まちづくり三法のうち、【　】は街づくりの活性化を促進する制度であり、大店立地法と改正都市計画法は街づくりを規制する制度である。

問3 複数の国にまたがり、商流や物流などの流通活動をチェーン展開している巨大資本の小売企業を【　】という。

問4 フランチャイズ業界のロイヤリティ算出方法のうち【　】方式とは、売上高に一定割合を掛けて算出する方式で、フランチャイザーが提供した経営ノウハウの効果が最も端的に数字で表れるとの考え方である。

問5 専門店業界では、スマートフォンの普及を背景に、ネットから実店舗に誘客する【　】の取組みが増えている。

問6 スーパーマーケット業界は、ドラッグストアや生鮮コンビニなどの食料品を取り扱う店舗形態との競争が激化し、デパ地下や持ち帰り弁当などの【　】の需要も拡大して、競争が激化している。

問7 CVSシステムが創出する、狭小商圏内で店舗数が多いことで顧客の利便性と配送効率を高めていることは、【　】の効用である。

問8 チェーンオペレーションは、小売機能と【　】機能が統合され、本部と店舗で分業される運営方式である。

問 9 観光庁が実施した平成 28 年度「訪日外国人旅行者の国内における受入環境整備に関するアンケート」によると、外国人旅行者が旅行中にも最も困ったことは、施設等のスタッフと【　】がとれないことである。

問 10 人間・社会・地球環境の持続可能な発展を【　】という。地球環境を壊さず、資源も使いすぎず、生活を継続できるショッピングセンターづくりが重要である。

②マーチャンダイジング

1. 次の各問の【　】の部分にあてはまる答えとして、最も適当なものを選択肢から選びなさい。

問 1 【　】は、売場の新鮮さや活気を演出する役割を持ち、通常、収益よりも集客を意図するカテゴリーと位置づけられる。

　　1. 計画的購買商品群　　　2. 必需的購買商品群
　　3. 時期的購買商品群　　　4. 補完的購買商品群

問 2 定番商品の大半は消耗品、かつ、生活必需品であるため、需要変動に対する【　】が低いことも特徴の 1 つである。

　　1. 需要弾力性　　2. 価格弾力性　　3. 労働生産性　　4. 労働分配率

問 3 商品予算は、部門または商品カテゴリーごとに算定され、そのうえで、小売業全体として管理運営を行うために、【　】への統合を図る。

　　1. トップマネジメント　　　2. ダラーコントロールシステム
　　3. マスタープラン　　　　　4. 資本予算

問4 業務予算とも呼ばれ、経常的業務活動の期間予算で、損益予算と資金予算が含まれまるのは【　】である。

1. 資本予算　　2. 経常予算　　3. 当初予算　　4. 積上予算

問5 販売予測における【　】とは、任意の一定期間ごとに1期ずつ移動させ、それぞれの平均値を求め、この平均値をグラフ上にプロットし、折れ線の様子から傾向を把握する方法である。

1. 目安法　　2. 両分法　　3. 移動平均法　　4. 最小自乗法

問6 予算販売価格450円、予算販売数量300個、実際販売価格430円、実際販売数量350個の場合、販売数量差異は、【　】である。

1. 7,000円の有利差異　　2. 7,000円の不利差異
3. 22,500円の有利差異　　4. 22,500円の不利差異

問7 減耗額は、棚卸ロスや不明ロスとも呼ばれ、通常は、一定の推定値をもって【　】し、仕入金額の中に含めて計算し、その分を余分に手配する。

1. 棚卸　　2. 売価還元　　3. 控除　　4. 予算化

問8 基準在庫法による月初適正在庫高（売価）の計算式は、「各月売上高予算 ＋（年間平均在庫高（売価）－【　】）」である。

1. 月平均仕入高　　2. 年間仕入高
3. 月平均売上高　　4. 年間平均売上高

問9 GMROIは、「粗利益率 ×【　】」で求めることができる。

1. 在庫投資額（原価）　　2. 在庫投資額（売価）
3. 在庫投資回転率　　4. 商品回転率

問10 スーパーマーケットの代表的な物流センターには青果、鮮魚、精肉などを扱う【　】がある。

1. 生鮮センター　　　2. チルドセンター
3. ドライセンター　　4. 冷凍センター

2. 次の各問の【　】の部分にあてはまる答えとして、最も適当な語句・短文を記入しなさい。

問1 商品構成の前提として、対象顧客の明確化、【　】、構成する商品のグレードおよびプライスゾーンの設定を決定しておく必要がある。

問2 【　】は、商品の発注にかかわる費用であり、仕入担当者の人件費、仕入事務所の経費、仕入出張費、通信費など、発注数量にかかわりなく発生する固定費のことである。

問3 中小小売業では、商品計画・仕入技術の強化改善、受発注業務の堅実化と【　】により、売上戻りの発生を抑制することが求められる。

問4 商品予算管理を行うための基本的条件は、トップマネジメントの配慮、達成可能な計画目標、【　】、である。

問5 資金予算において、現金収支の金額的、かつ、時間的な均衡を図るために編成される予算を【　】という。

問6 継続的な取引関係を維持している小売業や大口のユーザーに対して、仕入価格を割り引く形態を【　】という。

問 7　単品管理を役立てることができるマネジメント項目は、
・商品構成の計画および検証
・販売計画や数量計画の立案および促進
・問題発見と対策の立案および実施
・正確な発注と的確な【　　】
である。

問 8　物流 ABC によるコスト算定を行うことで、次のようなメリットが生じる。
・物流を改善し、【　　】を下げる
・現場の無駄を発見する
・物流サービスのコストを計算し、小売業別に採算を分析する
・共同物流施設の利用料金を公平に設定する

問 9　経済的発注量 EOQ の計算式の空欄を埋めよ。

$$EOQ = \sqrt{2RU \div CI}$$
$$RP = EOQ \div S$$

R：【　　】　C：仕入単価　U：1回当たり発注費用（固定費）
I：在庫費用率　S：週当たり販売計画数量　RP：発注期間

問 10　正味運転資本の計算式の空欄を埋めよ。
正味運転資本 ＝【　　】－ 流動負債 ＝（固定負債 ＋ 自己資本）－
固定資産

③ストアオペレーション

1. 次の各問の【 　 】の部分にあてはまる答えとして、最も適当なものを選択肢から選びなさい。

問1 【 　 】とは従業員1人の1時間当たりの労働の成果＝従業員の協働の結果として稼ぎ出した付加価値（売上総利益）をいう。

　　1. 店舗生産性　　2. 人時生産性　　3. 事業生産性　　4. 作業生産性

問2 生鮮食品は売れ残っても返品はできず、在庫処分には【 　 】が発生し、さらに売れ残れば廃棄ロスとなる。

　　1. 機会ロス　　2. 販売ロス　　3. フードロス　　4. 値下ロス

問3 【 　 】は既存の業務フローを見直し、定型定期的業務を外部の企業に委託し、効率化を実現し、コストの削減を図ることである。

　　1. 平準化　　2. 業務改革　　3. アウトソーシング　　4. BPR

問4 【 　 】とは、売上高または商品の販売数量に影響を与える天候、気温、地域行事などの要因に関する情報のことである。

　　1. POSデータ　　　　2. 販売データ
　　3. コーザルデータ　　4. 店舗内データ

問5 【 　 】とは、所得の分配の中で、労働者の受け取る分け前の割合のことである。

　　1. 労働分配率　　2. 所得率　　3. 労働率　　4. 労働配分率

問 6 EDLP 政策は、特売政策よりも売価変更や【　　】などの作業量が少ない。

1. 日程変更　　2. 販売員変更　　3. 陳列変更　　4. 数量変更

問 7 パートタイマーやアルバイトなどの【　　】を増やせば、サービスレベルや売上高は相応に上昇していくが、人件費というコストも増加する。

1. 給料　　2. モチベーション　　3. 頭数　　4. 投入人時

問 8 小売業の生産性を評価するために用いられる主な指標で、売上高に占める人件費の割合のことを【　　】という。

1. 営業利益率　　2. 給与率　　3. 人件費率　　4. 労働分配率

問 9 POS システムは、単品（SKU）別、品目別、【　　】に販売の事実を正確に記録することができる。

1. カテゴリー別　　2. 顧客別　　3. 店舗別　　4. 嗜好別

問 10 作業量を削減し、作業効率を向上させるための原則は、【　　】、平準化、機械化、アウトソーシングである。

1. 標準化　　2. 少量化　　3. 一般化　　4. 集中化

2. 次の各問の【　】の部分にあてはまる答えとして、最も適当な語句・短文を記入しなさい。

問 1　ストアオペレーションにおけるルーティーンワークの基本は「品質、清潔、奉仕、謙虚、礼儀」の5項目であり、これらを、売場管理、【　　】、後方管理、店内管理、身だしなみ・応対という5つの場面で実行しなければならない。

問 2　POSデータからは、当該店舗で扱っていない商品が【　　】や売れない理由、販売機会損失がどれだけ発生したかを解明することはできない。

問 3　人件費の高騰という問題は【　　】産業としての小売業の経営管理上、重要な課題になっている。

問 4　LSPの戦略的展開において、業務と業務量を明確に把握し、過不足なく従業員を割り当てるためのステップは、①正確な日割予算の組み立て、②日割予算に合わせた日割人時枠の設定、③【　　】である。

問 5　効果的な発注数量を決める顧客の生活情報には社会行事、地域行事、家庭行事、季節ごとの料理、【　　】などがある。

問 6　LSPの実施においては、店舗における1日の【　　】を確定させたうえで、その作業に従業員を割り当てることにより、効率的な計画が可能となる。

問 7　チェーンストアにおける発注業務の流れは、①店舗での商品構成の決定、②【　　】、③事前準備、④発注ミーティング、⑤週間基本発注、⑥前日修正、⑦販売活動、というステップになっている。

問 8 LSP は、データにもとづいた効率的な人員配置と作業の標準化により、【　】に売上高や利益そして顧客サービスを向上させることを目的としている。

問 9 作業効率を向上させるための集中化は、各店舗での加工、プリパッケージ化などの作業を【　】に集中させ、一括処理して各店舗へ配送する。

問 10 一般的な発注数量を決める計算式は、「発注数量 ＝（発注サイクル ＋ 発注リードタイム）× 1 日当たり販売数量 － 現在の在庫数量 － 【　】」となる。

④マーケティング

1. 次の各問の【　】の部分にあてはまる答えとして、最も適当なものを選択肢から選びなさい。

問 1　【　】とは、企業が行う事業活動領域、事業領域を指す。

1. ターゲット　　2. ポジション　　3. ドメイン　　4. フィールド

問 2

顧客のニーズが多様化、個性化した今日では、一人ひとりの顧客を対象とする【　】が重要である。
1. パーソナルマーケティング　　2. マスマーケティング
3. ISM　　　　　　　　　　　　4. FSP

問 3　インストアマーチャンダイジング（ISM）は、チェーンストアを中心とする多くの小売業において【　】を担っている。

1. 商品開発機能　　2. 購買促進機能
3. 価格形成機能　　4. 店舗開発機能

問4 インストアプロモーションのサンプリングには、既存商品に添付する【　】という方法がある。

1. プラスサンプリング　　2. メディアサンプリング
3. クロスサンプリング　　4. プロダクトサンプリング

問5 【　】戦略とは、顧客が購入しやすい値ごろ感を意識して価格設定を行う戦略である。

1. ロープライス　　　2. 顧客コンシャス
3. ミドルプライス　　4. 価格コンシャス

問6 【　】とは、ロイヤルティマーケティングの実行手段として取り組むカードシステムのことである。

1. CRM　　2. FSP　　3. ROI　　4. LTV

問7 【　】とは、特売品を専門に購買する顧客のことである。

1. プライス・ピッカー　　2. バリュー・ピッカー
3. チェリー・ピッカー　　4. プロダクト・ピッカー

問8 標的市場に対するマーケティングには、無差別型、差別化型、【　】という3つのマーケティングタイプがある。

1. 非積極型　　2. 分散型　　3. 積極型　　4. 集中型

問9 ライフスタイルアソートメントとは、商品を品種単位ではなく、顧客のさまざまな【　】を想定し、それに必要な商品を選別して取りそろえることである。

1. セグメント　　2. 年齢　　3. 生活シーン　　4. 家族構成

問 10 旅マエのタイミングでは口コミサイトや SNS などを活用して認知度を上げ、前もって買物リストにアップされる【　】の対策が重要になる。

1. 指名買い　　2. 衝動買い　　3. 爆買い　　4. まとめ買い

2. 次の各問の【　】の部分にあてはまる答えとして、最も適当な語句・短文を記入しなさい。

問 1 今日の小売業には顧客との対話を通じて、顧客のニーズや嗜好、不満に対し積極的に耳を傾ける【　】マーケティングが求められている。

問 2 インストアプロモーション（ISP）は、店舗内において【　】や季節のイベントなどを通して顧客の関心を惹きよせる販売促進活動である。

問 3 R.L. ネルソンの立地選定に関する 8 原則の 1 つにある、【　】とは、ある立地を前提とし自店の扱う商品に対する商圏内の消費支出の総額と自店の占めることができる割合を検討することである。

問 4 ポジショニングの展開において【　】とは、顧客側から見て特徴のない希薄な商品構成や店舗イメージにとどまってしまうミスである。

問 5 ROI とは、【　】に対してどれだけの利益を獲得できたかを測るための経営指標である。

問 6 スペースマネジメントは大別すると、フロアレイアウトと【　】に分けられる。

問7 リージョナルプロモーションにおけるインストアマーチャンダイジングの構成は、フロアマネジメント、【　　】、ビジュアルマネジメントとなっている。

問8 マーケティングの指導原理の1つとして、組織体制も販売活動を中心に据えて、諸活動を統合させることが必要になっているとする原理を、【　　】の原理という。

問9 日本の観光関連産業は、広範な経済波及効果や【　　】が期待される産業である。

問10 ビジュアルプレゼンテーション（VP）におけるVPスペースは、【　　】や重点商品を表現するスペースである。

⑤販売経営管理

1. 次の各問の【　　】の部分にあてはまる答えとして、最も適当なものを選択肢から選びなさい。

問1 人事考課の評価方法は、【　　】、絶対評価法、相対評価法の3つに大別できる。

　　1. 会議式調整法　　2. 統計的調整法　　3. 集団討議法　　4. 記録法

問2 人事考課における相対評価法のひとつ、【　　】は、1つの集団ごとに、Aは全体の5%、Bは15%、Cは60%、Dは15%、Eは5%と、あらかじめ評価分布を限定しておく方式である。

　　1. 相対比較法　　2. 分布制限法　　3. 成績順位法　　4. 総合評価法

問3 人事考課における心理的誤差傾向である【　】とは、自分が几帳面だと普通の人でもだらしなく見えるように、評価者自身の性格や能力や価値基準で、評価対象者を見ることによって生じるエラーのことである。

1. 近接誤差　　2. 対比誤差　　3. 中心化傾向　　4. ハロー効果

問4 態度に関する教育方法のひとつ、【　】とは、リーダーシップの行動スタイルを「業績への関心」と「人間への関心」という2つの軸で評価し、管理者のタイプを5類型に分類し、その人のリーダーシップのタイプを確認して、改善するという手法である。

1. ロールプレイング　　　　2. ST
3. マネジリアルグリッド　　4. PM理論

問5 フリーキャッシュフローを改善するためには、【　】させる。

1. 売上債権を増加　　2. 仕入債務を減少
3. 棚卸資産を減少　　4. 設備投資を増加

問6 第二種低層住居専用地域は、低層住宅の良好な住環境保護のための地域で、床面積の合計が【　】㎡以内の一定の店舗は建築できる。

1. 50　　2. 100　　3. 150　　4. 500

問7 建築基準法では、床面積が【　】㎡を超える物品販売店舗は、各階の売場から避難階段または地上に通じる直通階段を2つ以上設置することを定めている。

1. 500　　2. 1,000　　3. 1,500　　4. 3,000

問8 ファイナンスリース取引は、リース資産の所有権がユーザーに移転するかどうかで、【　】取引と所有権移転外ファイナンスリース取引に分類される。

1. ネットリース　　　　　2. ソフトウェアリース
3. オペレーティングリース　4. 所有権移転ファイナンスリース

問9 万引対策の第一歩は、自店の【　】を正確に把握し、実態を捉えることである。

1. 売上高　2. 粗利益　3. 未収金　4. 棚卸減耗費

問10 RFIDタグは、電波を用いて内蔵したメモリのデータを【　】で読み書きできる情報媒体である。

1. ホストコンピュータ　2. 非接触式　3. 接触式　4. サーバー

2. 次の各問の【　】の部分にあてはまる答えとして、最も適当な語句・短文を記入しなさい。

問1 人事考課における絶対評価法の1つ、【　】は、成績、態度、能力、性格に関して具体的な多くの評語（短文）を任意に並べ、該当するものを選ぶ方式である。

問2 人事考課における相対評価法の1つ、【　】は、要素ごとに標準的人物を選定しておき、この人物を標準にして各人の評価を行う方式である。

問3 人事考課における心理的誤差傾向の1つ、【　】とは、種々の思惑から評価が甘くなり、上位にシフトするエラーのことである。

問4 ある職位や職務に就任するために必要な業務経験とその順序、配置異動のルートの総称を【　】という。

問5 株価キャッシュフロー倍率は、【　】を1株当たりキャッシュフローで割って求める。

問6 都市計画区域における【　】とは、市街化を抑制すべき区域である。

問7 敷地面積に対する延床面積の割合を【　】という。

問8 リース契約は、通常、【　】が認められないが、レンタル契約は解約が比較的自由である。

問9 食品や消費財などの生産、流通過程を履歴として統一的に記録し、消費者などが確認できる仕組みを【　】という。

問10 企業がDX導入に取り組むメリットの1つは、自然災害や設備事故などの緊急事態に遭遇した場合、早期復旧を図る【　】の充実につながることである。

答え合わせ

①小売業の類型 − 1

問1　正解：3

解説

　まちづくり三法が制定された背景には、流通政策と都市政策とを連動させる必要性に関する認識が高まったことがあります。

問2　正解：1

解説

　3Rとは、リデュース（発生抑制）、リユース（再使用）、リサイクル（再生利用）のことです。

問3　正解：2

解説

　フランチャイズシステムは、フランチャイザー（本部）が戦略立案機能を担当し、フランチャイジー（加盟店）は実施機能を担当するという機能分担の原則を遵守して運営されています。

問4　正解：1

解説

　アメリカのデパートメントストアは、ターゲットマーケティングを展開しています。

問5　正解：1

解説

　スーパーストアは、ローコストオペレーションシステムを確立することで、本来の強みであるマスマーチャンダイジングをより強く発揮できます。

問6　正解：1

解説

「業態コンセプトの明確化による H&BC オペレーターとしてのポジショニング設定」は店舗政策の専門性です。

問7　正解：1

解説

アメリカのスーパーセンターの店舗形態の特徴の1つは、ルーラル立地です。

問8　正解：2

解説

チェーンストア経営では、商品の仕入はチェーン本部で一括して行うこと（セントラルバイング・システム）で規模の経済性を追求しています。

問9　正解：2

解説

商業機能と地域コミュニティ支援機能を複合的に備え、地域住民をはじめとする来街者のニーズに応える商店街の類型は複合型です。

問10　正解：2

解説

主に土地・建物などの不動産に関する資産（固定資産）の効率的維持管理を行う業務を PM（Property Management）といいます。

①小売業の類型－2

問1　正解：コンパクトシティ

解説

　持続可能なまちづくりの有効な戦略の1つとして、都市のさまざまな機能を都市の中心部に集積させるまちづくりの考え方をコンパクトシティといいます。

問2　正解：中心市街地活性化法

解説

　まちづくり三法とは、中心市街地活性化法、大店立地法、改正都市計画法の3つです。

問3　正解：グローバルリテーラー

解説

　複数の国にまたがり、商流や物流などの流通活動をチェーン展開している巨大資本の小売企業をグローバルリテーラーといいます。

問4　正解：売上高比例

解説

　ロイヤリティ算出において、売上高に一定割合を掛けて算出するのは、売上高比例方式です。

問5　正解：O2O

解説

　オンラインとオフラインを連携させたマーケティング施策をO2O（Online to Offline）といいます。

問6　正解：中食

解説

　デパ地下や持ち帰り弁当などの中食形態の需要が拡大しています。

問7 正解：場所

解説

　CVS システムが創出する、狭小商圏内で店舗数が多いことで顧客の利便性と配送効率を高めていることは、場所の効用です。

問8 正解：卸売

解説

　チェーンオペレーションは、小売機能と卸売機能が統合され、本部と店舗で分業される運営方式です。

問9 正解：コミュニケーション

解説

　外国人旅行者が旅行中にも最も困ったことは、施設等のスタッフとコミュニケーションがとれないことです。

問10 正解：サステナブル

解説

　人間・社会・地球環境の持続可能な発展をサステナブル (Sustainable) といいます。

②マーチャンダイジング – 1

問1 正解：3

解説

　時期的購買商品群とは、オケージョナルカテゴリーのことであり、売場の新鮮さや活気を演出する役割を持ち、通常、収益よりも集客を意図するカテゴリーと位置づけられます。

問2　正解：2

解説

　定番商品の大半は消耗品、かつ、生活必需品であるため、需要変動に対する価格弾力性が低いことも特徴の1つです。

問3　正解：3

解説

　商品予算は、部門または商品カテゴリーごとに算定され、そのうえで、小売業全体として管理運営を行うために、マスタープラン（中・長期の目標を達成するための具体的な方法を記した実行プラン）への統合を図ります。

問4　正解：2

解説

　業務予算とも呼ばれ、経常的業務活動の期間予算で、損益予算と資金予算が含まれまるのは経常予算です。

問5　正解：3

解説

　販売予測における移動平均法とは、任意の一定期間ごとに1期ずつ移動させ、それぞれの平均値を求め、この平均値をグラフ上にプロットし、折れ線の様子から傾向を把握する方法です。

問6　正解：3

解説

　「販売数量差異 = 予算販売価格 ×（実際販売数量 － 予算販売数量）= 450 円 ×（350 個 － 300 個）= 22,500 円」より、22,500 円の有利差異となります。

問7　正解：4

解説

減耗額は、棚卸ロスや不明ロスとも呼ばれ、通常は、一定の推定値をもって予算化し、仕入金額の中に含めて計算し、その分を余分に手配します。

問8　正解：3

解説

基準在庫法による月初適正在庫高（売価）の計算式は、「各月売上高予算 ＋ （年間平均在庫高（売価） － 月平均売上高）」です。

問9　正解：3

解説

GMROI は、「粗利益率×在庫投資回転率」で求めることができます。

問10　正解：1

解説

スーパーマーケットの代表的な物流センターには青果、鮮魚、精肉などを扱う生鮮センターがあります。

②マーチャンダイジング－2

問1　正解：顧客満足の実現

解説

商品構成の前提として、対象顧客の明確化、顧客満足の実現、構成する商品のグレードおよびプライスゾーンの設定を決定しておく必要があります。

問2　正解：発注費用

解説

　発注費用は、商品の発注にかかわる費用であり、仕入担当者の人件費、仕入事務所の経費、仕入出張費、通信費など、発注数量にかかわりなく発生する固定費のことです。

問3　正解：商品管理

解説

　中小小売業では、商品計画・仕入技術の強化改善、受発注業務の堅実化と商品管理により、売上戻りの発生を抑制することが求められます。

問4　正解：目標達成のための手段の裏づけ

解説

　商品予算管理を行うための基本的条件は、トップマネジメントの配慮、達成可能な計画目標、目標達成のための手段の裏づけ、です。

問5　正解：現金収支予算

解説

　資金予算において、現金収支の金額的、かつ、時間的な均衡を図るために編成される予算を、現金収支予算といいます。

問6　正解：特定顧客割引

解説

　継続的な取引関係を維持している小売業や大口のユーザーに対して、仕入価格を割り引く形態を特定顧客割引といいます。

Q

模擬問題

解説

単品管理を役立てることができるマネジメント項目は、

・商品構成の計画および検証
・販売計画や数量計画の立案および促進
・問題発見と対策の立案および実施
・正確な発注と的確な在庫管理

です。

問8 正解：物流コスト

解説

物流 ABC によるコスト算定を行うことで、次のようなメリットが生じます。

・物流を改善し、物流コストを下げる
・現場の無駄を発見する
・物流サービスのコストを計算し、小売業別に採算を分析する
・共同物流施設の利用料金を公平に設定する

問9 正解：年間発注個数

解説

経済的発注量 EOQ の計算式は以下のとおりです。

$$EOQ = \sqrt{2RU \div CI}$$
$$RP = EOQ \div S$$

R：年間発注個数　C：仕入単価　U：1回当たり発注費用（固定費）　I：在庫費用率
S：週当たり販売計画数量　RP：発注期間

問10 正解：流動資産

解説

正味運転資本の計算式は次のとおりです。

正味運転資本 ＝ 流動資産 － 流動負債 ＝（固定負債 ＋ 自己資本）－ 固定資産

③ストアオペレーション－1

問1 正解：2

解説

人時生産性とは従業員1人の1時間当たりの労働の成果であり、「人時生産性 ＝ 売上総利益 ÷ 総労働時間」で求められます。

問2 正解：4

解説

一般的に、生鮮食品は売れ残っても返品はできません。そのため在庫処分をしますが、在庫処分には値下ロスが発生し、さらに売れ残れば廃棄ロスとなります。

問3 正解：3

解説

ローコストオペレーションのために、作業量を削減し、作業効率を向上させるためのひとつの方法として、定型定期的業務を外部の企業に委託するアウトソーシングがあります。

問4 正解：3

解説

コーザルデータ（Causal Data）とは、売上高または販売数量に影響を与える要因となる各種データのことを意味し、天候、気温、地域行事などがあります。

問5　正解：1

解説

労働分配率とは、所得の配分の中で、労働者の受け取る割合のことです。流通業では、売上総利益（付加価値）に占める人件費の割合を指す使い方が一般的です。

問6　正解：3

解説

EDLP 政策は特売政策よりも、売価変更や陳列変更などの作業量が抑えられます。

問7　正解：4

解説

パートタイマーやアルバイトなどの投入人時を増やせば、サービスレベルや売上高は相応に上昇していきますが、人件費というコストも増加します。

問8　正解：3

解説

売上高に占める人件費の割合のことを人件費率といい、「人件費÷売上高」（売上高に占める人件費の割合）から求められます。

問9　正解：1

解説

POS システムは、単品（SKU）別、品目別、カテゴリー別など、販売の実績を正確に記録することができます。

問10　正解：4

解説

作業量を削減し、作業効率を向上させるための原則としては、集中化、平準化、機械化、アウトソーシングなどが重要です。

③ストアオペレーション－2

> **問1** 　正解：レジ・サッカー管理

解説

ストアオペレーションにおけるルーティーンワークの基本は「品質、清潔、奉仕、謙虚、礼儀」の5項目であり、これらを、売場管理、レジ・サッカー管理、後方管理、店内管理、身だしなみ・応対という5つの場面で実行しなければなりません。

> **問2** 　正解：売れている理由

解説

POSデータからは、当該店舗で扱っていない商品が売れている理由や売れない理由、販売機会損失がどれだけ発生したかを解明することはできません。

> **問3** 　正解：労働集約型

解説

小売業全体平均で販管費の約60%を占めるコストは人件費であり、人件費の高騰という問題は労働集約型産業としての小売業の経営管理上、重要な課題になっています。

> **問4** 　正解：月次勤務スケジュールの策定

解説

LSPの戦略的展開において、業務と業務量を明確に把握し、過不足なく従業員を割り当てるためのステップは、①正確な日割予算の組み立て、②日割予算に合わせた日割人時枠の設定、③月次勤務スケジュールの策定、となります。

> **問5** 　正解：流行や習わし

解説

効果的な発注数量を決める顧客の生活情報には社会行事、地域行事、家庭行事、季節ごとの料理、流行や習わしなどがあります。

解説

　LSP の実施においては、店舗における 1 日の時間帯別必要作業を確定させたうえで、その作業に従業員を割り当てることにより、作業および人時の無駄を省き、効率的な計画が可能となります。

解説

　チェーンストアにおける発注業務の流れは、①店舗での商品構成の決定、②販売計画の立案、③事前準備、④発注ミーティング、⑤週間基本発注、⑥前日修正、⑦販売活動、というステップになっています。

解説

　LSP は、データにもとづいた効率的な人員配置と作業の標準化により、人件費を増加させずに売上高や利益そして顧客サービスの向上を目的としています。

解説

　作業量を削減し、作業効率を向上させるための集中化は、各店舗で行う惣菜などの加工、プリパッケージ化などの作業をプロセスセンターに集中させ、一括処理して各店舗へ配送します。

解説

　一般的な発注数量を決める計算式は、「発注数量 ＝（発注サイクル ＋ 発注リードタイム）× 1 日当たり販売数量 － 現在の在庫数量 － 最低陳列数量」となります。

④マーケティング-1

問1　正解：3

解説

ドメインとは、企業が行う事業活動領域、事業領域を指します。企業はドメインを定義することにより、自らの現在の生存領域と将来の進化の方向を明確にします。

問2　正解：1

解説

顧客のニーズが多様化、個性化した今日では、従来のマスマーケティングに代わって、一人ひとりの顧客を対象とするパーソナルマーケティングが重要となってきています。

問3　正解：2

解説

インストアマーチャンダイジングは、チェーンストアを中心に商品購買力を強化する基本戦略として、多くの小売業の購買促進機能を担っています。

問4　正解：3

解説

インストアプロモーションのサンプリングには、既存商品に添付するクロスサンプリング（添付はパックオン、封入はパックインといいます）という方法があります。

問5　正解：4

解説

価格コンシャス戦略とは、NB商品よりもPB商品を拡充することなど、顧客が購入しやすい値ごろ感を意識して価格設定を行う戦略です。

問6　正解：2

解説

FSP（Frequent Shoppers Program）とは、ロイヤルティマーケティングの実行手段として取り組むカードシステムのことです。会員を募り、買上金額などで顧客を識別し、各層に応じた特典を付与することによって継続的な来店を促す仕組みです。

問7　正解：3

解説

チェリー・ピッカーとは、百貨店などのバーゲンハンターと同じ意味を持つ用語であり、特売品を専門に購買する顧客のことです。

問8　正解：4

解説

標的市場（ターゲティングされた市場）に対するマーケティングには、無差別型、差別化型、集中型という3つのマーケティングタイプがあります。

問9　正解：3

解説

ライフスタイルアソートメントとは、商品を品種単位ではなく、顧客のさまざまな生活シーンを想定し、それに必要な商品を選別して取りそろえ、売場づくりや販売促進活動に活かすことです。

問10　正解：1

解説

「旅マエ」とは、日本に旅行することを決めた外国人観光客が、大まかな旅程を決めたり、宿泊先を探したり、どこで何をしようかを決める場面で、旅行の1〜4か月前程度のタイミングをいいます。

④マーケティング-2

問1 正解：顧客重視型

解説

　今日の小売業には顧客との対話を通じて、顧客のニーズや嗜好、不満に対し積極的に耳を傾け、二人三脚で販売を進める顧客重視型マーケティングが求められています。

問2 正解：実演販売

解説

　インストアプロモーション（ISP）は、店舗内において実演販売や季節のイベントなどを通して顧客の関心を惹きよせるプッシュ戦略としての販売促進活動です。

問3 正解：現在の商圏の潜在力の妥当性

解説

　R.L. ネルソンの立地選定に関する8原則の1つにある、現在の商圏の潜在力の妥当性とは、ある立地を前提とし自店の扱う商品に対する商圏内の消費支出の総額と自店の占めることができる割合を検討することです。

問4 正解：アンダーポジショニング

解説

　ポジショニングの展開におけるミスとして、アンダーポジショニング、オーバーポジショニング、混乱したポジショニングの3つがあげられます。

問5 正解：投下資本

解説

　ROIとは、投下資本に対してどれだけの利益を獲得できたかを測るための経営指標であり、純利益を投下資本で割って100を掛けた数値（％）で表します。

問6　正解：スケマティックプラノグラム

解説

　スペースマネジメントは、品種の分配方法である「フロアレイアウト」と、品目の分配手法「スケマティックプラノグラム」に大別されます。

問7　正解：シェルフマネジメント

解説

　リージョナルプロモーションにおけるインストアマーチャンダイジングの構成は、フロアマネジメント、シェルフマネジメント、ビジュアルマネジメントとなっています。

問8　正解：販売中枢性

解説

　マーケティングの指導原理の1つとして、小売業内部の組織体制も販売活動を中心に据えて、諸活動を統合させることが必要となっているとする原理を、販売中枢性の原理といいます。

問9　正解：雇用誘発効果

解説

　近年、訪日外国人旅行者数やその消費は急速に増加してきており、日本の観光関連産業は広範な経済波及効果や雇用誘発効果が期待される産業です。

問10　正解：代表テーマ

解説

　ビジュアルプレゼンテーション（VP）におけるVPスペースは、代表テーマと重点商品によって、売場全体のイメージをビジュアルに見せることを目的として表現するスペースです。

⑤販売経営管理－1

問1	正解：4

解説

人事考課の評価方法は、記録法、絶対評価法、相対評価法の3つに大別できます。

問2	正解：2

解説

人事考課における相対評価法のうち分布制限法は、1つの集団ごとに、Aは全体の5％、Bは15％、Cは60％、Dは15％、Eは5％と、あらかじめ評価分布を限定しておく方式です。

問3	正解：2

解説

人事考課における心理的誤差傾向である対比誤差とは、自分が几帳面だと普通の人でもだらしなく見えるように、評価者自身の性格や能力や価値基準で、評価対象者を見ることによって生じるエラーのことです。

問4	正解：3

解説

マネジリアルグリッドとは、リーダーシップの行動スタイルを「業績への関心」と「人間への関心」という2つの軸で評価し、管理者のタイプを5類型に分類し、その人のリーダーシップのタイプを確認して、改善するという手法のことです。

問5	正解：3

解説

フリーキャッシュフローを改善するためには、次のこと考慮する必要があります。

・売上債権の減少　・仕入債務の増加　・棚卸資産の減少
・設備投資を営業キャッシュフロー以下の一定の範囲内に迎える

問6　正解：3

解説

　第二種低層住居専用地域では、床面積の合計が150㎡以内の一定の店舗は建築できます。

問7　正解：3

解説

　建築基準法では、床面積が1,500㎡を超える物品販売店舗は、各階の売場から避難階段または地上に通じる直通階段を2つ以上設置することを義務づけています。

問8　正解：4

解説

　ファイナンスリース取引は、リース資産の所有権がユーザーに移転するかどうかで、所有権移転ファイナンスリース取引と所有権移転外ファイナンスリース取引に分類されます。

問9　正解：4

解説

　万引対策の第一歩は、自店の棚卸減耗費を正確に把握し、実態を捉えることです。

問10　正解：2

解説

　RFIDタグは、電波を用いて内蔵したメモリのデータを非接触方式で読み書きできる情報媒体です。

⑤販売経営管理－2

> **問1**　正解：プロブスト法

解説

　人事考課における絶対評価法のうちプロブスト法は、成績、態度、能力、性格に関して具体的な多くの評語（短文）を任意に並べ、該当するものを選ぶ方式です。

> **問2**　正解：人物比較法

解説

　人事考課における相対評価法のうち人物比較法は、要素ごとに標準的人物を選定しておき、この人物を標準にして各人の評価を行う方式です。

> **問3**　正解：寛大化傾向

解説

　人事考課における心理的誤差傾向のうち寛大化傾向とは、種々の思惑から評価が甘くなり、上位にシフトするエラーのことです。

> **問4**　正解：キャリアパス

解説

　ある職位や職務に就任するために必要な業務経験とその順序、配置異動のルートの総称をキャリアパス（Career Path）といいます。

> **問5**　正解：株価

解説

　株価キャッシュフロー倍率は、株価を1株当たりキャッシュフローで割って求めます。

問6　正解：市街化調整区域

解説

都市計画区域における市街化調整区域とは、市街化を抑制すべき区域のことです。

問7　正解：容積率

解説

敷地面積に対する延床面積の割合を容積率といいます。

問8　正解：中途解約

解説

リース契約は、通常、中途解約が認められませんが、レンタル契約は解約が比較的自由です。

問9　正解：トレーサビリティ

解説

食品や消費財などの生産、流通過程を履歴として統一的に記録し、消費者などが確認できる仕組みをトレーサビリティ（Traceability）といいます。

問10　正解：BCP

解説

企業がDX導入に取り組むメリットの1つは、自然災害や設備事故などの緊急事態に遭遇した場合、早期復旧を図るBCP（事業継続計画）の充実につながることです。

A

索引

か行

さ行

な行

数字

注意

(1) 本書は著者が独自に調査した結果を出版したものです。

(2) 本書は内容について万全を期して作成いたしましたが、万一、ご不審な点や誤り、記載漏れなどお気付きの点がありましたら、出版元まで書面にてご連絡ください。

(3) 本書の内容に関して運用した結果の影響については、上記 (2) 項にかかわらず責任を負いかねます。あらかじめご了承ください。

(4) 本書の全部または一部について、出版元から文書による承諾を得ずに複製することは禁じられています。

(5) 本書に記載されているホームページのアドレスなどは、予告なく変更されることがあります。

(6) 本書収録の過去問の解説は著者が独自に作成したものです。

(7) 本書に記載されている会社名、商品名などは一般に各社の商標または登録商標です。

神奈川販売士協会（かながわはんばいしきょうかい）

　神奈川県および近隣地域に在住または勤務する販売士有資格者のために、県内の販売士有志により2004（平成16）年5月に設立されました。

　販売士の社会的地位の向上のための啓発活動や販売士の育成・資質向上のための研修会、視察会等を開催しています。

https://www.kanagawa-hanbaishi.com

【イラスト】

・キタ大介

・加藤華代

・前田達彦

これ1冊で最短合格
リテールマーケティング（販売士）
検定試験1級テキスト&問題集

発行日	2025年 5月 6日	第1版第1刷

著　者　神奈川販売士協会

発行者　斉藤　和邦

発行所　株式会社　秀和システム
　　　　〒135-0016
　　　　東京都江東区東陽2-4-2　新宮ビル2F
　　　　Tel 03-6264-3105（販売）Fax 03-6264-3094

印刷所　三松堂印刷株式会社　　　　Printed in Japan

ISBN978-4-7980-7359-0 C2030